Konrad Herrmann

Von Zementfabriken, Schiffs- und Waggonbau zum Technologietransfer

Berliner China-Studien

58

Herausgegeben von
Mechthild Leutner

Ostasiatisches Seminar
der Freien Universität Berlin

LIT

Konrad Herrmann

Von Zementfabriken, Schiffs- und Waggonbau zum Technologietransfer

Über den Beitrag der DDR zur Industrialisierung Chinas

LIT

Bibliografische Information der Deutschen Nationalbibliothek
Die Deutsche Nationalbibliothek verzeichnet diese Publikation in der Deutschen Nationalbibliografie; detaillierte bibliografische Daten sind im Internet über http://dnb.dnb.de abrufbar.

ISBN 978-3-643-25009-4 (br.)
ISBN 978-3-643-45009-8 (PDF)

Verlagskontakt:
Fresnostr. 2 D-48159 Münster
Tel. +49 (0) 2 51-62 03 20
E-Mail: lit@lit-verlag.de https://www.lit-verlag.de

Auslieferung:

Deutschland: LIT Verlag, Fresnostr. 2, D-48159 Münster
Tel. +49 (0) 2 51-620 32 22, E-Mail: vertrieb@lit-verlag.de

Gliederung

Danksagung

Die vorliegende Studie wäre ohne die bereitwillige Unterstützung durch die Mitarbeiterinnen und Mitarbeiter mehrerer Archive nicht zustande gekommen. An dieser Stelle möchte ich insbesondere das Landesarchiv Sachsen mit den Abteilungen in Leipzig und Chemnitz, das Landesarchiv Sachsen-Anhalt mit den Abteilungen in Dessau, Magdeburg und Merseburg, das Brandenburgische Landeshauptarchiv in Potsdam, das Landesarchiv Berlin und das Stadtarchiv Magdeburg hervorheben und ihren Mitarbeitern herzlich Dank sagen. Wichtige Hinweise für die Recherchen verdanke ich dem früheren stellvertretenden Minister für Außenhandel, Herrn Dietrich Lemke. Herr Professor Guan Zengjian von der Jiaotong-Universität Shanghai half mir tatkräftig bei der Beschaffung chinesischer Publikationen. Zu den Zeitzeugen, die im DDR-Außenhandel an den in diesem Buch behandelten Vorhaben beteiligt waren, zählen:

Harald Nestler, Handelsrat an der Botschaft der DDR in der VR China,

Dr. Richard Oberländer, Bevollmächtigter des Generaldirektors im Außenhandelsbetrieb des VEB Kombinat Carl Zeiss JENA,

Helga Schwab, Repräsentantin der Kombinate SKET und baukema in der HPA der Botschaft der DDR in der VR China,

Peter Donhauser, Generaldirektor des VEB Außenhandelsbetrieb Schienenfahrzeugbau,

Carmen Marx, Repräsentantin des Kombinats Robotron in der HPA der Botschaft der DDR in der VR China,

Werner Wallborn, Bevollmächtigter des Generaldirektors im AHB Schienenfahrzeugbau in Beijing,

Dr. Rolf Sukowski, Fachgebietsleiter China und Sekretär der DDR-Seite des Wirtschaftsausschusses DDR – China in der Staatlichen Plankommission.

Ihnen sage ich herzlichen Dank für bereitwillig beigesteuerte Informationen und Materialien.

Dr. Dirk Greven gab mir wertvolle Hinweise zur Rolle des Schiffbaus in den Wirtschaftsbeziehungen mit China, wofür ich ihm sehr dankbar bin.

Besonderen Dank sage ich dem Sinologen und Historiker Dr. Hajo Frölich, der diese Arbeit lektorierte und viele fachliche Anregungen und Ideen beisteuerte.

Frau Izabella Goikhman hat mit großer Sorgfalt und Sachkunde das Layout dieses Buches hergestellt, wofür ich ihr sehr dankbar bin.

Frau Professor Dr. Dr. h.c. Mechthild Leutner, die dieses Projekt mit zahlreichen nützlichen Ideen unterstützte und es in die Schriftenreihe „Berliner China-Studien“ aufnahm, gilt mein herzlicher Dank.

Der frühere Produktionsdirektor des VEB Waggonbau Dessau, Herr Siegfried Möbius, war gern bereit, mir seine Einschätzung der Zusammenarbeit mit China in den 1980er Jahren zu geben. Meine liebe Frau hat diese Untersuchung von Anfang an moralisch und mit zahlreichen Diskussionen unterstützt und ist mit mir viele Male zu den verschiedenen Archiven gefahren.

Abkürzungsverzeichnis

AER – Automatischer Einfachrepeater
AG – Aktiengesellschaft
AHB – Außenhandelsbetrieb
AÜR – Automatischer Überdeckungsrepeater
baukema – Bau-, Baustoff- und Keramikmaschinen
BLHA – Brandenburgisches Landeshauptarchiv
BMSR – Betriebsmess-, Steuerungs- und Regelungstechnik
BRD – Bundesrepublik Deutschland
CAER – Chemieanlagenbau Erfurt-Rudisleben
CHF – Schweizer Franken
CLG – Chemieanlagenbau Leipzig-Grimma
CMC oder CNMIEC – China National Machinery Import Export Co.
COSCO – China Ocean Shipping Co.
CTA – Chemie- und Tankanlagenbau Fürstenwalde
DDR – Deutsche Demokratische Republik
DIA – Deutscher Innen- und Außenhandel
DOC – Dokumente Chinas
DSR – Deutsche Seereederei
GDR – German Democratic Republic
GSP – Gaskombinat Schwarze Pumpe
HPA – Handelspolitische Abteilung
INEX – Industrieanlagen Export
KfW – Kreditanstalt für Wiederaufbau
KPCh – Kommunistische Partei Chinas
KPD – Kommunistische Partei Deutschlands
KPdSU – Kommunistische Partei der Sowjetunion
kWh – Kilowattstunde
LASA – Landesarchiv Sachsen-Anhalt
LEW – Lokomotivbau-Elektrotechnische Werke

LKW – Lastkraftwagen
M/VGW – Mark/Valutagegenwert
MAB – Maschinen- und Anlagenbau
MS – Maschinenschiff
MW – Megawatt
ND – Neues Deutschland
NSW – Nichtsozialistisches Wirtschaftsgebiet
OFD – Optik und Feinmess Dresden
PKM – Projektierungs-, Konstruktions- und Montagebüro
RFT – Rundfunk- und Fernmeldetechnik
RGW – Rat für Gegenseitige Wirtschaftshilfe
SAAS – Staatliches Amt für Atomsicherheit und Strahlenschutz
SAG – Sowjetische Aktiengesellschaft
SAL – Staatsarchiv Leipzig
SED – Sozialistische Einheitspartei Deutschlands
SKET – Schwermaschinenbau-Kombinat „Ernst Thälmann“
SKL – Schwermaschinenbau-Kombinat “Karl Liebknecht”
SPK – Staatliche Plankommission
TAKRAF – Tagebauausrüstungen, Krane und Förderanlagen
TGL – Technische Normen, Gütevorschriften und Lieferbedingungen
USA – Vereinigte Staaten von Amerika
USD – US-Dollar
VEB – Volkseigener Betrieb
VM – Valutamark
VR Ch – Volksrepublik China
VVB – Vereinigung Volkseigener Betriebe
WMW – Werkzeugmaschinen und Werkzeuge
WPA – Wirtschaftspolitische Abteilung
ZBA – Zeiss-Belichtungsanlage
ZEMAG – Zeitzer Eisengießerei und Maschinenbau AG
ZK – Zentralkomitee

Einleitung

Im 21. Jahrhundert ist die Volksrepublik China im Begriff, zur größten Volkswirtschaft der Welt aufzusteigen. Blickt man in gängige Überblickswerke, so scheint der 1949 gegründete Staat diesen Aufstieg vom armen Agrarland zum Konkurrenten der Vereinigten Staaten von Amerika zuallererst der Sowjetunion zu verdanken. Es waren die Spezialisten des ersten sozialistischen Staates der Geschichte, so suggerieren manche Darstellungen, die China ab den 1950er Jahren beinahe im Alleingang zu einer bedeutenden Industrienation machten. Nach dem Bruch mit der Sowjetunion Anfang der 1960er Jahre hätten später vor allem kapitalistische Staaten hieran mitgewirkt.[1]

Doch dieses Bild ist gleich in mehrfacher Hinsicht zu einseitig. Zum einen vernachlässigt es die industriellen Grundlagen, die in China bereits lange vor 1949 gelegt worden waren. Zum anderen trieb nach 1949 die Sowjetunion längst nicht allein die weitere Industrialisierung des chinesischen Festlandes voran. Hier spielten nicht nur die heimische Politik eine wichtige Rolle, sondern auch andere Staaten.[2]

Dieses Buch hat sich das Ziel gesetzt, die Hilfe der Deutschen Demokratischen Republik (DDR) beim Aufbau einer modernen Industrie in China zu untersuchen. Praktisch über die gesamte Zeit ihres Bestehens hinweg, von 1949 bis 1990, lieferte die DDR nicht nur eine Vielzahl von Werkzeugmaschinen, Messgeräten und vielfältigen Ausrüstungen an die Volksrepublik (VR) China, sondern auch eine ganze Reihe von kompletten Industrieanlagen, die die Fachleute aus der DDR dort installierten und in Betrieb nahmen. Hieraus folgt die Frage: Inwieweit hat dieser Export kompletter Industrieanlagen – allein in den 1950er Jahren

---

[1] Spence, Jonathan, *Chinas Weg in die Moderne*, München: dtv 2001, S. 641–643; Dabringhaus, Sabine, *Geschichte Chinas im 20. Jahrhundert*, München: C. H. Beck,2009, S. 123; Klein, Thoralf, *Geschichte Chinas. Von 1800 bis zur Gegenwart* (UTB 2838), Paderborn: Ferdinand Schöningh 2007, S. 238.

[2] Pong, David, *Shen Pao-chen and China's Modernization in the Nineteenth Century*, Cambridge: Cambridge University Press 1994; Bergère, Marie-Claire, *The Golden Age of the Chinese Bourgeoisie 1911–1937*, Cambridge: Cambridge University Press 1989; Bian, Morris L., Explaining the Dynamics of Change: Transformation and Evolution of China's Public Economy through War, Revolution, and Peace, 1928–2008, in: Naughton, Barry/Tsai, Kelee S. (Hg.), *State Capitalism, Institutional Adaptation, and the Chinese Miracle*, Cambridge: Cambridge University Press 2015, S. 201–222.

waren es 39 – einen Beitrag zur Industrialisierung Chinas geleistet? Die Antwort hierauf soll am Beispiel der DDR zeigen, dass die Triebkräfte des chinesischen Aufstiegs vielfältig und komplex waren. Damit soll diese Studie einerseits einen weiteren Mosaikstein zu einem differenzierteren, ausgewogeneren Bild der Geschichte der Volksrepublik China während des „Kalten Krieges" hinzufügen. Andererseits möchte sie das vor allem durch die Entwicklung der 1980er Jahre geprägte Bild der Wirtschaft und des Außenhandels der DDR als marode und global nicht konkurrenzfähig korrigieren. Wie Bernd Schaefer gezeigt hat, war die Unterstützung durch die DDR nicht allein in China, sondern auch in vielen anderen „Entwicklungsländern" schon deshalb willkommen, weil die DDR – anders als die Sowjetunion – weder dominant noch paternalistisch auftrat.[3]

Gerade Export und Montage vollständiger Industrieanlagen erforderten die Organisation umfangreicher Zulieferungen von vielen Betrieben in der DDR, wobei zahlreiche Probleme hinsichtlich Materialbeschaffung, Organisation und Arbeitskräften zu lösen sowie nicht geringe anderweitige Schwierigkeiten zu überwinden waren. Zugleich wurden Hunderte von Monteuren, Spezialisten und Beratern nach China entsandt, um die Betriebe an Ort und Stelle aufzubauen. Die chinesische Regierung ihrerseits hatte Hunderte Landsleute in die DDR geschickt, die hier eine Ausbildung erfuhren und sich auf eine leitende Funktion in den in China aufzubauenden Betrieben vorbereiteten. Dabei entwickelte sich, so zeigen verschiedene Quellen, eine tätige Freundschaft zwischen Chinesen und Deutschen und schließlich zwischen der VR China und der DDR (auch wenn letztere entgegen ihrem Selbstverständnis nicht frei von Rassismus war[4]).

Auf der Erfahrung dieser Freundschaft gründet nicht zuletzt der gute Ruf deutscher Erzeugnisse und das Ansehen Deutschlands in China. Schon vor dem Zweiten Weltkrieg hatten Erzeugnisse zum Beispiel von Krupp, Siemens und Zeiss in China einen guten Klang. Ab den 1950er Jahren setzten Produkte aus der DDR diese Tradition fort, bis in

---

[3] Schaefer, Bernd, Socialist Modernization in Vietnam: The East German Approach, 1976–89, in: Slobodian, Quinn (Hg.), *Comrades of Color: East Germany in the Cold War World*, New York: Berghahn Books 2015, S. 95–113.

[4] Stevens, Simon, Bloke Modisane in East Germany, in: Slobodian (Hg.), *Comrades of Color*, S. 121–130.

den 1970er Jahren die Bundesrepublik den chinesischen Markt eroberte.[5]

Bislang liegt noch keine umfassende Darstellung der wirtschaftlichen Beziehungen zwischen der DDR und China vor, besonders nicht unter dem Aspekt der Lieferung von industriellen Ausrüstungen aus der DDR nach China. Die historische Forschung hat sich stattdessen auf die politischen Beziehungen zwischen den beiden Staaten in verschiedenen Zeitabschnitten konzentriert. Dennoch kann das vorliegende Buch auf einigen Untersuchungen aufbauen. So versammelte Joachim Krüger eine Reihe von Beiträgen, die darlegen, dass die DDR in der ganzen Zeit ihrer Existenz große Anstrengungen bei der Lieferung industrieller Anlagen nach China unternahm.[6] Werner Meißners Quellensammlung bietet einen guten Überblick über die Erfolge und Probleme bei der Entwicklung der wirtschaftlichen Beziehungen zwischen beiden Ländern.[7]

In kleinerem Umfang hat 2003 auch Harald Möller Quellen zum bilateralen Verhältnis zwischen der DDR und China bis 1964 zusammengetragen und hinsichtlich der Industrialisierung wichtige Fragen aufgeworfen.[8] Beda Erlinghagen betont in der Untersuchung über die Hintergründe des Konflikts zwischen der DDR und China in den 1960er Jahren, dass die DDR sich im Vergleich zur Sowjetunion bedeutend zurückhaltender verhalten hatte, um sich Freiräume in der Gestaltung der Beziehungen zu erhalten.[9] Ebenfalls mit Blick auf die 1960er Jahre stellt Tong Xin fest, dass die Hungersnot infolge des Großen Sprungs nach vorn die wirtschaftlichen Beziehungen Chinas mit der DDR langfristig verschlechtert habe. Die chinesische Regierung habe durch die

---

[5] Zur Entwicklung des Deutschlansbildes in China siehe exemplarisch Wang, Zhongxin, *Auf dem Weg zum Fremdverstehen. Das Bild von Deutschland und den Deutschen in drei chinesischen DaF-Lehrwerken Deutsch für Studenten (1956–1958), Deutsch (1979–1983) und Studienweg Deutsch (2004–2009)*, Frankfurt am Main: Peter Lang 2011.

[6] Krüger, Joachim (Hg.), *Beiträge zur Geschichte der Beziehungen der DDR und der VR China – Erinnerungen und Untersuchungen*, Münster: LIT 2002.

[7] Meißner, Werner (Hg.), *Die DDR und China 1949 bis 1990*, Berlin: Akademie-Verlag, 1995, S. 73.

[8] Möller, Harald, *DDR und VR China. Unterstützung der VRCh auf politischem, ökonomischem und militärischem Gebiet (1949–1964)* (Beiträge zur Friedensforschung und Sicherheitspolitik 8), Berlin: Dr. Köster 2003, S. 14–26.

[9] Erlinghagen, Beda, Anfänge und Hintergründe des Konflikts zwischen der DDR und der Volksrepublik China – Kritische Anmerkungen zu einer ungeklärten Frage, Beiträge zur Geschichte der Arbeiterbewegung 2007, H. 3, S. 111–146.

notgedrungene Beschaffung von Lebensmitteln auf dem Weltmarkt dessen Vorteile gegenüber einem Handel nur innerhalb des sozialistischen Blocks kennen und zu schätzen gelernt.[10] Marcel Bode schildert, wie sich die DDR Anfang der 1980er Jahre bei der Entwicklung der Beziehungen zu China aus der Vormundschaft durch die Sowjetunion zu befreien suchte.[11] Yu Ning kommt zu dem Fazit, dass sich die Beziehungen zwischen der DDR und China in den 1980er Jahren angesichts der wirtschaftlichen Schwäche der Sowjetunion rasch entwickelten, dass die DDR aber die Nachfrage aus China zunehmend schlechter befriedigen konnte.[12]

In der chinesischsprachigen Forschung sind die Arbeiten von Ge Jun über die Entwicklung der Handelsbeziehungen zwischen China und der DDR in den Jahren bis 1965 hervorzuheben.[13] An mehreren Universitäten Chinas wird neuerdings den Beziehungen DDR – China verstärkt Aufmerksamkeit geschenkt. Diese Forschungsrichtung ist in das Hauptthema der Geschichte des Kalten Krieges eingebettet. In diesem Zusammenhang sind besonders die Arbeiten von Chen Tao zu den Beziehungen zwischen der DDR und China, Nordvietnam und Nordkorea erwähnenswert.[14] Einzelne dieser Werke enthalten auch Aussagen über die wirtschaftlichen Beziehungen, die aber keine gesicherten Urteile über die Rolle der DDR bei der Industrialisierung Chinas erlauben.

Dass die praktischen Erfolge wie auch Probleme dieses Aspekts der deutsch-chinesischen Beziehungen im Folgenden erstmals umfassend dargestellt werden können, verdankt sich auch einer insgesamt relativ guten Quellenlage (zu den Einschränkungen siehe gleich unten).

---

[10] Tong, Xin, Die Wende in den Handelsbeziehungen zwischen der DDR und der VR China in den Jahren 1960–1962, in: Kleinschmidt, Christian/Ziegler, Dieter (Hg.), *Dekolonisierungsgewinner. Deutsche Außenpolitik und Außenwirtschaftsbeziehungen im Zeitalter des Kalten Krieges*, Berlin: DeGruyter Oldenbourg 2018, S. 321–338.

[11] Bode, Marcel, *Die DDR und die Volksrepublik China – Chancen und Grenzen einer ungleichen Partnerschaft* (Potsdamer Textbücher 21), Potsdam: Welttrends 2013.

[12] Yu Ning, *Die China-Politik der DDR in den 1980er Jahren. Eine außenpolitische Strategie in dem Kampf um Weiterexistenz*, Dissertation Universität Hamburg, 2015.

[13] Ge Jun, Shilun xin Zhongguo yu Minzhu Deguo de zaoqi maoyi guanxi (1950–1955) (Early Trade Relations between the PRC and the GDR, 1950–1955), Zhonggongdang shi yanjiu 2016, H. 11, S. 70–83.

[14] Chen Tao, *Minzhu Deguo yu Zhong Yue Chao guanxi yanjiu (1960–1977)* (Erforschung der Beziehungen der DDR mit China, Vietnam und Korea, 1960–1977), Dissertation East China Normal University, 2014.

Die Informationen für diese Untersuchung stammen im Wesentlichen aus schriftlichen deutschen und chinesischen Quellen sowie von Zeitzeugen. Die schriftlichen deutschen Quellen umfassen zeitgenössische Zeitungsberichte, Artikel in Fachzeitschriften, Auszüge aus der einschlägigen Fachliteratur und vor allem Akten der in die Zusammenarbeit mit China einbezogenen Betriebe und Außenhandelsorganisationen. Die zuletzt genannten Akten befinden sich, sofern sie noch erhalten sind, in den folgenden staatlichen Archiven.

Tabelle 1: Übersicht über Akten von DDR-Betrieben in staatlichen Archiven.

Archiv	**Schwerpunktmäßig vorhandene Akten von Betrieben**
Landesarchiv Sachsen-Anhalt Magdeburg	VEB Schwermaschinenbaukombinat „Ernst Thälmann" Magdeburg (SKET) VEB Schwermaschinenkombinat „Karl Liebknecht" Magdeburg VEB Chemieanlagenbau Staßfurt
Stadtarchiv Magdeburg	Volksstimme und Werkzeitung des SKET
Landesarchiv Sachsen-Anhalt, Abteilung Dessau	VEB Waggonbau Dessau VEB Zementanlagenbau Dessau
Landesarchiv Sachsen-Anhalt, Abteilung Merseburg	VEB Zentrales Entwicklungs- und Projektierungsbüro für Zuckerfabrikseinrichtungen
Landesarchiv Berlin	VEB Bergmann Borsig
Staatsarchiv Dresden	VEB PENTACON Dresden VEB Kombinat Zellstoff, Papier und Pappe
Landesarchiv Sachsen, Abteilung Chemnitz	VEB Spinnereimaschinenbau Karl-Marx-Stadt WMW Export Import Karl-Marx-Stadt VEB Werkzeugmaschinenkombinat „Fritz Heckert" Karl-Marx-Stadt
Staatsarchiv Sachsen, Abteilung Leipzig	VEB PKM Anlagenbau Leipzig VEB Blechverformungswerk Leipzig VEB Chemieanlagenbau- und Montagekombinat Leipzig VVB (Z) RFT Radio- und Fernmeldetechnik Leipzig
Brandenburgisches Landeshauptarchiv Potsdam	VEB Chemiefaserwerk „Friedrich Engels" Premnitz

	VEB Schwermaschinenkombinat „Heinrich Rau“ Wildau VEB Lokomotivenwerk „Karl Marx“ Babelsberg VEB Geräte- und Reglerwerk Teltow
Archiv der Carl Zeiss JENA GmbH, Jena	VEB Carl Zeiss JENA

Besonders die Berichte der nach China entsandten Monteure aus der DDR geben ein unmittelbares, lebendiges Bild von der Realisierung umfangreicher Projekte. Auch die Memoirenliteratur führender Politiker der DDR, die in die Zusammenarbeit mit China einbezogen waren, sowie zeitgenössische Publikationen führen aufschlussreiche Details dieser Beziehungen an, etwa von dem ersten Botschafter der DDR in China, Johannes König[15], von dem Vorsitzenden der Staatlichen Plankommission, Gerhard Schürer[16], und von dem stellvertretenden Minister für Außenhandel Dietrich Lemke[17]. Von besonderem Wert sind die Aussagen von Zeitzeugen, die in der ehemaligen DDR in Betrieben, in Projektierungseinrichtungen, im Außenhandel und anderen Institutionen in die wirtschaftliche Zusammenarbeit mit China einbezogen waren. Wo die Akten Pläne aufführen, konnten die Gesprächspartner gegebenenfalls bestätigen, was davon realisiert wurde. Aus ihrer Erinnerung haben sie in Gesprächen und Korrespondenz mit dem Autor durch zahlreiche Details dazu beigetragen, das Bild der Beziehungen sowohl faktenreich als auch emotional abzurunden.

Zu den schriftlichen chinesischen Quellen zählen sowohl Zeitungsberichte und Artikel in Fachzeitschriften als auch regionale Chroniken des wirtschaftlichen Aufbaus und Erinnerungen von Zeitzeugen an den Aufbau von Fabriken durch die DDR.

Trotz zahlreicher ausgewerteter Archivquellen bleibt diese Studie notwendigerweise unvollständig. Dies liegt nicht zuletzt daran, dass die Unterlagen der an der China-Kooperation beteiligten Betriebe auf viele Archive verstreut sind, zum Teil nicht mehr existieren und viele Akten

[15] König, Johannes; *Befreites China – Bilddokumente vom Kampf und Sieg und von der Aufbauarbeit des chinesischen Volkes*, Dresden: Sachsenverlag 1951.

[16] Schürer, Gerhard, *Gewagt und verloren*, Berlin: Edition Ost 2014.

[17] Lemke, Dietrich, *Havanna, Peking, Bonn – Ein DDR-Außenhändler erinnert sich*, Berlin: Edition Berolina 2013.

in den Archiven noch nicht geordnet und somit nicht zugänglich sind. Die Aussagen aus den Akten beinhalten zudem oft nur Pläne, es wird aber nicht mitgeteilt, was davon realisiert wurde. Hier helfen die Berichte vor allem aus der Zeitung *Neues Deutschland* (ND) und, nicht zu vergessen, die Berichte in chinesischen Fachzeitschriften über die Zusammenarbeit mit der DDR und Errungenschaften aus der DDR sowie die Erinnerungen von Zeitzeugen. Allerdings waren die Berichte des ND besonders in den 1980er Jahren wenig faktenfreudig und nach der von oberster Stelle vorgegebenen Sprachregelung meist im Stil der wolkigen Floskeln des Politbüros gehalten, die keinen Aufschluss über die wahre Sachlage ermöglichten.

Ausgehend von der These, die DDR-Wirtschaft sei überhaupt marode gewesen, behaupten einzelne wissenschaftliche Arbeiten pauschal, die DDR hätte „wenig bis gar nichts“ zu bieten gehabt[18], oder „zu unattraktiv war der Handelspartner DDR mit seinen veralteten Industrieerzeugnissen.“[19] Hier hingegen wird versucht, ein ausgewogeneres Bild der Leistungen und Probleme in der wirtschaftlichen Zusammenarbeit der DDR mit China zu zeichnen. Die Untersuchung kommt zu dem Ergebnis, dass die DDR in den 1950er Jahren nach der Sowjetunion einen spürbaren Beitrag zur Industrialisierung Chinas geleistet hat. Die junge Volksrepublik litt an immensen Zerstörungen durch Krieg und Bürgerkrieg. Als Folge des Korea-Krieges war das Land außerdem durch die entwickelten kapitalistischen Länder international isoliert.[20] In dieser Situation setzte China große Hoffnungen auf die wirtschaftliche Hilfe der DDR, die jene bis zur Überforderung zu erfüllen versuchte. Durch den Bruch zwischen der VR China und der Sowjetunion zu Beginn der 1960er Jahre wurde diese erfolgreiche Zusammenarbeit erst weitgehend eingestellt und dann neu ausgerichtet. In den 1980er Jahren dann, als sich die Beziehungen wieder normalisierten, waren substantielle Beiträge der DDR vor allem wegen ihrer technologischen Rückstände nur noch punktuell in wenigen Bereichen möglich. Zugleich lebte die in den

---

[18] Berkovsky, Axel, China und die DDR in den 1980er Jahren, Feinde, Schönwetterfreunde und Komplizen, in: Deutschland-Archiv, 17.01.2020, Link: www.bpb.de/303741.

[19] Bode, *Die DDR und die Volksrepublik China*, S. 76.

[20] Zur Geschichte Chinas in den 1940er und 1950er Jahren: Schmidt-Glintzer, Helwig, *Das Neue China – Von den Opiumkriegen bis heute*, München: C.H.Beck, 6., überarbeitete Auflage 2014.

1950er Jahren gegründete Freundschaft durch den Abschluss zahlreicher Verträge und einen lebhaften Delegationsaustausch wieder auf. Die besonders ab 1985 anlaufende intensive Zusammenarbeit beider Länder fand durch das Ende der staatlichen Existenz der DDR ein jähes Ende.

Die folgende Untersuchung ist chronologisch in fünf Phasen gegliedert. Auf die erfolgreiche Zeit sehr enger Beziehungen zwischen beiden Ländern bis 1957 folgten die schwierigeren Zeiten der Politik des Großen Sprungs nach vorn, ab 1958, der großen Hungerkatastrophe und der Reorganisation der chinesischen Volkswirtschaft bis 1965. Daran schlossen sich die Kulturrevolution ab 1966 und ihre Nachwehen bis 1979 an, ehe die Verkündung der Politik von Reform und Öffnung durch Deng Xiaoping und die Normalisierung der Beziehungen zwischen der DDR und China in den 1980er Jahren folgten. Entsprechend der Bedeutung einzelner Projekte und von Schwerpunktbereichen der Zusammenarbeit sind diese soweit wie möglich zusammenfassend dargestellt.

Die chinesischen Namen sind in der offiziellen Pinyin-Transkription der VR China wiedergegeben. Wo dies nicht möglich war, sind die Namen kursiv geschrieben.

Die Angaben über die Außenhandelsumsätze erfolgen in der Regel in Rubel. Ab 1963 wurde in den Außenhandelsbeziehungen der Transferrubel eingeführt. Dabei galt ein Verhältnis von 1 Transferrubel = 5 Mark/Valutagegenwert (M/VGW). Über diese künstlichen Währungen wurde eine Beziehung zu den konvertiblen Währungen geschaffen, da die Binnenwährungen in den sozialistischen Staaten nicht konvertibel waren. Ab den 1970er Jahren wurden die Umsätze im Handel mit China in Schweizer Franken (CHF) angegeben.

1. Schwierige Anfänge: Die Gründung der Volksrepublik China und der DDR und der Beginn ihrer Handelsbeziehungen (1949–1952)

Die DDR und die Volksrepublik China entstanden beide im Gefolge des Zweiten Weltkriegs. Die DDR wurde am 7. Oktober 1949 gegründet, die VR China war nur wenige Tage zuvor am 1. Oktober 1949 von Mao Zedong ausgerufen worden.

Nach dem Invasionskrieg Japans ab 1937 und dem Bürgerkrieg von 1945 bis 1949 musste die neue chinesische Regierung die Wirtschaft des Landes, das sich noch gar nicht zur Gänze unter ihrer Kontrolle befand, erst wiederherstellen.[21] Vor diesem Hintergrund war die Aufnahme von Handelsbeziehungen zwischen der DDR und der VR China außerordentlich kompliziert. Denn auch die junge DDR befand sich wirtschaftlich in schwieriger Lage. Ein bedeutender Teil der Industriebetriebe und des Verkehrsnetzes waren durch die Reparationen an die Sowjetunion demontiert worden. Die Demontagen setzten sich bis 1954 fort. Andere Betriebe standen als sowjetische Aktiengesellschaften (SAG) unter sowjetischer Verwaltung und wurden erst 1954/55 an die DDR zurückgegeben. Es fehlten Facharbeiter, die im Krieg gefallen waren oder sich in sowjetischer Kriegsgefangenschaft befanden. Durch die Spaltung Deutschlands wirkten in der DDR eklatante wirtschaftliche Disproportionen, zum Beispiel war die DDR von den Rohstoffen des Ruhrgebiets abgeschnitten. Die Planwirtschaft und die Leitung der Volkswirtschaft befanden sich, genau wie zeitgleich in der VR China, erst im Aufbau.[22] Beide Länder waren international mit Blockade und Embargo konfrontiert. Politisch hatte China als zweite Macht im sozialistischen Lager nach der Sowjetunion dennoch eine herausgehobene Bedeutung.

Unter diesen Bedingungen wollte die DDR durch ihren Außenhandel mit China dringend benötigte Lebensmittel und wertvolle Rohstoffe erhalten, auch wenn die exportierten Industriegüter dann für die eigene Wirtschaft fehlten. China befand sich ab November 1950 wieder

---

[21] Siehe hierzu die Beiträge in Brown, Jeremy/Pickowicz, Paul G. (Hg.), *Dilemmas of Victory. The Early Years of the People's Republic of China*, Cambridge, MA: Harvard University Press 2010.

[22] Mählert, Ulrich, *Kleine Geschichte der DDR*, München: C.H. Beck, 6., überarbeitete Auflage 2009.

im Kriegszustand, indem es Nordkorea im Korea-Krieg mit mehr als 500.000 sogenannten Freiwilligen militärisch unterstützte. Für den Nachschub wurden akut Eisenbahnschienen und rollendes Material benötigt. Die Transportmöglichkeiten von der DDR nach China waren jedoch sehr eingeschränkt. Das Eisenbahnnetz durch Polen und die Sowjetunion musste erst wiederhergestellt werden. Eine Schifffahrtsverbindung existierte nur ab dem polnischen Hafen Gdansk. Es gab noch keine Post- und Telekommunikationsverbindung mit China.[23]

In dieser Zeit lernten sich die Vertreter beider Länder kennen. Einige Funktionäre der Kommunistischen Partei Deutschlands (KPD), wie Otto Braun und Mojzes Grzyp hatten die revolutionäre Bewegung in China aktiv unterstützt. In der Propaganda der DDR wurden das Aufbauwerk in China und die gesellschaftlichen Umwälzungen, wie die Bodenreform und die Emanzipation der Frauen, überschwänglich und mit großer Sympathie aufgenommen. Ministerpräsident Zhou Enlai hatte noch vor der Verabschiedung des ersten Fünfjahrplans mit großer Weitsicht Elektronik-Experten in die DDR geschickt, um den Aufbau einer eigenen Elektronikindustrie in Zusammenarbeit mit der DDR vorzubereiten.[24]

Eine wichtige Grundlage für die Aufnahme von Handelsbeziehungen bildete die gegenseitige diplomatische Anerkennung beider Staaten. Am 25. Oktober 1949 erkannte die VR China die DDR an, zwei Tage darauf unternahm die DDR den entsprechenden Schritt. Im Jahr darauf wurden in beiden Ländern diplomatische Missionen eingerichtet. Wegen des bedeutenden Interesses der DDR am Handel mit China erhielt die DDR-Botschaft in Beijing frühzeitig eine Handelspolitische Abteilung (HPA). Erster Botschafter der DDR in der VR China war wie erwähnt Johannes König, der als Funktionär der KPD in der Nazi-Zeit im Konzentrationslager inhaftiert gewesen und 1939 wegen seiner jüdischen Frau ins Exil nach Shanghai gegangen war. Über die Auswahl Königs

---

[23] Krüger, Joachim, „Die ersten Jahre in Peking – Ein Gespräch mit Ingeborg König“, in: Krüger, Joachim (Hg.) *Beiträge zur Geschichte der Beziehungen der DDR und der VR China – Erinnerungen und Untersuchunbgen*, Münster: LIT Verlag 2002, S. 19–31, hier: S. 25.

[24] Auf die Rolle von Zhou Enlai beim Aufbau einer Elektronikindustrie verweist Luo Peilin in seinen Erinnerungen: Luo Peilin, Zhi wu ya, xing you ze (Keine Grenze für das Wissen, sein Handeln folgt Regeln), Chinese Academy of Engineering, www.cae.cn/cae/html/main/col36/2013-11/13/20131113142211859514316_1.html (aufgesucht am 14.11.2019).

musste das Einverständnis der sowjetischen Organe eingeholt werden. Er bekleidete diesen Posten bis 1955. Mao Zedong sicherte ihm persönlich „die volle Unterstützung des chinesischen Volkes“ zu.[25] Als erster Botschafter der VR China in der DDR fungierte Ji Pengfei, der später Außenminister wurde.

Während Mao Zedong im März 1950 zu seiner berühmten Auslandsreise in Moskau weilte, nahmen Vertreter der DDR Kontakt mit der chinesischen Delegation dort auf, die mit Josef Stalin über einen Freundschaftsvertrag verhandelte. Li Fuchun, der stellvertretende Leiter der zentralen Wirtschafts- und Finanzkommission, erklärte der DDR-Delegation, dass die chinesische Seite dringend komplette Fabrikausrüstungen, Maschinenbauausrüstungen, chemische Produkte, Elektronik, optische Erzeugnisse, Stahl und Eisenbahnschienen benötige.[26] Im Mai 1950 dann begab sich eine Delegation der DDR unter Leitung des Handelsministers Georg Handke nach China, um ein Handelsabkommen mit der Volksrepublik abzuschließen.[27]

Doch dies gelang erst einer weiteren Handelsdelegation unter Leitung des sächsischen Wirtschaftsministers Gerhart Ziller. Sie schloss im Oktober 1950 in Beijing das erste Handelsabkommen mit der VR China über einen Warenaustausch in Höhe von 55 Millionen US-Dollar ab.[28] Das Abkommen sah vor, dass China Rohstoffe und die DDR industrielle Ausrüstungen und Geräte liefert. Es wurde vom Hauptabteilungsleiter Lin Haiyun im Ministerium für Außenhandel und dem Delegationsleiter Ziller unterzeichnet (Abb. 1).[29] Im Rahmen dieses Handelsabkommens war unter anderem die Projektierung und Lieferung einer Kohlehydrierungsanlage zur Benzingewinnung vereinbart worden. Dabei hatte die DDR auf einen entscheidenden Anteil von Lieferungen aus Westdeutschland gerechnet, was aber angesichts der feindseligen Haltung der

---

[25] Meißner (Hg.), *Die DDR und China 1949 bis 1990*, S. 73.

[26] Gespräch mit der chinesischen Handelsdelegation in Moskau am 21.3.1950, Politisches Archiv des Auswärtigen Amtes (PA AA), Bestand MfAA, A15, 341, Bl. 1–3.

[27] Central Intelligence Agency (CIA), East German Emissaries to China, 24.04.1950, CIA-RDP82-00457R004800050010-0. Dieser und alle nachfolgend zitierten Berichte des US-amerikanischen Geheimdienstes sind unter www.cia.gov/library/readingroom abrufbar.

[28] Bock, Siegfried/Muth, Ingrid/Schwiesau, Hermann (Hg.), *DDR-Außenpolitik im Rückspiegel – Diplomaten im Gespräch*, Münster: LIT 2004, S. 210.

[29] Wo yu Minzhu Deguo qianding maoyi xieyi (China und die DDR unterzeichnen ein Handelsabkommen), Renmin Ribao, 11.10.1950, S. 1.

Adenauer-Regierung nicht zum Tragen kam. Die DDR bat deshalb die chinesische Seite, sie von dieser Verpflichtung zu entbinden. Man konnte nur auf eine mögliche Unterstützung durch die Sowjetunion verweisen, woran man sich dann beteiligen könnte.[30] Ungeachtet dieser Enttäuschung setzte China weiter große Hoffnungen auf die Unterstützung beim Aufbau der Industrie durch die DDR. Doch brachte es die schwierige Konsolidierungsphase der beiden neu gegründeten Staaten mit sich, dass der beiderseitige Außenhandel zunächst nur sehr langsam anlief.

Abbildung 1: Unterzeichnung des ersten Handelsabkommens DDR – VR China im Jahre 1950 durch den Wirtschaftsminister Ziller und den Hauptabteilungsleiter Lin Haiyun, vorn in der Mitte Botschafter Johannes König

So erhielt der Volkseigene Betrieb (VEB) Schwermaschinenbau „Ernst Thälmann" in Magdeburg schon ab 1951 Bestellungen über insgesamt fünf Maschinen für die Erzaufbereitung, wahrscheinlich, um im Krieg zerstörte Anlagen wiederaufzubauen. Dazu gehörten zwei Trommel- und ein Ringscheider.[31] Die den Vertrag schließenden Partner wa-

[30] Krüger (Hg.), *Beiträge zur Geschichte der Beziehungen der DDR und der VR China*, S. 96.

[31] Landesarchiv Sachsen-Anhalt (LASA), Abteilung Magdeburg, I 29, Nr. 199, VEB Schwermaschinenbau „Ernst Thälmann" Magdeburg, Exportaufträge 1951–53.

ren die volkseigene Handelsgesellschaft Deutscher Innen- und Außenhandel (DIA) Elektrotechnik und die staatliche, kurz zuvor gegründete China National Machinery Import Export Corporation (CMC).

Als ein Wesensmerkmal der zentral geleiteten Wirtschaft lag sowohl in der DDR als auch in der VR China die Ausführung des Außenhandels in der Hand von Außenhandelsgesellschaften. Sie erteilten Exportaufträge und führten Importe durch. Die Außenhandelsgesellschaften unterstanden dem Ministerium für Außenhandel, die die Transaktionen auch kommerziell erledigten. Die Betriebe hatten somit keinen direkten Kontakt mit Partnern im Ausland. Mit der Bildung von Kombinaten ab den 1970er Jahren entstanden auch diese jeweils zugeordneten Außenhandelsbetriebe. Die Leiter der Außenhandelsbetriebe unterstanden dem Generaldirektor des Kombinats. Dadurch wurde die Verantwortung für den Außenhandel in die Hände der Kombinate gelegt. Die im Jahre 1952 gegründete Kammer für Außenhandel kümmerte sich darum, Kontakte mit Handelspartnern besonders im westlichen Ausland herzustellen.[32]

Der Transport der Güter erfolgte über die Transsibirische Eisenbahn.[33] Sehr viel kürzer war der Transportweg für den ersten von der DDR produzierten Kurzwellensender, den die chinesische Mission in Berlin im Jahre 1952 erhielt. Mit einer Leistung von 5 kW stellte er den chinesischen Diplomaten eine Verbindung mit der Heimat zur Verfügung. Da der Sender jedoch eigentlich für die Küstenfunkstelle Rügen-Radio gedacht gewesen war, wurde er kurzerhand täglich eine Stunde für den Seeverkehr der DDR genutzt, bis ein zweiter Sender zur Verfügung stand.[34]

So waren drei Jahre nach Gründung der beiden sozialistischen Staaten erste Kontakte geknüpft. Sehr schnell sollten auf die bescheidenen Anfänge dann aber Exporte ganz anderer Dimension folgen.

---

[32] Hofmann, Otto/Scharschmidt, Gerhard, *DDR-Außenhandel gestern und heute*, Berlin: Die Wirtschaft 1980.

[33] LASA Abteilung Magdeburg, I 29, Nr. 199, VEB Schwermaschinenbau „Ernst Thälmann" Magdeburg, Exportaufträge 1951–53.

[34] Krüger (Hg.), *Beiträge zur Geschichte der Beziehungen der DDR und der VR China*, S. 72.

2. Elektronik, Zucker und Zement: Industrieanlagen aus der DDR und der erste Fünfjahrplan der Volksrepublik China (1953–1957)

Die Intensivierung und Aufwertung der Beziehungen zwischen der VR China und der DDR kam 1953 schon darin zum Ausdruck, dass die jeweiligen diplomatischen Missionen in Botschaften umgewandelt wurden. Schwerer noch wog aber, dass die Regierung in Beijing ebenfalls 1953 ihren ersten Fünfjahrplan verabschiedete. Damit folgte sie, ebenso wie die DDR, auch in ökonomischer Hinsicht dem Vorbild der Sowjetunion. Während des ersten chinesischen Fünfjahrplans verlagerte sich das Schwergewicht der bilateralen wirtschaftlichen Beziehungen auf die Lieferung kompletter Industrieanlagen aus der DDR nach China. Erste Fabriken wurden in diesen Jahren schon fertiggestellt und von der chinesischen Seite mit großer Dankbarkeit in Betrieb genommen. Die DDR war gewillt, die Wünsche der chinesischen Seite zu erfüllen, stieß aber oft genug an die Grenzen, die durch die Probleme der eigenen Volkswirtschaft, Unerfahrenheit mit der Realisierung derartiger Projekte, die Reparationsforderungen der Sowjetunion und den Kalten Krieg gesetzt waren.

Der erste Fünfjahrplan in der VR China sah nach der Phase der Konsolidierung der vom Bürgerkrieg erheblich zerstörten Wirtschaft eine schrittweise Entwicklung der Wirtschaft nach sowjetischem Vorbild mit einem Fokus auf der Schwerindustrie vor. Die Sowjetunion half mit dem Aufbau von 156 Industrieobjekten, die das Rückgrat von Chinas Industrie bildeten. Da in China zu dieser Zeit eine übergroße Mehrheit der Menschen noch in der Landwirtschaft arbeitete, wurde diese Entwicklung mit Einnahmen aus dem Agrarsektor finanziert, was wegen der umfangreichen Exporte von Lebensmitteln auch empfindliche Versorgungsengpässe verursachte.

Bereits 1950 hatte der Koreakrieg begonnen, in dem die VR China mit einer Armee vorgeblich freiwilliger Soldatinnen und Soldaten den kommunistischen Norden unterstützte. Wegen dieser Unterstützung wurde die VR China von den kapitalistischen Industriestaaten mit einem Handelsboykott belegt. Deshalb konnte die Volksrepublik Hochtechnologieerzeugnisse nur von der Sowjetunion und der DDR beziehen. Solche Technik befand sich in der Sowjetunion jedoch überwiegend noch auf dem Stand der 1930er Jahre und lag damit gut ein Jahrzehnt hinter der Entwicklung in der DDR zurück. China war deshalb über die Hilfe der Sowjetunion hinaus dringend interessiert, moderne Technologien in Gestalt von Maschinen, Ausrüstungen, Geräten und kompletten Industrieanlagen aus der DDR zu beziehen.

Für die DDR eröffneten sich damit ab dem Jahre 1953 langfristige Absatzchancen für komplette Industrieausrüstungen und Fabriken. Ab dieser Zeit plante, fertigte und errichtete die DDR in China etwa 40 komplette Fabrikanlagen. Es handelte sich um folgende Vorhaben.[35]

Tabelle 2: Liste der Lieferung kompletter Fabrikanlagen aus der DDR nach China (Stand ca. 1956)

Von der DDR gebaut bzw. geliefert
Baumwollspinnerei Beijing
Baumwollspinnerei Xinjiang
Zuckerfabrik Baotou
Einrichtungen für Theater der Hauptstadt (Klimaanlage, Bühnenbeleuchtung)
Fernsprechämter
Großwählnebenstellen-Anlage Beijing-Hotel
Großwählnebenstellen-Anlage Exporthaus Beijing
Großwählnebenstellen-Anlage Beijing 500 AE
Fernsprechamt Chongqing 4 und 5
Fernsprechamt Changsha
Fernsprechamt Tianjin 5 und 7
Fernsprechamt Mukden (Shenyang) und Xi'an
Anlagen, die sich z. Z. im Aufbau befinden
Wärmekraftwerk I Zhengzhou
Wärmekraftwerk II Shijiazhuang
Wärmekraftwerk III Shijingshan
Wärmekraftwerk IV Datong
Kleinkraftwerke in Qingtai, Tianjin, *Chuan-Gang*, *Pe An* und *Pechentse*
Radioteilekombinat (DOC) Beijing
Erste Kabelfabrik in Tianjin (Objekt 210)
Zementfabrik I Datong
Zementfabrik II Yongdeng bei Lanzhou
Schleifscheibenwerk Zhengzhou

[35] Meißner (Hg.), *Die DDR und China 1949 bis 1990*, S. 259ff.

Bakelitpresspulveranlage in Harbin
850-ige Duo-Reversier-Blockstraße in Daye
Vor Baubeginn bzw. Lieferung der Ausrüstungen
4 Wärmekraftwerke in Guangzhou, Lanzhou, Nanping
2 Heizkraftwerke in Baoding und Taiyuan
1 Kleinkraftwerk (5 x 1,5 MW)
Zementfabrik III in Kunming
Rübenschnitzeltrockenanlage für Zuckerfabrik Baotou
Gerbstoffanlage in Yakeshi (Innere Mongolei)
Chemisch-technische Glashütte in Beijing
Pharmazeutische Glashütte in Shijiazhuang
3 Telefonämter
Labor für Edelstahlwerk
Im Stadium der Projektierung
Messgerätewerk Xi'an
Kunstseidenfabrik Baoding
Perlonanlage Beijing
Spezialpapierfabrik (Objekt 103)
Alkoholgewinnungsanlage auf Holzbasis
Rundfunkzubringerstrecke Beijing – Xi'an
Im Rahmen des langfristigen Abkommens zur Bestellung in Aussicht genommen
3 Großkraftwerke
40 Betriebe für Werkzeugmaschinen
6 Betriebe für Textilindustrie
2 Betriebe für Nahrungsmittelindustrie
Elektrotechnische Anlagen
22 sonstige industrielle Anlagen

Das bedeutendste Objekt auf dieser Liste war das Radioteilekombinat in Beijing, das elektronische Bauteile unter anderem für die militärische Nutzung produzierte. Zusammen mit den von der Sowjetunion in Beijing errichteten Elektronikfabriken, für die die DDR auch wichtige Ausrüstungen lieferte, investierte der chinesische Staat hier 260 Millionen Yuan, was 45 Prozent der im ersten Fünfjahrplan für die Elektronikindustrie ausgegebenen Mittel entsprach.[36]

[36] Yu Jinghua, Beijing „7" zihao qiyequn nengfou zaixian huihuang (Kann die Beijinger Unternehmensgruppe mit der Ziffer „7" wieder mit Glanz erscheinen?), Xin Shiye 1993, H. 3, S. 31.

Die Kraftwerke, aber auch einige andere Objekte, wurden vom VEB Industrieanlagen-Export (INEX) Berlin projektiert. INEX stellte das Bindeglied zwischen den Betrieben des Maschinen- und Schwermaschinenbaus und dem Außenhandel dar. Der VEB INEX wurde 1954 auf der Basis des Zentralen Projektierungsbüros für Maschinenbau gegründet und erarbeitete die Projektunterlagen für komplette Industrieanlagen.

Der Wert der Kraftwerke belief sich auf rund 70 Millionen Rubel.[37] Die Lieferung der Kraftwerke war für die Jahre 1955 und 1956 vorgesehen. Die Verträge umfassten die Projektierung, die Produktion der Anlagen und die Hilfe bei der Montage bis zur Inbetriebnahme. Die DDR konnte die eingegangenen Verpflichtungen jedoch nicht vollständig erfüllen, so dass es zu einem Saldo zu Lasten der DDR kam. 1956 befanden sich für den Aufbau der zu liefernden Industrieanlagen etwa 200 Spezialisten der DDR – mit einer Ausnahme handelte es sich tatsächlich nur um Männer – in China.[38]

2.1. Kräne über der Verbotenen Stadt: Die Industrieausstellung 1953

Im Zeitraum von April bis August 1953 fand in Beijing und in Shanghai, gemeinsam veranstaltet von der Vereinigung für Außenhandel der DDR und dem Komitee zur Förderung des Außenhandels Chinas, eine Industrieausstellung der DDR statt. In sechs Pavillons mit einer Ausstellungsfläche von 4.500 Quadratmetern wurden folgende Schwerpunkte gezeigt: Politischer Überblick, Feinmechanisch-optische Geräte, Elektrotechnik, Chemische und Leichtindustrie, Gebrauchsgüter, Maschinenbau.

Die Ausstellung sollte die Erfolge der DDR beim Aufbau des Landes und die Möglichkeiten des Außenhandels demonstrieren.[39] Damit knüpfte man an ein bewährtes Mittel der Exportförderung an. Spätestens seit der ersten Weltausstellung in London im Jahre 1851 begann sich das

---

[37] CIA, East German Power Plants to be exported to China, 16 June 1955, CIA-RDP80-00810A006800720004-7. Die Zeitung *Neues Deutschland* meldete eine Summe von 80 Millionen Rubel, siehe: DDR für 80 Mill. Rubel Kraftwerke an China, Neues Deutschland vom 8.3.1955, S. 1.

[38] Meißner (Hg.), *Die DDR und China 1949 bis 1990*, S. 253.

[39] Zai Shanghai zhanchu de Minzhu Deguo gongye zhanlanhui (Industrieausstellung der DDR in Shanghai), Jixie zhizao 1953 (07), S. 1.

Prinzip der Industrieausstellung erst in Europa und den USA und später weltweit zu verbreiten.[40] Auch in China etablierten sich in den letzten Jahren des Kaiserreichs, das 1911 untergehen sollte, Ausstellungen sowohl heimischer als auch ausländischer Produzenten oder ganzer Staaten.[41] Auch die hier untersuchte Industrieausstellung der DDR war, wie Jennifer Altehenger kürzlich dargelegt hat, Teil eines ganzen Reigens von Ausstellungen, die nicht nur die DDR in China, sondern umgekehrt auch die Volksrepublik in der DDR präsentierte. Zwischen 1951 und 1965 war China regelmäßiger Gast der Leipziger Messe, wo das Land den zweitgrößten Pavillon nach jenem der Sowjetunion innehatte.[42]

An der Beijinger Ausstellung von 1953 beteiligten sich alle Exportbetriebe der DDR, unter ihnen der VEB Carl Zeiss JENA und der VEB Lokomotivenbau „Karl Marx“ in Babelsberg. Zur Eröffnung der Ausstellung in Beijing durch Deng Xiaoping sprachen der stellvertretende Bürgermeister Beijings, Wu Han[43], und der Botschafter der DDR in China, Johannes König.

Die Ausstellung in Beijing wurde am 15. April eröffnet und schloss ihre Pforten am 27. Mai – wobei diese „Pforten“ tatsächlich gewaltige Tore waren -, denn die Ausstellung wurde mangels anderer Veranstaltungsorte in den Hallen der „Verbotenen Stadt“, dem Kaiser-Palast in Beijing, durchgeführt.[44] Für den Industriezweig Feinmechanik/Optik waren 240 Quadratmeter vorgesehen, von denen der VEB Carl Zeiss JENA rund ein Achtel einnahm.[45] Da diese Hallen, die während der Ming-Dynastie (1368–1644) erbaut worden waren und poetische Namen

---

[40] Osterhammel, Jürgen, Die Verwandlung der Welt. Eine Geschichte des 19. Jahrhunderts, München: C. H. Beck 2009, S. 41 f.

[41] Zum Beispiel 1910 in Nanjing, siehe Susan R. Fernsebner, Objects, Spectacle, and a Nation on Display at the Nanyang Exposition of 1910, Late Imperial China 27 (2006) 2, S. 99–124.

[42] Altehenger, Jennifer, Industrial and Chinese: Exhibiting Mao's China at the Leipzig Trade Fairs, in: Journal of Contemporary History 2020 (April), doi:10.1177/0022009419888265.

[43] Wegen der Verfolgung in der Kulturrevolution nahm sich Wu Han im Jahre 1969 das Leben. Siehe: Leese, Daniel, *Die chinesische Kulturrevolution 1966–1976*, München: C.H.Beck 2016, S. 119.

[44] ZEISS-Archiv, BACZ 14607, Industrieausstellung Peking 1953; BACZ 14607, Exponateliste für die Technische Schau in Peking 1951.

[45] ZEISS-Archiv, BACZ 14607, Besprechung bei der DIA, Kontor Werbung und Messen am 1.12.1952.

trugen, mehr als 300 Jahre alt waren, wurden die Aussteller ausdrücklich darauf hingewiesen, keine Nägel in die Säulen zu schlagen und die Bodenplatten nicht zu beschädigen. Die Türen der Hallen begrenzten die Größe der Kisten mit den Ausstellungsstücken. Der VEB Lokomotivbau „Karl Marx" in Babelsberg stellte dennoch eine Diesellokomotive mit 30 PS (im Original) sowie eine Baulokomotive von 250 PS und eine Diesellokomotive von 60 PS, jeweils als Modell, aus.[46] Auch der VEB Carl Zeiss JENA zeigte ein breites Spektrum aus seiner international gefragten Produktpalette.[47]

Tabelle 3: Vom VEB Carl Zeiss JENA auf der Industrieausstellung der DDR in China vorgestellte Warengruppen

Warengruppe	**Repräsentatives Objekt**
Optisch-Physikalische Messgeräte	Refraktometer für die Brechzahlmessung
Feinmessgeräte	Großes Werkzeugmikroskop
Ophthalmologische Geräte	Ophthalmometer für die Augenmessung
Geräte zur Bearbeitung von Brillengläsern	Punktalgläser (Brillenglas)
Fernrohre, Ferngläser, Theatergläser	Feldstecher
Vermessungsgeräte	Nivelliere für die Messung von Höhenunterschieden
Astronomische Geräte	Schulfernrohr
Optische Bauteile, Fotoapparate	Kameras
Kinofilmprojektoren	Dokumator Aufnahme- und Lesegeräte
Verschiedenes	Selbstzündermotor

Ein Kollektivstand mehrerer Gerätehersteller im selben Raum wurde vom VEB Mechanik Askania in Teltow geleitet. Der Betreuer, ein Herr W. Werner, vertrat auf der Ausstellung neben dem traditionsreichen Feinmechanikhersteller Askania außerdem die Volkseigenen Betriebe Gaselan Berlin (Flüssiggastanks), Messgerätewerk Quedlinburg, Junkalor Dessau (ebenfalls Messgeräte), Werkstoffprüfmaschinen Leipzig, Laborprüfgerätewerk Chemnitz sowie die Metallwerker GmbH

46 Brandenburgisches Landeshauptarchiv (BLHA), Rep. 505 Lokomotivbau „Karl Marx" Babelsberg, Nr. 1089, Schreiben des VEB Lokomotivbau „Karl Marx" Babelsberg an DIA vom 11.12.1952.

47 ZEISS-Archiv, BACZ 14607, Aufstellung der für die Ausstellung in Peking vorgesehenen Geräte.

Meerane.[48] Werner berichtete am 26. April nach Teltow, dass er nach einem viertägigen, von Zwischenlandungen unterbrochenen Flug von Moskau in Beijing gelandet sei. Er wusste zu berichten, dass unter den Ausstellungsstücken des VEB Askania – einer Gasdruckregelung, einem Schlagprüfstand und einer Auswuchtmaschine – besonders letztere großes Interesse der Besucher fand. Allerdings berichtete Werner auch von Mängeln der offenbar noch wenig erprobten Ausstellungsstücke. Da man noch keine Erfahrungen mit seefester Verpackung hatte, kamen die Stücke verrostet und teilweise beschädigt an. Auf der Ausstellung musste viel improvisiert werden, um die Objekte vorführen zu können. Werner monierte auch, dass man sich noch besser auf die wirtschaftlichen Erfordernisse des ersten Fünfjahrplans in China hätte einstellen müssen.

Andererseits vermerkte er erstaunt, dass die Vertreter der chinesischen Importgesellschaften noch gar nicht bereit gewesen seien, über konkrete Projekte der Zusammenarbeit zu diskutieren. Hintergrund war möglicherweise, dass intern die Entscheidungen über Investitionsvorhaben noch nicht gefallen waren. Dennoch kaufte die chinesische Seite am Schluss zumindest alle Ausstellungsstücke auf. In Beijing wurden insgesamt 705.000 Besucher registriert.[49] Angesichts der großen Besucherzahlen reichten die Erzeugnisunterlagen, vom Prospekt bis hin zu Montageanweisungen, insbesondere in englischer Sprache nicht aus. Prominentester Besucher war der Ministerpräsident und Außenminister Zhou Enlai, der die Ausstellung am 27. Mai besichtigte. Wegen des großen Erfolgs drängte die chinesische Seite darauf, die Ausstellung in Shanghai zu wiederholen, wo sie vom 11. Juli bis 9. August 1953 stattfand. Die Eisenbahnfahrt nach Shanghai dauerte damals 32 Stunden (heute sind es im Schnellzug fünf Stunden). Bei der Eröffnung der Ausstellung in Shanghai waren der DDR-Botschafter Johannes König und Handelsrat Türpe zugegen. Auch in Shanghai wurden mehr als 600.000 Besucher gezählt.[50]

---

[48] BLHA, Rep. 504 Gerätewerk Teltow, Nr. 161, Brief W. Werner an VEB Mechanik Askania Teltow vom 19.5.1953.

[49] Krüger (Hg.), *Beiträge zur Geschichte der Beziehungen der DDR und der VR China*, S. 26 führt die Zahl von 1,5 Millionen Besuchern der Ausstellung insgesamt an.

[50] BLHA, Rep. 504 Gerätewerk Teltow, Nr. 161, Brief W. Werner an VEB Mechanik Askania Teltow vom 28.7.1953.

Insgesamt konnte die Industrieausstellung der DDR als großer Erfolg gewertet werden, weil sie die Industrie der DDR einem großen Publikum vorgestellt hatte. Auch in der chinesischen Presse fand die Schau starke Beachtung. Das Zentralorgan der Kommunistischen Partei Chinas, die *Renmin Ribao* (Volkszeitung), berichtete mehrfach ausführlich über die Ausstellung. Die Zeitung erwähnte auch beiläufig, dass das Schiff mit den Ausstellungsgütern infolge eines Sturms erst Mitte April 1953 China erreicht hatte. Ein Aufsatz in der Zeitschrift *Shijie Zhishi* (Weltwissen) erwähnt, dass die Ausstellung im Beijinger Kulturpalast der Werktätigen feierlich eröffnet wurde. Die Ausstellungsfläche wurde, etwas zahlenverliebt, mit 6.300 Quadratmetern und das Gewicht aller Ausstellungsstücke mit 900 Tonnen angegeben. Im Eingangsbereich war ein 30 m hoher Baukran mit einem großen Ausleger aufgestellt, der sechs Tonnen heben konnte (Abb. 2). In der ersten Halle folgten verschiedene große spezielle Werkzeugmaschinen: Dreh-, Fräs-, Bohr- und Schleifmaschinen. Hervorgehoben wurden neuartige Druck- und Buchbindemaschinen. Unter den Präzisionsgeräten standen die optischen Geräte und die chemischen Analysegeräte des VEB Carl Zeiss JENA an erster Stelle, aus einem Betrieb also, der dem Fachpublikum schon seit langem bekannt war. Dann folgten Rechenmaschinen, aber als besondere Neuheit wurde eine Schreibmaschine des Erfurter VEB Optima für chinesische Schrifttypen herausgestellt (ein Nachbau eines japanischen Modells).[51] Schließlich fanden Erzeugnisse der elektrotechnischen Industrie, wie Isolatoren aus Porzellan und eine automatische Telefonwählstation Erwähnung. In der letzten Halle waren chemische Produkte ausgestellt, wie Kaliumsalz, Ammoniumdünger, aber auch Werkzeuge, die besondere Beachtung fanden.

Der Aufsatz in der Zeitschrift *Shijie Zhishi* unterstrich, dass der größte Teil der Ausstellungsstücke dem Bedarf Chinas entspreche, wobei als das Wichtigste das Angebot des Schwermaschinebaus der DDR angesehen wurde.

---

[51] Zur Geschichte von Schreibmaschinen für die chinesische Schrift siehe Thomas S. Mullaney, *The Chinese Typewriter. A History*, Cambridge, MA: MIT Press 2017. Die Optima-Schreibmaschine findet bei Mullaney freilich keine Erwähnung.

Abbildung 2: Katalog der Industrieausstellung der DDR im Jahre 1953

Zusätzliche Bedeutung erhielt die Ausstellung dadurch, dass am vierten Tag nach ihrer Eröffnung das Handels- und Zahlungsabkommen zwischen der VR China und der DDR für das Jahr 1953 unterzeichnet wurde. Darin war vorgesehen, dass die DDR Maschinen, Geräte, Materialien und Geräte der Elektrotechnik sowie Rohstoffe für die chemische Industrie nach China liefern werde. Der Handelsumsatz sollte gegenüber 1952 um gut ein Drittel steigen. Es wurde betont, dass dieser Handel von großer Bedeutung für den Kampf gegen das imperialistische Embargo gegen China sei.[52]

2.2. Erste Beijinger Baumwolltextilfabrik

Die Ausstellung in Beijing war sowohl Ausdruck der begonnenen, intensiven Exporttätigkeit der DDR wie auch Anlass oder Katalysator für weitere Projekte. Einige davon seien im Folgenden genauer vorgestellt, um die Beweggründe, die Schwierigkeiten, aber auch die Erfolge dieser Zusammenarbeit besser verständlich zu machen.

So stellte die DDR schon 1954 in Beijing eine Textilfabrik fertig. Deren Projektierung und ihr Bau hatten jedoch bereits im Januar 1953 begonnen. Fünf Ingenieure aus dem VEB Textilmaschinenbau Karl-Marx-Stadt montierten dort Webstühle, die mit Elektromotoren aus dem

[52] Zan Wei, Cong zhanlanhui kan Minzhu Deguo gongye de fazhan (Anhand einer Ausstellung die Entwicklung der Industrie der DDR sehen), Shijie Zhishi, 1959, H. 10, S. 29.

Sachsenwerk Radeberg ausgerüstet waren.[53] Diese Textilfabrik, die „Erste Beijinger Baumwolltextilfabrik“ (*Beijing di yi mianfangzhi chang* 北京第一棉纺织厂) hieß, nahm am 25. September 1954 mit einer feierlichen Zeremonie den Betrieb auf. An dieser nahmen unter anderen der stellvertretende Bürgermeister Beijings, Wu Han, und der Botschafter der DDR in China, Johannes König, teil. Die DDR lieferte für das Werk 50.000 Spindeln und rund 1.000 Webstühle. Die Jahreskapazität wurde mit 800.000 Ballen Leinwand und 50.000 Rollen Baumwollgarn angegeben. Die Fabrik nahm eine Fläche von 160.000 Quadratmetern ein, die Hälfte davon war bebaut. Die Summe der Investitionsmittel betrug 40,85 Millionen Yuan. Die Baumwolle kam von Feldern in der unmittelbaren Umgebung der Fabrik.[54] Bei einer Ansprache zur Einweihung der Fabrik hob die Direktorin der Fabrik, Yang Huijie, hervor, dass das Werk mit Unterstützung der Sowjetunion und der DDR erbaut worden sei.[55] Die Sowjetunion hatte allerdings nur die Klimaanlage für das Werk geliefert. Diese Textilfabrik bildete die Keimzelle für den Aufbau weiterer Textilfabriken in Beijing, die vollständig von China projektiert und ausgerüstet wurden.[56] Damit war sie ein wichtiger Bestandteil des Technologietransfers zwischen der DDR und China, auf den wir am Ende dieses Kapitels näher eingehen werden.

Einen lebendigen Einblick in den konkreten Aufbau der Textilfabrik und die dabei zu meisternden Herausforderungen geben die Berichte, die der Obermonteur, ein A. Balzer, im Abstand von zwei Wochen an den VEB Spinnereimaschinenbau Karl-Marx-Stadt schickte. Im

[53] Hoffmann, Frieda: „In Peking sah ich Sachsenwerk-Motoren“, Neues Deutschland vom 28.7.1954, S. 2.

[54] Beijing diyi mianfangchang zuo juxing kaigong shengchan dianli (In der ersten Beijinger Baumwollweberei fand gestern die Zeremonie der Produktionsaufnahme statt), Renmin Ribao, 26.9.1954, S. 1.

[55] Erste Pekinger Textilfabrik mit DDR-Maschinen, Neues Deutschland vom 30.9.1954, S. 5; „DDR-Maschinen für Pekinger Textilfabrik“, Neues Deutschland vom 1.10.1954, S. 2.

[56] Beijing shi difangzhi bianzuan weiyuanhui (Redaktionskomitee der lokalen Chronik der Stadt Beijing), *Beijing zhi gongyejuan, fangzhi gongye zhi* (Chronik Beijings, Band Industrie, Chronik der Textilindustrie), Beijing: Beijing chubanshe, 2002, ISBN 7-200-04942-5, S. 11.

März 1954 beispielsweise schrieb Balzer, dass an einer Deckelschleifmaschine die Messbrücke durch den Transport zerbrochen war. Überhaupt hatte man damals noch keine Erfahrung mit der Verpackung für den Seetransport. Mangels eines eigenen Seehafens gelangten die Transporte wie erwähnt zu jener Zeit noch von Gdansk mit einem polnischen Frachter nach China.

Im Mai 1954 beklagte Balzer, dass die mit der Eisenbahn abgeschickten Kisten nach zwei Monaten noch immer nicht die sowjetisch-chinesische Grenze bei Manzhouli erreicht hätten. Die bereits eingetroffenen Bauteile wiederum hatten wegen ungenügender Verpackung Rostschäden. Die Montage der Maschinen war dennoch so weit wie möglich abgeschlossen worden. Die nächsten Schritte waren der Einbau der noch fehlenden Teile, der Anschluss der Hochspannungsanlage und die Inbetriebnahme. Es wurden unbearbeitete Führungsschienen für die Maschinen mitgeliefert. Balzer musste sich um die Bearbeitung der Führungsschienen in China kümmern. Er stellte weiter fest, dass die Getriebe aus Wernigerode keine selbsthemmende Drehzahleinstellung hätten und somit zu Unfällen führen könnten.

Im Juni 1954 erwähnte Balzer, dass jetzt gerade soziale Einrichtungen für das Werk gebaut würden, wie die Kantine, ein Säuglingsheim und Wohnungen für 3.000 Arbeiterinnen und Arbeiter. Gleichzeitig bestätigte der Obermonteur, dass die per Schiff ab Gdansk gelieferten Kisten eingetroffen seien. Wieder bemängelte er die unzureichende Verpackung, weil in die Kisten Wasser eingedrungen war. Er erfuhr, dass in Manzhouli Kisten für eine weitere Textilfabrik in Xinjiang liegen. Offensichtlich handelte es sich um eine Fehlleitung. Balzer wies darauf hin, dass die Schleifmaschinen ohne Abrichtdiamant geliefert worden waren, ein solcher aber unbedingt zur Maschine gehört. Er monierte, dass die Quecksilber-Relais zu träge reagieren und durch einen schneller reagierenden Schalter ersetzt werden sollten. Weiterhin waren Fadenüberlaufrollen durch den Transport kaputtgegangen.

Aufgrund des Lieferstandes der Ausrüstungen teilte er zum Vorhaben der Textilfabrik in Xinjiang mit, dass die Montage dort nicht vor August 1954 beginnt. Im Juli 1954 machte Balzer auf einen Konstruktionsfehler an den Maschinen aufmerksam, weil aus einem Kugellager die Kugeln herausfielen und die Zerstörung des Lagers befürchtet werden musste. Er riet zur Änderung der Konstruktion.

Unterdessen habe, so schrieb der Monteur, die Inbetriebnahme begonnen, aber die Vliese seien noch unsauber, was auch an der verarbeiteten Baumwolle mit einem hohen Anteil unreifer Samenkapseln liege. Als Ersatzteile forderte er, Kohlebürsten für die Motoren und eine Abziehvorrichtung für die Kommutatormotoren zu schicken. Bezüglich eines Fadenzugmessgeräts riet er zu warten, bis ein entsprechendes Gerät des VEB Messgerätewerk Zwönitz exportreif sei.

Im August 1954 berichtete Balzer, dass der Betrieb nun bereits täglich zwölf Stunden laufe. Das noch nicht fertige Werk werde schon von zahlreichen Delegationen besucht. Die offizielle Einweihung wurde wegen starker Regenfälle, die die abschließenden Bauarbeiten behinderten, auf den 1. Oktober 1954 und mithin den fünften Jahrestag der Gründung der VR China verschoben. Doch die Schwierigkeiten schienen kein Ende zu nehmen: Als nächstes teilte Balzer mit, dass die Stromwandler heiß würden und daran noch gearbeitet werde. Das Problem bestand offenbar darin, dass ein Trafo jeweils für mehrere Strecken vorgesehen war, weshalb der Mann aus Karl-Marx-Stadt verlangte, noch zwei Gruppentrafos sowie Wechselräder für die Getriebe und Rillenlager nachzuliefern. Im September wiederum informierte Balzer über Schwergängigkeit der Getriebe, die auf Metallspäne im Getriebegehäuse zurückgeführt werde. Sämtliche Getriebe wurden daraufhin noch einmal ausgewaschen. Seit dem 4. September 1954 aber laufe der Betrieb in zwei Schichten.[57]

Die Berichte des Obermonteurs zeigen, dass damals noch wenig Erfahrung mit dem Aufbau kompletter Fabriken im Ausland existierte und viel Lehrgeld bezahlt werden musste. Transport und Kommunikation waren noch sehr eingeschränkt. Dank der Improvisationskunst der Monteure aus der DDR wurden zahlreiche Schwierigkeiten, auch Nachlässigkeiten beim Absenden der Ausrüstungen, überwunden, so dass die Fabrik die Produktion aufnehmen konnte.

---

[57] Staatsarchiv Chemnitz, Bestand 31039, Nr. 320, Montageberichte China, Bulgarien 1954, China-Berichte Nr. 13 bis 34.

Als Ministerpräsident Otto Grotewohl im Dezember 1954 in China weilte, besuchte er auch die Erste Beijinger Textilfabrik. Direktorin Yang Huijie erwähnte bei dieser Gelegenheit, dass vier Monteure aus Karl-Marx-Stadt die Maschinen installiert hätten und die chinesischen Arbeiter die Hilfe ihrer Kollegen aus der DDR niemals vergessen würden.[58]

Im Jahre 1955 dann besuchte auch der chinesische Ministerpräsident Zhou Enlai die Erste Beijinger Textilfabrik. Sein Besuch belegt die Aufmerksamkeit der chinesischen Führung für die Erfolge in der Zusammenarbeit mit der DDR.

2.3. Zuckerfabrik Baotou

Genau ein Jahr nach der Textilfabrik wurde, wiederum am Jahrestag der Gründung der VR China, in Baotou, Innere Mongolei, eine automatische Zuckerfabrik (*Baotou tangchang* 包头糖厂) aus der DDR eingeweiht. Offiziell nahm das Werk am 24. Oktober 1955 die Produktion auf. Die Investitionen hatte die chinesische Regierung im April 1952 bereitgestellt. Sie beauftragte den Lebensmittel-Experten Qin Hanzhang, der in Belgien, Frankreich und Deutschland studiert hatte, in die DDR, nach Polen und in die Tschechoslowakei zu reisen, um dort Anlagen für Zuckerfabriken einzukaufen. An der Projektierung und am Bau der Zuckerfabrik bis hin zur Erprobung der Anlagen beteiligten sich zwölf Spezialisten aus der DDR.[59] Diese Fabrik, die damals die modernste ihrer Art in China war, konnte im Jahr 180.000 Tonnen Zuckerrüben aus dem umliegenden Gebiet verarbeiten. Die Zuckerfabrik hatte eine Tagesleistung von eintausend Tonnen Zuckerrüben. Am Ufer des Gelben Flusses gelegen, umfasste sie außer den eigentlichen Werkhallen für die Zuckerproduktion ein Kesselhaus, ein Kraftwerk und mehrere Lagerhäuser. Außerdem gehörten zum Werk eine neu erbaute Wohnsiedlung für die eintausend Beschäftigten, eine Schule

---

[58] Geluotiwo zongli deng canguan Beijing diyi mianfangzhichang (Ministerpräsident Grotewohl und andere besuchten die Erste Beijinger Baumwolltextilfabrik), Renmin Ribao, 12.12.1955, S. 4.

[59] Shihai chengou: Baotou tangchang de qianshi jinsheng (Im Meer der Geschichte Material sammeln: Die Wiedergeburt der Zuckerfabrik Baotou), http://www.yntw.com/2019/06/2110.html (aufgesucht am 19.2.2020).

und eine Poliklinik.[60] Angesichts des Umfangs der Lieferung einer kompletten Zuckerfabrik musste für die Fabrik und die Beschäftigten erst eine Infrastruktur geschaffen werden. Allerdings ist es kaum nachvollziehbar, dass in einer „automatischen" Zuckerfabrik eintausend Arbeiter beschäftigt waren. Wahrscheinlich, so lässt sich spekulieren, war man bemüht, in dieser unterentwickelten Gegend möglichst viele Arbeitsplätze zu schaffen und hier Arbeitskräfte anzusiedeln. Das jedoch musste sich negativ auf die Wirtschaftlichkeit der Fabrik auswirken.

Während der Errichtung der Fabrik hatte der Monteur Willy Köhler vom VEB Rohrleitungsbau Bitterfeld den chinesischen Brigadeleiter *Woang Cuo-ching* zur Auszeichnung als Aktivist zum 1. Mai 1955 vorgeschlagen. *Woang* habe, hieß es zur Begründung, alle Schwierigkeiten in der Arbeit gemeistert und die 40 Mitglieder seiner Brigade vorbildlich angeleitet.[61] Dieses Detail lässt eine freundschaftliche Zusammenarbeit der DDR-Spezialisten mit ihren chinesischen Kollegen beim Aufbau der Fabrik vermuten. Zudem sandten die Werktätigen der Zuckerfabrik Baotou im Dezember 1955 eine Kassette mit Zucker aus der ersten Produktion an den VEB Maschinen- und Dampfkesselbau Gera-Liebschwitz. Damit brachten sie ihren Dank an die Geraer Arbeiter zum Ausdruck, die vier Strahlungskessel von je 12,5 Tonnen pro Stunde Dampfleistung für die Zuckerfabrik geliefert hatten.[62]

Auch der folgende Bericht des chinesischen Korrespondenten Liu Heng verdeutlicht am Beispiel der Zuckerfabrik die offizielle, überaus wohlwollende Sicht Chinas auf die technische Hilfe durch die DDR:

> Das chinesische Volk ist der Deutschen Demokratischen Republik sehr dankbar für die große Hilfe, die sie uns bei der Errichtung dieses modernen Werkes gewährte [...].
> Denn nicht allein, daß uns das demokratische Deutschland sämtliche Ausrüstungen schickte, sondern mit den ersten technischen Einrichtungen trafen gleichzeitig auch erfahrene Spezialisten in Paotou [Baotou] ein.
> Es war im Oktober 1953, als die Ingenieure Erich Wolf und Horst Kretschmar aus dem VEB Maschinenfabrik Halle in Paotou mit der Projektierung des gro-

60 Zuckerfabrik aus der DDR in Pautou, Neues Deutschland, 30.9.1955, S. 5 und 1.10.1955, S. 4.

61 Chinesischer Brigadeleiter als Aktivist vorgeschlagen, Neues Deutschland, 1.4. 1955, S. 1.

62 Der erste Zucker aus Pautou, Neues Deutschland, 28.12.1955, S. 3.

ßen Werkes begannen. Kurze Zeit später kamen weitere Spezialisten, unter ihnen Horst Müller und Otto Holzhey von der VEH DIA-Invest-Export und vom Inex-Kraftwerkbau aus Berlin und viele andere.
Zwei Jahre lang haben uns die deutschen Spezialisten mit Rat und Tat zur Seite gestanden, haben ihre chinesischen Kollegen geduldig angeleitet, sind ihnen zur Hand gegangen, wo sie nur konnten. Kaum waren sie in Paotou eingetroffen, als sie sich auch schon eilig umzogen und zu dem Platz gingen, wo die Zuckerfabrik errichtet werden sollte, und bald sah man sie zusammen mit ihren chinesischen Kollegen, die sie gerade erst kennengelernt hatten, in den dunklen, noch staubigen Kesseln herumkriechen, in denen später der Zucker gesiedet werden sollte, sie löteten und hämmerten, waren überall dabei. Ingenieur Kretschmar sagte einmal zu einem chinesischen Arbeiter: „Wir haben die gleichen Hände; was Sie machen können, kann ich auch. Wir sind von unserer Regierung hierhergeschickt worden, und wir sollen nicht nur mit dem Munde, sondern auch mit den Händen arbeiten." Die deutschen Spezialisten gaben uns Ratschläge, wie durch besondere Handgriffe Kosten eingespart werden können, immer hatten sie neue Vorschläge, die von ihren chinesischen Freunden gern akzeptiert wurden. Bis zum September dieses Jahres hatten sie nicht weniger als 852 Pläne zur Verbesserung der Arbeit unterbreitet, die für das Tempo des Aufbaus der Fabrik von großer Bedeutung waren.
Neben der eigentlichen Arbeit beim Bau der Zuckerfabrik organisierten unsere deutschen Freunde Vortragsabende, in denen sie die Arbeitsmethoden in dem neuen Werk erläuterten und auf diese Weise systematisch ihre chinesischen Kollegen ausbildeten.
Unsere Arbeiter machten auf Grund dieser Unterstützung sehr schnell Fortschritte. Und dem ist es auch zu verdanken, daß viele chinesische Arbeiter, die in diesen zwei Jahren beim Aufbau der Zuckerfabrik von Paotou dabei waren, heute in Kwangsi [Guangxi] selbständig eine weitere Zuckerfabrik errichteten.
Die Zuckerfabrik von Paotou, die heute bereits die großen Städte Huhehot, Tientsin [Tianjin], Taijüan [Taiyuan] und Schikiatschuang [Shijiazhuang] und andere mit versorgt, spielt für die Versorgung unserer Bevölkerung eine große Rolle. Denn sie wird jährlich, wenn sie erst die Produktion in vollem Umfang aufgenommen hat, Zucker an alle Orte Nordchinas liefern.[63]

Nach der ersten Zuckerrübenkampagne im Jahre 1955 waren 1956 noch einmal DDR-Spezialisten vor Ort, um den Zustand der Fabrik in der Instandsetzungsphase zu begutachten. Es stellte sich heraus, dass an einigen Lagern in den Rührwerken und in der Schlammmaische eine übermäßige

---

[63] Liu Heng, Die neue Zuckerfabrik in Paotou, Neues Deutschland, 18.12.1955, S. 5.

Abnutzung aufgetreten war. Außerdem war eine Schmierstelle nicht ordnungsgemäß ausgeführt. Ein gusseiserner Läufer am Kohlensäurekompressor war stark abgenutzt. Diese Mängel wurden dem Hersteller, dem VEB Maschinenfabrik Sangerhausen, gemeldet. Schließlich war am Rübenelevator eine Kettenrolle nicht ordnungsgemäß befestigt. Man hatte festgestellt, dass die stillstehende Dampfturbine besser gegen den Wrasen abgedichtet werden sollte. Die Firma Askania in Teltow sollte einen Spezialisten schicken, um die Wasserstandsregler einzustellen. Für die Zuckerfabrik war noch eine Trocknungsanlage zu liefern. Der Bericht verwies darauf, dass von der termingemäßen Lieferung viel für weitere Geschäfte abhängt. Damit deutete er die großen Schwierigkeiten in der DDR mit der Organisation von Zulieferungen an.

Der Berichterstatter Max Hrabowski hatte vom chinesischen Ministerium für Leichtindustrie erfahren, dass bis 1962 allein in der Inneren Mongolei neun weitere Weißzuckerfabriken gebaut werden sollten. Eine Zuckerfabrik in Huhehot, Innere Mongolei, befand sich damals gerade im Stadium der Projektierung. Wahrscheinlich hatte man bei allen neuen Fabriken die Zuckerfabrik Baotou nachgebaut.

Hrabowski bekam Gelegenheit, die Situation der Zuckerherstellung in Südchina kennenzulernen, wo vor allem Zuckerrohr verarbeitet wurde. Die chinesische Seite hatte vom Aufbau einer Rohrzuckerfabrik ebenfalls durch die DDR in Indonesien erfahren und war an Informationen über ihren Betrieb interessiert. An der Technischen Hochschule in Guangzhou gab es eine Fakultät für Zuckermaschinen und eine für Zuckerchemie. Allerdings lagen in China noch wenig Erfahrungen mit dem Anbau von Zuckerrüben vor, so dass man hoffte, von den Erfahrungen in der DDR profitieren zu können. Ein Schwerpunkt war die Züchtung ertragreicherer Sorten von Zuckerrüben und Zuckerrohr, weil der Zuckergehalt der vorhandenen Sorten nur etwa 15 Prozent betrug.[64]

Ende der 1950er Jahre dann wurde in Baotou mit sowjetischer Hilfe ein Stahl- und Eisenkombinat errichtet, das heute zu den größten in China zählt. Aus diesem Grunde siedelte man in Baotou eine ganze Reihe von Industriebetrieben an, die mit zu den Abnehmern des Stahls gehören.

---

[64] LASA Abteilung Merseburg, I 660, Nr. 289, Bericht des Dipl.-Ing. Max Hrabowski, Staatszuckerfabrik Pautou, an den Sonderbevollmächtigten für die Zuckerfabrik in China, Chefkonstrukteur O. H. Krause, Nr. 7 vom 26.5.1956.

In den 1980er Jahren wurde die Zuckerfabrik Baotou grundlegend modernisiert und konnte ihre Tagesleistung so auf 3.000 Tonnen Zucker verdreifachen. Das ursprüngliche Werk aus den 1950er Jahren ist heute nicht mehr in Betrieb. Aber die für damalige Verhältnisse vorbildlichen Sozialeinrichtungen für die Werktätigen (Wohnungen, Schule, Kultur- und Sporteinrichtungen und eine Poliklinik) sind besonders den Angehörigen der älteren Generation in guter Erinnerung geblieben.[65]

Abbildung 3: DDR-Spezialisten in der im Aufbau befindlichen Zuckerfabrik Baotou

In einem Artikel der Zeitung *Renmin Ribao* anlässlich der Fertigstellung der Zuckerfabrik Baotou wurde insbesondere die Ausbildung der chinesischen Werktätigen durch die Spezialisten aus der DDR hervorgehoben. Als man beim Ausheben der Fundamentgruben für das Fabrikgebäude aufgrund der Inhomogenität des Untergrunds zweifelte, ob die geforderte Druckfestigkeit des Untergrunds eingehalten wird, prüften die Fachleute aus der DDR den Boden. Weil die chinesischen Bauleute sich nicht sicher waren, wo Durchbrüche für die Rohrleitungen gebraucht werden, war man es gewöhnt, einen provisorischen Holzfußboden zu legen, in den die Durchbrüche leicht eingebracht werden können. Die Spezialisten fertigten daraufhin exakte Zeichnungen für den Verlauf der Rohrleitungen an, so dass der endgültige Betonfußboden sofort mit den entsprechenden Durchbrüchen gegossen wurde. Weiterhin wiesen die Spezialisten die chinesische Belegschaft in 66 Unterrichtsabschnitten zu je drei Stunden in die Bedienung der für sie neuartigen Anlagen

[65] Baotou tangchang de bianqian (Der Wandel der Zuckerfabrik Baotou), www.meipian.cn/6s3459m (aufgesucht am 10.4.2019).

ein.[66] Der Artikel zeigt, dass die Ausbildung der chinesischen Arbeiter besonders in der noch wenig erschlossenen Inneren Mongolei vordringlicher denn je war.

2.4. Weitere Entwicklungen, 1955-1957

Dass Chinas erster Fünfjahrplan den Handelsbeziehungen mit der DDR ungemeinen Aufschwung bescherte, lässt sich mit zahlreichen weiteren Transaktionen belegen, die im Folgenden kurz angerissen seien. Anlässlich des Besuchs der Regierungsdelegation der DDR unter Leitung von Ministerpräsident Otto Grotewohl in China im Dezember 1955 (zu dem der sowjetische Außenminister Molotow noch seine Zustimmung geben musste) übergab Handelsrat Türpe von der Botschaft der DDR als Geschenk des Ministeriums für Außenhandel und Innerdeutschen Handel zwei große Lastwagen, ein Motorwählamt für 200 Anschlüsse und eine Wechselsprechanlage an das Ministerium für Außenhandel Chinas.[67] Ministerpräsident Grotewohl besuchte außer der Ersten Beijinger Baumwolltextilfabrik auch das Stahlwerk von Anshan, Provinz Liaoning. Erfreut nahm er zur Kenntnis, dass hier auch Ausrüstungen aus der DDR installiert waren.[68]

Höhepunkt des Besuchs von Otto Grotewohl in China war die Unterzeichnung des Vertrags über Freundschaft und Zusammenarbeit zwischen der DDR und der VR China vom 25. Dezember 1955. Dieser Vertrag sah unter anderem die wirtschaftliche und wissenschaftlich-technische Zusammenarbeit beider Länder vor.[69] Die DDR hatte damals nur mit der Sowjetunion einen vergleichbaren Vertrag abgeschlossen.

Ganz offensichtlich setzte die chinesische Seite große Hoffnungen auf das sozialistische Deutschland. Das war bemerkenswert. Denn in den Jahren 1953 bis 1955 hatte die DDR im Handel mit China einen negativen Saldo, weil die vereinbarten Lieferungen nicht oder verspätet kamen. Die DDR hatte noch mit internen wirtschaftlichen Problemen zu

---

[66] Genxie Minzhu Deguo zhuanjia dui womend bangzhu bianji tongzhi (Ein Genosse aus der Redaktion: Dank an die Spezhialisten aus der DDR für die erwiesene Hilfe), Renmin Ribao, 16.10.1955, S. 6.

[67] Geschenke der DDR an China, Neues Deutschland, 15.12.1955, S. 1.

[68] Geluotiwo deng daoda Anshan canguan (Grotewohl und seine Delegation trafen in Anshan zu einer Besichtigung ein), Renmin Ribao, 24.12.1955, S. 1.

[69] Meißner (Hg.), *Die DDR und China 1949 bis 1990*, S. 80f.

kämpfen und verschiedene Zusagen an die chinesische Seite gegeben, die sie letztlich nicht einhalten konnte. Diese Situation wurden noch durch die Reparationsentnahmen der Sowjetunion verschärft. Der Saldo wurde in den offiziellen Daten des Statistischen Jahrbuchs geschönt.

Doch dies schmälerte die großen Erwartungen der chinesischen Regierung nicht. Im Januar 1956 besuchte Zhu De, der Oberkommandierende der Volksbefreiungsarmee, bei seinem Aufenthalt in der DDR den VEB Carl Zeiss JENA und den VEB Elektroapparatewerk „J. W. Stalin" in Berlin.[70] Beim Besuch in Jena bat Zhu De darum, dass die DDR China helfen möge, einen Betrieb für optische Geräte aufzubauen.

In einem Schreiben an die Redaktion des *Neuen Deutschland* als Organ des Zentralkomitees der SED hob der stellvertretende Leiter der Handelsdelegation Chinas *Chang Hua-tung*, der zu den Verhandlungen über das Waren- und Zahlungsabkommen 1956 nach Berlin gekommen war, die Lieferung vollständiger Fabrikausrüstungen und -anlagen und die gute Qualität der Erzeugnisse aus der DDR hervor.[71]

Im Jahre 1956 wies der Export der DDR nach China folgende Struktur auf.[72]

Tabelle 4: Struktur des Exports der DDR nach China

Warengruppe	**Anteil am Export, %**
Transportmaschinen	32
Komplette Industrieanlagen	28
Andere Maschinen und Ausrüstungen	28
Andere Industrieerzeugnisse und Rohstoffe	12

Im folgenden Jahr, am 26. September 1957, unterzeichneten in Berlin Vertreter der Regierungen der DDR und der VR China ein Protokoll über die Abstimmung und Lieferung weiterer kompletter Anlagen, wie Kraftwerke und Zementfabriken sowie Fabriken der Leichtindustrie. Die vereinbarten Lieferungen sollten Bestandteil des noch abzuschließenden Handelsabkommens für 1958 werden.[73]

---

[70] Foto von Xinhua Nr. 12774473 vom 5.1.1956.

[71] China und die DDR auf der Straße des Sieges, Neues Deutschland, 27.1.1956, S.3.

[72] CIA, Economic Relations between Communist China and the European Satellites 1950–58, August 1959, CIA-RDP79R01141A001400170002-5.

[73] Komplette Anlagen für Volkschina, Neues Deutschland, 27.9.1957, S. 1.

Abseits solcher vollständigen Industrieanlagen, deren komplexer Aufbau wie gesehen häufig Probleme bereitete, gelang die Lieferung einzelner Komponenten meist reibungslos und sehr zur Zufriedenheit der chinesischen Partner. So hatte der VEB „Henry Pels“ in Erfurt für das erste chinesische Automobilwerk in Changchun (*Zhongguo di yi qiche zhizaochang* 中国第一汽车制造厂), das wiederum am Nationalfeiertag, diesmal dem 1. Oktober 1956, in Betrieb genommen wurde und das ein mit sowjetischer Hilfe errichtetes Schwerpunktobjekt des ersten Fünfjahrplans der VR China bildete, 32 Pressen zur Herstellung von Karosserieteilen geliefert.

Aus weiteren Betrieben der DDR wurden vertikale und horizontale Schmiedepressen, Metallschneider und Biegemaschinen sowie verschiedene Präzisionsmaschinen geliefert. Der Chefingenieur des Werkes, Kuo Li, erklärte, dass die Arbeiter besonders gern an den Maschinen aus der DDR arbeiteten. Sie schätzten vor allem die leichte Handhabung und die vorzüglichen Sicherheitsvorrichtungen.[74] Wahrscheinlich wird dieses Lob den sowjetischen Spezialisten nicht besonders gefallen haben. Am 15. Juli 1956 hatte das Werk den Probebetrieb aufgenommen, die Grundsteinlegung hatte drei Jahre zuvor am 15. Juli 1953 stattgefunden.[75]

Weiterhin exportierte der VEB Modul Karl-Marx-Stadt, ein Produzent von Verzahnmaschinen, Werkzeugmaschinen nach China.[76] Der VEB Waggonbau Görlitz lieferte im Jahre 1957 einen 15-teiligen Salonzug, zu dem unter anderem zwei Speisewagen, ein Ambulanzwagen, ein Nachrichtenwagen und ein Sondergepäckwagen mit einer zentralen Stromerzeugungsanlage gehörten.[77] Mao Zedong, der vorzugsweise mit der Bahn reiste, benutzte diesen Salonzug besonders in den 1960er Jahren bei seinen häufigen Inspektionsfahrten durch China. Die Werkzeugmaschinenfabrik Kunming hatte vom VEB Optik Feinmess Dresden (OFD) eine Teilmaschine importiert, mit der Linearteilungen für Werkzeugma-

---

[74] Tschangtschun erhält modernste Autofabrik, Neues Deutschland vom 5.7.1956, S. 5.

[75] baike.baidu.com/item/中国第一汽车集团有限公司/22286755?fromtitle=长春第一汽车厂&fromid=5824004&fr=aladdin (Erste Automobilfabrik Changchun), (aufgesucht am 10.4.2019).

[76] Bundesarchiv (BArch), Bild 183-37358-0008/Fotograf: Schlegel, 5.4.1956.

[77] BArch, Bild 183-50653-0001/Fotograf: Krüger, 24.10.1957.

schinen produziert wurden.[78] Die Zeitung *Neues Deutschland* berichtete am 7. Oktober 1957, dass bisher insgesamt sechs Webereien und Spinnereien nach China geliefert worden seien.[79]

Zur gleichen Zeit fand in Beijing eine Ausstellung der DDR über Plaste statt, die von 93.000 Menschen besucht wurde.[80] An der Eröffnung der Ausstellung nahmen der stellvertretende Ministerpräsident Fred Oelßner, der stellvertretende Vorsitzende des Staatsrats Bo Yibo und der Botschafter Richard Gyptner teil, was die Aufmerksamkeit beider Seiten für diese Ausstellung unterstreicht.[81] Die DDR hatte sechs Doktoren, zwei Professoren und drei Ingenieure entsandt, die im Rahmen der Ausstellung Fachvorträge hielten.[82] Die Ausstellung inspirierte die chinesischen Fachleute, die gerade den Aufbau einer eigenen Plastindustrie planten. Ebenfalls 1957 leistete der VEB Kabelwerk Oberspree (KWO) technische Hilfe bei der Rekonstruktion der Kabelfabrik in Tianjin, auch als Fabrik 609 bezeichnet.[83] In der Kabelfabrik wurde eine Fertigungsstrecke für Plastmantel installiert.[84]

Im folgenden Jahr entsandte die Kabelfabrik Tianjin zwei Personen zum Praktikum in die DDR. Der VEB Chema Rudisleben stellte Kessel für Kesselwagen, deren Radgestelle der VEB Waggonbau Bautzen fertigte, für die chinesischen Staatsbahnen her.[85] 1954 exportierte der VEB LEW Hennigsdorf 14 Elektro-Widerstandsöfen nach China.[86] Der VEB Jenapharm exportierte große Mengen Penicillin nach China,

---

[78] Cai Xishou, Jingmi kexianfa (Ein präzises Verfahren der Herstellung von Teilstrichen), Jingmi zhizao yu zidonghua 1957, S. 27–29.

[79] Von der DDR geliefert, Neues Deutschland, 7.10.1957, S. 6.

[80] 1953–1999 lai Hua zhanlan de huigu he zhanwang (Rückblick auf und Perspektive von Ausstellungen in China im Zeitraum 1953–1999), http://www.zlydsj.com/index.php?a=shows&catid=51&id=100 (aufgesucht am 3.1.2020).

[81] Minzhu Deguo suliao zhanlanhui zai jing kaimu canguanzhe zanyang suliaogongye de chengjiu (Eine Plast-Ausstellung der DDR wurde in Beijing eröffnet – die Besucher loben die Erfolge der Plastindustrie), Renmin Ribao, 8.10.1957, S. 3.

[82] Minzhu Deguo suliao zhanlanhui kaimu (Eröffnung einer Plast-Ausstellung der DDR), Renmin Ribao, 7.10.1957, S. 8.

[83] Kabelwerk Oberspree, https://de.wikipedia.org/Kabelwerk Oberspree (aufgesucht am 12.1.2020).

[84] Minzhu Deguo daibiaotuan fangwen Tianjin Eine Delegation aus der DDR besuchte Tianjin), Renmin Ribao, 10.10.1957, S. 3.

[85] BArch, Bild 183-40261-0003/Ftograf: Wittig, 22.8.1956.

[86] Persönliche Mitteilung von W. Wallborn, 17.3.2020.

das für die medizinische Versorgung der Bevölkerung benötigt wurde.[87] Da China auf diesem Gebiet völlig von Importen abhängig war, wurde mit sowjetischer Hilfe in Shijiazhuang, Provinz Hebei, das pharmazeutische Werk Nordchinas errichtet und 1957 eingeweiht, damals das größte pharmazeutische Werk Chinas und auch Asiens. Sein Hauptprodukt waren, wie erwähnt, Antibiotika wie Penicillin. Die DDR hatte sich bei diesem Werk mit Ausrüstungen beteiligt.

Zu dem Werk gehörte auch ein ab 1953 mit Hilfe von DDR-Spezialisten erbautes pharmazeutisches Glaswerk. Hier wurden Glasflaschen für Medizinprodukte, wie zum Beispiel Ampullen hergestellt. Die Investitionen beliefen sich auf 75,8 Millionen Yuan. Der VEB Schwermaschinenbau „Ernst Thälmann" Magdeburg lieferte für das pharmazeutische Glaswerk einen Backenbrecher, einen Kegelgranulator, drei Eindecker Turboschwingsiebe, zwei Elektro-Rechenmagnete, zwei Fahrgestelle zu den Magneten sowie eine Schüttelaufgabe.[88]

Diese Anlagen, die im April 1957 fertiggestellt wurden, hatten einen Wert von insgesamt 130.287 DM. Das Thälmann-Werk entsandte den Chefmonteur August Rauth in die pharmazeutische Glashütte Shijiazhuang, um die Aufbereitungsmaschinen und die Transportbänder zu montieren und die Rohstoff- und Gemengeaufbereitungsanlage in Betrieb zu nehmen.[89] Das Glaswerk stellte im März 1958 die erste Ampulle her. Im Juni 1958 wurde es im Beisein des Handelsrates der Botschaft der DDR in China, Werner Neubert, an die chinesische Seite übergeben.[90]

Der VEB LEW Hennigsdorf lieferte insgesamt 50 unterschiedliche elektrische Schweißmaschinen und Elektroindustrieöfen nach China.[91] Das Elbe-Werk, ein Hersteller von Elektromaschinen und Generatoren in Roßlau, stellte pünktlich zum Jahresende 1955 fünf Kleinkraftwerke

---

[87] BArch, Bild 183-29739-0004/Fotograf. Wittig, 2.4.1955.

[88] Eine Schüttelaufgabe ist eine Zuführeinrichtung von Schüttgut mit einer rüttelnden Bewegung.

[89] LASA Abteilung Magdeburg, I 29, Nr. 463, Exportaufträge des VEB Schwermaschinenbau „Ernst Thälmann" Magdeburg 1957-1958 und Arbeitsvertrag für August Rauth.

[90] Zhao Shilei, *Guoying Huabei zhiyaochang yanjiu (1953–1965)* (Untersuchung über das staatliche pharmazeutische Werk Nordchinas, 1953–1965), Magisterarbeit, Hebei Shifan Daxue 2011.

[91] BArch, Bild 183- 29760-0014/Fotograf. Funck, 4.4.1955.

fertig, die China bestellt hatte.[92] Die Zeitung *Renmin Ribao* erwähnte Ende 1955, dass das Archimedes Rechenmaschinenwerk Glashütte mehrere Tausend mechanische Rechenmaschinen, die Leipziger Kranbaufabrik drei Turmdrehkräne und das Brandenburger Traktorenwerk 600 Traktoren liefern werden.[93] Im Spätherbst 1956 wurde eine Erprobungsfahrt durch Tibet mit auf Anthrazitgas umgestellten H3S-Lastkraftwagen durchgeführt, um ihre Eignung für einen Export nach China zu erproben. Dabei wurde festgestellt, dass die Fahrzeuge für die dort auftretenden Temperaturen von unter minus 20 °C nicht geeignet sind. Ein mitgeführter Diesel-H3S musste nachts regelmäßig gestartet werden, um ein zu starkes Auskühlen zu verhindern. Abgesehen davon bewährten sich die Fahrzeuge jedoch gut und stellten ihre Robustheit unter Beweis. Wenig später zählte China zum größten Abnehmer dieser Lastkraftwagen.[94]

Am 6. Mai 1957 wurde im Gut Shuangqiao, das in einem östlichen Vorort von Beijing gelegen ist, eine Ausstellung und Vorführung von Landmaschinen aus der DDR veranstaltet. Zu der Ausstellung hatte man mehr als hundert Vertreter vom Institut für Mechanisierung Beijing, vom Ersten Maschinenbauministerium und von den Ministerien für Landwirtschaft und Neulanderschließung eingeladen. Besondere Aufmerksamkeit erfuhr der neue Traktor RS 08/15, weil mit ihm verschiedene landwirtschaftliche Arbeiten ausgeführt werden konnten, wie Pflügen, Eggen, Jäten, Heu Wenden und Pflanzenschutzmittel Ausbringen.[95]

Der VEB Schwermaschinenbau „Ernst Thälmann" Magdeburg produzierte in jenem Jahr einen Großbackenbrecher im Wert von 584.131 Rubeln und eine Schrägrost-Erzbeschickungsanlage im Wert von 135.709 Rubeln für die Außenhandelsgesellschaft China National Machinery Import Co. Der Transport erfolgte wegen der Größe der An-

---

[92] Minzhu Deguo yi gongchang wancheng Woguo wuzuo dianlizhan dinghuo (Eine Fabrik in der DDR erfüllte die Bestellung Chinas über fünf Kraftwerke), Renmin Ribao, 21.12.1955, S. 1.

[93] Minzhu Deguo gongren wei Woguo dinghuo jiajin shengchan (Die Arbeiter der DDR intensivieren für die Bestellungen aus China die Produktion), Renmin Ribao, 16.12.1955, S.1.

[94] IFA H3A, https://de.wikipedia.org/wiki/IFA_H3A (aufgesucht am 30.3.2020).

[95] Qi Mei, Minzhu Deguo xinshi nongye jiqi zai Shuangqiao nongchang juxing zhanlan biaoyan (Die DDR führt im Gut Shuangqiao eine Ausstellung und Vorführung neuer Landmaschinen durch), Jixiehua nongye 1957, H. 5, S. 32.

lagen per Schiff ab Gdansk.[96] Erst kurz darauf eröffnete die DDR eine Schifffahrtslinie mit eigenen Schiffen nach China, die fortan den Transport zahlreicher Exportgüter realisierte.[97]

Doch auch ohne eigene Schiffslinie waren die wirtschaftlichen Beziehungen enger geworden und hatten institutionalisierte Form angenommen. Im Jahre 1957 bereitete der VEB Schwermaschinenbau „Georgij Dimitroff" Magdeburg die Einrichtung einer Werksvertretung in China für das eigene Werk und den VEB Schwermaschinenbau „Ernst Thälmann" Magdeburg vor. Diese sollte im Rahmen der Handelsvertretung der Botschaft der DDR in Beijing entstehen. Damit war beabsichtigt, für die Abwicklung der zahlreichen Geschäfte der beiden Schwermaschinenbaubetriebe in China einen direkten Kontakt mit den chinesischen Partnern unterhalten zu können.[98] Dieser Werksvertretung hatte sich noch der VEB Polysius Dessau als Produzent von Zementanlagen angeschlossen.[99]

Im Dezember 1957 berichtete die Zeitung *Neues Deutschland*, dass der VEB Eisenwerke Guben einen Exportauftrag im Wert von 150.000 DM 20 Tage vor dem Termin, also schon am 10. Dezember, ausliefern wolle. Es handelte sich dabei um eine Koksaufschüttvorrichtung für den Bau einer Glashütte in China. Damit die Eisenwerker ihr Vorhaben einhalten konnten, ohne bei anderen Aufträgen in Lieferschwierigkeiten zu geraten, gingen sie im Bohrwerk vom zwei- zum dreischichtigen Betrieb über.[100] Die DDR hatte sich stets bemüht, die Wünsche der chinesischen Seite nach vorfristiger Lieferung zu erfüllen, aber dies war immer mit außergewöhnlichen Anstrengungen verbunden.

Das Glaswerk in Beijing (*Beijing bolichang* 北京玻璃厂) wurde 1958 mit Ausrüstungen aus der DDR in einem Vorort im Osten Beijings

---

[96] LASA Abteilung Magdeburg, I 29, Nr. 218, Exportaufträge des VEB Schwermaschinenbau „Ernst Thälmann" Magdeburg 1957.

[97] CIA, Economic Relations between Communist China and the European Satellites 1950–58, August 1959, CIA-RDP79R01141A001400170002-5.

[98] LASA Abteilung Magdeburg, I 35 Nr. 332, Schreiben des VEB Schwermaschinenbau „Georgij Dimitroff" Magdeburg an den Minister für Außen- und Innerdeutschen Handel vom 19.9.1957.

[99] LASA Abteilung Magdeburg, I 35 Nr. 332, Schreiben des VEB Polysius Dessau an VEB Schwermaschinenbau „Georgij Dimitroff" Magdeburg, 22.1.1957.

[100] Gubener Eisenwerke wollen Chinaauftrag vorfristig erfüllen, Neues Deutschland, 14.9.1957, S. 3.

erbaut. Der VEB Schwermaschinenbau „Ernst Thälmann" Magdeburg (SKET) lieferte für das Werk im Jahre 1957 einen Backenbrecher und einen Schubwagenspeiser. Das SKET entsandte Horst Bausch zur Montage in die chemisch-technische Glashütte.[101] Die Investitionen für die Glashütte betrugen mehr als 25 Millionen Yuan. Das Werk nahm eine Fläche von mehr als 300.000 Quadratmeter ein. Zu den aus der DDR importierten Ausrüstungen gehörten fast 90 Maschinen und Anlagen: eine Anlage zur Beförderung der Rohstoffe, Grubenöfen, Schmelztiegelöfen, kammerförmige Härteöfen, horizontale Rohrziehmaschinen, Maschinen zur Herstellung von Flaschen, Teilmaschinen, Handpoliermaschinen und Außenrundschleifmaschinen. Für den Transport der Rohstoffe wurde ein Eisenbahnanschluss von fast einem Kilometer Länge gelegt. Der Direktor des Glaswerks, Xiao Yang, informierte sich als Mitglied einer Delegation chinesischer Fachleute in der DDR über den Stand der Glastechnologien.[102] Am 9. Januar 1958 berichtete die *Renmin Ribao* von dem im Aufbau befindlichen Glaswerk. Nach der für April 1958 geplanten Inbetriebnahme sollte das Glaswerk täglich 23 Tonnen Glas produzieren, um aus ihm eintausend verschiedene wissenschaftliche und medizinische Geräte herzustellen.[103]

Doch auch der weiter florierende Bau kompletter Fertigungsstätten durch die DDR erforderte Zulieferungen von zahlreichen Betrieben. Im Jahre 1956 begann die DDR in China den Bau eines Viskosekunstseidenwerks in Baoing (*Baoding huaxue xianwei chang* 保定化学纤维厂), das zu den modernsten und größten auf der Welt gehören sollte (siehe Kapitel 3). Über 100 verschiedene Zulieferbetriebe, vornehmlich des Textilmaschinen- und Apparatebaus, darunter die Erste Maschinenfabrik Karl-Marx-Stadt, die Maschinenfabrik Halle und der VEB Rohrleitungsbau Bitterfeld waren an diesem Millionenauftrag beteiligt. Die technische Vorprojektierung wurde

[101] LASA Abteilung Magdeburg, I 29, Nr. 171, Exportaufträge des VEB Schermaschinenbau „Ernst Thälmann" Magdeburg 1957 und Arbeitsvertrag für Horst Bausch vom 12.12.1957.

[102] Beijing boli jituan gongsi jianchang qishi zhounian qingdian longzhong juxing (70. Jahrestag des Aufbaus der Beijinger Glas Group Co. feierlich begangen), 21.5.2010, http://news.artxun.com/taoci-1547-7731728.shtml (aufgesucht am 12.4.2019).

[103] Beijing jian boli yiqi chang (In Beijing wird ein Werk für Glasgeräte gebaut), Renmin Ribao, 9.1.1958.

bis Ende 1956 vom VEB Konstruktion und Entwicklung für Textilmaschinen in Karl-Marx-Stadt im Zusammenwirken mit dem VEB Entwurfsbüro für Industriebauten in Dresden, der für die bauliche Gestaltung verantwortlich zeichnete, zum Abschluss gebracht, so dass der Bau im Jahre 1957 begonnen werden konnte. Auch eine Maschinenfabrik in Eilenburg lieferte bedeutende Teile der Ausrüstungen für das Viskosekunstseidenwerk in Baoding. Bis April 1958 wurden hier Ausrüstungen in 86 Waggons verladen, und bis Mai 1958 kamen noch weitere 40 Waggons mit Ausrüstungen zum Versand.[104] Das Kunstseidenwerk sollte nach einem im Zuge des Großen Sprungs nach vorn aufgestellten Plan 1958 die Produktion aufnehmen, die Fertigstellung erfolgte entsprechend dem abgeschlossenen Vertrag im Jahre 1960.

Die Größe dieses Projekts wird dadurch veranschaulicht, dass seine technische Ausrüstung unter anderem 688 Zentrifugenspinnmaschinen umfasste, von denen jede 18 Meter lang war. Das chinesische Kunstseidenwerk beschäftigte mehrere Tausend Arbeitskräfte und verfügte neben Versuchswerkstätten und Laboratorien auch über eine eigene Gießerei für Grauguss und Nichteisenmetalle, die es ermöglichte, die für Reparaturen notwendigen Maschinenteile an Ort und Stelle anzufertigen. Wegen der noch schwachen Infrastruktur war eine größtmögliche Autarkie dieser Großbetriebe notwendig.

Am 15. Oktober 1956 nahm in Beijing das Elektronenröhrenwerk (auch als Fabrik 774 bezeichnet), das mit technischer Hilfe der Sowjetunion und der DDR aufgebaut worden war, seine Produktion auf. Bei der Einweihung hielt der Minister des zweiten Maschinenbauministeriums, Zhao Erlu, das für die Verteidigungsindustrie verantwortlich war, im Beisein prominenter Leiter von Partei und Regierung, wie Li Fuchun, Nie Rongzhen und Wan Li die Eröffnungsrede. Daran wird die Bedeutung, die die chinesische Führung diesem Werk beimaß, deutlich. Für dieses Werk wurden Investitionen in Höhe von 100 Millionen Yuan aufgebracht. Seine projektierte Jahresproduktion betrug 12,2 Millionen Elektronenröhren.[105]

---

104 Foto von Xinhua Nr. 12774854 vom 23.4.1958.

105 70 zhounian chengjiu zhanshe ji Beijing chengjiu jin 50 chu, dou you naxie kandian? (Was gibt es Besonderes bei den Erfolgen zum 70. Jahrestag und den Erfolgen Beijings anhand von fast 50 Orten), http://www.hbjjrb.com/system/2019/09/25/100053959.shtml (aufgesucht am 26.9.2019).

Im Abkommen über Warenaustausch und Zahlungsverkehr zwischen der VR China und der DDR für das Jahr 1957 waren wiederum komplette Industrieanlagen aufgeführt, die die DDR an China liefern sollte.[106] Unter den Objekten wurde das Messgerätewerk Xi'an genannt, dessen Baubeginn im dritten Quartal 1957 geplant war. Wenn es im April 1958 seine volle Kapazität erreicht haben würde, sollten jährlich 400.000 Geräte der Betriebs-, Mess- und Regeltechnik, Instrumente für Kraftfahrzeuge und Ersatzteile das Werk verlassen. Die Fertigstellung des Messgerätewerks Xi'an verzögerte sich aber wegen der Sicherung archäologischer Funde auf dem Baugelände bis zum Sommer 1960.

Unter den im Abkommen des Jahres 1957 aufgezählten Projekten sind neben dem Bau von Wärmekraftwerken (Kapitel 3) und Zementfabriken (siehe gleich) besonders zwei Werke für die Herstellung von Chemiefasern zu nennen: das bereits erwähnte Viskosekunstseidenwerk in Baoding und ein Werk für die Herstellung von Perlon in Beijing. Hier sollten die Arbeiten noch im Jahre 1957 beginnen. Das Kunstseidenwerk war bis 1960 fertigzustellen, während die Perlonfabrik schon 1959 die Produktion aufnehmen sollte.[107] Tatsächlich wurde letztere pünktlich vor dem 10. Jahrestag der Gründung der VR China am 1. Oktober 1959 eingeweiht.[108] Diese Textilfabriken verfolgten die Strategie, die für die Versorgung der Bevölkerung mit Textilien nicht ausreichende Menge an Baumwolle durch Kunstfasern zu ergänzen.

2.5. Aufbau von Zementwerken

Im Wortsinn grundlegend für den weiteren raschen Ausbau einer modernen Industrie in China war die ausreichende Verfügbarkeit von Zement. Auch hier lieferte die DDR einen entscheidenden Beitrag. Im Jahre 1957 wurde die Zementfabrik Datong (*Datong shuini chang* 大同水泥厂), in der Provinz Shanxi, durch den VEB Zementanlagenbau Polysius Dessau fertiggestellt. In einem Brief an die Kollegen in Dessau bedankten sich die Arbeiter der Fabrik in Datong für deren Hilfe mit moderner Technik und dafür, dass die Anlagen vorfristig in Betrieb genommen

---

[106] Handel China – DDR 1957 erweitert, Neues Deutschland, 7.4.1957, S. 5.
[107] Zempelburg, Lutz, Aufschwung im Handel DDR-China, Neues Deutschland, 9.4.1957, S. 5.
[108] Zempelburg, Lutz, Peking verjüngt sich, Neues Deutschland, 30.9.1959, S. 3.

worden waren.[109] Der Bau der Zementfabrik hatte im März 1954 begonnen, im März 1957 nahm sie die Produktion auf.[110] Sie hatte eine Jahreskapazität von 480.000 Tonnen Zement. Dieser diente unter anderem dem Aufbau des Stahlkombinats Baotou.[111] Die *Renmin Ribao* hob hervor, dass die deutschen Spezialisten die chinesischen Arbeiter soweit eingewiesen hatten, dass diese die Anlagen nun selbständig bedienen könnten.[112]

Wenige Monate später, am 30. Dezember 1957, nahm auch das Zementwerk Kunming, Provinz Yunnan, offiziell seinen Betrieb auf. Es handelte sich um die erste Ausbaustufe der Zementherstellung im Nassverfahren mit einer Jahreskapazität von 150.000 Tonnen Zement. Nach einer zweiten Ausbaustufe sollte das Werk jährlich 300.000 Tonnen Zement herstellen können. Chinesische Projektanten erarbeiteten die Pläne des Werks, und die DDR und Polen lieferten die Ausrüstungen.

Mit dem Werk wurde eine empfindliche Lücke in der Versorgung Südwestchinas mit Zement geschlossen. Früher musste Zement von Chongqing, Guangzhou und Hankou bezogen werden. Wegen der großen Entfernungen waren die Transportkosten, die mehr als 300 Yuan für jede Tonne Zement betrugen, sechsmal höher als die Herstellungskosten des Baustoffs. Nachdem das Zementwerk Kunming seine volle Kapazität erreicht hatte, konnten so jährlich mehrere Millionen Yuan Transportkosten eingespart werden. Die Arbeiter im Zementwerk Kunming hatten laut einem zeitgenössischen Zeitschriftenbeitrag beschlossen, den Zement ihres Werks für Wasserbauprojekte in der Landwirtschaft zu liefern.[113]

---

[109] Ein Brief kam aus China…, Neues Deutschland, 7.10.1957, S. 6.

[110] Jidong shuini binggou chongzu Datong shuini jishi (Notizen von der Acquisition und Restrukturierung der Zementfabrik Datong durch Jidong Zement), http://www.ccement.com/news/Content/39856.html (aufgesucht am 14.08.2020).

[111] Jilu Zhong De youyi de zhengui zhaopian (Wertvolle Fotos, die die chinesisch-deutsche Freundschaft dokumentieren), www.tieba.baidu.com/p/4414070820?red_tag =1846199417 (aufgesucht am 7.10.2019).

[112] Xinjian Datong shuinichang kaigong shengchan (tupian) (1957 nian) (Das neuerbaute Zementwerk Datong nahm die Produktion auf [Foto 1957]), Renmin Ribao, 11.3.1957, S. 3.

[113] Zhang Chucheng, Kunming shuinichang zhengshi touru shengchan (Das Zementwerk Kunming hat offiziell die Produktion aufgenommen), Jianzhu cailiao gongye 1958, H. 2, S. 10.

Abbildung 4: Zementfabrik Yongdeng mit vier Drehrohröfen

Nur drei Wochen zuvor, am 10. Dezember 1957 und damit zwanzig Tage vorfristig, war das Zementwerk Yongdeng (*Yongdeng shuini chang* 永登水泥厂, Provinz Gansu, etwa 100 Kilometer von Lanzhou entfernt, Bild 4) offiziell eingeweiht worden, nachdem es am 30. September 1957 den Probebetrieb aufgenommen hatte.[114] Den Aufbau des Zementwerks hatten sieben Spezialisten aus der DDR angeleitet. Bei der Einweihung waren der stellvertretende Minister für Baustoffindustrie, Jiao Shanmin, der Parteisekretär des Komitees der Provinz Gansu, Qiang Zixiu, der Gouverneur der Provinz Gansu, Deng Baoshan, und der Botschafter der DDR in der VR China, Richard Gyptner, anwesend.[115] Mit der Inbetriebnahme der Zementfabrik Yongdeng gehörte der Transport von Zement über 2.000 Kilometer nach Nordwestchina der Geschichte an. Die Zementfabrik verfügte über vier Drehrohröfen im Nassverfahren mit einem Durchmesser von drei bis dreieinhalb Metern und

---

[114] Zhou Zheguang, Xinjian de Yongdeng shuinichang touru shengchan (Das neuerbaute Zementwerk von Yongdeng hat die Produktion aufgenommen), Zhongguo Jiancai 1958, H. 1, S. 31.

[115] Jiao Shanmin, Zhuhe Yongdeng shuinichang kaigong shengchan (Glückwunsch zur Produktionsaufnahme des Zementwerks Yongdeng), Jianzhu cailiao gongye 1958, H. 2, S. 8.

einer Länge von 118 Metern. Der Jahresausstoß betrug 1,2 Millionen Tonnen Zement.[116] Die Investitionen beliefen sich auf 55,82 Millionen Yuan. Das Zementwerk in Yongdeng war eine wichtige Voraussetzung für die Entwicklung von Lanzhou als der Hauptstadt der Provinz Gansu zu einem Zentrum der Erdölindustrie, der chemischen Industrie, der Nichteisengewinnung und weiterer Industrien. Der erwähnte stellvertretende Minister für Baustoffindustrie, Jiao Shanmin, hob den hohen Grad der Automatisierung der Produktionsprozesse und die Maßnahmen zum Umweltschutz für die Arbeiter und die Bevölkerung der Umgebung hervor.[117]

Insgesamt hatte die DDR bis Ende 1957 laut einem Bericht des VEB Schwermaschinenbaukombinat „Ernst Thälmann“ Magdeburg damit bereits sechs Zementfabriken nach China geliefert. 1958 sollten drei weitere aufgebaut werden, nämlich in *Schining* (bei Shanghai), in Guiyang, Provinz Guizhou, und in *Iben* (Yibin, Provinz Sichuan).[118] Wahrscheinlich sind diese Projekte dem Chaos des Großen Sprungs zum Opfer gefallen.

Im Jahre 1959 wurde die Zementfabrik in Jiangyou, Provinz Sichuan, in Betrieb genommen. Der Bau, den der VEB Polysius Dessau ausgeführt hatte, begann Ende 1956. Die Fabrik arbeitete nach dem Nassverfahren und verfügte über drei Drehrohröfen mit Abmessungen ähnlich jener im Zementwerk Yongdeng. Die Kapazität des Werks in Jiangyou betrug jährlich 700.000 Tonnen Zement. Im Zeitraum von 1959 bis 1989 sollte das Werk tatsächlich insgesamt 13,12 Millionen Tonnen Zement produzieren. Das bedeutet eine durchschnittliche jährliche Produktion von 430.000 Tonnen Zement und dass die Kapazität der Fabrik nur zu 62 Prozent ausgelastet wurde. Dies deutet auf den chronischen Energiemangel und die Verschwendung der Arbeitszeit während der Mao-Zeit mit politischen Kampagnen hin. Nahe der Stadt Jiangyou gibt

---

[116] Minzhu Deguo dou xingguo naxie shan? (Was hat die DDR Gutes vollbracht?), www.zhihu.com/question/58229674 (aufgesucht am 4.1.2020).

[117] Jiao Shanmin, Zhuhe Yongdeng shuinichang kaigong shengchan (Glückwunsch zur Produktionsaufnahme des Zementwerks Yongdeng), Jianzhu cailiao gongye 1958, H. 2, S. 8.

[118] LASA Abteilung Magedeburg, I 29, Nr. 463, Bericht des VEB Schwermaschinenbaukombinat „Ernst Thälmann“ Magdeburg über den Bau von Zementfabriken in China, 1957.

es als Rohstoffe für die Zementproduktion natürliche Vorkommen von Kalk und Ton.[119]

Im November 1959 nahm die Zementfabrik in Yaoxian, Provinz Shaanxi den Probebetrieb auf. Der Rohstoff Kalk kam vom nahe gelegenen Berg Baojianshan. Der Bau des Werks hatte im Juli 1957 begonnen. Die DDR lieferte hierfür die Ausrüstungen. Das zugehörige Kraftwerk wurde von der chinesischen Seite erbaut. Die Häuser, die für den Test der ersten Atombombe im Herbst des Jahres 1964 errichtet wurden, hatte man mit Zement aus Yaoxian gebaut.

Bei einer Veranstaltung zum 60-jährigen Jubiläum der Einweihung des Werks im Jahr 2019 erinnerte man sich noch daran, dass im Juni 1958 die ersten beiden Spezialisten aus der DDR zusammen mit zwei chinesischen Dolmetschern eingetroffen waren, nämlich Ernst Euler, der die Montage der drei Drehrohröfen leitete, und ein Herr Schulz, ein Schweißer. Die chinesische Seite hatte für die Spezialisten aus der DDR eine Unterkunft gebaut und ihnen einen Betreuer, zwei Wachleute, die als Chauffeure fungierten, einen Koch aus Beijing, der europäisch kochte, eine Reinigungskraft und einen Gärtner zugeordnet.[120]

Die beiden Spezialisten, so heißt es, hätten größten Wert auf eine hohe Qualität der Montagearbeiten gelegt. Herr Schulz prüfte die Fähigkeiten der chinesischen Schweißer, um die besten für die Montage auszuwählen. Das Frühlingsfest 1959 wurde mit einem Planvorsprung von anderthalb Monaten begangen. Ende März 1959 kamen aus der DDR noch ein Spezialist für die elektrische Staubentfernung, die Gattin von Herrn Euler und die Gattin von Herrn Schulz mit ihrem fünfjährigen Sohn. Nun begann die Montage der Staubsammler am Ende der Drehrohröfen und der Gebläse. Außerdem wurden bis August 1959 drei 50 Meter hohe Schornsteine errichtet. Bis Oktober 1959 war das Werk schon weitgehend fertiggestellt. Darauf folgte die Erprobung der Drehrohröfen.

Anfang Dezember 1959 soll Ernst Euler – wie der chinesische Bericht ausführt – aus der Heimat einen Brief erhalten haben, in dem ihm

---

[119] Tang Mingyu, Jiangyou shuinichang zai qianjin (Die Zementfabrik Jiangyou schreitet voran), Zhongguo jiancai 1989, H. 9, S. 36f.

[120] Dai Yaotian, „Yaoshui jiyi“ jishu gaochao de sanming Dongde zhuanjia ("Erinnerungen an das Zementwerk Yaoxian“ – Drei technisch hochversierte Spezialisten aus der DDR), http://www.yxsnc.com/show.asp?id=1291 (aufgesucht am 23.12.2019).

befohlen worden sei, alle Zeichnungen des Werks zu vernichten. Der Hintergrund dieser Anweisung soll Druck aus der Sowjetunion gewesen sein, die Zusammenarbeit mit China einzuschränken. Innerhalb von 20 Tagen hätten daraufhin 30 technische Zeichner mehr als 2.000 Pläne des Projekts abgezeichnet, und die beiden Dolmetscher hätten die deutschen Beschriftungen übersetzt. Wie gefordert, seien die Originalzeichnungen anschließend verbrannt worden.

Der Wahrheitsgehalt dieser Darstellung lässt sich schwer überprüfen. Zweifel sind angebracht. Zu genau entspricht diese Schilderung dem Geschehen im darauffolgenden Jahr, als die Sowjetunion nahezu alle ihre Experten aus China abziehen sollte (Kapitel 4). Zudem ist bei allen übrigen Projekten der DDR von derartigen Anweisungen keine Rede. Dennoch legt dieser Bericht nicht allein Zeugnis von antisowjetischer Propaganda ab. Dass die DDR-Fachleute hier als willige oder zumindest schweigende Komplizen beim Kopieren technischer Zeichnungen dargestellt werden, verdeutlicht, wie vergleichsweise positiv die Rolle der DDR in diesem Konflikt von der chinesischen Seite gesehen wurde. Zugleich gibt die Anekdote, ob wahr oder nicht, einen Vorgeschmack darauf, wie die ökonomische und technische Kooperation zwischen China und der DDR ab 1960 und über die gesamte Zeit des Zerwürfnisses mit der Sowjetunion hinweg allen politischen Scharmützeln zum Trotz heimlich, still und leise fortgeführt werden sollte.

In der nachfolgenden Tabelle sind die wichtigsten Daten der Zementfabriken, die komplett von der DDR installiert bzw. zu denen Hauptausrüstungen geliefert wurden, zusammengefasst.

Tabelle 5: Von der DDR in China errichtete Zementfabriken

Ort	**Baubeginn**	**Inbetriebnahme**	**Kapazität der jährlichen Zementproduktion, t**
Datong, Prov. Shanxi	1954	1957	480.000
Yongdeng, Prov. Gansu		1957	1.200.000
Kunming, Prov. Yunnan		1957	150.000
Jiangyou, Prov. Sichuan	1956	1959	700.000
Yaoxian, Prov. Shaanxi	1957	1960	
Chongqing, Prov. Sichuan		1960	
Handan, Prov. Hebei	1958	1969	988.000
Kaiyuan, Prov. Yunnan	1958	1969	270.000
Wushan, Prov. Gansu	1988	1992	304.000

2.6. Radioteilekombinat Nordchina

Das Radioteilekombinat DOC (*Huabei wuxiandian lianhe qicai chang* 华北无线电联合器材厂) in Beijing (auch Radioteilekombinat Nordchina genannt) hat vorwiegend der Rüstung gedient (unter Radioteilen versteht man heute elektronische Bauelemente). Hier wurde die Elektronik für alle Großprojekte der VR China, wie die Elektronik für Chinas erste Atombombe (Zündung am 16. Oktober 1964) und die erste Wasserstoffbombe (29. September 1969) sowie die Steuerung von Chinas erstem Satelliten (Start am 24. April 1970) hergestellt. Aber auch die akustische Anlage im Gebäude des Nationalen Volkskongresses (Große Halle des Volkes) wurde hier gefertigt. Der zivile Hauptzweck des Kombinats war der Aufbau von Radiosendeanlagen im ganzen Land und die Produktion von Radioempfängern. Ferner benötigte man für den Telefonverkehr die entsprechende Vermittlungstechnik, und als drittes Feld galt die Funktechnik. Da man besonders während der Kulturrevolution Luftangriffe der sowjetischen Armee fürchtete, die um dieses Rüstungszentrum wusste, war der ganze Komplex von acht Flugabwehrgeschützen geschützt. Es gab Luftschutzbunker und 300 Wachsoldaten.[121] Jetzt ist das Kombinat außer Dienst gestellt. Hier befindet sich nun Beijings Künstlerdistrikt „798“, der die alten Werkhallen als Ateliers und Ausstellungsräume nutzt.

Das Radioteilekombinat war das größte Projekt der DDR in China. China hatte dafür 147 Millionen Yuan gezahlt (dieser Betrag entspricht heute etwa der gleichen Summe in Euro). Die Codezahl 718[122] und der von der DDR-Seite benutzte Codename DOC (= Dokumente Chinas) deuten auf den militärischen Charakter des Unternehmens hin. Das Kombinat vereinigte neben der eigentlichen Fertigung elektronischer Bauelemente und der Montage elektronischer Einrichtungen ein Kraftwerk, eine Abteilung für Industriekeramik, ein kleines Walzwerk zur Herstellung von Buntmetallfolien, eine mechanische Fertigung, Prüfabteilungen und auch Wohnquartiere für die 16.000 hier beschäftigten Arbeiter, die gleich möbliert waren. Die Miete betrug nur ein Dreißigstel des Lohns

---

121 Erling, J., Wo Chinesen lernen, was deutsche Leitkultur heißt, Die Welt, 16.12.2015.

122 Mit „7“ beginnende Codezahlen bezeichnen in China militärische Objekte und Vorhaben. Vor der Befreiung des Jahres 1949 benutzte die Volksbefreiungsarmee die Zahl 7 als Code für das Wort *dian* 电= Elektrizität.

der Arbeiter. In die Ausrüstung des Kombinats waren viele Betriebe der DDR einbezogen; ein großer Teil der Prüfeinrichtungen, wie zum Beispiel alle Längenmessmittel, vom Orthotest bis zum Zahnradprüfgerät, wurden vom VEB Carl Zeiss JENA geliefert.[123]

China hatte Anfang der 1950er Jahre schon zwei Fabriken für die Herstellung elektronischer Bauelemente von der Sowjetunion erhalten. Wegen des großen Bedarfs der Volksbefreiungsarmee an elektronischen Ausrüstungen wollte China, dass die Sowjetunion ein weiteres Werk aufbaut. Zu dieser Zeit war jene aber nicht in der Lage oder nicht gewillt, ein weiteres Werk zu liefern und schlug deshalb vor, sich an die DDR zu wenden (weil, wie die sowjetische Seite erklärte, die Technologie sowieso von dort stamme). So reiste 1951, beauftragt von Ministerpräsident Zhou Enlai, eine Delegation chinesischer Wissenschaftler und Ingenieure in die DDR und besuchte mehrere Fabriken. Diese Vorbereitungsgruppe wurde von dem Elektronikexperten Dr. Luo Peilin, der auch in den USA ausgebildet war, geleitet. Luo Peilin besuchte in der DDR mehr als 50 Betriebe der Elektro- und Elektronikindustrie. Der damalige Minister für Schwermaschinenbau, Nagele[124], war von Luo Pei-lins Einsatz für das Projekt so beeindruckt, dass er ihn persönlich zu Besuchen in 17 Betrieben der DDR begleitete. Im November 1951 legte Luo Peilin der chinesischen Regierung einen Bericht über die Fertigung von Elektronikkomponenten in der DDR und die Einholung eines Angebots von Seiten der DDR vor. Im Frühjahr 1952 wurde die Kooperation zwischen der DDR und der VR China beschlossen und ein Vorbereitungsteam in die DDR entsandt, um Konstruktionspläne auszuarbeiten. Im Juli 1952 lag ein Plan in Gestalt eines Grobprojekts für eine Radioteilefabrik vor, die in der Lage war, jährlich unter anderem 3.000 mobile Radiostationen und 300.000 Radioempfänger zu produzieren. Hieran hatten außer Luo Peilin auch Wang Zheng, der zugleich Minister für Telekommunikation war, und Wang Shiguang mitgearbeitet. Im September 1952 begann die Feinprojektierung des Radioteilewerks. In China arbeitete die Projektierungsgruppe im Amt für Telekommunikationsindustrie (dessen Direktor auch Wang Zheng war). Leiter der Projektierungsgruppe waren Luo

---

[123] www.alamy.com/stock-photo-joint-factory-718-historic-documents-machinery-exhibition-798-art-132363235.html (aufgesucht am 14.08.2020).

[124] Ein Minister Nagele ist nicht bekannt. Möglicherweise handelte es sich um einen Stellvertreter oder Staatssekretär.

Peilin und sein Stellvertreter Qin Yishan. Zusammen mit dem im Aufbau befindlichen Radioröhrenwerk sollte mit dem Radioteilewerk der Bedarf Chinas an elektronischen Bauteilen gedeckt werden.[125]

Den Großauftrag erhielten in der DDR der VEB Zentrales Projektierungsbüro für Schwermaschinenbau Berlin und das Entwurfsbüro für Industriebau Dessau. Ein Detail der Anforderungen der in dem neuen Werk zu produzierenden Fernmeldeeinrichtungen war, dass sie entsprechend dem Klima in Südchina tropenfest sein müssen. Hierfür hatte das Zentrallaboratorium für Fernmeldetechnik in Berlin-Treptow im Jahre 1955 eine Einrichtung zur Prüfung auf Tropenfestigkeit entwickelt.[126]

Die Architektur des Radioteilewerks wurde den Deutschen überlassen, die einen funktionalen Entwurf mit Einflüssen des Bauhausstils, gegenüber dem in der Sowjetunion damals praktizierten Stalinstil bevorzugten. Dies löste die erste von zahlreichen Kontroversen zwischen deutschen und sowjetischen Beratern aus. Die Pläne verlangten große Innenräume, um eine maximale Ausnutzung des natürlichen Lichts am Arbeitsplatz zu ermöglichen. Die gebogenen Deckenabschnitte der Sheddächer gaben den Dächern ihre charakteristische Sägezahnoptik. Während Sheddächer üblicherweise nach Süden ausgerichtet wurden, zeigten sie hier nach Norden, um ein schattenfreies Licht zu gewährleisten (Abb. 6).

Abbildung 5: Ansicht des Radioteilekombinats Nordchina

[125] Luo Peilin, Zhi wu ya, xing you ze (Keine Grenze für das Wissen, sein Handeln folgt Regeln), Chinese Academy of Engineering, www.cae.cn/cae/html/main/col36/2013-11/13/20131113142211859514316_1.html (aufgesucht am 14.11.2019).

[126] CIA, East Germany, Development of Tropics-Proof Installations for East German Telecommunications Industry, March 1955, CIA-RDP80-00810A006100010003-3.

Abbildung 6: Innenansicht einer Werkhalle des Radioteilekombinats, jetzt als Ausstellungshalle im Beijinger Kunstdistrikt „798“ genutzt. Auf der Innenseite der Dächer stehen während der Kulturrevolution geschriebene Propagandalosungen.

Das Entwurfsbüro für Industriebau Karl-Marx-Stadt entwickelte die Stahlbeton-Fertigteile für die Werkhallen als typisierte Bauelemente, unter anderem für eine 300 Meter lange und 235 Meter breite Werkhalle.[127] Als Ort des Werks wählte man ein 640.000 Quadratmeter großes Areal in Dashanzi im Nordosten Beijings aus. 500.000 Quadratmeter sollte das Werk einnehmen, davon allein 370.000 Quadratmeter für die Wohnungen der Arbeiter.

Im April 1954 starteten die Bauarbeiten. Während der Bauphase kam es oft zu Uneinigkeit zwischen chinesischen, sowjetischen und deutschen Experten, was einmal sogar zu einer sechsmonatigen Verzögerung des Projekts führte. Am heftigsten wurden die DDR-Experten von dem sowjetischen Technologieberater kritisiert, der für die beiden von der Sowjetunion gebauten Beijinger Elektronikfabriken, die die Codezahlen 714 und 738 trugen, verantwortlich war und der auch einen Posten als leitender Berater der Abteilung Fernmeldeindustrie des zweiten Ministeriums für Maschinenbauindustrie bekleidete.

Die Auseinandersetzungen drehten sich meist um die hohen, aber eben auch sehr teuren Qualitätsstandards der DDR-Experten, die von den sowjetischen Experten als „überkonstruiert“ kritisiert wurden. Diese Verhaltensmuster waren bezeichnend für die Leiter unter den sowjetischen Spezialisten, die für sich beanspruchten, alles bestimmen zu müssen. Demgegenüber erwarb sich die übergroße Mehrheit der sowjetischen Spezialisten durch ihr bescheidenes, aufopferungsvolles Auftreten tiefe

[127] Zempelburg, Lutz, Peking verjüngt sich, Neues Deutschland, 30.9.1959, S. 3.

Sympathie und allgemeine Anerkennung ihrer Leistungen bei den chinesischen Kollegen.

Die Deutschen beharrten, begründet durch historische seismische Daten darauf, die Gebäude gegen Erdbeben der Stärke 8 auf der Richterskale zu sichern, während sich die sowjetischen und die chinesischen Experten mit Stärke 6 oder 7 zufriedengaben. Der für die Nachrichtenindustrie zuständige Leiter im chinesischen Verteidigungsministerium Wang Zheng stand jedoch von Anfang an auf Seiten der DDR-Experten und unterstützte ihre Vorgehensweise.[128] Tatsächlich wurde Beijing am 28. Juli 1976 vom Erdbeben bei Tangshan mit einer Stärke von 7,8 getroffen.

Seitens der DDR koordinierte Fred Oelßner, damals Mitglied des Politbüros der SED und stellvertretender Ministerpräsident, alle Aktivitäten zu diesem Projekt. Die große Aufmerksamkeit der Parteiführung der SED für dieses Projekt kommt auch darin zum Ausdruck, dass Walter Ulbricht persönlich einen Brief an den VEB Elektrokohle Lichtenberg richtete, in dem er über eine Reklamation von zwei gelieferten Elektro-Öfen informierte und die Verbesserung der Qualität anmahnte. In einem weiteren Brief an den VEB Feinstmaschinenbau Dresden kritisierte er, dass ein Lehrenbohrwerk ohne Bedienungsanleitung geliefert worden war.[129] Es war typisch, dass sich die höchsten Leiter im Staat auch um geringfügigste Probleme kümmerten.

In der Spitzenzeit arbeiteten 157 DDR-Experten an dem Bauprojekt. Mehr als 22 Fabriken der DDR steuerten die Ausrüstungen bei. Die DDR beschaffte für China unter dem Embargo stehende akustische und Schwingungsmessgeräte der Firma Brüel & Kjaer (Dänemark). Zur selben Zeit verursachten die von der Sowjetunion angeordneten Lieferungen für die Sowjetarmee in der Industrie der DDR empfindliche Engpässe in der Volkswirtschaft.

Über die Transsibirische Eisenbahn wurden die Ausrüstungen direkt zum Beijinger Hauptbahnhof transportiert, von wo sie über eine eigens gebaute, 15 Kilometer lange Bahnstrecke zum Ostbahnhof in der Nähe der Baustelle befördert wurden. Dr. Luo Peilin wirkte auch als Chefingenieur während des Aufbaus des Werks. Seine Kollegen beschrieben ihn als einen hingebungsvollen Perfektionisten. Sein Einsatz

---

128 https://en.wikipedia.org/wiki/798_Art_Zone (aufgesucht am 23.7.2018).

129 Meißner (Hg.), *Die DDR und China 1949 bis 1990,* S. 258f.

hatte einen wesentlichen Anteil am Erfolg dieses von Hindernissen durchsetzten Projekts.

In der DDR, unter anderem im VEB Kondensatorenwerk Gera, wurden chinesische Jungingenieure auf ihre Arbeit als Leiter und für Entwicklung und Konstruktion vorbereitet.[130] Insgesamt wurden ab Dezember 1954 72 chinesische Fachpraktikanten in einem Fachstudium zwischen neun und 21 Monaten in der DDR für das Radioteilekombinat ausgebildet.[131]

Anfang Oktober 1956 besuchte die Delegation des Zentralkomitees (ZK) der SED unter Leitung von Walter Ulbricht, die am VIII. Parteitag der Kommunistischen Partei Chinas (KPCh) teilgenommen hatte, das im Aufbau befindliche Radioteilewerk. Der stellvertretende Minister für Schwermaschinenbau, der chinesische Werkleiter, der deutsche Chefingenieur und 95 Ingenieure aus der DDR sowie die ganze Belegschaft begrüßten Walter Ulbricht und Botschafter Richard Gyptner. Der chinesische Werkleiter dankte den Besuchern, dass die Spezialisten aus der DDR in China ein Werk zu schaffen halfen, dessen technische Ausrüstung Weltniveau habe.[132] Auch an diesem Besuch wird die große Aufmerksamkeit der Regierung der DDR für dieses außerordentliche Projekt deutlich.

Allerdings legte man immer mehr Wert darauf, die Anlagen möglichst vorfristig in Betrieb zu nehmen und deshalb notwendige Abnahmen und Einweisungen einzusparen. So wurde am 26. November 1956 das Wärmekraftwerk in Betrieb genommen, doch schon 20 Tage später kam es dadurch zu einem folgenschweren Unglück, durch das ein Dampfkessel des Wärmekraftwerks zerstört wurde. Die diesbezügliche Mitteilung des Arbeitsministeriums machte keine Angaben über Tote und Verletzte. Aber die Wärmeversorgung des Werks war unterbrochen, und die Produktion kam fast völlig zum Stillstand. Allein die Kosten des zerstörten Kessels betrugen 56.000 Yuan.[133]

---

130 BArch, Bild 183-30652-0005 / Fotograf: Wittig, 21.5.1955.

131 Krüger (Hg.), *Beiträge zur Geschichte der Beziehungen der DDR und der VR China*, S. 95.

132 Besuch in chinesischen Betrieben, Neues Deutschland, 3.10.1956, S. 5.

133 www.baidu.com/s?wd=劳动部发送“关于保证新安装的蒸汽锅炉的安全运行的通知”1957 年 2 月 22 日 (Mitteilung des Arbeitsministeriums „Über die Gewährleistung des sicheren Betriebs von neu installierten Dampfkesseln“), 27.2.1957 (aufgesucht

In einer Rede auf einem Empfang anlässlich des 8. Jahrestages der Gründung der VR China am 1. Oktober 1957 dankte der Botschafter der VR China in der DDR, Wang Guoquan, insbesondere für die Hilfe der DDR beim Aufbau des Radioteilekombinats in Beijing.[134] Vier Tage später, am 5. Oktober 1957, nahm das Radioteilekombinat 718 mit einer großen Einweihungszeremonie im Beisein hoher Vertreter der VR China und der DDR die Produktion auf. Von chinesischer Seite nahm Bo Yibo, stellvertretender Ministerpräsident des Staatsrats der VR China, an der Einweihung teil.[135] Seitens der DDR waren der stellvertretende Ministerpräsident, Fred Oelßner, und der Minister für Schwermaschinenbau, Erich Apel, anwesend. [136] Erster Direktor war Li Rui, der auch schon in die ersten Verhandlungen mit der DDR einbezogen gewesen war.[137] Luo Peilin war sein Stellvertreter und Chefingenieur des Werks. Li Rui hatte seit 1954 als Leiter der Projektgruppe einen entscheidenden Anteil am Aufbau des Radioteilekombinats gehabt.

Den Umfang des Werks verdeutlichen einige Zahlen zu den Bauleistungen, die überwiegend die chinesische Seite ausgeführt hatte: Das Werk nahm eine Fläche von 500.000 Quadratmeter ein (etwas reduziert gegenüber der ursprünglich veranschlagten Fläche). Die bebaute Fläche betrug 149.800 Quadratmeter. Es wurden 132 Kilometer Rohrleitungen verlegt. Die gebauten Verkehrswege hatten eine Fläche von 65.100 Quadratmetern. Die Gleise für den eigens angelegten Eisenbahnanschluss waren 13,2 Kilometer lang. Eine gut drei Kilometer lange Umfassungsmauer umgab die Werksgebäude, die den Charakter eines Campus erhielten.[138]

Der Korrespondent des *Neuen Deutschland* in Beijing, Lutz Zempelburg, berichtete von der Einweihungsfeier, dass China nunmehr auf dem Gebiet der elektronischen Bauelemente auf eigenen Füßen stehe.

---

am 14.08.2020).

[134] Ansprache des Botschafters Wang Kuo-tschuan, Neues Deutschland, 2.10.1959, S. 5.

[135] Jiang Manquan (Hg.), *Geschichte des Staatlichen Kombinats 718 – Staatliches Kombinat für Funktechnik Nordchina 1952–1964*, Beijing: Sevenstar Science & Technology 2017, S. 50.

[136] Zempelburg, Lutz, Deutsch-chinesisches Freundschaftswerk, Neues Deutschland, 6.10.1957, S. 5.

[137] Jiang (Hg.), *Geschichte des Staatlichen Kombinats 718*, S. 51.

[138] Zhou Lan, *Kongjian de xiangdu: 798 yishuqu de shehui bianqian (Blickwinkel des Raums: Der soziale Wandel des Kunstbezirks 798)*, Beijing: Beijing Book Co. (e-book) 2012.

Zusammen mit dem mit sowjetischer Hilfe errichteten Röhrenwerk sei eine solide Grundlage für die chinesische Elektronikindustrie geschaffen worden.[139]

Während des Besuchs der Regierungsdelegation der DDR unter Leitung von Ministerpräsident Otto Grotewohl in der VR China im Januar 1959 besuchten Grotewohl das Radioteilekombinat und Gerhard Weiß die Glashütte in Beijing.[140] Prof. Manfred von Ardenne, der als Mitglied der Kommission zur friedlichen Nutzung der Atomenergie der Regierungsdelegation angehörte, besuchte in Begleitung des Direktors des Instituts für Atomenergie der Akademie der Wissenschaften, Qian Sanqiang, Chinas Atomreaktor.[141] Hintergrund dieser Kontaktaufnahme war sicherlich die Weigerung der Sowjetunion, die Technologie der Herstellung von Atombomben an China weiterzugeben. Professor Qian Sanqiang gilt als der Vater der chinesischen Atombombe.[142] Über die DDR konnte China Kontakt zu deutschen Physikern aufnehmen, die in der Sowjetunion an der Atombombe gearbeitet hatten.

Das Radioteilekombinat hatte inzwischen eine Belegschaft von 13.000 Werktätigen. Sie hatten die Möglichkeit zur Qualifizierung in verschiedenen Schulen mit Lehrgängen und Kursen. Otto Grotewohl erhielt als ein Geschenk ein Gerät zur Strömungsmessung. Er wiederum schenkte dem Kombinat eine Pentaka-Schmalfilmkamera und ein Vorführgerät.[143] Über den Besuch von Grotewohl berichtete Lutz Zempelburg im *Neuen Deutschland*:

> In einer kleinen Betriebsausstellung machten Mitglieder der Werkleitung die hohen Gäste mit dem umfangreichen Produktionsprogramm des modernen, mit Hilfe deutscher Ingenieure und Ausrüstungen aus der DDR errichteten und oft als 'Mutter der chinesischen Radioindustrie' bezeichneten Kombinats bekannt. Das Kombinat hat in bezug auf Größe, Leistungsfähigkeit und Produktionstechnik kaum einen Vergleich mit entsprechenden Anlagen in Westeuropa zu scheuen. Das Sortiment des Betriebes umfaßt Kon-

[139] Zempelburg, Lutz, Deutsch-chinesisches Freundschaftswerk, Neues Deutschland, 6.10.1957, S. 5.

[140] Besuch in chinesischen Betrieben, Neues Deutschland, 25.1.1959, S. 1.

[141] Geluotiwo zongli zai Jing canguan (Besichtigungen von Ministerpräsident Grotewohl in Beijing, Renmin Ribao, 25.1.1959, S. 2.

[142] https://en.wikipedia.org/wiki/Qian_Sanqiang (aufgesucht am 12.8.2020).

[143] Bei der Mutter der chinesischen Radioindustrie, Neues Deutschland, 25.1.1959, S. 5.

densatoren und Potentiometer, Widerstände, Selengleichrichter, Elektrokeramik, Lautsprecher und Meßinstrumente. Obgleich es erst 1957 in Betrieb genommen wurde, konnte die Belegschaft bis heute [1959] die anfangs projektierte Produktionskapazität auf das Zwei- und Mehrfache steigern und damit die vorgesehene Entwicklung des Kombinats wesentlich beschleunigen. Herzlich begrüßte Otto Grotewohl Herrn Selbmann vom Gerätewerk Karl-Marx-Stadt und seine Gattin, die letzten des umfangreichen Expertenstabes aus der DDR, der mit seiner verantwortungsvollen Arbeit beim Aufbau des Werkes einen bedeutenden Beitrag zur Freundschaft zwischen unseren beiden sozialistischen Staaten geleistet hat.

Doch nach dem Willen Chinas sollte das Werk rasch weiterwachsen. Im Juni und Juli 1956 fanden in Beijing Verhandlungen über ein langfristiges Handelsabkommen statt, an dem die DDR besonders interessiert war. Hierbei legte die chinesische Seite eine Wunschliste von 40 kompletten Anlagen vor. Es handelte sich um Anlagen mit neuen, von der DDR noch nicht beherrschten Technologien, auch hatte das chinesische Verteidigungsministerium besondere Wünsche vorgetragen. Danach sollte die DDR zur Erweiterung des Radioteilekombinats vier große Werke liefern: für Richtfunkgeräte, UKW-Sender und UKW-Empfangsgeräte, für Trägerfrequenz- und Fernschreibgeräte und ein Werk für Funkmessgeräte (Radar). Außerdem wurden eine Nachrichtenkabel-Fabrik und ein Elektromessgerätewerk für das Militär sowie Erweiterungen des Radioteilekombinats gewünscht. Da sich noch 44 Anlagen im Bau befanden, überstieg diese Wunschliste die Möglichkeiten der DDR. Deshalb wurden acht Projekte sofort abgesagt, aber auch die Realisierung der restlichen 32 Vorhaben erstreckte sich bis weit in die 1960er Jahre.[144]

Um der chinesischen Seite Angebote zu dieser Wunschliste zu unterbreiten, wurden verschiedene Betriebe von den jeweiligen Ministerien beauftragt, Grobprojekte auszuarbeiten. Diese Arbeit lief damals unter dem Namen „China-Aktion". So erhielt der VEB Sachsenwerk Radeberg den Auftrag, ein Grobprojekt für ein Richtverbindungswerk als Angebot vorzulegen. Mit Datum 26. August 1956 hatte das Sachsenwerk ein entsprechendes Grobprojekt geliefert. Das Werk sollte jährlich 450 fahrbare UKW-Stationen mit je drei Sprech- und Telegrafiekanälen sowie Benzin- und Dieselgeneratoranlagen für die Stromversorgung

[144] Krüger (Hg.), *Beiträge zur Geschichte der Beziehungen der DDR und der VR China*, S. 95.

produzieren. Für 17 Abteilungen, angefangen von der Gießerei über Geräte-Wickelei, Stanzerei bis zur Galvanik und dem Geräteprüffeld wurden die erforderlichen Ausrüstungen ermittelt. Zusätzlich war ein Kraftwerk mit 130.000 Kilowattstunden pro Monat, eine Gas- und eine Wasserversorgung vorgesehen. Für die Produktion ergab sich eine Belegschaft von 1391 Werktätigen. Das Werk hatte einen Wertumfang von 31 Millionen DM, davon 6,8 Millionen für die Ausrüstungen. Vergleichsweise hatte das vorgesehene Werk die eineinhalbfache Kapazität des VEB Sachsenwerk Radeberg.[145]

50 Jahre nach der Eröffnung des Radioteilekombinats lud die chinesische Seite 2007 mehrere Experten aus der ehemaligen DDR ein, die damals an seinem Aufbau mitgewirkt hatten. Zu ihnen gehörten die Ingenieure Hans Becker und Peter Dobras aus dem VEB Keramische Werke Hermsdorf. Die chinesischen Partner eröffneten ihnen, dass ihr Kombinat so gut sei, dass es damals in China mehrfach nachgebaut worden sei.[146] Wenn in diesem Kombinat ein neues Erzeugnis in die Serienfertigung ging, wurde die Produktion in andere Fabriken im Lande transferiert, um die Technologie in ganz China zu verbreiten. Außerdem wurden technische und Leitungskader von hier in die Provinzen versetzt, um auch ihre Erfahrungen und ihr Wissen zu verbreiten.[147]

Mit der Politik von Reform und Öffnung ab 1980 stand das Kombinat in einem scharfen Konkurrenzkampf besonders mit den neu entstandenen privaten, modern ausgestatteten Elektronikfirmen im Beijinger Stadtteil Zhongguancun. Da die Ausrüstungen im Kombinat seit den 1960er Jahren nicht mehr erneuert worden waren, erwies sich die Technologie als zunehmend veraltet, so dass die Verluste des Kombinats immer mehr zunahmen. Reformversuche in den 1980er Jahren lieferten keine Wende zur Gesundung, so dass in den 1990er Jahren dann die Schließung des Kombinats und die Umwandlung in den Kunstbezirk 798 vollzogen wurde.

---

[145] Staatsarchiv Chemnitz, 30981 Meßgerätewerk Zwönitz Nr. 271, China-Aktion, 25.8. und 26.8.1956.

[146] Als die DDR Entwicklungshilfe für China leistete, Die Welt, 2.10.2007.

[147] Yu Jinghua, Beijing „7“ zihao qiyequn nengfou zaixian huihuang (Kann die Beijinger Unternehmensgruppe mit der Ziffer „7“ wieder Glanz erlangen?), Xin Shiye 1993, H. 3, S. 31.

Im Jahre 1957 endete der erste Fünfjahrplan Chinas. Das Land konnte eine erfolgreiche Bilanz ziehen. Wie vorgesehen, hatten wichtige Objekte der Schwerindustrie, wie Metallurgie, Maschinenbau, Automobil- und Flugzeugbau sowie Kraftwerksanlagenbau mit der Produktion begonnen. Industriezweige, die vorher in China nicht existierten, wurden aus dem Boden gestampft. Noch wichtiger als die bereits fertig gestellten Objekte waren die nun im Bau befindlichen Werke. Die DDR trug vor allem mit den Zementfabriken und den Kraftwerksausrüstungen zum Aufbau einer industriellen Infrastruktur bei. Nicht unbedeutend war angesichts des Kalten Kriegs und des Wirtschaftsembargos der kapitalistischen Industriestaaten der Beitrag der DDR zum Aufbau einer Verteidigungsindustrie. Die Vielfalt der Lieferungen von Industrieausrüstungen aus der DDR belegt vor allem den qualitativen Effekt, dass es sich um Ausrüstungen handelte, die China damals von nirgendwo anders beziehen konnte. Sie waren in vielen Fällen technologische Hauptkettenglieder auch in den mit sowjetischer Unterstützung errichteten Industrieanlagen. Die nachfolgende Tabelle stellt anhand einiger ausgewählter Erzeugnisgruppen die industrielle Entwicklung Chinas während des ersten Fünfjahrplans dar, an der die DDR einen Anteil hatte:[148]

Tabelle 6: Entwicklung der Produktion ausgewählter Erzeugnisgruppen während des ersten Fünfjahrplans, an der die DDR einen Anteil hatte.

Erzeugnis	**Einheit**	**Produktion 1952**	**Produktion 1957**
Werkzeugmaschinen	Stück	13.700	28.000
Metallurgische Ausrüstungen	t	1800	52.900
Kraftwerksausrüstungen	MW	5,4	197
Autos	Stück	-	7.904
Verbrennungsmotoren	PS	40.000	690.000

Wie groß der Anteil der DDR an diesen Zahlen war, ließe sich, neben den bereits näher untersuchten, an vielen weiteren Beispielen

[148] Dong Zhikai/Wu Jiang, Xin Zhongguo gongye de dianjishi – 156 xiang jianshe yanjiu (Grundpfeiler der Industrie des Neuen Chinas – Untersuchung des Aufbaus von 156 Vorhaben), Guangzhou: Guangdong jingji chubanshe 2004.

zeigen. Am 1. April 1954 etwa schloss der Außenhandelsbetrieb IE (Invest-Export) mit der VR China Verträge über die Projektierung und Lieferung von Ausrüstungen, die Überwachung ihrer Montage sowie die Inbetriebnahme und Leistungsbewertung ab. Es handelte sich um Dampferzeuger, Turbinen, Erzeugnisse der Geräte- und Regelungstechnik sowie um Feuerungen. Die Lieferungen aus Betrieben der DDR waren für die Kraftwerke in Zhengzhou, *Dachiuang*, Hancheng, Beijing, Guangzhou, Datong, *Ginsi* und Nanping bestimmt (näher zu den Kraftwerken siehe Kapitel 3).

Im August 1955 wurde Kurt Engel zur Ausführung der eben genannten Projekte als Ingenieur für Auslandseinsatz vom Ministerium für Außenhandel eingestellt und in die Handelspolitische Abteilung bei der DDR-Botschaft in Beijing entsandt. Für die zahlreichen Abstimmungen mit den örtlichen Bauorganisationen, den Einsatz der Fachkräfte aus der DDR und deren Betreuung bildete man im chinesischen Ministerium für Wasser- und Energiewirtschaft einen Bau-Stab unter Leitung des VEB Energie- und Kraftwerksanlagen (EKE). In dieser Zeit waren Hunderte Fachkräfte aus der DDR in China tätig, um die gelieferten Ausrüstungen bis zur Inbetriebnahme zu installieren. Neue Exportverträge konnten abgeschlossen werden, so für das Heizkraftwerk Baoding sowie für 64 Kleinkraftwerke mit Dampferzeugern und Turbosätzen von 1,5 und 3,2 Megawatt (MW). Die Anbahnung für das Großkraftwerk Liaoning mit Turbosätzen von 50 MW wurde weiter konzipiert.

Auch die Pläne für das Messgerätewerk MENA in Xi'an und das Schleifscheibenwerk Schach in Zhengzhou konnten realisiert werden. Die Leistungen der Fachkräfte aus der DDR wurden gebührend anerkannt. Kurt Engel erhielt mit einer Reihe anderer Spezialisten vor seiner Abreise die Freundschaftsmedaille der Volksrepublik China.[149]

Dabei darf jedoch nicht in Vergessenheit geraten, dass die Fachleute aus der DDR zwar die Planung und Montage leiteten und häufig auch selbst mit Hand anlegten. Doch das Gros der praktischen Arbeiten erledigten vor Ort doch chinesische Kräfte. Dies ist umso wichtiger, da es bereits auf den umfangreichen Transfer von Know-How und

[149] Engel, Kurt, Erinnerungen eines Export-Strategen. Warum die Erfolgsbilanz des DDR-Außenhandels unterschlagen wird, RotFuchs 203, Dezember 2014, S. 13.

Technologie verweist, der in jenen Jahren expliziter Bestandteil vieler Vereinbarungen zwischen der VR China und der DDR war. So waren zwar im Waren- und Zahlungsabkommen zwischen China und der DDR für das Jahr 1955 nach wie vor explizit komplette Industrieanlagen, Energieanlagen und Walzwerksausrüstungen aufgeführt, die die DDR nach China liefern sollte.[150] Im Rahmen des Abkommens über technisch-wissenschaftliche Zusammenarbeit zwischen China und der DDR allerdings hatten beide Seiten bereits 1954 vereinbart, dass die DDR technische Dokumentationen auf dem Gebiet der Metallurgie, des Schwermaschinenbaus, der Elektrotechnik und der Textilindustrie übergeben und einer größeren Anzahl chinesischer Techniker Ausbildungsmöglichkeiten in Betrieben dieser Industriezweige in Deutschland bieten wird.[151] Und im Jahre 1954 baute die Schwermaschinenfabrik Fushun, Provinz Liaoning, erfolgreich einen Turmdrehkran aus der DDR nach, um die Bedürfnisse Chinas im Bauwesen besser zu befriedigen.[152]

Solche Beispiele zeigen, dass die Exportstrategie der DDR durchaus der Idee von „Hilfe zur Selbsthilfe" folgte – und sie weisen zugleich voraus auf die 1970er und 1980er Jahre, als es der VR China gelingen sollte, aufgrund der Ausbildung eigener Fachleute unter anderem in der DDR sowie des Technologietransfers von dort zunehmend unabhängig von Importen zu werden. Ein wichtiges und frühes Beispiel hierfür war der Schiffbau (Kapitel 4). Außerdem sollte gerade die Einfuhr ganzer Fabriken für konventionelle Technologien ab den 1970er Jahren stark an Bedeutung verlieren. Selbst für Hochtechnologien wie die Halbleitertechnik hatte man zu dieser Zeit bereits ganze Fertigungsstätten importiert – diese allerdings schon nicht mehr aus der DDR, sondern aus Japan.

Zudem sei erwähnt, dass der Technologietransfer schon in den 1950er Jahren keine Einbahnstraße war. Denn im Rahmen des eben

---

[150] Waren- und Zahlungsabkommen Volksrepublik China – DDR unterzeichnet, Neues Deutschland, 27.4.1955, S. 1.

[151] Technisch-wissenschaftliche Zusammenarbeit China – DDR, Neues Deutschland, 27.8.1955, S. 1.

[152] Woguo tashi qizhongji fazhan licheng jianjie (Einführung in den Entwicklungsverlauf von Turmdrehkränen in China), https://wenku.baidu.com/view/7642b282492fb4daa58da0116c175f0e7cd119e8.html (aufgesucht am 23.2.2020).

erwähnten Abkommens über technisch-wissenschaftliche Zusammenarbeit war 1954 auch vereinbart worden, dass die DDR die Technologie zur Herstellung von Gebrauchsporzellan des berühmten Porzellanstandortes Jingdezhen, Provinz Jiangxi, erhalten sollte.[153] Doch mit Beginn des Großen Sprung nach vorn sollte sich die Volksrepublik zunächst mit ganz anderen Problemen konfrontiert sehen.

[153] Bu suo 60 nian de bianqian (Wandel des Ministeriums für Leichtindustrie und der zugehörigen Forschungsinstitute in den letzten 60 Jahren), Zhongguo Taoci 2014, H. 8, ohne Seitenangabe.

3. Höher, schneller, selber: Chinas „Großer Sprung nach vorn“ und der Beitrag der DDR (1958–1960)

Die im Großen und Ganzen stetige Aufwärtsentwicklung der Wirtschaft in China wurde im Jahre 1958 durch Mao Zedongs Politik des Großen Sprungs nach vorn abgelöst. Mao war mit dem Entwicklungstempo der Wirtschaft nach dem sowjetischen Modell mit dem Vorrang der Schwerindustrie unzufrieden. Die geplante Verdoppelung der Stahlproduktion sollte durch eine dezentrale Lösung auf dem Lande realisiert werden. Die Bauern Chinas wurden in großen Volkskommunen zusammengefasst, die autarke wirtschaftliche Einheiten bilden sollten, wobei eine Arbeitsteilung zwischen den Produktionsbrigaden eingerichtet wurde. Die Produktionsbrigaden waren jeweils für die Landwirtschaft, Wasserbauten, Transport, Industrie und weitere Aufgabenbereiche zuständig. Militärisch organisiert wurde gearbeitet, gegessen und geschlafen. Nachdem die Bauern ihre eigenen Haushalte aufgeben mussten, hatte man mit dem Essen in Gemeinschaftskantinen ein Druckmittel, indem man nicht arbeitswillige Bauern durch Essensentzug bestrafte. Um die drastisch heraufgesetzten Produktionsziele zu erreichen, bat die chinesische Seite die DDR immer öfter, ihre Lieferungen vorzuziehen, was erhebliche Schwierigkeiten in der DDR-Wirtschaft verursachte.

Die Volksrepublik versuchte auch durch diplomatische Gesten, die Kooperation, den Wissenstransfer und den Warenaustausch zu fördern. So verlieh der Botschafter der VR China in der DDR, Wang Guoquan, im Jahre 1959 im Auftrage von Ministerpräsident Zhou Enlai Freundschaftsmedaillen an 31 Spezialisten aus der DDR „für ihre hervorragende Hilfe und Unterstützung beim Aufbau des Sozialismus“. Sie hatten unter anderem beim Bau des Viskosekunstseidenwerks in Baoding, des Radioteilewerks und der Glasfabrik in Beijing sowie einer Reihe von Kraftwerken geholfen.[154] In seiner Ansprache würdigte Botschafter Wang die große Hilfe der DDR beim wirtschaftlichen Aufbau Chinas. Er betonte, dass die DDR im Jahre 1959 Projektunterlagen für 40 komplette Industrieanlagen geliefert und insgesamt 600 Spezialisten nach China entsandt hätte.[155] Und anlässlich des 9. Jahrestages der

---

[154] 31 Spezialisten aus der DDR ausgezeichnet, Neues Deutschland, 30.9.1959, S. 2.

[155] Ansprache des Botschafters Wang Kuo-tschuan, Neues Deutschland, 2.10.1959, S. 5.

Gründung der DDR im Oktober 1958 dankte der Vorsitzende der Gesellschaft für die Freundschaft zwischen der VR China und der DDR, Zhu Kezhen, für die umfangreichen Lieferungen industrieller Anlagen und die Entsendung zahlreicher Spezialisten aus der DDR zu ihrem Aufbau. Er erwähnte als ein Beispiel, dass in seiner Heimatstadt Changsha, Provinz Hunan, eine automatische Telefonanlage aus der DDR errichtet wurde.[156]

In China wurde allerdings das Schwergewicht auf die mengenmäßige Steigerung der Produktion gelegt, wobei die Qualität in vielen Fällen vernachlässigt wurde. Die Führung der DDR hatte die Politik des Großen Sprungs im Glauben, dass die Meldungen über fantastische Produktionssteigerungen real seien, anfangs unterstützt. Besonders als das militärische Regime in den Volkskommunen offensichtlich wurde, war man sich der abschreckenden Wirkung auf die Bauern in der DDR, die in die landwirtschaftlichen Produktionsgenossenschaften eintreten sollten, bewusst, und es kam zu ersten Kritiken an der Politik der chinesischen Führer. Doch noch gelangten sie nicht an die Öffentlichkeit. Die DDR war dringend an der Lieferung chinesischer Lebensmittel zur Versorgung der Bevölkerung interessiert. Deshalb ging man bereitwillig auf die Wünsche der chinesischen Seite ein, die Lieferungen aus der DDR entsprechend den Anforderungen des Großen Sprungs vorzuziehen, was nur mit größten Schwierigkeiten zu verwirklichen war.

Der ideologische Streit zwischen China und der Sowjetunion wirkte sich auch auf die politischen, wirtschaftlichen und kulturellen Beziehungen der DDR mit der VR China aus, da sich die DDR angesichts ihrer Abhängigkeit von Rohstoffen aus der Sowjetunion eindeutig auf deren Seite stellte. Besonders als bei der Beisetzung des am 7. September 1960 verstorbenen Staatspräsidenten Wilhelm Pieck eine Kondolenzdelegation Chinas unter Leitung des stellvertretenden Außenministers Ji Pengfei, der auch der erste Botschafter Chinas in der DDR gewesen war, kühl behandelt wurde und die SED die Politik des Großen Sprungs kritisiert hatte, wich das früher freundschaftliche Verhältnis zwischen chinesischen und deutschen Vertretern einer sehr gereizten Atmosphäre. Ab dem Sommer 1960 wurden die Vertreter der DDR-Botschaft in Beijing nur noch von Mitarbeitern des Außen- oder Handelsministeriums auf der

[156] China wünscht neue Erfolge, Neues Deutschland, 7.10.1958, S. 5.

untersten Ebene empfangen. Diese negative Entwicklung äußerte sich auch darin, dass bei der Eröffnung der in diesem Jahr fertig gestellten Industrieanlagen keine hochrangigen Vertreter der DDR anwesend waren. Nun waren bei den Einweihungen in der Regel der Botschafter der DDR in der VR China, Dr. Paul Wandel, oder ein Botschaftsrat zugegen.[157]

Trotz der getrübten Stimmung rissen die Handelsbeziehungen nie ab. Im Januar 1960 wurde das langfristige Handelsabkommen zwischen der VR China und der DDR für die Jahre 1960 bis 1962 beim Besuch der Regierungsdelegation der DDR unter Leitung von Handelsminister Heinrich Rau in China abgeschlossen. Bis 1962 sollte die DDR mehrere Zementfabriken, Kraftwerke, eine Wollspinnerei und eine größere Anzahl von Ausrüstungen und Teilaggregaten für solche Betriebe, die von der VR China neu errichtet oder erweitert werden, liefern.[158] Diese Pläne sind allerdings infolge des Chaos in der Wirtschaft nach dem Scheitern des Großen Sprungs nur teilweise verwirklicht worden. Auf der Grundlage des langfristigen Handelsabkommens wurde am 23. März 1960 auch das Protokoll über Warenaustausch und Zahlungsverkehr im Jahre 1960 in Berlin unterzeichnet. Bei den Lieferungen der DDR standen nach wie vor komplette Industrieanlagen an erster Stelle.[159]

Angesichts der im vorangegangenen Kapitel geschilderten Projekte des ersten Fünfjahrplans kann es nicht verwundern, dass im Jahre 1958 die DDR im Umfang des Handels mit der VR China hinter der ungleich größeren Sowjetunion an zweiter Stelle rangierte. In jenem Jahr betrug der Umsatz des gesamten chinesischen Außenhandels 3,765 Milliarden US-Dollar, davon 1,52 Milliarden mit der Sowjetunion und 228 Millionen mit der DDR.[160] Die DDR war zu diesem Zeitpunkt am

---

[157] Paul Wandel (1905–1995) war ein KPD-Funktionär und in der DDR bis 1957 Sekretär des ZK der SED. 1957 erhielt er eine strenge Rüge wegen reformpädagogischer Tendenzen im Schulwesen und ungenügender Härte bei der Durchsetzung der Kulturpolitik der SED. Von 1958 bis 1961 war er Botschafter der DDR in China. Die Tatsache, dass er auf diesen Posten abgeschoben wurde, hatte seine Stellung in China nicht erleichtert. Wegen seiner Emigration in der Sowjetunion betrachtete ihn die chinesische Führung als „Mann Moskaus“. Dennoch blieb er China stets eng verbunden und war ab 1982 Vorsitzender des Freundschaftskomitees DDR-China.

[158] Unser Handel mit China wird immer größer, Neues Deutschland, 19.1.1960, S. 7.

[159] Warenaustausch DDR – China, Neues Deutschland, 24.3.1960, S. 2.

[160] CIA, Economic Relations between Communist China and the European Satellites 1950–58, August 1959, CIA-RDP79R01141A001400170002-5.

Aufbau von 41 kompletten Fabriken beteiligt. Neun dieser Objekte waren, wie wir oben gesehen haben, Anfang 1958 bereits im Betrieb, darunter drei Zementfabriken, die Zuckerfabrik in Baotou und das Radioteilekombinat in Beijing. In Xi'an wurde zu diesem Zeitpunkt, wie ebenfalls bereits erwähnt, ein großes Messgerätewerk gebaut, und in Beijing entstanden die oben behandelte Anlage zur Herstellung von Perlon sowie in Baoding das beschriebene Werk zur Herstellung von Viskoseseide.[161]

Im Abkommen über den Warenaustausch und den Zahlungsverkehr zwischen der VR China und der DDR im Jahre 1958 waren bei den Lieferungen der DDR wiederum komplette Anlagen an erster Stelle aufgeführt.[162] Diese Lieferungen hatten seit 1956 besonders stark zugenommen.[163]

Tabelle 7: Zunahme der Lieferung kompletter Anlagen nach China seit 1956

Jahr	**Gesamter Export der DDR von Maschinen und Transportausrüstungen nach China, Mio. USD**	**Export der DDR von kompletten Industrieausrüstungen, Mio. USD**	**Anteil der kompletten Industrieausrüstungen am Export der DDR von Maschinen und Transportausrüstungen, %**
1956	85,4	26,6	31,1
1957	95,2	44,4	46,6
1958	120,0	78,0	65,0

Die nachfolgenden Meldungen führen die Vielfalt der Bestellungen Chinas für die Industrialisierung des Landes vor Augen und verdeutlichen zugleich immer wieder die Auswirkungen des Großen Sprungs auch auf die Betriebe der DDR.

Um wichtige Arbeiten am Wasserbauprojekt Sanmenxia am Gelben Fluss vor dem Eintreffen des Hochwassers durchführen zu können, hatte sich der VEB Verlade- und Transportanlagen Leipzig verpflichtet, drei Kabelkräne mit einer Tragfähigkeit von 20 Tonnen fünf Wochen früher auszuliefern. Um dieses Ziel zu erreichen, wandte sich der Betrieb

[161] In chinesischen Betrieben, Neues Deutschland, 30.1.1958, S. 5B.

[162] Handelsabkommen China-DDR, Neues Deutschland, 25.4.1958, S. 5.

[163] CIA, Imports of machinery and transportation equipment by communist China 1950–58, September 1960, CIA-RDP79R01141A001700080001-3.

an die Zulieferer VEB Stahlbau Leipzig, vormals Mannesmann, das Stahl- und Walzwerk Riesa, den Leipziger Stahlbau und Verzinkerei, die Peniger Maschinenfabrik und den Maschinen- und Apparatebau Staßfurt und bat alle Betriebe, ihre Lieferungen ebenfalls vorzuziehen. Der VEB Förderanlagen Köthen und die Maschinenfabrik Sangerhausen übernahmen Großdreharbeiten. Der VEB Kranbau Eberswalde „7. Oktober" führte Großbohrwerksarbeiten und der VEB ZEMAG Zeitz (Zeitzer Eisengießerei und Maschinenbau AG) und der VEB Industriewerk Halle führten mittlere Bohrwerksarbeiten aus.[164] Dieses Beispiel zeigt, dass vorfristige Lieferungen aufgrund der angespannten Zuliefersituation nur mit erheblichem Aufwand zu verwirklichen waren. Die DDR-Seite ging weitestmöglich auf die dringlichen Wünsche der chinesischen Seite nach vorzeitiger Lieferung ein, die für die beschleunigte Planerfüllung im Zuge des Großen Sprungs geäußert wurden.

Der VEB Schwermaschinenbau „Heinrich Rau" in Wildau stellte eine 600-Tonnen-Presse für den Export nach China fertig.[165] Das Elektromotorenwerk Wernigerode hatte im Jahre 1958 bis zum November insgesamt 36 Waggons mit 3.640 Elektromotoren nach China gesandt. Das Werk wollte bis Jahresende für eine Million Rubel zusätzlich Elektromotoren liefern, die für Schwerpunktobjekte in China benötigt wurden.[166] 80 Lastkraftwagen des Typs S 4000, einem Viertonner, hatte der VEB „Sachsenring" Zwickau zusätzlich exportiert. Auch hier kam das Werk einem dringenden Wunsch der chinesischen Seite nach vorfristiger Lieferung nach. China war damals der bedeutendste Auslandskunde des Werks.[167]

Am 21. September 1958 nahm das Beijinger Telegrafenamt seine Arbeit auf. Der Bau des Amtes - auch als Projekt 005 bekannt - nach einem Entwurf des Architekten Lin Leyi hatte im April 1956 begonnen. Es wurde von der Sowjetunion und der DDR ausgerüstet. Spezialisten aus der DDR halfen insbesondere beim Entwurf, der Anfertigung und der Montage der Turmuhr des Telegrafenamts. Die Einweihung nahm der Minister für Post- und Fernmeldewesen, Zhu Xuefan, vor.[168] Da die

---

[164] Sozialistische Hilfe für China, Neues Deutschland, 19.7.1958, S. 2.

[165] Foto von Xinhua Nr. 12774855 vom 8.5.1958.

[166] Elektromotoren für China, Neues Deutschland, 23.11.1958, S. 1.

[167] 80 Lastwagen zusätzlich, Neues Deutschland, 4.12.1958, S. 1.

[168] Minzhu deguo dou xingguo naxie shan? (Was hatte die DDR Gutes vollbracht?), https://www.zhihu.com/question/58229674/answer/219610471 (aufgesucht am 28.9.2019).

von der DDR im Jahre 1957 gelieferte mechanische Uhr einem Verschleiß unterlag und die Zeitangabe ungenau wurde, ersetzte man sie im Jahre 1979 durch eine in Shanghai hergestellte, elektrische Uhr.

Abbildung 7: Ministerpräsident Zhou Enlai (l.) besichtigt die Ausrüstungen für den Uhrenturm des Beijinger Telegrafenamts

Der VEB Schwermaschinenbau „Ernst Thälmann“ Magdeburg fertigte im selben Jahr 1958 eine Deckelabhebevorrichtung für Tieföfen einer Gießerei sowie elf Siebkugelmühlen für ein großes Werk in China.[169] Der VEB „Henry Pels“ Erfurt produzierte für den Export nach China eine übergroße Schlagschere. Sie war so schwer, dass beim Verladen auf einen Frachter im Rostocker Hafen ein Schwimmkran zu Hilfe genommen werden musste.[170] Der VEB Kranbau Eberswalde produzierte passenderweise Kranausrüstungen für den Umschlag in Häfen

[169] BArch Bild 183-54337-0001/ Fotograf: Biscan, 14.1.1958, und Bild 183-52737-0002/Fotograf: Biscan: 1.2.1958.

[170] BArch Bild 183-51239-0003/Fotograf: Mellahn, März 1958.

zum Export nach China.[171] Für das Stahlwerk Xiangtan, Provinz Hunan, lieferte die DDR eine Drahtwalzstraße, ferner eine Seilförderanlage, einen elektrischen Schaufelradlader und Kraftwerksausrüstungen (Kessel und Turbinen).[172]

Anfang Februar 1959 wurde in Beijing das Abkommen über Warenaustausch und Zahlungsverkehr zwischen der VR China und der DDR für das Jahr 1959 unterzeichnet. Bei den Lieferungen aus der DDR standen komplette Industrieanlagen an erster Stelle.[173] Weiterhin war vorgesehen, dass die DDR Werkzeugmaschinen, Schmiedeausrüstungen, Schienenfahrzeuge, elektrische Ausrüstungen, optische Präzisionsmessgeräte und chemische Erzeugnisse liefert.[174]

Als eine Regierungsdelegation der DDR unter Leitung von Ministerpräsident Otto Grotewohl im Januar 1959 erneut die VR China besuchte, wurde der Abschluss eines langfristigen Handelsabkommens für die Jahre 1960 bis 1962 angestrebt. In diesem Rahmen waren vorgesehen: vier Fabriken zur Herstellung von Stickstoffdünger, Kraftwerksausrüstungen von vier Generatorblöcken zu je 50 MW für ein Kraftwerk bei Shenyang, 42 Generatorblöcke zu je drei bis fünf MW für weitere nicht näher angegebene Kraftwerke sowie vier Zementfabriken.[175] Durch das Scheitern des „Großen Sprungs nach vorn" konnten diese Projekte aber nur teilweise realisiert werden.

Kurz darauf wurde auf der Leipziger Frühjahrsmesse 1959 ein Vertrag über die Lieferung der Ausrüstungen für 32 Kraftwerke bis 1962 unterzeichnet. Außerdem sollte die DDR für China nun *zwei* Zementwerke liefern.[176] Hier wird schon deutlich, dass die chinesische Seite aufgrund

---

171 Foto von Xinhua Nr. 12774857 vom 17.1.1959.

172 Wen Qiang (Red.), *Zhongguo gongye fazhanshi,* Band *Zhongguo gangtie gongye fazhanshi (Entwicklungsgeschichte der Industrie Chinas,* Band *Entwicklungsgeschichte der Eisen- und Stahlindustrie Chinas)*, Beijing: Xueyuan yinxiang chubanshe, 2004, S. 10, ISBN 7-89996-470-9.

173 Handel China – DDR erweitert, Neues Deutschland, 6.2.1959, S. 7.

174 Zhong De qianding jinnian maoyi xieyi (China und die DDR unterzeichneten das diesjährige Handelsabkommen), Renmin Ribao, 6.2.1959, S. 4.

175 CIA, Imports of machinery and transportation equipment by communist China 1950–58, September 1960, CIA-RDP79R01141A001700080001-3.

176 Zhong De zai Laibixi bolanhui shang qianding maoyi hetong De jiang gongying wo dianzhan deng xiang shebei (China und die DDR unterzeichneten auf der Leipziger Messe einen Handelsvertrag über die Lieferung von Kraftwerken und anderen Ausrüstungen aus der DDR nach China), Renmin Ribao, 13.3.1959, S. 4.

interner Schwierigkeiten den Umfang der Lieferungen gegenüber den Verhandlungen vom Januar reduziert hatte.

Vom 19. April bis 8. Mai 1959 fand dann in Beijing eine Gemeinschaftsausstellung statt, die die Außenhandelsunternehmen Feinmechanik-Optik und Elektrotechnik in Beijing veranstalteten. Auf 1.900 Quadratmeter Fläche im Beijinger Ausstellungszentrum wurden mehr als 600 Objekte gezeigt. Da zur selben Zeit der 2. chinesische Volkskongress tagte, bekamen dessen Delegierte die Gelegenheit, sich über das Leistungsangebot insbesondere vom VEB Carl Zeiss JENA zu informieren. Außerdem hielten Experten aus dem Zeiss-Werk Fachvorträge im Zeiss-Planetarium von Beijing. Weil die Zeit für die Diskussion der Vorträge nicht reichte, fand noch ein spezielles Forum in kleinerem Kreis statt. Von chinesischer Seite besuchten der stellvertretende Handelsminister, Lin Haiyun, die Ministerin für Gesundheitswesen, Li Dequan, und der stellvertretende Oberbürgermeister von Beijing, Jia Tingsan, die Ausstellung. Seitens der DDR besuchte eine Delegation unter Leitung des Mitglieds des Politbüros der SED, Hermann Matern, die Ausstellung, begleitet von Botschafter Paul Wandel. Insgesamt wurden 50.000 Besucher gezählt.[177] Hermann Matern hielt sich damals im Rahmen einer Delegation der Volkskammer unter Leitung von Johannes Dieckmann in Beijing auf.

Im Juli 1959 wurde ein Vertrag über die Lieferung weiterer Flugzeuge des Typs IL 14P abgeschlossen. Bei der Vertragsunterzeichnung wurde zum Ausdruck gebracht, dass sich die in China bereits eingesetzten Flugzeuge IL 14P aus DDR-Produktion gut bewährt hätten. Die erste Gruppe von Flugzeugen der neuen Lieferung wurde von den Flugzeugwerken Dresden mit Zwischenstopps in Moskau, Swerdlowsk, Nowosibirsk und Irkutsk nach Beijing geflogen.[178]

Der Export der IL 14P (Abb. 8) nach China und anderen Ländern war ein dringendes Erfordernis, weil die Sowjetunion kein einziges Flugzeug abgenommen hatte, obwohl sie ursprünglich zugesagt hatte, bis zu 600 Flugzeuge dieses Typs zu importieren.[179] Deshalb stand die mit großem Aufwand aufgebaute Fertigung des Flugzeugs IL 14P in

---

[177] Mühlfriedel, Wolfgang/Hellmuth, Edith, *Carl Zeiss in Jena 1945–1990*, Köln: Böhlau 2004, S. 134.

[178] Weitere DDR-Flugzeuge nach China, Neues Deutschland, 18.7.1959, S. 3.

[179] Krebs, Ute, Als der DDR Flügel wuchsen, Freie Presse, 8.8.2019.

Dresden vor einem ernsten Absatzproblem. So war es kein Zufall, dass Dong Biwu, stellvertretender Vorsitzender des Staatsrats, bei seinem Besuch in der DDR im August 1958 auch den VEB Flugzeugwerke Dresden besuchte.[180]

Abbildung 8: Besichtigung eines Flugzeugs IL 14P durch einen chinesischen Interessenten auf dem Flugfeld Dresden

Angesichts ihres am Ende der 1950er Jahre weiterwachsenden Umfangs und ihrer wirtschaftlichen und technologischen Bedeutung für beide Seiten seien einige der von der DDR realisierten Komplett-Aufträge nun näher vorgestellt.

3.1. Beijinger Perlonfabrik

China hatte den VEB Konstruktion und Entwicklung für Textilmaschinen in Karl-Marx-Stadt mit der Projektierung der Beijinger Perlonfabrik (*Beijing hecheng xianwei shiyan gongchang* 北京合成纤维试验工厂) betraut, deren Bau, wie bereits erwähnt, 1957 begann und die gleichfalls bis 1958 eingerichtet werden sollte.[181] Die Perlonfabrik in Beijing, die der Herstellung von Polyamidfasern diente, wurde im Dezem-

[180] Foto von Xinhua Nr. 246673299 vom 18.8.1958.

[181] DDR baut Kunstseidenwerk in China, Neues Deutschland, 27.11.1956, S. 2.

ber 1959 eingeweiht (Abb. 9). Die Anlage hatte eine Jahreskapazität von 684 Tonnen Polyfil- und Monofilfasern besonders für die Strumpfindustrie, Stapelfasern für Mischgewebe und Cordseide für Fahrzeugdecken, Flugzeugreifen, Fischereinetze und andere technische Zwecke. Eine Jahresproduktion von 50 Tonnen Perlonseide wurde für die Produktion von Damenstrümpfen eingesetzt, die bis dahin hatten importiert werden müssen.[182] Aus einer Tonne Perlonseide ließen sich mehr als 40.000 Paar Damenstrümpfe herstellen.

Abbildung 9: Arbeiterinnen in der Beijinger Perlonfabrik

Der chinesische Partner wünschte außer der Projektierung der Ausrüstungen auch Angaben über Anzahl und Qualifikation der eingesetzten Fachkräfte.

Ein Bericht aus dem Jahre 1958 gab die jährliche Kapazität der Anlage mit 150 Tonnen Seide, 350 Tonnen Faser und 230 Tonnen Cord an. Zuvor hatte die chinesische Seite unter dem Zwang der massiven Beschleunigung aller ökonomischen Aktivitäten im Zuge des Großen Sprungs in Abänderung der vertraglichen Vorgaben folgende Wünsche an die DDR-

[182] BLHA, Akte Kunstfaserwerk „Friedrich Engels“ Premnitz, Rep. 503, Nr. 5323, Niederschrift über den Aufbau einer Chemiefaseranlage für Perlon-Stapelfaser in Perlonseide, 20.3.1956.

Vertreter herangetragen:

Montagebeginn: 1. Oktober 1958
Probelauf im zweiten Quartal 1959
Inbetriebnahmetermin: 1. Juni 1959
Erweiterung der Kapazität von 495 auf 750 Tonnen pro Jahr

Die DDR-Seite konnte diese Wünsche aus objektiven Gründen nicht annehmen, weil die Ausrüstungen hierfür nicht rechtzeitig in China eintreffen würden. Die Kapazität ließ sich nur auf maximal 660 Tonnen pro Jahr steigern, weil der Trockner als schwächstes Glied in der technologischen Kette nur zwei Tonnen täglich behandeln konnte.[183]

Im September 1958 einigte man sich in Verhandlungen zwischen Vertretern Chinas und der DDR auf die Liefertermine der noch fehlenden Ausrüstungen, die Termine für den Einsatz der deutschen Spezialisten, auf den Umfang der für die Montage benötigten Unterlagen und die Liefertermine der für die Erweiterung der Versuchsanlage benötigten Ausrüstungen.[184]

Die chinesische Seite hatte vor dem Eintreffen von Fachleuten aus der DDR auf eigene Faust mit der Montage der Anlagen begonnen, die aber von Grund auf verbessert werden musste. Zugleich hatte man etliche Provisorien aufgebaut, um vor dem Eintreffen der letzten Ausrüstungen aus der DDR im Fieber des Großen Sprungs nach vorn schon mit der Produktion beginnen zu können.

Die Inbetriebnahme der Perlonanlage leitete die Produktion vollsynthetischer Fasern in China ein, die zusammen mit Kunstseide und Zellwolle schon kurz darauf eine beachtliche Rolle in der chinesischen Textilindustrie spielen sollte. Besondere Anerkennung sprachen die chinesischen Vertreter der Perlonfabrik dem Leiter des Expertenkollektivs aus der DDR, Ingenieur Keil, und dem für die Sicherung der Technologie und Qualität der Produktion verantwortlichen Dr. Wenderoth aus.[185] Ein Bericht über die Aufnahme der Versuchsproduktion vom 5. September 1959 hob hervor, dass die DDR nicht nur sämtliche Ausrüstungen

---

183 BLHA, Akte Kunstfaserwerk „Friedrich Engels“ Premnitz, Rep. 503, Nr. 5375, Besprechungsprotokoll über die Polyamidfaser-Versuchsanlage, 25.3.1958.

184 BLHA, Akte Kunstfaserwerk „Friedrich Engels“ Premnitz, Rep. 503, 5375, Schlußprotokoll der Verhandlungen über die Polyamidfaser-Versuchsanlage, Peking, 24.9.1958.

185 Zempelburg, Lutz, Chemiefaserwerk für China, Neues Deutschland, 13.12.1959, S. 7.

für die Perlonfabrik geliefert, sondern sie auch mehr als zehn Spezialisten geschickt hatte, die beim Aufbau der Fabrik, der Installation der Ausrüstungen und der Aufnahme der Versuchsproduktion geholfen hatten.[186]

Anlässlich des 11. Jahrestages der Gründung der DDR fand am 7. Oktober 1960 in der Beijinger Perlonfabrik eine Festveranstaltung statt, an der auch der Botschafter der DDR in der VR China, Paul Wandel, teilnahm. Die Direktorin der Perlonfabrik, Zhang Mei, gratulierte laut *Renmin Ribao* im Namen der Belegschaft des Werks zum Nationalfeiertag der DDR und dankte für die Hilfe der DDR beim Aufbau der Perlonfabrik. Botschafter Wandel lobte die „unzerstörbare brüderliche Freundschaft" zwischen dem deutschen und dem chinesischen Volk.[187]

Der erfolgreiche Aufbau der Perlonfabrik in Beijing war sicher der Grund dafür, dass die China National Technical Import Co. im Jahre 1965, einer Phase relativer Entspannung in den politischen Beziehungen zwischen der VR China und der DDR, den VEB Textimaprojekt Karl-Marx-Stadt um ein Angebot über die Lieferung der Hauptausrüstungen für den chemischen Teil einer Polyesterfaseranlage mit einer Leistung von 6.000 Tonnen jährlich bat. Textimaprojekt unterbreitete ein Angebot über eine entsprechende Anlage im Gesamtwert von 1,15 Millionen Mark, die in den Jahren 1967/68 hätte geliefert werden können.[188] Da in dieser Zeit China vom Chaos der sogenannten Kulturrevolution erfasst war, wurde dieses Projekt wahrscheinlich nicht realisiert.

3.2. Kraftwerksanlagenbau

Im Bereich des Kraftwerksanlagenbaus lieferten im Wesentlichen drei DDR-Betriebe Generatoren nach China: Der VEB Turbinenbau Dresden produzierte kleine Generatoren bis fünf MW für die Selbstversorgung großer Betriebe mit Strom und warmem Wasser. Der VEB Gör-

[186] Beijing hecheng xianwei chang shiche shengchan (Die Perlonfabrik Beijing nahm die Versuchsproduktion auf), Renmin Ribao, 5.9.1959, S. 4.

[187] Qingzhu Deyizhi minzhu gongheguo guoqing Beijing hecheng xianwei gongchang jihui (Meeting in der Beijinger Perlonfabrik zur Feier des Nationalfeiertags der DDR), Renmin Ribao, 8.10.1960, S. 4.

[188] BLHA, Akte Kunstfaserwerk „Friedrich Engels" Premnitz, Rep. 503, Nr. 3183, Information J002.58 über eine Polyesterfaseranlage (ab Spinnerei) mit einer Leistung von 6000 t/a für AHU China National Technical Import Co., Peking, VEB Textimaprojekt Karl-Marx-Stadt, 17.7.1965.

litzer Maschinenbau war auf Generatoren mit mittlerer Leistung von etwa 25 MW spezialisiert und der VEB Bergmann Borsig in Berlin auf große Generatoren mit einer Leistung von 50 MW. Im Zeitraum 1953 bis 1957 installierte die DDR in China Kraftwerksausrüstungen mit einer Leistung von insgesamt 108 MW und rangierte damit hinter der Tschechoslowakei mit 231 MW an zweiter Stelle.[189]

Für umsetzbare und stationäre Kleinkraftwerke hatte der VEB Dampfkesselbau Meerane im Jahre 1956 zehn Dampferzeugungsanlagen nach China geliefert. Die Anlagen hatte der Betrieb im Vorjahr entwickelt. Jede von ihnen bestand aus zwei Kesseln mit einer Leistung von fünf Tonnen Dampf pro Stunde. Die Aggregate wurden vor allem in der Landwirtschaft und in den Aufbauzentren eingesetzt.[190]

Im April 1957 wurde ein Kraftwerksaggregat für das Kraftwerk Shijingshan geliefert, das zum gleichnamigen Hüttenwerk westlich von Beijing gehört. Somit diente das Kraftwerk als Infrastruktur für das Stahlwerk von Beijing. Der Kessel der Aggregate wurde im VEB Dampfkesselbau Meerane hergestellt, die Turbine mit einer Leistung von zwölf MW stammte aus dem VEB Görlitzer Maschinenbau. Die Energieeinheit war die erste dieser Größenordnung, die die DDR an China lieferte.[191]

Abbildung 10: DDR-Spezialisten im Kraftwerk Shijingshan

[189] CIA, Economic Relations between Communist China and the European Satellites 1950–58, August 1959, CIA-RDP79R01141A001400170002-5.

[190] Kraftwerkausrüstungen für China, Neues Deutschland vom 31.7.1956, S. 6.

[191] Kraftwerkaggregat aus der DDR übergeben, Neues Deutschland vom 28.4.1957, S. 5.

Im Dezember 1957 wurde das Kraftwerk Hanzhuang in Xuzhou, Provinz Jiangsu, seiner Bestimmung übergeben. Seit November 1956 waren sechs Monteure aus der DDR damit beschäftigt gewesen, zwei Generatoren und zwei Dampfkessel für eine Leistung von 16 MW zu installieren.[192] Im Jahre 1958 bezog China aus dem VEB Dampfkesselbau Hohenthurm einen Dampfkessel für die Erweiterung des Kohlekraftwerks Zhakou bei Hangzhou, Provinz Zhejiang.[193] Im selben Jahr nahm auch das Werk für schwere Generatoren in Beijing, das mit Hilfe der Sowjetunion, der DDR und anderer Länder ausgerüstet wurde, die Produktion auf.[194]

Vier Monate vor dem geplanten Termin im Jahre 1958 wurde der Erweiterungsbau des Kraftwerks Datong in der Provinz Shanxi, der unter Anleitung deutscher Spezialisten errichtet worden war, an die chinesische Werkleitung übergeben. Das Kraftwerk Datong war das vierte fertig gestellte Werk von sieben mittleren Wärmekraftwerken, die mit Unterstützung der DDR gebaut wurden. Das Kraftwerk war eine Voraussetzung für das nachfolgend gebaute Zementwerk in Datong. An diesem Beispiel wird, wie bereits bei den Zementwerken, wiederum deutlich, dass für die Industrialisierung in China schrittweise die entsprechende Infrastruktur aufgebaut werden musste.

Ein Wärmekraftwerk, das von der DDR errichtet wurde, befand sich im Jahre 1958 in Zhengzhou, Provinz Henan, im Bau (Bild 11). Die Montage hatte im September 1956 begonnen, der erste Komplex im Dezember 1957 den Betrieb aufgenommen.[195]

---

192 Tan Youlong, Qilunji ningjieshui de huishou (Rückgewinnung des Kondenswassers von Dampfturbinen), Dianli 1959, H. 21, S. 53; Xuzhou de guoji „pengyouquan" (Der internationale „Freundeskreis" von Xuzhou), http://news.jstv.com/a/20190328/155375 5627831.shtml (aufgesucht am 22.1.2020).

193 Li Wangmiao, Zhakou fadianchang shenshi zhi mi (Das Rätsel der Geschichte des Kraftwerks Zhakou), Xin Zhongguo Hangzhou gongye fazhan jiyi (Erinnerungen an die Entwicklung der Industrie des neuen Chinas in Hangzhou), 2019, http://www.hangchow.org/index.php/base/news_show/cid/4699 (aufgesucht am 11.1.2020).

194 BArch, Bild 183-K0526-0002-034/Fotograf: Becker, 26.5.1971.

195 Huiyi Zhengzhou redianchang changfang, fadianji, gongren dou shi jiede (Ich erinnere mich, dass das Gebäude des Wärmekraftwerks von Zhengzhou, die Generatoren und die Arbeiter sämtlich geliehen waren), http://district.ce.cn/newarea/roll /201405/27/t20140527_2881766.shtml (aufgesucht am 4.1.2020).

Abbildung 11: Wärmekraftwerk Zhengzhou

In Erinnerungen an die Zeit des Aufbaus dieses Wärmekraftwerks heißt es, dass die chinesischen Arbeiter bis zum Werkdirektor und Parteisekretär 1956 in Strohhütten am Rande eines Friedhofs lebten, während man für die Spezialisten aus der DDR ein festes Haus mit den besten verfügbaren Materialien gebaut hatte. Für die Spezialisten unterhielt man eigens mehrere Milchkühe, weil man wusste, dass die Deutschen gern Milch trinken. Die Spezialisten bekamen jeweils einen Dolmetscher zugeteilt, der zugleich für ihre persönliche Sicherheit verantwortlich war. An jedem Wochenende organisierte man für die Spezialisten eine Tanzveranstaltung. Erst im Jahre 1964 zogen die Arbeiter in feste Wohnungen ein, wobei sich vier Personen jeweils ein Zimmer teilten.[196]

Der Direktor des Wärmekraftwerks Zhengzhou hat den Arbeitern des VEB Görlitzer Maschinenbau als Dank für die pünktliche Lieferung von Turbosätzen hoher Qualität die chinesische „Medaille für hervorragende Arbeitsleistungen beim Aufbau des Sozialismus" verliehen. Die gleiche Auszeichnung erhielten die Spezialmonteure des Werkes, die am Aufbau des Kraftwerks mitgearbeitet hatten. Vom VEB Maschinenbau Görlitz wurden bis Anfang 1958 zwölf Turbosätze mit einer Leistung

[196] Ting lao jianchangren jiang gushi (Ich höre den alten Kraftwerkern beim Erzählen von Geschichten zu), http://www.sohu.com/a/325369377_656992 (aufgesucht am 10.1.2020).

von insgesamt 140 MW nach China geliefert. Zwei weitere Turbosätze befanden sich gerade in der Montage.[197]

Aus der Perspektive von Transfer und Ausbildung interessant ist ein weiterer, zeitgenössischer Bericht über den Aufbau des Wärmekraftwerks Zhengzhou. Dieser offenbart, dass es erhebliche Probleme mit der mangelnden Qualifikation der chinesischen Monteure gab. Die Spezialisten aus der DDR sparten nicht mit kritischen Hinweisen, wenn die Montage nicht ordnungsgemäß ausgeführt war. Die chinesische Leitung nahm die Kritik an und startete ihrerseits eine ideologische Kampagne um die Bedeutung der Qualität der Arbeit. Sie arbeitete auch einen Standardentwurf über Anforderungen an die Qualität von Montagearbeiten aus.

Der Entwurf widerspiegelte recht treffend die damaligen Probleme in der Arbeit. So heißt es zum Beispiel, dass zum Festziehen der Schrauben nur das passende Werkzeug (Schraubenschlüssel) verwendet werden darf, um die Schraubenköpfe nicht zu beschädigen. Schrauben einer bestimmten Größe sollen gleichmäßig lang aus dem Material ragen. Bohrungen sind nur mit einem Bohrer anzufertigen, keinesfalls mit einem Schneidbrenner auszubrennen. Rohrleitungen sind stets horizontal und vertikal zu führen. Die Reihenfolge der technologischen Abfolge ist unbedingt einzuhalten, das heißt, ehe nicht ein technologischer Schritt abgeschlossen ist, darf der nächste Schritt nicht angefangen werden. Diese Beispiele zeigen, dass viele der eingesetzten Arbeiter ungelernt waren. Zugleich bestand die chinesische Seite aber darauf, die Montagearbeiten selbst durchzuführen. Die DDR-Spezialisten sollten nur Anleitung geben.[198]

Im Jahre 1959 lieferte der VEB Bergmann Borsig 50 MW-Generatoren für das Kraftwerk Liaoning. Liaoning ist eine Provinz im Nordosten Chinas, das Kraftwerk befindet sich in Fushun. Dabei erwies sich, dass an den Induktoren bei hohen Spannungen Durchschläge auftraten. Ursache für diese Erscheinung war eine unzureichende Nutenisolation. Zur Lösung des Problems schlug der VEB Bergmann Borsig vor, ein Doppelerdschluss-Relais einzusetzen, das bei einem Durchschlag einen

---

[197] Chinesische Medaille für DDR-Hilfe, Neues Deutschland, 2.4.1958, S. 5.

[198] Zhengzhou gongcheng shi ruhe gaishan gongyi tigao anzhuang gongcheng zhiliang de (Wie am Vorhaben in Zhengzhou die Technologie verbessert und die Qualität der Montage erhöht wurde), Dianli jianshe 1958, H. 7, S. 33–36.

Weiterbetrieb des Generators ermöglicht. Im nächsten Jahr (1960) sollten Nutkästen aus einem besseren Isolationsmaterial von der Schweizer Firma Micafil geliefert werden. Sie sollten im Rahmen der Revision der Generatoren im Jahre 1960 eingebaut werden.[199]

Schon seit 1958 trat auf den Baustellen der mit Hilfe der DDR zu errichtenden Kraftwerken eine tiefgreifende Änderung ein. Entsprechend einer Direktive von Mao Zedong im Rahmen des Großen Sprungs nach vorn waren die Spezialisten aus der DDR nur zur Beratung da, damit die chinesische Aufbauleitung das Aufbautempo entsprechend beschleunigen konnte. Zudem forderte Mao, die Zahl der ausländischen Spezialisten erheblich zu reduzieren, wahrscheinlich um Kosten zu sparen und ihren ideologischen Einfluss zu beschränken. Auch durch eine umfassendere Vormontage konnte die Montage der Kraftwerksanlagen wesentlich verkürzt werden. Ob angesichts des gesteigerten Arbeitstempos die notwendige Qualität der Arbeiten immer eingehalten wurde, ist nicht bekannt. Jedenfalls wurde geplant, die vorhandene unabhängige Gütekontrolle abzuschaffen und sie in die Hand der Produktionsbrigaden zu legen.

1959 waren folgende Kraftwerksanlagen mit DDR-Hilfe im Bau: Im Kraftwerk Taiyuan, Provinz Shanxi, wurden zwei Turbinensätze in Betrieb genommen. Die Kessel für das Kraftwerk Taiyuan wurden für ein Hüttenkraftwerk im Süden Chinas abgezweigt. Im Jahre 1959 wurde über die Montage des aus der DDR gelieferten Kohlenstaubkessels für das Kraftwerk berichtet, das für das Stahlwerk in Taiyuan vorgesehen war. Um die Vorgabe von Partei und Regierung einzuhalten, dass die Anlage bis Jahresende 1958 Strom liefert, war zur Verkürzung der Montagezeit die Methode der Montage in großen Sektionen angewendet worden.[200] Bis zum 1. Mai 1959 sollte auch das im Bau befindliche Kraftwerk in Baoding, Provinz Hebei, Dampf für fünf Betriebe liefern, damit diese die Produktion aufnehmen könnten. Der erste Turbinensatz sollte bis Ende des Jahres 1959 in Betrieb genommen werden. Im Wärmekraftwerk Wuhu, Provinz Anhui, war bereits im Dezember 1958 der

---

[199] Landesarchiv Berlin (LAB), C Rep. 432, Nr. 263, Schreiben des VEB Bergmann Borsig vom 27.10.1959.

[200] Shu Xiwu, Minzhu Deguo 75 dun/shi meifen guolu caiyong dapian zuhe anzhuang de jingyan (Erfahrungen mit der schnellen Montage eines Kohlestaubkessels mit 75 t/h aus der DDR in Großsektionen), Zhongguo dianli 1959, H. 8, S. 7–12.

erste Kessel in Betrieb genommen worden. Die DDR hatte für dieses Kraftwerk zwei Generatoren und drei Dampfkessel geliefert und die Montage angeleitet.[201]

Im Kraftwerk Liaoning I (Abb. 12) wurden auf die für die DDR-Anlagen vorgesehenen Fundamente Ausrüstungen aus chinesischer Produktion aufgestellt. Die erste 50 MW-Turbine aus der Turbinenfabrik Harbin wurde im Dezember 1958 fertig gestellt. Die neuen Fundamente für die DDR-Ausrüstungen sollten bis zum dritten Quartal 1959 errichtet sein und Kessel 1 und Turbine 1 noch im Dezember 1959 in Betrieb gehen. In der Provinz Liaoning fehlten damals 10 Milliarden Kilowattstunden (kWh) Strom, weshalb die schnellstmögliche Inbetriebnahme des Kraftwerks von größter Dringlichkeit war.[202] Bereits seit dem 16. Dezember 1957 erzeugte das Kraftwerk Liaoning mit den ersten Aggregaten Strom. Außer der DDR lieferten auch die Sowjetunion und die Tschechoslowakei Ausrüstungen für dieses Kraftwerk.[203] Es wurde deshalb auch „Kraftwerk der internationalen Freundschaft" genannt.[204] Die erwähnten hektischen Projektänderungen waren typisch für die Periode des Großen Sprungs. Bis 1966 installierte man im Kraftwerk Liaoning 13 Generatorsätze mit einer Gesamtleistung von 682 MW, die jährlich 4,7 Milliarden kWh Strom für die Provinz Liaoning und teilweise auch ganz Nordostchina erzeugten. Das Kraftwerk Liaoning galt als das größte Kohlekraftwerk Asiens.[205]

Eine chinesische Quelle berichtet, dass die DDR um das Jahr 1960 insgesamt zwölf Dampfturbinen des Typs FG500/185ak mit einer Kapazität von jeweils 50 MW nach China geliefert habe, die in den Kraftwerken von Liaoning, Jiangyou, Weihe, Nanjing, Luxian und Xuanwei installiert worden seien.[206]

---

[201] Yang Chaoyi, Wuhu redianzhan banlutian guolude shigong jingyan (Erfahrungen mit der Bauausführung halb im Freien beim Wärmekraftwerk Wuhu), Zhongguo dianli 1959, H. 2, S. 11–13.

[202] LAB, C Rep. 432, Nr. 263, VEB EKE Berlin, Bericht über eine Dienstreise in die Volksrepublik China, 22.1.1959.

[203] Foto von Xinhua Nr. 12430363 vom 16.12.1957.

[204] Huaye (Bilderseiten), Dianli jishu 1959, H. 18, ohne Seitenangabe.

[205] 1957 nian Fushun jianshe Yazhou diyi da fadianchang – Liaoning fadianchang (Im Jahre 1957 wurde in Fushun Asiens größtes Kohlekraftwerk – das Kraftwerk Liaoning erbaut), Lantai shijie 2014, H. 19, ohne Seitenangabe.

[206] Sheng Changda/Cui Li, Dongde 5 wan qianwa fadianji huhuan sunhuai yuanyin

Abbildung 12: Kraftwerk Liaoning

In Jiangyou, Provinz Sichuan, entstand 1961 ein Kraftwerk mit einer Leistung von 200 MW mit Ausrüstungen aus der DDR und Polen. Infolge des Chaos durch den Großen Sprung blieben die gelieferten Ausrüstungen allerdings längere Zeit ungeschützt im Freien liegen, so dass sie beim Einbau schon angerostet waren. Die Investitionen betrugen mehr als 100 Millionen Yuan. Jiangyou wurde damals zu einem Industriestandort mit einem Zementwerk, einem Stahlwerk und einem Flugzeugwerk entwickelt.[207]

Im Jahre 1961 schließlich lieferte der VEB Bergmann Borsig einen 50 MW-Generator, der der letzte für das Kraftwerk *Tschin Ho* war.[208]

3.3. Metallurgische Ausrüstungen

Im Jahre 1955 erweiterte das Edelstahlwerk Huangshi (*Huangshi gangtiechang* 黄石钢铁厂) in Daye, Provinz Hubei, durch eine Walzstraße aus der DDR seine Kapazität auf das Zehnfache.[209] Das Stahlwerk Huangshi zählt zu den ältesten in China, es wurde im Jahre 1913 gegründet. Das älteste Stahlwerk hatte der Gouverneur und Reformer Zhang Zhidong von 1890 bis 1893 in Hanyang, einem Teil des heutigen

fenxi (Analyse der Schäden am Schutzring von 50 MW-Dampfturbinen aus Ostdeutschland), Zhongguo dianli 1979, H. 1, S. 6–11.

207 Cui Yinan, Sanxian jianshe zai Sichuan Jiangyou de fazhan ji yingxiang (Entwicklung und Einfluss des Aufbaus von Jiangyou in Sichuan in drei Richtungen), Dangshi wenyuan, 2016, H. 10, S. 17–20.

208 BArch Bild 183-84593-0001/Fotograf Stöhr, 10.7.1961.

209 DDR-Walzstraße für China, Neues Deutschland, 19.2.1955, S. 1.

Wuhan, erbauen lassen. Zhang hatte auch den Wahlspruch „Chinesisches Lernen für das Substanzielle, westliches Lernen für das Nützliche“ geprägt. Die konfuzianische Ideologie sollte also mit der westlichen Technologie vereint werden. In eben diesem Geiste hatte Zhang das Stahlwerk auf der Grundlage westlicher Technologie errichten lassen.[210]

Das Stahl- und Walzwerk Gröditz fertigte 117 Großwalzen, die bis August 1956 nach China ausgeliefert wurden. Die Walzen wurden mit einer 6.000-Tonnen-Presse, damals der größten ihrer Art in Deutschland, geschmiedet.[211] Im Jahre 1957 lieferte der VEB Schwermaschinenbau „Georgij Dimitroff“ Magdeburg eine Stripswalzstraße für das Stahlwerk Wuhan.[212] Diese Lieferungen erfolgten für das mit sowjetischer Hilfe ausgeführte Schwerpunktvorhaben Metallurgisches Kombinat in Wuhan. Mit Hilfe der DDR wurde außerdem in Hangzhou ein Werk zur Erzeugung von Sauerstoff für die Stahlproduktion errichtet.[213]

Im Juni 1956 wandte sich das Eisen- und Stahlbüro im chinesischen Ministerium für Metallurgie an die Handelspolitische Abteilung (HPA) in der Botschaft der DDR mit der Bitte, möglichst kurzfristig ein oder zwei Walzwerke für die in Planung befindlichen neuen Hüttenkombinate zu liefern. Da die Hüttenkombinate mit einer Kapazität von 1,5 bis 2 Millionen Tonnen Roheisen im Zeitraum 1960 bis 1962 fertig gestellt werden sollten, solle der Liefertermin der Walzwerke auch in diesem Zeitraum liegen. Außerdem fragte der Vertreter des Eisen- und Stahlbüros nach möglichst rascher Lieferung von einer Quarto-Kaltwalzmaschine, einer Schrägrollen-Richtmaschine, vier Elektro-Schmelzöfen, einem Schmiedemanipulator, zwei bis drei Schälmaschinen sowie fünf bis sechs Drehmaschinen. Darüber hinaus sei man auch an kompletten Walzwerksanlagen aus der DDR interessiert.

Im August 1956 unterbreitete der VEB Schwermaschinenbaukombinat „Ernst Thälmann“ Magdeburg ein Angebot über ein Walzwerkskom-

---

[210] Hu Xiaoman, *Zhang Zhidong zhuan (Biographie von Zhang Zhidong)*, Beijing: Beijing United Publishing Co. 2013, S. 115f.

[211] 117 Großwalzen für China, Neues Deutschland, 7.8.1956, S. 1.

[212] LASA Abteilung Magdeburg, I 35 Nr. 332, Instruktion für die Arbeit im Technischen Büro Peking, (ohne Datum) und Schreiben Stanko-Import an Dimitroffwerk Magdeburg, 16.1.1957.

[213] Xu Kuangdi, Zhongguo tegang shengchan 60 nian (60 Jahre Produktion von Spezialstählen in China), Gangtie 49 (2014）7, S. 2–7.

binat mit einer Jahresleistung von 1,2 Millionen Tonnen Stahlprodukten für einen Richtpreis von 79 Millionen Rubel.

Als Realisierungstermine waren angegeben:

Informationsangebot:	13. August 1956
Vorprojekt:	Ende 1957
Projekt:	Ende 1958
Baubeginn:	Mitte 1959
Endauslieferung:	Ende 1959
Inbetriebnahme:	Mitte 1960

Ausgangspunkt des Walzprozesses sollten Rohblöcke mit einer Masse von sechs Tonnen sein. Zum Walzwerk sollten auch eine Walzendreherei, eine Reparaturwerkstatt und automatische Schmiedeeinrichtungen gehören.[214] Wahrscheinlich stand dieses Angebot in Zusammenhang mit den Lieferungen des VEB Schwermaschinenbau „Heinrich Rau“ Wildau für ein „China-Walzwerk“.

Der Ort des Walzwerks war hier nicht angegeben, womöglich handelte es sich aber auch um das oben erwähnte Stahlwerk in Wuhan. Aufgrund verspäteter Materialbereitstellung und von ausbleibenden Zulieferungen besonders aus der Elektroindustrie war ein Planverzug von einem halben Jahr eingetreten:

Tabelle 8: Stand der Realisierung des China-Walzwerks bis August 1957

Planvorgabe	**Gewicht der Ausrüstungen**	**Wert der Ausrüstungen**
Jahresssoll	797 t	3.062 TDM
Geliefert bis 31.8.1957	181 t	772 TDM
Verbleibt bis 31.12.1957	616 t	2.290 TDM

Ursprünglich hatte der VEB Schwermaschinenbau „Heinrich Rau“ Wildau die Ausrüstungen bis Ende Juni 1957 ausliefern sollen, und das Werk musste eine erhebliche Vertragsstrafe zahlen. Aber man hatte aufgrund der bestehenden Probleme einen neuen Termin bis Jahresende 1957 festgesetzt. Gefährdet waren vier Richtmaschinen, weil der VEB Schaltgerätewerk Dresden 52 Luftschütze nicht liefern konnte.[215]

---

214 LASA Abteilung Magdeburg, I 29, Nr. 463, Informationsangebot des Thälmannwerks Magdeburg über ein Walzwerkskombinat für China, 5.9.1956.

215 BLHA, Rep. 505 Schwermaschinenbau „Heinrich Rau“ Wildau, Nr. 2243,

Eine Analyse über den Produktionsablauf im VEB Schwermaschinenbau „Heinrich Rau“ Wildau im 1. Halbjahr 1957 zeigte, dass zahlreiche Objekte für den China-Export, die vornehmlich zu dem erwähnten Walzwerk gehörten, wegen ausgebliebener, teils winziger Zulieferungen nicht fertig geworden waren:[216]

Eine Kümpelpresse[217] im Wert von 132.300 DM – es fehlte ein Sicherheitsventil aus einem Magdeburger Betrieb

Eine Hydraulikstation im Wert von 278.000 DM – es fehlten fünf Druckluftbehälter aus Import, sechs Ventile aus einem Magdeburger Betrieb und ein Schaltschrank der Firma Böhme in Dresden

Eine Kümpelpresse im Wert von 390.000 DM – es fehlte ein Sicherheitsventil aus einem Magdeburger Betrieb

Die Liste setzte sich fort von zwei Wasserkraftanlagen über eine Presse bis hin zu einer Profileisenrollenrichtmaschine, wobei die Fertigstellung der wertvollen Anlagen jeweils durch geringfügige ausgebliebene Zulieferungen in Frage gestellt war.

Die Aufstellung verdeutlicht, dass bei einem Finalisten wie dem VEB Schwermaschinenbau „Heinrich Rau“ Wildau Erzeugnisse im Wert von mehreren Millionen Mark zum Export nach China wegen Problemen mit Zulieferungen nicht zur Auslieferung gelangen konnten.

Auf dem Höhepunkt der landesweiten Aktion zum Schmelzen von Eisen und Stahl fand im April 1959 in Beijing eine Tagung der Studiengesellschaft Metall statt. Zu ihr hatte man Professor Wolfgang Küntscher eingeladen, einen Vortrag „Über die Entwicklung der Metallurgie“ zu halten. Küntscher, der an der Bergakademie Freiberg einen Lehrstuhl für Sonderstahlkunde innehatte, wirkte seit 1957 als Regierungsberater, um beim Aufbau einer modernen Stahlindustrie in China zu helfen. In seinem Vortrag sprach er sich dafür aus, im Sinne einer wirtschaftlichen Stahlproduktion den Trend zu größeren Hochöfen zu verfolgen und sich

Lieferplan für SU- und China-Walzwerk 1957 auf Grund der am 26.9.1957 im TWK stattgefundenen Walzwerksbesprechung, 30.9.1957.

[216] BLHA, Rep. 505 Schwermaschinenbau „Heinrich Rau“ Wildau, Nr. 2243, Analyse über den Produktionsablauf im 1. Halbjahr 1957, 6.7.1957.

[217] Eine Kümpelpresse dient zum Verformen sehr dicker Stahlbleche, zum Beispiel für Druckbehälterböden.

auf moderne Aufbereitungsverfahren des Eisenerzes zu konzentrieren.[218] Unausgesprochen erteilte er damit der gigantischen Verschwendung von Rohstoffen, Ressourcen und Arbeitskräften bei der „Stahlaktion“ mit primitiven Hochöfchen eine Absage. Genau das hatten die Organisatoren der Tagung möglicherweise im Sinn gehabt, als sie den ausländischen Berater zum Vortrag einluden.

Küntscher half auch bei der Entwicklung von Chinas erster hydraulischen 12.000-Tonnen-Presse, die im Zeitraum von 1958 bis 1960 in der Shanghaier Jiangnan-Werft konstruiert und gebaut wurde. Er schlug vor, die 18 Meter langen Säulen dieser Maschine aus Stahlguss zu fertigen, wobei acht Stahlguss-Segmente zusammengeschweißt wurden, um die Länge der Säule zu verwirklichen.[219] Diese hydraulische Schmiedepresse war damals ein von Mao Zedong persönlich unterstütztes Prestigeobjekt und eine wichtige technologische Basis für den Schwermaschinenbau und den Bau großer Schiffe (siehe Kapitel 4).

DDR-Spezialisten waren bis 1960 auch im Zentralen Stahl- und Eisen-Forschungsinstitut der Volksrepublik tätig, um angesichts des Mangels an Nickel- und Chromvorkommen in China unter Nutzung der reichen Vorkommen von Vanadium, Titan und Metallen der seltenen Erden Grundlagen für spezielle Stahllegierungen zu schaffen. Gleichzeitig entwickelten sie mit chinesischen Wissenschaftlern und Technikern Schmelzverfahren für niedriglegierte Stähle.[220]

Im Jahre 1959 importierte China aus der DDR Anlagen zur Produktion von Aluminiumfolien mit einer Kapazität von 950 Tonnen pro Jahr. Diese Anlagen sollten ursprünglich in Nordostchina installiert werden, aber später wurden sie in die Aluminiumbearbeitungsfabrik in Nord-

---

[218] Zhang Meiqing, Beijing jinshu xuehui qing Minzhu Deguo zhuanjia W. Kongxieer jiaoshou zuo xueshu baogao (Die Studiengesellschaft Metall in Beijing lud den DDR-Experten Prof. W. Küntscher zu einem wissenschaftlichen Vortrag ein), Gangtie 1959, H. 8, S. 308.

[219] Sun Lie, Zhongguo zouchu zizhi zhongda jishu zhuangbei kunjing de yici changshi – Shanghai 12.000 dun duanzao shuiyaji de sheji yu zhizao (A case study on China‘s self-made major technical equipment: The design and manufacturing of Shanghai’s 120 MN forging hydraulic press), Ziran kexueshi yanjiu 2011, H. 3, S. 366–382.

[220] Wen Qiang (Red.), *Zhongguo gongye fazhanshi,* Band *Zhongguo gangtie gongye fazhanshi (Entwicklungsgeschichte der Industrie Chinas,* Band *Entwicklungsgeschichte der Eisen- und Stahlindustrie Chinas)*, Teil 4, Beijing: Xue-yuan yinxiang chubanshe, 2004, S. 12, ISBN 7-89996-470-9.

westchina geschickt. Sie nahmen im Jahre 1966 die Produktion auf.[221]

Im Jahre 1961 dann importierte China aus der DDR eine Produktionslinie für Aluminiumfolie mit einer Kapazität von 1.100 Tonnen pro Jahr. Sie nahm im Jahre 1970 in der Aluminiumverarbeitungsfabrik des Nordwestens in Dingxi, Provinz Gansu, die Produktion auf.[222] Die Anlagen sollten ursprünglich in Nordostchina aufgebaut werden, wurden aber aus Furcht vor einem Angriff der Sowjetunion nach Nordwestchina verlagert, was die verzögerte Produktionsaufnahme erklärt. Das Werk stand unter Aufsicht der Armee und produzierte Aluminiumhalbzeuge für die Flugzeugproduktion. Der Verlauf von der Lieferung bis zur Inbetriebnahme am endgültigen Standort über neun Jahre zeugt von den immensen ökonomischen Verlusten infolge des Chaos durch den Großen Sprung nach vorn und der antisowjetischen Hysterie, die zur Verlagerung ganzer Industriezweige ins „Hinterland" führte.

Der VEB Schwermaschinenbau „Ernst Thälmann" Magdeburg produzierte 1961 vier hydraulische Hebevorrichtungen für ein Blechwalzwerk in China.[223] Möglicherweise erlaubten diese und verschiedene Kraftwerksausrüstungen die Fertigstellung von Projekten, die nach dem Abzug der sowjetischen Spezialisten im Juli 1960 unvollendet geblieben waren.

3.4. Viskosekunstseidenwerk Baoding

Am 1. Juli 1960 nahm das erwähnte Viskosekunstseidenwerk in Baoding, Provinz Hebei, die Produktion auf. Botschafter Paul Wandel war bei der Einweihung der Fabrik als Vertreter der DDR anwesend (Abb. 13). Während die Textilindustrie bis dahin auf die Einfuhr von Viskoseseide vorwiegend aus Europa und Japan angewiesen gewesen war, wurde mit dem Kunstseidenwerk die Importabhängigkeit Chinas auf diesem Gebiet überwunden. Die ursprünglich projektierte Kapazität

---

221 Lei Zhengping/Ma Huili/Wang Zhutang et al., Zhongguo lübo gongye qiangsheng zhi lu (Der Weg der Entwicklung der Aluminiumfolienindustrie Chinas), Qing hejin jiagong jishu 34 (2006) H. 9, S. 11–17.

222 Shi Wenfang/Zhang Xiaochuan/Yang Xiuyan, Zhongguo lübo gongye 66 nian (66 Jahre Aluminiumfolienindustrie in China), Qing hejin jiagong jishu 27 (1999) H. 7, S. 1–7.

223 BArch Bild 183-88624-0001/Fotograf: Biscan, 6.12.1961.

von 30 Tonnen Viskoseseide täglich hätte etwa der anderthalbfachen Naturseideerzeugung Chinas des Jahres 1955 in Höhe von 6.500 Tonnen entsprochen. Die Ausrüstungen für das von der DDR geplante Kombinat, das von der Viskosestation bis zur textilen Aufmachung alle notwendigen Haupt- und Nebenanlagen, auch eine große Anlage für die Erzeugung von Schwefelkohlenstoff umfasste, stammten fast ausschließlich aus der Industrie der DDR. Der Auftragnehmer war der VEB Kunstfaserwerk „Friedrich Engels“ in Premnitz.[224] Das Kunstfaserwerk entsandte mehr als 50 Spezialisten nach Baoding, die die Anlagen installierten. Allerdings wurde das Werk schließlich nur mit einer Kapazität von 15 Tonnen Kunstseide pro Tag realisiert. Die ursprünglich geplante Kapazität von 30 Tonnen pro Tag war einer zweiten Ausbaustufe vorbehalten, die aber nach dem Fiasko des Großen Sprungs nicht mehr verwirklicht werden konnte.

In den 1950er Jahren entwickelten sich die Ernten von Baumwolle wesentlich langsamer als die Bevölkerung zunahm, so dass die Versorgung mit Textilien knapp wurde. In dieser Situation setzte der stellvertretende Minister für Textilindustrie, Qian Zhiguang, auf die Strategie, die Produktion von Baumwoll- und Chemiefasern parallel zu entwickeln, zumal die Produktion von Chemiefasern im Weltmaßstab rasch zunahm. Dabei hoffte er, dass die Sowjetunion China mit dem Aufbau von Chemiefaserwerken unterstützen würde. Als 1955 in China der Zweite Fünfjahrplan für die Jahre 1958 bis 1962 vorbereitet wurde, verhandelte folglich eine Delegation unter Leitung von Li Fuchun mit der Plankommission der Sowjetunion über den Import kompletter Fabriken unter anderem für die Textilindustrie. Doch die sowjetischen Vertreter waren nicht gewillt, auf die Wünsche Chinas nach Import von Fabriken für Chemiefasern einzugehen. Deshalb wandte man sich an die DDR, erstens, weil hier technologische Erfahrungen mit der Herstellung von Viskosefasern schon aus der Vorkriegszeit vorlagen, und zweitens, weil China mit der DDR nach wie vor einen positiven Handelsüberschuss hatte.[225]

---

[224] Zempelburg, Lutz, Kunstfaserwerk Premnitz bekam Bruder in China, Neues Deutschland, 10.7.1960, S. 7.

[225] Yingjie jiandang jiushi zhounian „Qian Zhiguang zhuan“ zhaideng (Auszug aus der Biografie von Qian Zhiguang zur Begrüßung des 90. Jahrestages der Gründung der Partei), http://news.efu.com.cn/newsview-159405-1.html (aufgesucht am 7.2.2020).

Den Vertrag zur Lieferung der wesentlichen Ausrüstungen für das Viskosekunstseidenwerk in Baoding schlossen im Jahre 1956 das Ministerium für Textilindustrie der VR China, die China National Technical Import Co. und der VEB Deutscher Innen- und Außenhandel Invest-Export (DIA Invest-Export) ab. Zur Vorbereitung des Projekts wurden am 23. März 1956 ein Vorvertrag und am 7. September desselben Jahres ein Projektierungsvertrag unterzeichnet. Das Vorprojekt war bis zum 15. November 1956 fertig zu stellen. Dementsprechend wurde das Vorprojekt in Beijing eingehend diskutiert.[226] Der Baubeginn fand im Oktober 1957 statt. Auftragnehmer war der VEB Kunstseidenwerk „Friedrich Engels“ in Premnitz, der die Zulieferungen für dieses Projekt organisierte. Eine chinesische Quelle bezifferte den Jahresausstoß des Kunstseidenwerks mit 5.000 Tonnen.[227] Das bedeutet eine Kunstseidenproduktion von täglich 15 Tonnen an 333 Tagen im Jahr.

Im September 1958 verhandelte eine Spezialistendelegation der DDR in Baoding mit Vertretern des chinesischen Ministeriums für Textilindustrie über die zweite Ausbaustufe, wobei als Ziel ein Auftrag für die Ausarbeitung eines Vorprojekts stand. Für das Vorprojekt sollte die Produktion von 15 Tonnen Viskoseseide und 30 Tonnen Cordseide täglich anvisiert werden. Für das Spinnen war die DDR nur in der Lage, eine in einem Pirnaer Betrieb entwickelte Maschine anzubieten, die aber erst ab 1962 lieferbar gewesen wäre. Während das Vorprojekt für 15 Tonnen pro Tag ausgelegt war, favorisierte die chinesische Seite aber den doppelten Ausstoß von 30 Tonnen. Das chinesische Ministerium für Textilindustrie hatte noch keine Entscheidung über die Realisierung des Projekts gefällt. Allerdings wurde schon deutlich, dass die chinesische Seite einen größtmöglichen Anteil von Lieferungen aus eigener, chinesischer Produktion wünschte. China hatte schon Anlagen für die Alkalisierung aus Schweden bestellt, die das Spitzenniveau verkörperten. China verfolgte also schon 1958 nachdrücklich das Ziel, bei bestimmten Positionen nur noch eine Mustermaschine zu kaufen, um sie dann selbst

---

[226] BLHA, Akte Kunstfaserwerk „Friedrich Engels“ Premnitz, Rep. 503, Nr. 5323, Schlussprotokoll über die Vorprojektbesprechung für den Aufbau der 1. Viskosekunstseidenfabrik in der VR China, 23.3.1957.

[227] Qiu Youlong, Zhanjiao changsi de shengchan jishu xianzhuang he fazhan qianjing (Gegenwärtiger Stand und Entwicklungsperspektiven der Produktionstechnik von Viskoselangfasern), Renzao xianwei 2000, H. 5, S. 19–25.

nachbauen zu können.[228]

Auch Ausbildung und Wissenstransfer waren feste Bestandteile des Vorhabens. Der VEB Kunstfaserwerk Premnitz bildete im Jahre 1958 15 chinesische Textilchemiker und Ingenieure aus. Sie sollten leitende Funktionen im Viskosekunstseidenwerk Baoding übernehmen.[229] Schon im Jahre 1955 war eine Gruppe von sechs chinesischen Textilingenieuren in die DDR entsandt worden, um die Technologien der Chemiefaserherstellung zu studieren und sich auf eine leitende Funktion in dem im Aufbau befindlichen Werk in Baoding vorzubereiten. Zu dieser Gruppe gehörte auch Ji Guobiao, der in dem Werk Leiter des technischen Labors wurde, später Direktor verschiedener Chemiefaserwerke war und 1984 zum stellvertretenden Minister für Textilindustrie aufsteigen sollte.[230] Außerdem bildete der VEB Säurebau Leipzig drei chinesische Kollegen auf dem Gebiet der Säureschutzarbeiten aus.

Abbildung 13: Einweihung des Viskosekunstseidenwerks Baoding durch den Botschafter der DDR in der VR China, Dr. Paul Wandel (2. von rechts)

Im Dezember 1959 veranstalteten das Forschungsinstitut für Chemie der Akademie der Wissenschaften und das Beijinger Forschungsinstitut für chemische Industrie des Ministeriums für chemische Industrie eine Arbeitstagung über die Forschungen in China zu Plasten und Fasern.

---

[228] BLHA, Akte Kunstfaserwerk „Friedrich Engels“ Premnitz, Rep. 503, Nr. 5375, Protokoll über die Besprechungen mit dem Kunden für die 2. Ausbaustufe des 1. Viskose-Kunstseiden-Kombinates Paoting, 16.9.1958.

[229] 15 Chinesen studieren in Premnitz, Neues Deutschland, 23.8.1958, S. 3.

[230] Artikel Ji Guobiao, https://baike.baidu.com/item/%E5%AD%A3%E5%9B%BD%E6%A0%87/5165553 (aufgesucht am 12.10.2019).

An dieser Tagung beteiligten sich 153 Einrichtungen des ganzen Landes. Die Tagung hatte auch Spezialisten aus der DDR eingeladen, die sich mit der Projektierung, dem Aufbau von Fabriken und der Produktion von synthetischen und künstlichen Fasern beschäftigten. Wahrscheinlich handelte es sich um Spezialisten, die beim Aufbau der Perlonfabrik in Beijing und des Viskosekunstseidenwerks in Baoding eingesetzt waren.[231]

Die Gesamtleitung des Projekts des Viskosewerks in Baoding lag beim VEB INEX Berlin. Der VEB Textimaprojekt Karl-Marx-Stadt kümmerte sich um die Maschinen.[232] Im Jahre 1957 erprobte man in Premnitz vom VEB Spinn- und Zwirnereimaschinenbau Karl-Marx-Stadt entwickelte Spinnmaschinen. Das mechanisch komplizierteste und vom Material her teuerste Teil waren die Spinndüsen, hergestellt vom VEB Spinndüsenfabrik Gröbzig. Die Düsenplatte der Spinndüse für das Nassspinnen bestand wegen der erforderlichen Säurebeständigkeit aus einer Gold-Platin-Legierung und hatte 30 Löcher von je 80 Mikrometer Durchmesser. Da das Kunstfaserwerk Baoding 33.000 Spinndüsen zu je 2,7 Gramm benötigte, brauchte man für ihre Herstellung rund 82 Kilogramm Gold und mehr als neun Kilogramm Platin. In den 1950er Jahren war die Beschaffung einer so großen Menge von Edelmetallen höchst schwierig und teuer.

Die deutsche Aufbauleitung wurde ebenfalls im Jahre 1957 gebildet und das erforderliche deutsche Montagepersonal, bestehend aus 103 Ingenieuren, Meistern und Technikern, zusammengestellt.[233] Die chinesische Seite bestand aus Kostengründen darauf, die Zahl der Monteure zu reduzieren. Das war angesichts der breit gestreuten Zulieferungen von verschiedenen Betrieben in der DDR eine schwer zu verwirklichende Forderung.

Das Kunstfaserwerk gliederte sich in eine Viskosestation, eine Spinnerei, eine Säurestation, die Nachbehandlung, die textile Aufma-

---

[231] Wu Zhennan, Quanguo suliao, xianwei yanjiu gongzuo baogaohui zai jing juxing (In Beijing fand eine Berichtstagung über die Forschungsarbeiten des ganzen Landes über Plaste und Fasern statt), Huaxue Tongbao 1960, H. 1, S. 46.

[232] BLHA, Akte Kunstfaserwerk „Friedrich Engels“ Premnitz, Rep. 503, Nr. 5437, Notiz Textimaprojekt 1957.

[233] BLHA, Akte Kunstfaserwerk „Friedrich Engels“ Premnitz, Rep. 503, Nr. 5373, Besuchsbericht, Strukturplan der Aufbauleitung und Montagepersonal, 18. 10. 1957.

chung sowie Sortierung und Packerei. Hinzu kamen die Hilfsbetriebe, die Instandhaltung, der Werksverkehr, die Sicherheit und die Erzeugungsanlage für Schwefelkohlenstoff. Im Viskosekunstfaserwerk Baoding war als eine der Nebenanlagen eine eigene Werkstatt vorgesehen, in der die Spinndüsen repariert und, wenn sie verschlissen waren, aufgearbeitet werden konnten. Zwei chinesische Praktikanten wurden 1958 hierfür im VEB Spinndüsenfabrik Gröbzig ausgebildet. Darüber hinaus umfasste das Werk eine Verwaltung und Sozialeinrichtungen. Das gesamte Werk nahm eine Fläche von 600.000 Quadratmeter ein.

Der Wert der von der DDR zu liefernden Ausrüstungen wurde mit 215 Millionen Rubel (dies entsprach 107,5 Millionen Yuan) beziffert. Den größten Posten unter den Ausrüstungen nahmen insgesamt 688 Spinnmaschinen vom VEB Spinnereimaschinenbau Karl-Marx-Stadt ein. Die Gebäude, die eine chinesische Baufirma ausführte, sollten bis Dezember 1958 fertig gestellt werden. Danach war die Montage der Maschinen und Anlagen bis April 1959 geplant. Die Inbetriebnahme des Werkes sollte schon am 1. Mai 1959 erfolgen.[234]

Der tatsächliche Ablauf des Aufbaus ist in Monatsberichten der deutschen Aufbauleitung dokumentiert. Bis Mai 1958 war ein großer Teil der Ausrüstungen in 11.000 Kisten in Baoding eingetroffen. Bis zum Ende der Montage sollten es mehr als 19.000 Kisten werden. Im Juni befasste sich die Aufbauleitung mit dem Montageablaufplan der Versuchsanlage, die als erster Komplex des Werks in Betrieb genommen werden sollte. Weiterhin bildete sie die chinesischen Monteure aus, die die Ausrüstungen unter Anleitung von deutschen Obermonteuren installierten. Nur Anlagen, die in China noch unbekannt waren, wurden von den deutschen Monteuren selbst aufgebaut.

Die Versuchsanlage des Viskosekunstfaserwerks wurde am 29. September 1958 in Betrieb genommen. Hier wurden zunächst chinesische Fachkräfte (Brigadiere und Meister) ausgebildet. Danach erprobte man den Einsatz von sogenanntem Papierzellstoff aus Baoding.[235] Die

---

[234] BLHA, Akte Kunstfaserwerk „Friedrich Engels" Premnitz, Rep. 503, Nr. 5323, Schlussprotokoll über die Vorprojektbesprechung für den Aufbau der 1. Viskosekunstseidenfabrik in der VR China, 23.3.1957.

[235] BLHA, Akte Kunstfaserwerk „Friedrich Engels" Premnitz, Rep. 503, Nr. 5375, Protokoll Nr. 1 zur Übergabe der Versuchsanlage für Viskosekunstseide mit einer Kapazität von 50 kp/24 Stunden der 1. Kunstseidenanlage Paoting/VR China, 15.3.1960.

Fertigstellung der Versuchsanlage war für die chinesische Leitung des Projekts ein wichtiger Meilenstein, weil sie im ersten Jahr des Großen Sprungs nach vorn unter erheblichem Erfolgsdruck stand. Trotz größter Probleme mit der Bereitstellung des Baumaterials sollte das Werk möglichst vorfristig die Produktion aufnehmen. Angesichts dieses Dilemmas konnte wenigstens die Versuchsanlage produzieren.

Doch schon zu dieser Zeit berichteten die Ingenieure aus der DDR von Problemen, weil die chinesischen Monteure sich nicht an die Anweisungen hielten und die chinesische Leitung zur Verkürzung der Bauzeit provisorische Lösungen realisieren wollte, die die Arbeitssicherheit zum Teil völlig ignorierten. Das wurde von der deutschen Aufbauleitung abgelehnt. Hinzu kam, dass das chinesische Leitungspersonal häufig ausgewechselt wurde (vielleicht, weil es die Forderungen nach vorfristiger Inbetriebnahme nicht erfüllte), was die Kommunikation erschwerte.

Zudem waren die Lebensbedingungen der deutschen Fachkräfte recht schwierig, weil sie zunächst in einem Hotel untergebracht waren, in dem es durchregnete. Ferner mangelte es aus Sicht der deutschen Aufbauleiter an Sauberkeit und Hygiene. Oft sei das Essen verdorben gewesen, was zu Erkrankungen der deutschen Spezialisten geführt habe. Hinzu kam die Verschlechterung der Versorgung als eine Folge des Großen Sprungs. Auf ihre mehrfachen Beschwerden hin konnten die deutschen Fachkräfte mit ihren Familien später ein besseres Hotel mit annehmbaren Bedingungen beziehen. [236]

Ab Oktober 1958 traf der Große Sprung das Projekt dann mit voller Wucht. Alle chinesischen Arbeitskräfte wurden von der Baustelle abgezogen, weil sie sich auf Anweisung von Partei und Regierung an der sogenannten „Stahlaktion“ beteiligen mussten. Doch das Schmelzen von Stahl in primitiven Hochöfchen brachte überwiegend nur unbrauchbares Material hervor. Dennoch wurden außer den Arbeitskräften auch alle weiteren Ressourcen, wie Energie, Baumaterial und Transportmöglichkeiten, für die „Stahlaktion“ eingesetzt. Als deswegen die Arbeiten zum Stillstand kamen, beteiligten sich die DDR-Spezialisten auch beim

[236] BLHA, Akte Kunstfaserwerk „Friedrich Engels“ Premnitz, Rep. 503, Nr. 5440, Abschlussbericht der Aufbauleitung für die Montage und Inbetriebnahme der 1. Kunstseidenfabrik Paoting VR China Kapazität 15 t/a 1. Ausbaustufe, 1.7.1960.

Schmelzen von Stahl in primitiven Hochöfchen.[237] Unter diesen Bedingungen kamen die Arbeiten auf der Baustelle des Viskosekunstfaserwerks im Oktober und November 1958 zum Erliegen.

Erst im Dezember 1958 wurde zumindest die Aufstellung der Spinnmaschinen fortgesetzt. Die Montagearbeiten stießen aber an Grenzen, weil ein Vorlauf der Bauarbeiten fehlte. Die chinesische Seite aber wollte ungeachtet der bestehenden Probleme bis zum 1. Mai 1959 eine Tagesproduktion von 3,75 Tonnen Kunstseide erreichen und diese binnen fünf Monaten gar auf 15 Tonnen vervierfachen – was vollkommen unrealistisch war.

Im Januar 1959 berichteten die DDR-Fachleute, dass die chinesische Seite Strom, Wasser und Dampf für eine Inbetriebnahme nicht zur Verfügung stellen könne. Dennoch halte sie nach wie vor an ihren nicht erfüllbaren Zielen fest, weil sie von höherer Stelle dazu gezwungen wurde. Im Februar 1959 organisierte die chinesische Leitung daher provisorisch ein fahrbares Kraftwerk mit einer Leistung von 4 MW und kleine Dampfkessel, um den benötigten Dampf zu erzeugen. Als die chinesischen Kollegen dann noch die Schwefelkohlenstofferzeugung nach einem in der DDR verbotenen, weil explosionsgefährlichen Verfahren betreiben wollten, weigerten sich die deutschen Fachkräfte mitzutun. Sie wiesen darauf hin, dass solche Provisorien nicht nur lebensgefährlich seien, sondern den Aufbau auch verteuern würden. Wegen des Frühlingsfestes war die Bautätigkeit für zehn Tage unterbrochen, außerdem herrschte Knappheit bei den Baumaterialien. Die Säurewannen mussten überarbeitet werden, weil sie undicht waren. Bisher hatte man bei den Erprobungen der Maschinen insgesamt 2,7 Tonnen Kunstseide produziert.

Im März 1959 verzeichnete die Aufbauleitung dann wieder eine normale Montagetätigkeit. Aber die „Kampfziele" bis zum 1. Mai konnten – wie von der DDR-Seite erwartet – nicht eingehalten werden, weil die Bautätigkeit durch fehlende Säureschutzmaterialien und Mangel an Zement behindert wurde. Die deutsche Aufbauleitung musste sich aber auch mit Qualitätsmängeln an Lieferungen aus der Heimat auseinandersetzen. Dazu gehörten schlechte Verpackungen. Außerdem zeigte sich, dass die Rohrleitungen beim Abdrücken wegen mangelhafter Schweiß-

---

[237] Staatsarchiv Chemnitz, Bestand 31039 VEB Spinnereimaschinenbau Karl-Marx-Stadt, Nr. 429 Zwei Fotoalben zur Erinnerung an den Aufbau des Chemiefaserkombinats in Paoting (China), 1960.

nähte undicht waren. Offensichtlich waren die Rohrleitungen vor ihrem Versand nicht überprüft worden. Im April 1959 wurde die Inbetriebnahme durch die chinesische Leitung schließlich um zwei Monate auf den 1. Juli 1959 verschoben.

An der schlechten Materialsituation jedoch hatte sich nichts geändert. Im Mai wurden zahlreiche Provisorien installiert, um wenigstens eine Teilinbetriebnahme vorweisen zu können. Die Schwefelkohlenstoffanlage wurde wegen der deutschen Proteste gegen Provisorien vorerst nicht weiter gebaut. Die deutschen Fachkräfte mussten sich mit der Behebung von Mängeln an den Spinnmaschinen beschäftigen. Trotz dieser Probleme fand am 1. Juli 1959 die Teilinbetriebnahme tatsächlich statt.

Die Teilinbetriebnahme des Werks wurde in der *Renmin Ribao* vom 28. September 1959 als Beitrag zum 10. Jahrestag der Gründung der Volksrepublik China gefeiert. Der Artikel erwähnte die technische Hilfe der DDR durch die Lieferung der Ausrüstungen, die Entsendung von Spezialisten für den Aufbau des Werks und die Ausbildung chinesischer Fachkräfte.[238]

Die Energieversorgung war allerdings noch provisorisch gelöst. Der Gesamterfüllungsstand des Projekts wurde auf etwa 35 Prozent geschätzt. Im Juli begann der Probebetrieb der Großanlage. Mit der Fertigstellung der 110-Kilovolt-Hochspannungsleitung zwischen Beijing und Baoding sollte eine stabile Stromversorgung gewährleistet werden. Auch die restlichen Spinnmaschinen waren nun sämtlich installiert. Im Januar 1960 folgte die Montage der Klimaanlagen in der Spinnerei. Bei den Erprobungen wurde festgestellt, dass der gelieferte Zellstoff nicht den Qualitätsvorgaben entsprach. Es kam mehrfach zu Stromabschaltungen, die Spinnmaschinen mussten deshalb heruntergefahren werden. Bei der Überprüfung der Spinndüsen stellte sich heraus, dass die chinesischen Facharbeiter die Prüfverfahren der Spinndüsen noch nicht beherrschten. Außerdem wurde festgestellt, dass durch die Unerfahrenheit der chinesischen Bediener und schlechtere Qualität des Viskoserohstoffs als im Projekt vorgegeben Viskositäts- und Reifeschwankungen der Viskose auftraten. Obwohl die tägliche Produktion von Viskoseseide im

---

[238] Woguo diyizuo renzaosi gongchang Baoding huaxue xianweichang bufen jiancheng xingjian guocheng zhong dedao Deyizhi minzhu gongheguo de yuanzhu (Chinas erste Fabrik für Kunstseide, das Viskosekunstseidenwerk Baoding ist teilweise fertiggestellt – Im Verlaufe des Aufbaus erhielt sie die Hilfe der DDR), Renmin Ribao, 28.9.1959, S. 5.

Verlaufe der Inbetriebnahmezeit erheblich steigen sollte, sollte die Seide noch lange Qualitätsmängel aufweisen.[239] Die Raumluft in der Spinnerei führte wegen zu hoher Konzentration von Schwefelwasserstoff und Schwefelkohlenstoff zu Augenkrankheiten und starken Kopfschmerzen bei mehreren Hundert Arbeiterinnen. Die Klimaanlage wurde daraufhin überarbeitet. Im Februar 1960 stagnierten die Bauarbeiten wegen Knappheit des Zements. Die chinesische Seite setzte sich trotz alledem das Ziel, im Jahre 1960 6.000 Tonnen Kunstseide zu produzieren.

Anfang 1960 dann wurde das Industriekraftwerk Baoding in Betrieb genommen. Das Kraftwerk war eine wichtige Voraussetzung für das Viskosekunstseidenwerk und weitere in Baoding errichtete Fabriken. Die DDR hatte hierfür die Kraftwerksausrüstungen geliefert, die Projektierung hatte der VEB Energie- und Kraftwerksanlagenbau (EKE) ausgeführt.[240]

Bald jedoch konnten die Kinderkrippe und das Zentrallager gebaut werden. Doch für die Monteure und Ingenieure aus der DDR, die auf Planumsetzung, Sorgfalt und Arbeitssicherheit Wert legten, nahmen die Zumutungen kein Ende. Auf Anweisung übergeordneter Organe wurden einzelne Maschinen demontiert, um sie künftig für andere Projekte selbst nachzubauen. Im April 1960 kamen die Bauarbeiten an den Nebenanlagen und die Montage nur schleppend voran, da die Monteure in der Produktion eingesetzt wurden. Im Mai 1960 waren wiederum sehr wenige Arbeitskräfte in der Montage, da sie in die umliegenden Volkskommunen zur Bewässerung der Felder geschickt wurden. Es wurde nur sehr wenig produziert, da es an Schwefelkohlenstoff mangelte.[241] Unter diesen Bedingungen wurde im Juni 1960 immerhin eine Tagesproduktion von 13,7 Tonnen erreicht, kaum weniger als die, allerdings bereits für den Oktober des Vorjahres, geplanten 15 Tonnen.[242]

---

239 BLHA, Akte Kunstfaserwerk „Friedrich Engels" Premnitz, Rep. 503, Nr. 5375, Protokoll Nr. 7 zur Übergabe der Spinnereianlagen einschl. Nachbehandlung und Textile Aufmachung der 1. Kunstseidenanlage Paoting/VR China, Eingang 5.7.1960.

240 BLHA, Akte Kunstfaserwerk „Friedrich Engels" Premnitz, Rep. 503, Nr. 5371, Notiz Kraftwerk für Kunstseidenwerk Paoting, 20.6.1959.

241 BLHA, Akte Kunstfaserwerk „Friedrich Engels" Premnitz, Rep. 503, Nr. 5440, Monatsberichte Mai 1958 bis Mai 1960.

242 BLHA, Akte Kunstfaserwerk „Friedrich Engels" Premnitz, Rep. 503, Nr. 5440, Abschlussbericht der Aufbauleitung für die Montage und Inbetriebnahme der 1. Kunstseidenfabrik Paoting VR China Kapazität 15 t/a 1. Ausbaustufe, 1.7.1960.

Am 1. Juli 1960, dem Jahrestag der Gründung der KPCh, wurde das Viskosekunstfaserwerk Baoding, wie bereits erwähnt, offiziell im Beisein des Botschafters der DDR in der VR China, Paul Wandel, feierlich eingeweiht (Abb. 13). Zur Inbetriebnahme des Werks hatte man aus der DDR den technischen Direktor des Kunstfaserwerks „Friedrich Engels" Premnitz, Artur Wilke, und den Generaldirektor der DIA Invest-Export, Jakob Boulanger eingeladen. Artur Wilke hatte das Vorhaben des Viskosekunstfaserwerks Baoding von den ersten Verhandlungen an leidenschaftlich und tatkräftig begleitet. Er war zuständig für die Beantwortung aller Fragen der in Baoding eingesetzten deutschen Aufbauleitung und der Monteure.

Die Einweihung des Werks fand im Beisein des Ministers für Textilindustrie, Jiang Guangnai, des stellvertretenden Ministers für Chemieindustrie, Li Su, des Parteisekretärs und Bürgermeisters von Baoding, Li Peixian, des stellvertretenden Gouverneurs der Provinz Hebei, Duan Yi, und der Belegschaft des Werks statt. Die Zeitung *Renmin Ribao* hob die allseitige Hilfe der DDR bei der Projektierung, der Lieferung der Ausrüstungen, der Ausbildung der Arbeiter und der Entsendung von mehr als 50 Spezialisten aus der DDR hervor.[243]

Bei der Einweihung des Werks überreichten der Parteisekretär Wen Luo und der Werkdirektor Ling Wu den DDR-Spezialisten zwei Fotoalben, die dem VEB Spinnereimaschinenbau Karl-Marx-Stadt als dem Produzenten der Viskosespinnmaschinen gewidmet waren. Die Fotos dokumentieren den Aufbauprozess des Werkes und die enge Zusammenarbeit zwischen der chinesischen Aufbauleitung, den chinesischen Arbeitern und den DDR-Spezialisten.

Obwohl die DDR-Spezialisten die Aufbauarbeiten nur anleiten sollten, sieht man sie, wie sie auch tatkräftig anpackten, Beton in Schubkarren fuhren und bei der Montage mithalfen. Die deutschen Monteure unterweisen die chinesischen Arbeiter in der Montage der Maschinen. Die chinesischen Arbeiter bauen mit großem Erfindergeist Vorrichtungen zum Biegen großer Rohre und eine Abkantmaschine für Stahlbleche. Es gibt auch verschiedene propagandistisch geprägte Fotos, etwa die Überreichung einer Fahne als Geschenk, und politische Versammlungen. Es ist unklar, ob die chinesischen Arbeiter damals tatsächlich ein

---

[243] Zhong De liangguo youyi de baogui jiejing (Ein wertvolles Juwel der chinesisch-deutschen Freundschaft), Renmin Ribao, 2.7.1960, S. 4.

Werkessen mit viel Fleisch erhielten, wie es ein Foto suggeriert. Stolz überreicht der Werkdirektor Ling Wu Rollen mit im Werk produzierter Kunstseide an Jakob Boulanger. Unter den Porträts von Wilhelm Pieck und Mao Zedong unterzeichnen Vertreter der chinesischen und der deutschen Aufbauleitung das Übergabeprotokoll des fertig gestellten Werks. Insgesamt stellen die beiden Fotoalben wertvolle Zeugnisse vom Aufbau des Werks und der tätigen Freundschaft zwischen chinesischen Leitern und Arbeitern und den Spezialisten aus der DDR dar.[244]

Ein deutlich anderes Bild – zumindest hinsichtlich der Ergebnisse – vermittelt jedoch der Inhalt des Übergabeprotokolls des Viskosekunstseidenwerks. Es konstatierte, dass zum Zeitpunkt der offiziellen Einweihung des Werks noch nicht alle Bau- und entsprechend nicht alle Montagearbeiten abgeschlossen waren. Zum Beispiel waren das Verwaltungsgebäude und die Trafo- und Akkuladestation noch nicht gebaut. Die Säurebauarbeiten waren aus Materialmangel mit minderwertigen Materialien ausgeführt.

Die aus der DDR gelieferten Anlagen wurden rundum positiv bewertet. Zur Qualität der Montagearbeiten hieß es, dass sie unter Berücksichtigung der auf technischem Gebiet noch unerfahrenen chinesischen Arbeitskräfte in einer recht guten Qualität ausgeführt wurden. Aufgetretene Schwierigkeiten seien durch die gute Zusammenarbeit zwischen den chinesischen Arbeitskräften und den sie anleitenden deutschen Obermonteuren bereits während der Montage beseitigt worden.

Dabei seien allerdings oft vereinfachte landesübliche Methoden angewandt worden, die in qualitätsmäßiger Hinsicht nicht immer eine befriedigende Lösung darstellten. Als Beanstandung wurde festgehalten, dass einige wenige Geräte für das Zentrallabor noch nicht eingetroffen waren. Man nahm mit den Lieferfirmen in der DDR Kontakt auf, um den Verbleib der Geräte aufzuklären.[245]

---

[244] Staatsarchiv Chemnitz, Bestand 31039 VEB Spinnereimaschinenbau Karl-Marx-Stadt, Nr. 429 Zwei Fotoalben zur Erinnerung an den Aufbau des Chemiefaserkombinats in Paoting (China), 1960. Aus Gründen des Persönlichkeitsschutzes musste auf eine Reproduktion leider verzichtet werden.

[245] BLHA, Akte Kunstfaserwerk „Friedrich Engels" Premnitz, Rep. 503, Nr. 5375, Protokoll Nr. 8 zur Übergabe der Verwaltungs-, Sozial- und sonstigen Anlagen der 1. Kunstseidenanlage Paoting/VR China, Eingang 5.7.1960.

Der Verlauf des Aufbaus des Viskosekunstseidenwerks verdeutlicht, wie durch die Politik des Großen Sprungs die ohnehin nicht einfache volkswirtschaftliche Situation in ein großes Chaos steuerte. Zu den Problemen gehörten Materialmangel, Verzug bei den Bauarbeiten und Abzug der chinesischen Arbeitskräfte von der Baustelle für vordringlichere Arbeiten. Änderungen am Projekt auf Wunsch der chinesischen Oberbauleitung bezogen sich überwiegend auf Einsparungen, indem großzügiger gestaltete Teilbereiche zusammengelegt wurden, was entsprechende Änderungen der Installationen nach sich zog. Dies erforderte eine erneute Projektierung vor Ort und auch viel Improvisation. Die Leistung der Fachkräfte aus der DDR, aber auch aller beteiligten chinesischen Kräfte ist angesichts der ausufernden Propagandaschlacht um willkürlich hoch gesetzte Produktionsziffern umso höher zu bewerten.

Aber es war nicht allein die politische und gesellschaftliche Entwicklung in China, die für Schwierigkeiten sorgte. Auch die Zulieferungen aus der DDR gestalteten sich recht schwierig, da manche Zulieferbetriebe die technischen Forderungen nicht vollständig erfüllen oder die geforderten Liefertermine nicht einhalten konnten. Zum Beispiel hatte der VEB Rohrleitungsbau Bitterfeld den Rohrleitungsbau übernommen, aber darauf hingewiesen, dass man die Rohrstützen nicht liefern könne. Für solche und ähnliche Probleme mussten immer wieder Lösungen gefunden werden. Dem VEB Kunstfaserfabrik Premnitz blieb in verschiedenen Fällen keine andere Wahl, als auf Importe aus der Bundesrepublik zurückzugreifen.

Dies wurde noch durch ein Lieferembargo bei Mess- und Steuertechnik, zum Beispiel hochwertiger Temperaturmesstechnik, erschwert. In diesem Fall konnte das Embargo durch eine sogenannte „Vermittlerfirma" umgangen werden, was aber den Import höchstwahrscheinlich noch verteuerte. Die Schwierigkeiten der Zulieferbetriebe offenbarten die Schwächen eines wenig flexiblen Wirtschaftssystems. Das System von Prioritäten, angefangen von Lieferungen für die Sowjetarmee, die Sowjetunion und die nationale Verteidigung über Staatsplanaufgaben bis zu Sonderaufgaben, die vom Politbüro kontrolliert wurden, ließ wenig Spielraum für flexibles Reagieren.

Das Übergabeprotokoll der Schwefelkohlenstoffanlage vermerkt, dass sie auf Wunsch der chinesischen Oberbauleitung von drei auf sieben Öfen erweitert wurde. Bei der Inbetriebnahme kam es am 22. Mai

1960 durch unsachgemäße Bedienung zu einer Explosion.[246] Bedienfehler der noch unerfahrenen chinesischen Belegschaft, die Wiederinbetriebnahme der Spinnmaschinen nach Stromausfällen und der Einsatz von Ausgangsmaterialien minderer Qualität führten zudem zu einem relativ hohen Materialverbrauch.[247]

Abbildung 14: Viskosekunstseidenwerk Baoding

Im Vergleich zur politischen Bedeutung des Projektes war die ökonomische offenbar zweitrangig. Erst im Mai 1961 kümmerte man sich beispielsweise um die Bestimmung des Preises des Viskosekunstseidenwerks. Denn im Vertrag war festgelegt, dass spätestens drei Monate nach Abschluss des Vorhabens der Festpreis aufgrund der Weltmarktpreise von 1958 festzulegen ist. Dies wäre eigentlich die Aufgabe der DIA Invest-Export gewesen, die sich jedoch erst mit großer Verspätung mit der Bezahlung dieses Millionen-Objekts durch den chinesischen Käufer beschäftigte.[248]

---

[246] BLHA, Akte Kunstfaserwerk „Friedrich Engels" Premnitz, Rep. 503, Nr. 5375, Protokoll Nr. 6 zur Übergabe der CS_2-Erzeugungsanlage der 1. Kunstseidenanlage Paoting/VR China, Eingang 4.7.1960.
[247] BLHA, Akte Kunstfaserwerk „Friedrich Engels" Premnitz, Rep. 503, Nr. 5375, Protokoll Nr. 5 zur Übergabe der Kopfstation und des CS_2-Tagesvorratslagers der 1. Kunstseidenanlage Paoting/VR China, Eingang 5.7.1960.
[248] BLHA, Akte Kunstfaserwerk „Friedrich Engels" Premnitz, Rep. 503, Nr. 6373, Schreiben R. Kuntze an Artur Wilke, 14.5.1961.

Die im Viskosekunstseidenwerk Baoding installierte Technologie wurde in den 1980er Jahren auf neun andere Viskosekunstseidenwerke in China mit je einem Jahresausstoß von 2000 Tonnen Kunstseide übertragen.[249] Während Baoding bis heute Kunstseide produziert, wurde sein „Mutterbetrieb", das Chemiefaserwerk „Friedrich Engels" in Premnitz, ein Opfer der Vereinigung und ging im Jahre 1996 in Insolvenz. Bis zum Jahre 2017 wurde das Werk fast völlig abgetragen und räumte den Platz für neue Unternehmen.

3.5. Schleifscheibenwerk Zhengzhou

Das Schleifscheibenwerk Zhengzhou (*Zhengzhou di er shalun chang* 郑州第二砂轮厂, auch als Werk 402 bezeichnet) wurde vom VEB Industrieanlagen Export Berlin (INEX) projektiert. Die Chinesen nannten es abgekürzt „*er sha*" oder „Zweites Schleifscheibenwerk". Dies rührte daher, dass es in Shenyang bereits ein von den Japanern errichtetes Werk gab, das das „Erste Schleifscheibenwerk" war. Diese Fabrik war aber nur in der Lage, keramische Schleifwerkzeuge herzustellen. Der VEB INEX benutzte die Codebezeichnung „Schach" für das Werk, die sich vielleicht vom chinesischen Wort *sha*, abgekürzt für Schleifscheibe, ableitete.

Schleifscheiben sind eine unverzichtbare Komponente für die Präzisionsbearbeitung und somit von strategischer Bedeutung für die industrielle Entwicklung. Die Wahl des Standorts in Zhengzhou hing damit zusammen, dass sich hier in der Umgebung reiche Bauxit-Vorkommen als Rohstoff für die Produktion von Schleifscheiben befinden.

Die Bauarbeiten in Zhengzhou begannen im Jahre 1956,[250] aber schon ab November 1954 hatten Experten vom Industrieprojektierungsbüro Karl-Marx-Stadt vor Ort mit der Projektierung begonnen. Die Gruppe von 15 Experten leitete Franz Glöckner, der technische Direktor des Schleifscheibenwerks in Dresden-Reidt. Sie hatte die Aufgabe, die örtlichen Bedingungen für den Bau des Werks zu untersuchen.

---

[249] Qiu Youlong, Zhanjiao changsi de shengchan jishu xianzhuang he fazhan qianjing (Gegenwärtiger Stand und Entwicklungsperspektiven der Produktionstechnik von Viskoselangfasern), Renzao xianwei 2000, Nr. 5, S. 19-25.

[250] Kooperation gewürdigt, Neues Deutschland, 13.10.1986, S. 5.

Auch hier wurden, wie beim Radioteilekombinat (Kap. 2), die Produktionshallen mit Sheddächern gebaut. Das Werk nahm eine Fläche von einem Quadratkilometer ein. Die Produktionsbereiche hatten eine Fläche von 180.000 Quadratmetern und die Wohnbereiche der Werktätigen eine Fläche von 74.000 Quadratmetern. Das Werk umfasste sechs Produktionshallen, zwei Hallen mit Hilfsabteilungen und zwei Hallen für die Energieerzeugung.[251] Das Schleifscheibenwerk Zhengzhou war das größte Werk in China und das zweitgrößte weltweit auf diesem Gebiet.

Insgesamt waren in Zhengzhou 67 Experten (und 48 Familienangehörige) aus der DDR für längere Zeit tätig.[252] Das Schleifscheibenwerk hatte für sie ein eigenes Wohnhaus mit einem Schwimmbad und einem Volleyballplatz gebaut. Die große Wertschätzung Chinas für die Spezialisten aus der DDR äußerte sich auch darin, dass sie sogar besser bezahlt wurden als die sowjetischen Spezialisten. Mit dieser Wertschätzung verband sich die Erfahrung, dass China aus der DDR, verglichen mit den übrigen sozialistischen Ländern, die modernsten Technologien und Ausrüstungen beziehen konnte.

Beim Bau des Werks gab es Auseinandersetzungen mit der chinesischen Seite, die das Werk als zu luxuriös und aufwändig empfand. Die DDR-Experten beharrten aber erfolgreich darauf, dass das Schleifscheibenwerk aus strategischen Gründen besonders widerstandsfähig gegen Luftangriffe gebaut werden sollte. Die hohen Standards im Verwaltungsgebäude, das sogar einen Dachgarten erhielt, stießen in der damaligen Zeit maximaler Sparsamkeit allerdings auf allgemeine Kritik, so dass der Dachgarten fallengelassen wurde. Damals noch unüblich, umfasste das Werk jedoch eine Kantine, und die Werktätigen bekamen auch ein Kino.

In den Jahren 1957 und 1958 lieferte der VEB Schwermaschinenbau „Ernst Thälmann“ Magdeburg für das Schleifscheibenwerk Zhengzhou folgende Anlagen.[253]

---

[251] Zhengzhou dier shalunchang jiuzhi (Der alte Ort des zweiten Schleifscheibenwerks Zhengzhou), http://www.bytravel.cn/Landscape/83/zhengzhoudiershalunchangjiuzhi.html (aufgesucht am 28.04.2019).

[252] Minzhu deguo dou xingguo naxie shan? (Was hat die DDR Gutes vollbracht?), www.zhihu.com/question/58229674 (aufgesucht am 29.07.2018).

[253] LASA, Abteilung Magdeburg, I 29, Nr. 1956, INEX Exportlieferungen für China-Werk 402 – Schach, 29.1.1957

Tabelle 9: Lieferungen des VEB Schwermaschinenbau Magdeburg für das Schleifscheibenwerk in Zhengzhou

Bezeichnung	**Wert, in DM**	**Liefertermin**
1 Backenbrecher für die Zerkleinerung von Siliziumkarbid	35.353,-	
6 Siebkugelmühlen	245.940,-	
1 Backenbrecher für die Zerkleinerung von Quarz	22.655,-	15.12.1957
1 Kugelgranulator	36.098,-	20.3.1958
6 Stoßschubspeiser zur Beschickung der Kugelmühlen	12.720,-	10.5.1958
1 Hammermühle zum Mahlen von Koks	42.210,-	30.6.1958

Diese Anlagen wurden auf dem Seeweg nach Shanghai verschifft und gelangten von dort mit der Eisenbahn direkt bis zum Gleisanschluss des Schleifscheibenwerks.

Die Investitionen für dieses Projekt beliefen sich auf rund 150 Millionen Yuan, was dem Investitionsvolumen für fünf Baumwolltextilfabriken entsprach. Wegen dieser erheblichen Summe wurde das Werk auch als das 157. Objekt des ersten Fünfjahrplans bezeichnet (der erste Fünfjahrplan sah 156 Objekte vor, die mit sowjetischer Hilfe errichtet wurden).[254]

Im Januar 1958 berichtete Lutz Zempelburg im „Neuen Deutschland" vom Aufbau des Schleifscheibenwerks:

> Schon von weitem fasziniert die modernen Meereswellen ähnelnde Shed-Dachkonstruktion der 300 m langen Haupthalle, die aus vorgefertigten Betonteilen unter Verwendung deutscher, sowjetischer und tschechoslowakischer Erfahrungen errichtet wurde und mit einer Fläche von 65.000 qm gegenwärtig die größte Halle Chinas ist. Bald kann die Montage der Ausrüstungen aus der DDR beginnen. Einer Reihe von Praktikanten wurden in unserer Republik Spezialkenntnisse vermittelt, und später sollen deutsche Fachleute die Inbetriebnahme und Leitung des Werkes sichern helfen, bis die chinesischen Genossen die Produktion meistern.[255]

[254] Zhengzhou touzi konggu youxian gongsi – zong touzi 150 yi! Zhengzhou ren jiyili de „ersha" (Die Zhengzhou Investment GmbH investiert insgesamt 15 Mrd Yuan! Das „Zweite Schleifscheibenwerk" in der Erinnerung der Bürger Zhengzhous), www.zztzkg.com.cn/item/detail?id=326 (aufgesucht am 25.7.2018).

[255] Zempelburg, Lutz, In chinesischen Betrieben, Neues Deutschland, 30.1.1958, S. 5.

Wie das Viskosewerk litt auch das Schleifscheibenwerk unter den außerplanmäßigen Aktivitäten des Großen Sprungs ab 1958. So erhielt das Werk nie ausreichend Strom und Dampf für die Produktion. Dies und fehlende Lieferungen verschiedener Materialien wurde die hauptsächliche Ursache für Verzögerungen beim Aufbau. Allerdings kamen auch in diesem Fall Probleme seitens der DDR hinzu, weil sich Lieferungen von Ausrüstungen verspäteten und die Projektunterlagen nicht ausreichend detailliert ausgeführt waren. Ursache hierfür war der Arbeitskräftemangel in der DDR wegen der Abwanderung vor allem qualifizierter Arbeitskräfte nach Westdeutschland vor dem Mauerbau 1961. Es wurde vereinbart, dass eine chinesische Gruppe von Technikern diese Arbeit übernehmen sollte, doch im Furor des Großen Sprungs wurde diese Gruppe von einer Baustelle zur nächsten beordert, so dass diese Arbeit liegenblieb. Die chinesischen Arbeiter, die die DDR-Spezialisten ausgebildet hatten, kamen zu anderen Baustellen, um dort Maschinen zu installieren. 1958 standen von den 1.500 chinesischen Arbeitern, die die DDR-Spezialisten für die Installation der Ausrüstungen angefordert hatten, nur 400 bis 500 Arbeiter zur Verfügung. So kam es zu einem sich immer mehr verschärfenden Streit zwischen China und der DDR über dieses Vorhaben, wobei China sämtliche Schuld für die immer wieder verzögerte Fertigstellung des Schleifscheibenwerks der DDR zuschob. Allerdings gab man allgemein den fachlichen Vorschlägen der DDR-Spezialisten immer den Vorrang, weil man auf ihre Expertise vertraute.

Hinzu kam die Hungersnot, die als Folge des „Großen Sprungs“ in der Provinz Henan besonders viele Opfer forderte. Da die Arbeiter im Schleifscheibenwerk zu wenig zu essen bekamen, waren sie zu schwach zum Arbeiten. Aber die DDR-Spezialisten erhielten stets Sonderzuteilungen, damit sie von der Hungersnot möglichst nichts merkten.[256]

Im Januar 1960 besuchte eine Regierungsdelegation der DDR unter Leitung des Handelsministers Heinrich Rau das Schleifscheibenwerk in Zhengzhou.[257] Bei dem Besuch wurde anvisiert, dass das Werk nach seiner voraussichtlichen Fertigstellung im Oktober 1960 Korund und Siliziumcarbonat produzieren und daraus pro Jahr eine Million Schleifsteine herstellen sollte. Es sollte damit nicht nur den gesamten Bedarf

---

[256] Chen Tao, Weathering the Storms: East German Engineers in Zhengzhou, 1954–1964, The China Review 19 No. 3 (August 2019), S. 48–56.

[257] DDR-Delegation reist durch China, Neues Deutschland, 13.1.1960, S. 1.

Chinas decken, sondern zugleich das größte Werk seiner Art in der Welt sein.[258] Auf einem Foto des Besuchs von Minister Rau (Abb. 16) ist anhand der frostigen Mienen die Distanzierung zwischen der DDR-Delegation und den chinesischen Begleitern zu spüren, die auf gravierende Probleme mit der Fertigstellung des Schleifscheibenwerks hindeuten.

In einem Bericht der Regierung der DDR über das Schleifscheibenwerk wurde darauf verwiesen, dass es Probleme durch nicht erprobte Technologien gab. Dazu gehörte das Brikettierungsverfahren für die Korundschmelze. Zudem waren fast zwei Drittel der Ausrüstungen nicht erprobte Neukonstruktionen. Die lufttechnischen Anlagen waren unzureichend, so dass sich die chinesische Seite über Silikoseerkrankungen unter den Arbeitern beklagte. Eine Borkarbid- und eine Sinterkorundanlage konnte nicht geliefert werden. Die Lieferung der Ausrüstungen bis zum Jahre 1958 erfolgte ohne vertragliche Grundlage, was die Regierung als leichtfertig kritisierte. Im Vertrag hatte man der chinesischen Seite erlaubt, die Montagen selbständig durchzuführen, die deutsche Seite wirkte nur beratend, was sich als gravierende Fehlerquelle herausstellte. Allerdings bestand die chinesische Seite landesweit auf dieser Verfahrensweise. Der Wille, sich von ausländischer Expertise zu emanzipieren, traf nicht allein die Sowjetunion, sondern auch die Ingenieure und Monteure aus der DDR.

Abbildung 15: Unterweisung chinesischer Arbeiter des im Aufbau befindlichen Schleifscheibenwerks Zhengzhou im Schweißen durch einen Spezialisten der DDR.

[258] Stuhlmann, Manfred; Zu Gast am Gelben Fluß, Neues Deutschland, 13.1.1960, S. 5.

Vom 3. bis 6. September 1960 hielt sich Horst Brie, der erste Sekretär der DDR-Botschaft in Beijing, im Schleifscheibenwerk auf, um die Probleme um dieses Projekt aufzuklären. Brie räumte ein, dass einige noch nicht gelieferte Materialien sofort nachgeliefert werden müssten, erkannte aber zugleich, dass die schlechten Arbeitsbedingungen in Zhengzhou erheblich zu den Verzögerungen beigetragen hatten. Brie bestand darauf, die Probleme durch Verhandlungen zu lösen. Für die DDR-Führung ging es schon nicht mehr um den bloßen ökonomischen Verlust von zwei Millionen Mark wegen der Nichteinhaltung des Fertigstellungstermins, sondern darum, eine generelle Schädigung der Beziehungen zwischen der DDR und China zu vermeiden. Daraufhin suchte und fand das Politbüro der SED die Schuldigen für das Desaster in den ausführenden Betrieben der DDR. Trotz ihrer größtenteils guten Arbeit wurden sie so zu Bauernopfern der Diplomatie. Nicht erwähnt wurde in dem oben erwähnten Regierungsbericht, dass dieselben Partei- und Regierungsorgane in der DDR, die die Kritik äußerten, zuvor einen erheblichen Druck auf die Auftragnehmer ausgeübt hatten, um mit Blick auf die dringend benötigten Rohstoff- und Lebensmittellieferungen aus China selbst kaum realisierbare Wünsche von dort zu erfüllen.[259] Chen Tao, Historiker und Professor an der Tongji-Universität in Shanghai, hat aus seiner Analyse der Parteiarchive Chinas und der DDR geschlussfolgert, dass vor allem der ideologische Streit die wesentliche Ursache für die lange Aufbauzeit des Werks gewesen sei.[260]

Von September 1960 bis Februar 1963 fanden sechs größere Beratungen beider Seiten über die Lösung der Probleme statt. Im April 1963 begannen die Umbauarbeiten, die am 29. Dezember 1964 mit der erfolgreichen Abnahme der verbesserten Technologie durch die Zentralregierung abgeschlossen wurden. Das Schleifscheibenwerk produzierte danach mit seiner vollen Kapazität. Die Spezialisten der DDR kehrten in die Heimat zurück. Obwohl die staatlichen Beziehungen wegen der Verschlechterung der chinesisch- sowjetischen Beziehungen angespannt waren, herrschte zuletzt wieder ein relativ gutes Verhältnis zwischen den

---

[259] Stiftung Archiv der Parteien und Massenorganisationen der DDR im Bundesarchiv (SAPMO-BArch), ZPA IV 2/610/180, Bericht über das Schleifscheibenwerk Zhengzhou, Ende April/Anfang Mai 1962.

[260] Chen Tao, Weathering the Storms, S. 57.

chinesischen und den DDR-Kollegen. Während die sowjetischen Spezialisten im Juli/August 1960 vollständig in die Heimat zurückgerufen wurden, wobei zahlreiche Projekte unvollendet zurückgelassen wurden, blieben die DDR-Spezialisten in China, bis die jeweiligen Projekte abgeschlossen waren (Kapitel 4). Die chinesische Seite äußerte sich später sehr anerkennend über diese Haltung der DDR-Regierung und ihrer Spezialisten.[261]

Abbildung 16: Handelsminister Heinrich Rau (vorn Mitte) besichtigt am 12.1. 1960 das im Aufbau befindliche Schleifscheibenwerk Zhengzhou.

Guan Zengjian, Professor an der Jiaotong-Universität Shanghai, wuchs in einem Dorf nahe Zhengzhou auf. Er beschreibt, wie er das Schleifscheibenwerk wahrnahm:

> Ich hatte meine Jugend in einem Vorort von Zhengzhou verbracht, der von dem Schleifscheibenwerk Zhengzhou nur etwas über zehn Kilometer entfernt war. Das Ausmaß des damaligen Werks war riesig, es war ein in unseren Augen großartiger Betrieb. Im Schleifscheibenwerk arbeiten zu können, war für uns damals etwas Unerreichbares. Mit einer Aufenthaltsgenehmigung für das Dorf hatten wir nicht das Recht, in der Stadt um Arbeit nachzusu-

[261] Zhengzhou Dongde hezuo dazao „gongye yachi“ (In Zhengzhou hat die Zusammenarbeit mit Ostdeutschland Spuren in der Industrie hinterlassen), http://www.dahe.cn/hnxDongdewaijiaoguanw/shmtdd/dhb/t20060419_488544.htm (aufgesucht am 27.9.2019).

chen. Nachdem die Kulturrevolution beendet war, absolvierte ich die Aufnahmeprüfung an einer Universität und verließ erst jetzt das Dorf. Damals wusste ich, dass das Schleifscheibenwerk mit Hilfe der DDR erbaut worden war, aber Einzelheiten waren mir nicht bekannt. Damals war der Arbeitslohn im Schleifscheibenwerk hoch, und das Werk hatte eine schöne Umgebung. Die Qualität der im Schleifscheibenwerk produzierten Schleifscheiben war unter den sechs Schleifscheibenwerken in ganz China am höchsten, und die Arbeiter des Schleifscheibenwerks waren sehr stolz darauf. Im Jahre 1993 wurde das Schleifscheibenwerk reorganisiert und zu einer städtischen Einrichtung. Später machte sie Verluste und noch später stellte sie die Produktion ein. Jetzt wurde die Stätte des Schleifscheibenwerks zu einem allchinesischen Kulturdenkmal erklärt, und man zeichnet ihre von Leidenschaft erfüllte Geschichte auf.[262]

Im Jahre 1985 reiste eine Delegation des Schleifscheibenwerks Zhengzhou in die DDR, um sich über neue Technologien zu informieren. Dabei kam es im Schleifscheibenwerk Piesteritz[263] zu einem herzlichen Wiedersehen der chinesischen Delegation mit Spezialisten aus dem Werk, die am Aufbau des Werks in Zhengzhou mitgeholfen hatten. Auf dem Höhepunkt der Beziehungen zwischen der DDR und der VR China wurde 1986 der 30. Jahrestag des Baubeginns dieses Werks feierlich begangen. Heute ist das Schleifscheibenwerk aus den 1950er Jahren wegen seiner architektonischen Besonderheiten wie erwähnt ein Industriedenkmal. An anderer Stelle wurde in Zhengzhou in den 1990er Jahren ein moderneres Schleifscheibenwerk errichtet.

3.6. Messgerätewerk Xi'an

Das Messgerätewerk Xi'an (*Xi'an yibiaochang* 西安仪表厂) nahm am 29. April 1960 offiziell die Produktion auf. Es war eines der 156 Großprojekte des Ersten Fünfjahrplans der VR China. Die Projektierung des Werks, die ein Magdeburger Betrieb ausführte, hatte im Juni 1954 begonnen, mit den Bauarbeiten hatte man im Dezember 1957 angefangen.[264] Das Werk vereinigte in sich die besten Technologien aus

[262] Persönliche Mitteilung von Guan Zengjian vom 13.1.2020.

[263] Ein Schleifscheibenwerk in Piesteritz ist nicht bekannt. Wahrscheinlich handelt es sich um eine Verwechslung des Namens.

[264] Xi Yi gufen youxian gongsi (Xi Yi Co., Ltd.) http://www.xygf.com.cn/wby.jsp?urltype=tree.TreeTempUrl&wbtreeid=1009 (aufgesucht am 25.07.2018).

dem Quedlinburger Messgerätewerk, dem Magdeburger Armaturenwerk und zehn weiteren Messgeräteherstellern der DDR.

Das Hauptgebäude gleicht im Grundriss einem Flugzeug – das Werk wurde daher auch das "Flugzeug" genannt –, hat sieben Stockwerke, einschließlich eines unterirdischen, und ist in Stahlbetonbauweise errichtet. Das Gebäude stellt eine gegossene Rahmenkonstruktion dar. Das Fundament ist fast 20 Meter tief gegründet, die Stahlbewehrungen haben einen Durchmesser von fünf Zentimetern, und die Deckenplatten sind mehr als 30 Zentimeter dick. Im Abstand von sechs Metern stehen Stützsäulen aus Stahlbeton, so dass die Decken mehr als eine Tonne pro Quadratmeter tragen und auch in den oberen Stockwerken schwere Maschinen installiert werden können. Das Hauptgebäude ist erdbebensicher bis zur Stärke von acht, das sich beim Erdbeben von Songpan im Jahre 1976 bewährte. Symmetrisch auf der Hauptachse des Hauptgebäudes sind Nebengebäude angeordnet, für die Verwaltung, eine Versammlungshalle und für den Empfang von Gästen. Hier sind ferner Funktionseinheiten, wie die Versorgung mit Strom und Druckluft und die Klimatisierung untergebracht. Auch diese Gebäude haben unterirdische Räume. Hinter dem Hauptgebäude befindet sich auf 50.000 Quadratmetern die mechanische Bearbeitung mit annähernd tausend großen und kleinen Maschinen aus der DDR. Seitlich auf der Westseite sind die Abteilungen für Wärmebehandlung, Maschinenreparatur und Messgerätegehäuse angeordnet. Auf der Ostseite sind die Abteilungen mit den Umformpressen und zur Herstellung elastischer Baugruppen untergebracht. Hinter den Werkstätten für die Metallbearbeitung befinden sich verschiedene Lager sowie die Prüfabteilungen für mechanische und elektrische Eigenschaften.

Im Januar 1958 hieß es über den Fortgang der Bauarbeiten, dass erst das Verwaltungsgebäude steht. Die Erdarbeiten wurden durch archäologische Funde auf dem künftigen Werksgelände verzögert. Aber die Berufsschule hatte bereits den Betrieb aufgenommen. Ingenieure aus der DDR bildeten hier Fachkräfte aus, die die komplizierte Produktion verschiedenster Geräte der Mess- und Regeltechnik beherrschen und das Werk zur Mutter der chinesischen Messgeräteindustrie machen sollten.[265] Zusätzlich bildete der VEB Magdeburger Armaturenwerk im

[265] Zempelburg, Lutz, In chinesischen Betrieben, Neues Deutschland, 30.1.1958, S. 5.

Jahr 1959 künftige chinesische Ingenieure für das Werk aus (Abb. 17).[266] 20 chinesische Jungingenieure, die verschiedene Funktionen im künftigen Messgerätewerk Xi'an übernehmen sollten, wurden im VEB Messgerätewerk Quedlinburg weitergebildet.[267]

Bei der Einweihung des Werks im April 1960 lobte der Sekretär des Provinzparteikomitees von Shaanxi, Zhang Ce, die Aufbauleistungen der Arbeiter, dankte der DDR für die allseitige Hilfe und äußerte, dass „die Geburt des Messgerätewerks Xi'an eine frische Blume der chinesisch-deutschen Freundschaft" sei. Die *Renmin Ribao* meldete, dass an der Einweihung des Werks eine offizielle Delegation der DDR unter Leitung von Botschaftsrat Wenning (allerdings ohne Angabe seiner Funktion) teilnahm.[268] Auch später fand das Messgerätewerk die Aufmerksamkeit hoher Funktionäre von Partei und Regierung, die es besuchten. Dazu gehörten Deng Xiaoping, Bo Yibo, Li Fuchun und Li Xiannian. Auch der Präsident der Chinesischen Akademie der Wissenschaften, Guo Moruo, besichtigte das Werk im März 1960 und adelte es entsprechend der damaligen Propagandawelle mit einem Gedicht zum Lob des Großen Sprungs.

Seit den 1960er Jahren produzierte das Messgerätewerk nicht nur für zivile Bereiche – wie petrolchemische und chemische Industrie, Metallurgie und Kraftwerksanlagen – entsprechende Mess- und Steuergeräte, sondern auch für militärische Aufgaben und besondere strategische Bereiche, wie Atomindustrie, Flugzeugbau und Schiffbau. Für die Entwicklung der Atombombe, der Wasserstoffbombe, Raketen und Kriegsschiffe leistete es herausragende Beiträge.[269]

Im Jahre 1985 besuchte eine DDR-Delegation unter Leitung des Vorsitzenden der Staatlichen Plankommission, Gerhard Schürer, das

---

[266] BArch, Bild 183-54756-0001/Fotograf: Biscan, 23.4.1958.

[267] BArch, Bild 183-59364-0001/Fotograf: Uwe Gerig, 22.10.1958.

[268] Guoying Xi'an yibiaochang yijing jiancheng, zuijin juxing kaigong dianli, zhengshi touru shengchan (Das staatliche Messgerätewerk Xi'an ist fertiggestellt, vor kurzem fand seine Einweihung statt, und die Produktion wurde offiziell aufgenommen), Renmin Ribao, 8.5.1960, S. 2.

[269] Xi'an yibiaochang ruxuan „Xi'an shi youxiu jinqidai jianzhu baohu minglu" (Das Messgerätewerk Xi'an wurde für die Liste der hervorragenden zeitgenössischen Bauwerke Xi'ans ausgewählt), http://zgsc.china.com.cn/2018-02/09/content_40222598.html (aufgesucht am 16.2.2020).

Messgerätewerk Xi'an.[270] Das Werk hatte damals 4.500 Beschäftigte und produzierte Erzeugnisse der Betriebsmess-, Steuerungs- und Regelungstechnik (BMSR-Technik[271]), wie Temperaturmessgeräte, Messgeräte mit pneumatischer Anzeige, Linearschreiber, Schalttafeln, elektrohydraulische Messgeräte sowie elektronische Geräte. Sie wurden insbesondere in der chemischen Industrie, im Kraftwerksanlagenbau, im wissenschaftlichen Gerätebau und in der Leichtindustrie eingesetzt. Es bestanden noch Kontakte zum VEB Elektro-Apparate-Werke „Friedrich Ebert" in Berlin. Schürer sprach sich dafür aus, die Zusammenarbeit bei der Produktion von Messgeräten auszubauen. Diese Absicht wurde allerdings nicht verwirklicht. Das Messgerätewerk Xi'an gehört nach mehrfachen Reorganisationen seit dem Jahr 2007 zur Shaan-Gu Group.[272]

Abbildung 17: Ausbildung eines chinesischen Kollegen für das Messgerätewerk Xi'an im VEB Magdeburger Armaturenwerk

[270] Abordnung aus DDR besuchte das Meßgerätewerk in Xian, Neues Deutschland, 13.7.1985, S. 2.
[271] Der BMSR-Techniker war in der DDR ein Ausbildungsberuf. Seit 2003 heißt dieser Elektroniker für Automatisierungstechnik.
[272] www.xiyi-group.org (aufgesucht am 13.4.2019).

Zusammenfassung

Durch das Chaos, das durch den Großen Sprung voran hervorgerufen wurde, verschlechterten sich die materiellen Bedingungen beim Aufbau der geplanten kompletten Industrieanlagen. Es fehlten sowohl die chinesischen Arbeitskräfte als auch Baumaterial und Energie. Der politische Streit zwischen der Sowjetunion und China wirkte sich auch auf die Arbeitsbedingungen der eingesetzten DDR-Spezialisten erschwerend aus. Obwohl die Hungersnot sich schon im ganzen Land ausbreitete, setzte die chinesische Seite alles daran, sie vor den Ausländern zu verbergen und versorgte sie weiterhin vorbildlich. Die DDR-Spezialisten arbeiteten zielstrebig und aufopferungsvoll, um die eingegangenen Verpflichtungen vollständig zu erfüllen. China erhielt mehrere Industrieanlagen, die damals zu den modernsten in Asien zählten.

4. Diesseits der Ideologien: Die Kontinuität des Handels zwischen der DDR und China im Schatten des sino-sowjetischen Bruchs und der Kulturrevolution (1960–1978)

Ungeachtet des ideologischen Streits zwischen China und der Sowjetunion, in dem sich die DDR-Führung auf die Seite Moskaus stellte, betrieb China in den Außenwirtschaftsbeziehungen mit der DDR eine recht pragmatische, differenzierende Politik, um die Front der Bündnispartner der Sowjetunion aufzubrechen. Denn solange das Embargo der kapitalistischen Industriestaaten aufrechterhalten wurde, war China an der DDR als einem Lieferanten von Hochtechnologieerzeugnissen nach wie vor stark interessiert.

4.1. Die Hungersnot, der Abzug der sowjetischen Experten und die Aufwertung der DDR

Die wirtschaftlichen Erfolge des Großen Sprungs nach vorn, der auf Initiative von Mao Zedong im ganzen Land durchgesetzt wurde, waren von sehr kurzer Dauer und gingen in eine schwerwiegende Krise über. Nach den falschen Meldungen über Rekordernten, zu denen die örtlichen Funktionäre in einem irrsinnigen Wettbewerb angestachelt wurden, setzte man die Ablieferungen an den Staat entsprechend hoch und realisierte sie mit brutaler Gewalt, so dass den Bauern selbst das Saatgetreide für das nächste Jahr weggenommen wurde. Die Folge war, dass sich schlagartig im ganzen Land eine Hungersnot ausbreitete.[273]

Schwerpunkt der Arbeiten auf dem Gebiet der Industrie war das Schmelzen von Stahl in primitiven Hochöfchen, wobei aber überwiegend nur unbrauchbares Material entstand, derweil verrottete die Ernte auf den Feldern. Die DDR-Botschaft in Beijing erhielt eine Information, dass die Getreideernte des Jahres 1960 etwa 30 Prozent unter den Planziffern liegen werde.[274] In den städtischen Fabriken setzte man die Arbeiter unter Druck, die Produktion zu verdoppeln, wodurch im Ergebnis die Ausschussrate enorm stieg und viel Material verschwendet wurde. Hinzu kamen Naturkatastrophen in den Jahren von 1959 bis 1961. Infolge

---

[273] Dikötter, Frank, *Maos großer Hunger. Massenmord und Menschenexperiment in China*, Stuttgart: Klett-Cotta 2014.

[274] Meißner (Hg.), *Die DDR und China 1949 bis 1990*, S. 271.

des immer offener zutage tretenden ideologischen Streits zwischen der KPdSU und der KPCh um die Ausrichtung der Politik zog die Sowjetunion im Juli 1960 schlagartig annähernd alle 10.000 Spezialisten[275] unter Mitnahme sämtlicher Dokumentationen aus China ab, wodurch mehrere hundert Projekte unvollendet zurückblieben.[276]

Die chinesische Regierung unterstützte im politischen Streit mit der Sowjetunion vor allem Albanien und mehrere afrikanische Länder mit großzügigen Krediten und bestand darauf, die Schulden gegenüber der Sowjetunion vor allem mit Lebensmittellieferungen abzutragen. All diese Faktoren führten zu einem gewaltigen Chaos in der Wirtschaft, das in die erwähnte, furchtbare Hungerkatastrophe mündete. Obwohl die Regierung Chinas alles daran setzte, das Ausmaß der Hungersnot zu verheimlichen, geht man nach verschiedenen Schätzungen von 15 bis 45 Millionen Hungertoten aus.[277] Die offizielle Propaganda begründete die katastrophale Lage stets mit Naturkatastrophen und dem Abzug der sowjetischen Spezialisten, wollte aber um keinen Preis eine Schuld infolge der Politik des Großen Sprungs eingestehen, um die Autorität ihres Urhebers Mao Zedong nicht zu schmälern.

Die DDR verhielt sich im sino-sowjetischen politischen Streit sehr zurückhaltend. Lange Zeit interpretierte man die abweichenden Standpunkte der chinesischen Führer als „Nuancen“, die durch geduldige Diskussion ausgeräumt werden könnten. Insgesamt herrschte ein optimistisches China-Bild in der DDR-Führung vor. Es war durch den Wunsch motiviert, dass die umfassenden, freundschaftlichen Beziehungen zwischen der DDR und China der 1950er Jahre wiederhergestellt werden könnten.

1959 trat Mao Zedong von seiner Funktion als Vorsitzender der VR China zurück, die nun der stellvertretende Vorsitzende der KP Chinas, Liu Shaoqi, übernahm. In einer mehrjährigen Periode der Regulierung und Korrekturen, in der den Bauern das Recht auf Bestellung einer

---

[275] Über die sowjetischen Spezialisten in der VR China gibt es wenig gesicherte Informationen. Andere Quellen sprechen von 5.000 bis 6.000 Spezialisten.

[276] PA AA, Bestand MfAA, A 9961, S. 15 (Aktenvermerk vom 16.9.1960). Siehe auch: Bettati, Mario, *Le conflit sino-soviétique*, 2 Bde., Librairie Armand Colin, Paris, Kindle, 2018.

[277] Frank Dikötter, *Maos großer Hunger*, S. 2, schätzt die Zahl der Hungertoten sogar auf bis zu 45 Millionen.

kleinen Parzelle für die Eigenversorgung gegeben wurde, stabilisierte sich bis 1965 die wirtschaftliche Lage wieder allmählich.

Die folgende Tabelle gibt anhand ausgewählter statistischer Daten die Entwicklung der chinesischen Industrieproduktion bis zum Vorabend der Kulturrevolution 1965 wieder.[278]

Tabelle 10: Entwicklung der Industrieproduktion in China bis 1965

Erzeugnis	**Einheit**	**1952**	**1957**	**1962**	**1965**
Kohle	Mio. t	66	131	220	232
Rohöl	Mio. t	0,44	1,46	5,75	11,31
Erdgas	Mio. m3	8	70	1210	1.100
Elektrizität	Mrd. kWh	7,3	19,3	45,8	67,6
Roheisen	Mio. t	1,93	5,94	8,05	10,77
Stahl	Mio. t	1,35	5,35	6,67	12,23
Zement	Mio. t	2,86	6,86	6,00	16,34
Schwefelsäure	Mio. t	0,19	0,632	0,968	2,34
Chemiedünger	Mio. t	0,039	0,151	0,464	1,726
Plaste	1.000 t	2	13	40	97
Werkzeugmaschinen	Stück	13.700	28.000	22.500	39.600
Fahrzeuge	Stück	-	7.900	9.700	40.500
Chemiefasern	1.000 t	-	0,2	13,6	50,1
Garn	1.000 t	656	844	548	1.300
Baumwollstoff	Mrd. m	3,83	5,05	2,53	6,28
Seide	1.000 t	5,6	9,9	4,7	9,1
Papier	Mio. t	0,37	0,91	1,12	1,73
Zucker	Mio. t	0,45	0,86	0,34	1,46

Die Tabelle, die auf offiziellen Daten des Amts für Statistik des Volksrepublik China beruht, widerspiegelt die enormen Verwerfungen der Wirtschaft durch die Politik des Großen Sprungs nur unvollkommen. Zum Beispiel zeigen die Zahlen für die Eisen- und Stahlproduktion einen langsamen, aber stetigen Anstieg. Dabei bleiben aber der Ausschuss von rund drei Millionen Tonnen Roheisen, das völlig unbrauchbar war, und die gigantische Verschwendung von Ressourcen, wie Brennmaterial,

[278] Output of Major Industrial Products, China Statistical Yearbook 2001, Beijing: China Statistics Press, 2002, S. 13–22.

nämlich Kohle und Holz, Energie und Transportleistungen unberücksichtigt. Die Wirksamkeit vieler Projekte war wegen mangelnder Qualität der Ausführung praktisch null und nur eine riesige Verschwendung der Arbeitskraft von Millionen Menschen. Obwohl ein Anstieg der Stromerzeugung ausgewiesen wird, ist es aber eine Tatsache, dass in der Zeit des Großen Sprungs und der nachfolgenden Periode der Erholung der Wirtschaft sehr viele Großbetriebe wegen Energiemangel die Produktion einstellen mussten. Das wird exemplarisch beim Einbruch der Zementproduktion sichtbar. Hier spielte auch eine Rolle, dass damals zu viele Vorhaben gleichzeitig in Angriff genommen wurden, ohne die entsprechenden materiellen Voraussetzungen bereitstellen zu können. Erst 1965 konnte nach sieben Jahren größter Entbehrungen für das Volk der Stand des Jahres 1957 überboten werden.

Die Regierung der DDR erhielt bereits 1957 aus erster Hand Informationen über Vorboten einer negativen Entwicklung, die schon zu jenem Zeitpunkt Auswirkungen auch auf den Außenhandel der DDR hatte. Fred Oelßner, der stellvertretende Ministerpräsident der DDR, nutzte im Herbst 1957 seinen Besuch in China, um mit Handelsminister Ye Jizhuang über die Absicht der chinesischen Seite zu sprechen, das Handelsvolumen im Jahr 1958 zu reduzieren und sich nicht an der Leipziger Frühjahrsmesse zu beteiligen. Schon hier wurden gravierende wirtschaftliche Probleme sichtbar, die die neue Politik der Revision der Beschlüsse des 8. Parteitages 1956 auslöste. Oelßner verwies darauf, dass die Lieferungen insbesondere von Rohstoffen und Lebensmitteln aus China für die Wirtschaft der DDR von existenzieller Bedeutung seien. Er argumentierte, dass die geplante Abschaffung der Lebensmittelkarten in der DDR nur mit Hilfe des sozialistischen Lagers zu erreichen sei. Die Beteiligung Chinas an der Leipziger Messe wurde angesichts der Konkurrenz durch die westdeutsche Hannover-Messe als ein erstrangiges Politikum gesehen. Ye Jizhuang konnte nur versprechen, das Handelsvolumen geringer als geplant zu reduzieren.[279]

Oelßner wurde am 21. September 1957 auch von Ministerpräsident Zhou Enlai zu einem Gespräch empfangen. Der stellvertretende Ministerpräsident der DDR verwies darauf, dass mit Hilfe seines Landes

[279] SAPMO-BArch, ZPA IV 2/610/179, Zentrale Besprechungsnotiz Nr. 41 beim Ministerium für Außenhandel der VRCh am 6. Oktober 1957 9.00–10.45 Uhr.

gegenwärtig in Baoding ein Viskosekunstfaserwerk und in Beijing eine Perlonfabrik errichtet würden. Zugleich äußerte er die dringliche Bitte, der DDR mehr Lebensmittel in Form von Getreide, Öl und Fleisch zu liefern. Zhou Enlai dämpfte Oelßners Hoffnungen mit der Erwiderung, dass „wir (China) im Vergleich zu euch Gras fressen".[280] Mit dieser drastischen Formulierung, die während der Hungersnot wenig später in manchen Regionen bittere Realität werden sollte, brachte Ministerpräsident Zhou die schon 1957 ernste Versorgungslage der Bevölkerung in China zum Ausdruck.

Obwohl sie ihre Beziehungen zur VR China anlässlich des Großen Sprungs nicht komplett abbrach, wurde die DDR von der Auseinandersetzung mit der Sowjetunion und dem wirtschaftlichen Einbruch in China hart getroffen. Im Jahre 1961 drosselte China seinen Außenhandel drastisch. Das Land hatte kein Geld mehr für den Kauf kompletter Industrieanlagen, weil es auf dem Weltmarkt Weizen zur Versorgung der eigenen Bevölkerung kaufen musste. Hinzu kam, dass China mit der Kritik seitens der SED an der Politik des Großen Sprungs höchst unzufrieden war und Wünsche der DDR nach zusätzlichen Lieferungen von Soja und Erdnussöl für die Margarineproduktion, zum Beispiel beim Besuch des Politbüromitglieds der SED, Hermann Matern, im Januar 1961 zurückwies. Nach einem Gespräch mit Ministerpräsident Zhou Enlai erhielt Matern wenigstens die Zusage über 20.000 bis 30.000 Tonnen Sojabohnen. Gleichzeitig hatte die forcierte Kollektivierung der Landwirtschaft in der DDR die Fluchtwelle von DDR-Bürgern in die Bundesrepublik anschwellen lassen. Außerdem hatte die Bundesregierung Handelsverträge mit der DDR gekündigt und so die wirtschaftlichen Schwierigkeiten in der DDR vermehrt.[281] Dadurch traten auch erhebliche Lieferverzögerungen und -ausfälle ein. Als die chinesische Seite die Verträge des langfristigen Abkommens für 1962 stornierte, kam es zum

---

[280] Zhongguo waijiaobu dang'anguan (Archiv des Außenministeriums der Volksrepublik China), 109-01103-02, Zhou Enlai jiejian Minzhu Deguo zhengfu daibiaotuan tanhua jilu (Aufzeichnung des Gesprächs von Zhou Enlai mit einer Regierungsdelegation der DDR), 21.9.1957, S. 21–24.

[281] Chen Tao, Yijiuliuyi nian Zhong De Su guanxi ehua beijingxia de Mateen fanghua (Der Chinabesuch von Hermann Matern im Jahre 1961 vor dem Hintergrund der Verschlechterung der chinesisch-deutsch-sowjetischen Beziehungen), Zhonggong dangshi yanjiu 2017, H. 4, S. 62–71.

Streit über die dadurch hervorgerufenen Kosten, weil die DDR entsprechend diesem Abkommen begonnen hatte, entsprechende Ausrüstungen zu produzieren.

Die DDR führte die in China begonnenen Projekte zwar noch ordnungsgemäß zu Ende. Doch zwei Projekte von insgesamt 41 geplanten Industrieanlagen wurden in dieser komplizierten wirtschaftlichen Situation nicht mehr in Angriff genommen. Ende 1960 waren noch 110 Experten der DDR und ein Konstruktionsbüro am Aufbau von 14 Objekten in China beteiligt.[282]

Wie stark die diplomatischen Auseinandersetzungen die Arbeit der zahlreich noch in China verbliebenen Experten aus der DDR beeinträchtigen konnten, zeigt auch das oben bereits behandelte Schleifscheibenwerk (Kapitel 3). Als sich der chinesisch-sowjetische Streit 1963 immer mehr zuspitzte, bekamen dies auch die DDR-Spezialisten in Zhengzhou zu spüren, die hier noch zur Fertigstellung des Werks geblieben waren. In diesem Streit stellte sich die DDR auf die Seite der Sowjetunion, besonders nachdem Walter Ulbricht auf dem 6. Parteitag der SED im Januar 1963 offen die KP China angegriffen hatte und die chinesische Seite von der Sonderbehandlung der DDR - um sie von der Sowjetunion abzuspalten - zum direkten Angriff überging. In Zhengzhou versuchte man, sie ideologisch mit politischen Pamphleten zu bearbeiten, was zu einem gewissem Grade auch Früchte trug, indem die deutschen Ingenieure für bestimmte Positionen der KPCh Sympathie zeigten. Die chinesische Seite wiederum beschränkte den Kontakt mit den DDR-Spezialisten, die nun als „Revisionisten“ galten, auf „politisch qualifizierte“ chinesische Kader, was sich im praktischen Arbeitsablauf nicht immer durchhalten ließ.

Andererseits fand die Arbeits- und Lebensweise der DDR-Spezialisten auch viel Sympathie und Bewunderung unter der chinesischen Belegschaft. Die chinesische Leitung des Werks verschärfte daraufhin den ideologischen Kampf unter den eigenen Arbeitern gegen die Gefahren des Revisionismus. Dies führte dazu, dass die Arbeitsmoral der chinesischen Arbeiter absank und sie die DDR-Spezialisten als „deutsche Imperialisten“ beschimpften. Diese wiederum notierten ungerührt die

---

[282] Krüger (Hg.), *Beiträge zur Geschichte der Beziehungen der DDR und der VR China*, S. 95.

Unpünktlichkeiten und die Bummelei der chinesischen Arbeiter, weil sie weitere Verzögerungen befürchteten. Das machte sie als Aufseher noch unbeliebter.

Umgekehrt sorgte aber auch die Botschaft der DDR in Beijing für eine regelmäßige politische Schulung ihrer Landsleute in China. Im Laufe des Jahres 1963 wurde die Lage für die DDR-Spezialisten dann gefährlich, besonders als Einrichtungen der Gesellschaft für chinesisch-sowjetische Freundschaft von aufgehetzten Massen zertrümmert wurden. Die örtliche Regierung in Zhengzhou ergriff daraufhin Maßnahmen zum Schutz der verbliebenen Ausländer.

Nachdem Mao Zedong im September 1963 zu einer Politik der Differenzierung zwischen den sozialistischen Ländern überging, entschied man sich, mit der DDR soweit zusammenzuarbeiten, dass das Schleifscheibenwerk rasch fertiggestellt werden konnte. Denn inzwischen fürchtete man auf chinesischer Seite einen plötzlichen Abzug der DDR-Spezialisten, ganz so, wie ihn die Fachleute aus der Sowjetunion drei Jahre zuvor praktiziert hatten. So verbesserten sich die Beziehungen zwischen der chinesischen Leitung und den DDR-Spezialisten. Letztere bekamen sogar die bis dahin nicht vorgesehene Möglichkeit, andere Städte zu besuchen, und die dortigen lokalen Regierungen wurden angewiesen, die Spezialisten freundlich zu empfangen. Die chinesische Werkleitung instruierte die Arbeiter und Kader, aktiv mit den deutschen Ingenieuren zusammenzuarbeiten. Auch sollten sie positiv auf die Vorschläge und Kritiken der DDR-Spezialisten eingehen. Sie sollten so viel wie möglich von den deutschen Ingenieuren lernen, damit sie nach deren Abreise selbständig arbeiten können. Sie sollten zwischen Politik und technischen Fragen unterscheiden. Man erklärte sogar, dass die DDR-Spezialisten keine „Revisionisten“ seien.[283]

Im Jahre 1960 lieferte der VEB Großdrehmaschinenbau in Karl-Marx-Stadt eine Karusselldrehmaschine mit einem maximalen Drehdurchmesser von 6,3 Meter nach China.[284] Derartige Drehmaschinen werden für die Fertigung der Rohlinge sehr großer Zahnräder und Lager benötigt. Derartig große Zahnräder wiederum wurden unter anderem für den Antrieb von Drehrohröfen für Zementfabriken eingesetzt. Somit ist

283 Chen Tao, Weathering the Storms, S. 42–45.
284 BArch, Bild 183-78116-0003/Fotograf: Stöhr, 28.11.1960.

anzunehmen, dass dieser Import Chinas dazu dienen sollte, China schrittweise unabhängig vom Import kompletter Zementfabriken zu machen.

Abbildung 18: Montage einer Karusselldrehmaschine mit einem maximalen Drehdurchmesser von 6,3 m im VEB Großdrehmaschinenbau Berlin für den Export nach China (1960)

Die Krise des Landes schlug wie erwähnt auch auf den Außenhandel zwischen der DDR und der VR China durch. Der Außenhandelsumsatz zwischen beiden Ländern sollte nach dem Tiefststand am Anfang der 1960er Jahre nur langsam wieder anwachsen. Dennoch exportierte die DDR auch in dieser Zeit nach China. So wurde im Oktober 1962 die Kesselfabrik in Wuhan fertig gebaut, an der Spezialisten aus der Sowjetunion, der Tschechoslowakei und der DDR mitgewirkt hatten. Die Kesselfabrik stellte Dampfkessel für Kohlekraftwerke her. Die Projektierung des Werks hatte im Jahre 1953 begonnen.[285] Im Jahre 1963 lieferte der VEB Maschinenbau Halberstadt für eine Chemiefabrik in China einen sechsstufigen Hubkolbenverdichter zum Verdichten von Ammoniak.[286]

Nachdem der sowjetische Staatschef Nikita Chrustschow im Oktober 1964 abgesetzt worden war, verfolgte die VR China gegenüber mehreren sozialistischen Ländern Osteuropas, darunter der DDR, eine

[285] Wuhan guoluchang jiuzhi canghai sangtian, xinchang qianjing nance (tu) (Die alte Stelle der Kesselfabrik Wuhan vollzog einen großen Wandel, die Perspektive des neuen Werks ist kaum zu ermessen [Bild]), https://wh.house.qq.com/a/20121222/000002.htm (aufgesucht am 28.9.2019).

[286] BArch, Bild 183-B0107-0004-001/Fotograf: Biscan, 7.1.1963.

Differenzierungspolitik, in deren Gefolge der Handel zwischen beiden Ländern kurzzeitig wieder rasch anstieg. Offenkundig hatten beide Seiten Interesse daran, den Kontakt zwischen Beijing und Berlin nicht abreißen zu lassen.

Bei allen fatalen Folgen bedeutete der Große Sprung für China doch auch, sich ein Stück mehr vom Ausland emanzipieren zu können. Das galt zwar nicht für Hochtechnologie wie die Produkte von Zeiss aus Jena. Aber typisch war beim Import von Industrieausrüstungen ab den 1960er Jahren, dass China aus der DDR nicht mehr komplette Industrieausrüstungen, sondern vorzugsweise ausgewählte Hauptausrüstungen importierte.

Grund hierfür war nicht allein die von Tong Xin konstatierte chinesische Entdeckung der Vorzüge des Handels mit nicht-sozialistischen Ländern infolge der Hungersnot.[287] China war vielmehr schon auf zahlreichen Gebieten in der Lage, alles außer diesen Hauptausrüstungen selbst zu produzieren und konnte auf diese Weise viel Geld sparen. Auch beherrschten die chinesischen Ingenieure die ihnen anvertraute Technik immer vollkommener. Die in den 1950er Jahren vom VEB Umformtechnik „Henry Pels“ für das Automobilwerk in Changchun bezogenen Pressen zum Beispiel hatten ursprünglich pneumatisch betriebene Kupplungen. Die nach 1960 erhaltenen Pressen wiesen dagegen Reibkupplungen auf. Da beide Arten von Kupplungen erheblich Wärme entwickelten, konnte die Nennleistung der Pressen nur zu 80 Prozent ausgenutzt werden. Deshalb verbesserte man im Automobilwerk die Konstruktion der Kupplungen.[288]

Allerdings gab es noch erhebliche Defizite bei der Qualität vieler Erzeugnisse „Made in China“ und vielfältige technologische Einschränkungen. Viele Zulieferungen, wie Messgeräte, elektrische Geräte oder Erzeugnisse aus Sondermaterialien, konnte die Volksrepublik noch nicht selbst produzieren. Viele Importe konnten aus diesen Gründen nur mit großer Verspätung in Dienst gestellt werden.

---

[287] Tong, Xin, Die Wende in den Handelsbeziehungen zwischen der DDR und der VR China in den Jahren 1960–1962, in: Kleinschmidt/Ziegler (Hg.), *Dekolonisierungsgewinner*, S. 321–338.

[288] Huang Yunsheng/Yao Jiarui/Xia Weishi, Jixic yaliji de xiuli yu gaijin (Reparatur und Verbesserung von mechanischen Pressen), Duanya jixie 1966, H. 2, S. 9–13.

Abbildung 19: Montage eines 3D-Schwingtisches im VEB Geräte- und Reglerwerk Teltow für den Export nach China (1961)

Im Jahre 1969 befand sich als ein größeres Projekt der DDR eine Anlage zur Produktion von Dimethylformamid (DMF) in China im Aufbau. Das Projekt trug die interne Bezeichnung Difo. DMF ist ein vielseitig einsetzbares Lösungsmittel für Kunststoffe, Harze und Zellulose. Es wird als Extraktionsmittel zur Abtrennung von Benzol und dergleichen und auch als Zusatzstoff zum Flugzeugbenzin verwendet. Durch Lieferprobleme des VEB Geräte- und Reglerwerk Teltow bei der zugehörigen BMSR-Technik war ein Lieferrückstand von 785.000 VM bis zum 31. Juli 1969 (bei einem Gesamtvolumen des Vorhabens von 8,6 Millionen VM) aufgetreten. Die chinesische Seite hatte die Qualitätszertifikate der DDR nicht anerkannt, was als eine provozierende Haltung zurückgewiesen wurde. Seitens der DDR wurden Maßnahmen ergriffen, um die Lieferrückstände bis zum Jahresende 1969 völlig auszugleichen.[289]

[289] Staatsarchiv Leipzig (SAL), 20807 VEB Chemieanlagenbau- und Montagekombinat Leipzig, Nr. 179, Politisch-ideologische Probleme bei der Erfüllung des Exportplans 1969 unter besonderer Berücksichtigung des Objekts Difo in China, 11.8. 1969.

Im Jahr 1965 bezog China aus der DDR Anlagen für eine Produktionslinie zur Herstellung von Stahldrahtseilen. Die Produktionslinie mit einer Kapazität von 30.000 Tonnen pro Jahr wurde in der Stahldrahtseil-Fabrik in Xiangtan, Provinz Hunan, aufgebaut.[290]

Am 5. Juli des gleichen Jahres eröffneten der Vorsitzende des Komitees zur Förderung des Handels, Nan Hanchen und der Botschafter der DDR in China, Günter Kohrt, in Beijing eine Fachausstellung wissenschaftlicher Geräte des VEB Carl Zeiss JENA.[291] Insgesamt nahmen mehr als 400 Gäste an der Eröffnung der Ausstellung teil, die im Mai und Juni bereits in Shanghai zu sehen gewesen war. Zu den Besuchern gehörten der stellvertretende Außenminister Wang Bingnan, der Akademiefunktionär Wu Heng, und der Inhaber der traditionsreichen Apotheke Tongrentang, Yue Songsheng.[292]

Botschafter Kohrt betonte, er hoffe, dass die Ausstellung der Entwicklung der wirtschaftlichen Beziehungen zwischen beiden Ländern und der „Freundschaft zwischen unseren beiden Völkern“ dienen werde. Nan Hanchen erklärte, dass das chinesische Volk „mit ganzer Kraft den gerechten Kampf der DDR gegen die Aufrüstung des westdeutschen Militarismus durch den amerikanischen Imperialismus, für den Abschluss eines Friedensvertrags mit Deutschland und zur Bewahrung der staatlichen Souveränität“ unterstütze: „Beim Aufbau des Sozialismus in unseren Ländern müssen wir auf der Grundlage der völligen Gleichberechtigung und des gegenseitigen Vorteils einander helfen und zusammenarbeiten.“[293] Die Zeichen standen also wieder auf Entspannung, zumindest für diesen Moment.

---

[290] Xin Zhongguo qian sanshi nian cong Sulian, xifang guojia yinjin jianshe gongye xiangmu (Aufstellung der Industrieprojekte, die das Neue China in den ersten 30 Jahren aus der Sowjetunion und westlichen Ländern importiert und aufgebaut hatte), http://m.womenjia.org/z/201901/1129.html (aufgesucht am 28.12.2019)

[291] Zhongguo guoji maoyi cujin weiyuanhui (Chinesisches Komitee zur Förderung des internationalen Handels) (Hg.), *Maocu chunqiu (Chronik des Komitees zur Förderung des Handels) (1952–1994)*, Beijing: Zhongguo caizheng jingji chubanshe 2013.

[292] Dem Inhaber der berühmten Apotheke Songrentang, Herrn Yue Songsheng, sollte kein langes Leben mehr beschieden sein. Im Jahre 1967 wurde er als Vertreter der „Kapitalisten“ von fanatischen Rotgardisten zu Tode geprügelt.

[293] Deyizhi minzhu gongheguo kexue yiqi zhanlanhui, jintian shangwu zai Beijing zhanlanguan kaimu (Heute Vormittag wurde im Ausstellungspalast von Beijing eine Ausstellung wissenschaftlicher Geräte der DDR eröffnet), Renmin Ribao, 6.7.1965.

In der Ausstellung zeigte der VEB Carl Zeiss JENA alles von Mikroskopen über Lasergeräte bis hin zu astronomischen Geräten. [294] Die Ausstellungen fanden jeweils im Ausstellungspalast von Beijing und Shanghai statt und zählten zusammen 65.000 Besucher, von denen die DDR-Vertreter freilich nie herausbekamen, woher sie kamen und wer sie waren.[295] Die Zeiss-Vertreter hielten insgesamt 20 Vorträge. Bei einem davon kam es in Shanghai zu einem Zwischenfall, als ein Besucher den Referenten aufforderte, er möge anstelle des Vortrags über politische Fragen diskutieren, was jener natürlich ablehnte. Auch wurde festgestellt, dass sich chinesische Vertreter nachts an den Exponaten zu schaffen machten. Daraufhin setzten die DDR-Vertreter eine Nachtwache ein. Andererseits fand über die Ausstellung eine Pressekonferenz mit Vertretern von 15 Fach- und Tageszeitungen statt, die das Interesse der chinesischen Öffentlichkeit widerspiegelte.

Besonderes Kaufinteresse bestand bei Feinmessgeräten, fotogrammetrischen Geräten und optisch-physikalischen Geräten. Demgegenüber waren offensichtlich für Mikroskope, medizinische Geräte und optische Lehrmittel nicht genügend Mittel vorhanden. Der Verkauf der Exponate gestaltete sich schwierig, weil die chinesische Seite einen Ausstellungsnachlass verlangte. Schließlich wurden Geräte für 2,6 Millionen Mark Valutagegenwert verkauft, und es kam zum Abschluss von Verträgen für 857 TRb (TRb = Tausend Rubel, gemeint sind aber wahrscheinlich Tausend Transferrubel) im Jahr 1965, 1.936 TRb im Jahr 1966 und 200 TRb im Jahr 1967.[296] Im Ergebnis der Fachausstellung wurde, mit der chinesischen Seite abgestimmt, in der HPA der DDR-Botschaft ein Zeiss-Beratungsbüro eingerichtet. Trotz des politischen Zwistes zwischen der Sowjetunion und China war aber das Verhältnis der chinesischen Partner zum Aussteller in der Regel korrekt. Lediglich der Zoll hatte alle Register bürokratischer Finessen gezogen, die die Ausstellung an den Rand des Scheiterns gebracht hatte.

---

[294] ZEISS-Archiv, VA 274, Gerätelisten für die Fachausstellung Peking und Shanghai 1965.

[295] 1965, DDR-Leistungsschau in aller Welt, Neues Deutschland, 25.05.1965, S. 6.

[296] Die Werteinheit Mark Valutagegenwert (M VGW) legte die Umrechnung des 1963 eingeführten Transferrubels fest, der für den Handel unter den RGW-Staaten galt. Von 1976 bis 1980 war ein Verhältnis 1 Transferrubel = 5 Mark Valutagegenwert festgelegt.

4.2. Fräsmaschinen gegen Mao-Zitate

Als Liu Shaoqi mit pragmatischen Maßnahmen die Volkswirtschaft Chinas nach dem Debakel des Großen Sprungs wieder stabilisierte, beobachtete der von seiner Funktion als Vorsitzender der Volksrepublik zurückgetretene Mao Zedong zunehmend misstrauisch die mangelnde Loyalität Lius ihm gegenüber und dass große Teile des Machtapparats der Partei Liu Shaoqi folgten. Um diesem Machtverlust zuvorzukommen, nutzte Mao den rebellischen Geist der Jugend, die in Roten Garden organisiert wurden, um sie zunächst gegen Liu Shaoqi und Deng Xiaoping in einer Kulturrevolution aufzuhetzen und sie und ihre Anhänger in der Kommunistischen Partei zu entmachten. Diesen Machtkampf bezahlte Liu Shaoqi 1969 mit seinem Leben. Der Kampf gegen Überbleibsel einer feudalen Kultur, der diese Kulturrevolution rechtfertigte, war also eher ein Vorwand, hinter dem sich ein blutiger Machtkampf verbarg. Mao benutzte den Protest der Massen gegen soziale Missstände auch als ein Ventil. Als das von den Roten Garden angerichtete Chaos überhandnahm, wurden die Jugendlichen kurzerhand zur „Umerziehung durch die armen Bauern" aufs Land geschickt. Aber Mao verfolgte mit der Kulturrevolution das weitergehende Ziel, sein Erbe durch einen radikalen Kampf gegen jeglichen Revisionismus in der Kommunistischen Partei zu sichern.[297]

Dieser Machtkampf Maos, der sehr gewalttätig ausgetragen wurde, führte zu chaotischen Zuständen auch in der Volkswirtschaft. Immer wieder musste Ministerpräsident Zhou Enlai, während er selbst Maos Propaganda aktiv unterstützte, eingreifen, um eine Lähmung der Wirtschaft abzuwenden und Zerstörungen erstrangiger Kulturgüter durch die Roten Garden zu verhindern. Während der Kulturrevolution wechselten sich Phasen der Selbstisolation des Landes mit Phasen relativer Entspannung ab, zum Beispiel als 1973 viele Funktionäre der Kommunistischen Partei einschließlich Deng Xiaoping aus der Verbannung zurückgeholt wurden, um die Wirtschaft zu stabilisieren. Damals öffnete sich das Land wieder gegenüber dem Ausland.

In all diesen Jahren ging der Außenhandel Chinas mit der DDR ohne große Einbrüche weiter. Die chinesische Seite drohte sogar, der DDR keinen Reis zu liefern, wenn sie nicht bestimmte Geräte des VEB

---

[297] Leese, *Die chinesische Kulturrevolution 1966–1976*, S. 22.

Carl Zeiss JENA erhalte. Dahinter standen die Devisenknappheit Chinas, die nach wie vor bestehenden Embargobestimmungen der kapitalistischen Industriestaaten und die fortwährende Abhängigkeit von Importen zumindest im Hochtechnologie-Bereich.

Während der Kulturrevolution entwickelte Mao Zedong die Drei-Welten-Theorie, die die Grundlage der chinesischen Außenpolitik in den 1970er und 80er Jahren bildete. Die erste Welt war demzufolge mit den Supermächten USA und Sowjetunion besetzt, die die Vorherrschaft über die dritte Welt an sich zu reißen versuchten. Die zweite Welt bestand aus den entwickelten, jedoch weniger mächtigen Staaten Europas sowie aus Kanada und Japan. China zählte sich selbst zur dritten Welt. Mit Blick auf das chinesisch-sowjetische politische Zerwürfnis galten fünf Länder Osteuropas, nämlich die DDR, Polen, die Tschechoslowakei, Ungarn und Bulgarien, als „revisionistische" Länder, weil sie die Linie der Sowjetunion verfolgten. Da man sich im Chinesischen gern idiomatischer Ausdrücke bedient, wurden diese fünf Länder auch als „Füchse" bezeichnet. Dies geht auf einen Ausspruch von Mao zurück, der einmal sagte: „Wo der Schakal regiert, wer fragt da noch nach dem Fuchs?" Mit dem Schakal war die Sowjetunion und mit den Füchsen die fünf Länder Osteuropas gemeint. Da die Hauptkraft der politischen Auseinandersetzung auf die Sowjetunion konzentriert wurde, galten diese fünf Länder als zweitrangige Gegner. Mit ihnen unterhielt China nur staatliche Beziehungen. Wie Zeitzeugen übereinstimmend berichteten, wurden DDR-Vertreter damals als „Revisionisten" feindselig, aber korrekt behandelt.

Ungeachtet dieser diskriminierenden Behandlung der DDR durch die chinesische Führung hielt die DDR daran fest, jede Verschärfung der politischen Auseinandersetzung weitestmöglich zu vermeiden, um die staatlichen Beziehungen zu China weiter zu entwickeln. Auch wollte man sich die Option offenhalten, als Vermittler im sino-sowjetischen Streit aufzutreten.

Ein Wendepunkt in der Außenpolitik Chinas war die Annäherung an die USA und damit an den Hauptgegner der Sowjetunion. Den Auftakt dazu gab US-Präsident Richard Nixon, der im Jahre 1972 China besuchte. Um China entgegenzukommen, lockerten die USA die Embargobestimmungen und bekannten sich zu Beijings Ein-China-Doktrin.

Hier fand der Berater des Präsidenten, Henry Kissinger, eine Formulierung, die sowohl die Volksrepublik China als auch Taiwan zufriedenstellte.

Diese Entwicklung führte zu einer erheblichen Ausweitung des Handels mit den kapitalistischen Industriestaaten, soweit Chinas Devisenreserven es ermöglichten. Für die DDR wurde diese Konkurrenz immer empfindlicher spürbar. Sie versuchte, die Felder des Außenhandels von den Transportmaschinen, die eine unbefriedigende Devisenrentabilität einbrachten, zu mehr Hightech-Erzeugnissen, wie wissenschaftlichen Geräten zu verlagern. Aber auch hier waren die Selbstkosten zu hoch, und der Grad des Einsatzes von Rechen- und Steuertechnik in den Produkten aus der DDR fiel rasch hinter internationale Maßstäbe zurück.

Zu Beginn der Kulturrevolution im Jahre 1966 führte der Außenhandelsbetrieb Werkzeugmaschinen und Werkzeuge (WMW) in Shenyang eine Ausstellung von Werkzeugmaschinen durch.[298] Carl Eckloff, Handelsrat in der Botschaft der DDR in Beijing, eröffnete die Ausstellung. Angesichts der unsicheren politischen Lage hatte man sich nach langem Erwägen doch zu der Ausstellung entschlossen. Hier kam es zu einem überraschenden Zwischenfall. Übernacht waren im Ausstellungsraum die Decke und die Wände mit chinesischen Wandzeitungen, die damals das verbreitetste Propagandamedium der Kulturrevolution waren, beklebt. Daraufhin hatten die Aussteller aus der DDR Fahnenstoff gekauft und Decke und Wände so unsichtbar gemacht. Das war eine gewaltige Arbeit, denn auf gespannten Drahtseilen wurden etwa quadratmetergroße rote Fahnenteile aufgefädelt. Gegen diese Maßnahme konnte aber niemand Einspruch erheben. Die Ausstellung lief dann im Großen und Ganzen ohne weitere Störungen ab, allerdings kam es zu einigen Provokationen, die in der Kulturrevolution typisch waren.[299]

Bei einem Fachvortrag durch einen Ingenieur namens Töpfer vom VEB Modul Karl-Marx-Stadt über Verzahnmaschinen wurden zuerst ganz sachliche Fragen gestellt, wie die Genauigkeit der Verzahnmaschinen gesichert werde. Ein weiterer Zuhörer bezweifelte, dass die Verzahnmaschinen die angegebene Genauigkeitsklasse 6 einhalten würden.

---

[298] Krüger (Hg.), *Beiträge zur Geschichte der Beziehungen der DDR und der VR China*, S. 178.

[299] Persönliche Mitteilung von Frau Carmen Marx, die damals in der HPA der Botschaft der DDR in der VR China für Information und Messen zuständig war, 10.3.2020.

Schließlich hatte ein Zuhörer seinen Auftritt, der erst mehrere Mao-Zitate vorbrachte und dann erklärte, dass China, bewaffnet mit den Ideen Mao Zedongs, die Maschinen aus der DDR nicht brauche, weil China sie selbst entwickeln könnte. Darauf folgten noch Schimpftiraden gegen die Sowjetunion.

Tatsächlich hatte die Ausstellerdelegation nach Beendigung der Ausstellung in einem Betrieb eine Verzahnmaschine gesehen, die haargenau von einer Type des VEB Modul „abgekupfert“ war. [300] Nicht selten kaufte die chinesische Seite jetzt nur ein Stück einer bestimmten Maschine, um sie dann selbst nachzubauen. Allerdings führte dieses Verfahren ohne die Kenntnis der technologischen Finessen und eines langjährigen Erfahrungsschatzes des Herstellers meist nicht zu qualitativ befriedigenden Resultaten.

Der während der Kulturrevolution ausufernde Personenkult um Mao führte auch bei den Exportverhandlungen zu bizarren Situationen. Dr. Richard Oberländer, der damals Dolmetscher in der HPA der DDR-Botschaft in Beijing war, erinnerte sich:

> Die Verhandlungen bei den chinesischen Außenhandelsunternehmen, bei denen ich 1968/70 beteiligt war, begannen die chinesischen Partner jedes Mal mit Mao-Zitaten zur aktuellen Lage, worauf wir einen kurzen verbalen Protest abgaben und den Verhandlungsraum verließen. Nach fünf bis zehn Minuten sind wir zurückgekehrt und haben die Verhandlungen mit unseren, noch am Verhandlungstisch sitzenden Partnern fortgeführt, als wäre nichts gewesen. Jahre nach der Kulturrevolution haben uns unsere Partner einmal gesagt, dass sie unsere Gelassenheit bewundert hätten.[301]

Ideologisch motiviert könnte auch eine Beschwerde beim Film- und Fotohersteller VEB ORWO gewesen sein. Vor der Kulturrevolution hatte ORWO große Mengen Filmmaterial nach China geliefert, das in den Jahren 1967 und 1968 reklamiert wurde, weil auf den Filmen Flecken festgestellt worden waren. Die Reklamation ließ sich letztlich nicht aufklären.

Dennoch gingen die Geschäfte weiter. In den Jahren 1967 und 1968 tätigte der Außenhandelsbetrieb (AHB) Polygraph-Export den Export zahlreicher Victoria-Druckpressen, von großen Druckereilinien für

---

[300] Staatarchiv Chemnitz, 31015 VEB Werkzeugmaschinenkombinat „Fritz Heckert“ Karl-Marx-Stadt, Nr. 360, Fachausstellung in Shenyang 1966–67.

[301] Persönliche Mitteilung Dr. Richard Oberländer vom 04.09.2018.

den Zeitungsdruck und anderem nach China. Der Büromaschinen-Export beschränkte sich auf englische und chinesische Schreibmaschinen.[302] In chinesischem Auftrag hatte der VEB Optima in Erfurt wie erwähnt einige Jahre zuvor eine Setzkasten-Schreibmaschine für chinesische Schriftzeichen auf Grundlage eines japanischen Modells entwickelt. Vom 6. bis 16. Juni 1973 veranstaltete der Außenhandelsbetrieb WMW in Shanghai erneut eine kleine Werkzeugmaschinenausstellung und zeigte unter anderem eine Maschine zur Herstellung von Konservenbüchsen sowie Drehmaschinen, Zahnradbearbeitungsmaschinen, Schleifmaschinen und Fräsmaschinen. Fünf der Geräte wiesen eine numerische Programmsteuerung auf. Am Rande der Ausstellung hielten die Aussteller auch technische Vorträge.[303]

Diese Ausstellung fand zu einem Zeitpunkt relativer Entspannung während der Kulturrevolution statt, als eine große Gruppe von Funktionären aus Gefängnissen und „Kaderschulen“ genannten Arbeitslagern freigelassen wurde. Sie sollten, wie eingangs erwähnt, die Wirtschaft des Landes konsolidieren. Deng Xiaoping wurde aus der Verbannung zurückgeholt und wirkte als Vizepremier immer öfter in Vertretung für den erkrankten Premierminister Zhou Enlai. China trat aus der selbst gewählten Isolation heraus und wurde auch im Ausland aktiver. Die Werkzeugmaschinenausstellung war geschickt auf die damaligen Bedürfnisse Chinas zugeschnitten. Der chinesische Berichterstatter über diese Ausstellung bescheinigte dem DDR-Werkzeugmaschinenbau, dass er bei einigen Maschinentypen an dritter Stelle hinter den USA und Japan rangierte. Allerdings sei das Spektrum der Werkzeugmaschinen in der DDR „unvollständig“, weil „die sowjetischen Revisionisten“ 1968 im knapp zwanzig Jahre zuvor gegründeten Rat für gegenseitige Wirtschaftshilfe (RGW), der Wirtschaftsorganisation der europäischen sozialistischen Staaten, ein Programm der Arbeitsteilung zwischen den Mitgliedsstaaten durchgesetzt hatten. Dennoch wurde die Ausstellung von mehr als 30.000 Arbeitern und Technikern besucht.[304]

---

302 Persönliche Mitteilung von Carmen Marx, 10.3.2020.

303 Deyizhi minzhu gongheguo jichuang zhanlanhui jianjie (Information über eine Werkzeugmaschinenausstellung der DDR), Keji jianbao 1973, H. 7, S. 27-29.

304 Deyizhi minzhu gongheguo jichuang zhanlanhui zai Shanghai bimu (Abschluss einer Werkzeugmaschinenausstellung der DDR in Shanghai), Renmin Ribao, 17.6.1973.

In den 1970er Jahren importierte China aus der DDR auch Turmdrehkräne für eine Last von 40 Tonnen. Chinesische Ingenieure hatten ein Verfahren der Aufstellung eines Krans innerhalb von 20 bis 23 Tagen entwickelt, das gegenüber dem von der DDR mitgelieferten Verfahren von 35 Tagen deutlich schneller war.[305] Außerdem importierte China ab den 1970er Jahren aus der DDR eine größere Menge von Nutzkraftfahrzeugen, Schienenfahrzeugen, Straßenbaumaschinen und Landmaschinen, um die Infrastruktur im Transportwesen weiterzuentwickeln und die Mechanisierung in der Landwirtschaft besonders auf den großen Staatsgütern in Nordostchina und in Xinjiang voranzutreiben. Darunter war auch eine bedeutende Zahl von Mähdreschern der Typen E 512 und E 514 aus dem VEB Kombinat Landmaschinen Fortschritt in Neustadt/Sachsen. Von 1982 bis 1985 wurden allein für die Staatsgüter in der Provinz Heilongjiang mehr als 3.000 Mähdrescher des Typs E 512 importiert.[306] Unter den Lastkraftwagen war der IFA W50 weit verbreitet und auch auf den Hochgebirgsstraßen nach Tibet erfolgreich im Einsatz.

Ab Mitte der 1970er Jahre bemühte sich der Außenhandel der DDR dann allerdings, die Warenstruktur im Export nach China von Agrar- und Transportmaschinen mehr zu wissenschaftlichen Geräten sowie elektrotechnischen und elektronischen Erzeugnissen zu verlagern, um die Effektivität des Exports – nach heutigen Begriffen: den Profit – zu erhöhen. In diesem Zeichen stand eine Fachausstellung der Exportbetriebe „VEB Carl Zeiss JENA“, „Elektrotechnik“ und „Büromaschinen-Export“ im April 1976 in Shanghai. Carl Zeiss JENA wollte vor allem den Export von Magnetbandspeichern forcieren, weil die Sowjetunion entsprechende Bestellungen stark reduziert hatte. Aber außer einem Ausstellungsstück, das verkauft werden konnte, kam es zu keinen weiteren Bestellungen. Die Ausstellung sollte die chinesischen Partner auch dazu anregen, sich an der Leipziger Frühjahrsmesse zu beteiligen, was als ein hochrangiges Politikum angesehen wurde.

Schon bei der Vorbereitung der Shanghaier Ausstellung im Jahr zuvor hatten die chinesischen Partner zu erkennen gegeben, dass sie vor

---

[305] Wang Fenglin, 40 dun tashi qizhongji kuaisu anzhuang (Schnelle Montage eines 40 t-Turmdrehkrans), Jianzhu jishu 1976, H. 10, S. 44–47.

[306] Gao Hui, Dongde E 512 lianhe shougeji naoxing lianjiepian de yanzhi (Untersuchung einer flexiblen Verbindungsscheibe am Mähdrescherkombine E 512 aus Ostdeutschland), Tezhong xiangjiao zhipin 1985, H. 1, S. 36–39.

dem Hintergrund knapper eigener Valutamittel, die für den Einkauf im nichtsozialistischen Ausland nötig waren, am Ausbau des Handels mit den sozialistischen Ländern interessiert seien. Die Ausstellung fand vom 14. bis zum 24. April 1976 unter dem Titel „Ausstellung elektronischer, Automatisierungs- und wissenschaftlicher Geräte der DDR“ in Shanghai statt.[307]

Im Messepalast Shanghai zeigte das Zeiss-Werk 151 Grundgeräte mit umfangreichem Zubehör. Täglich wurde die Ausstellung von 3.000 bis 3.500 von der chinesischen Seite eingeladenen Spezialisten besucht. Zeiss-Vertreter hielten 13 von 15 Vorträgen des Fachprogramms der Ausstellung. Die Zusammenarbeit mit den Vertretern der chinesischen Seite bewerteten sie als tadellos. Die chinesischen Vertreter hätten sich aller politischen Äußerungen, insbesondere antisowjetischer Propaganda, enthalten.

Dennoch erfüllten sich die Erwartungen über den Abschluss langfristiger Lieferverträge mit China nicht. Dazu werden die machtpolitischen Auseinandersetzungen in China nach dem Tod von Ministerpräsident Zhou Enlai am 8. Januar 1976 beigetragen haben. In dieser Zeit war der stellvertretende Ministerpräsident Deng Xiaoping gerade von der „Viererbande“ abgesetzt worden, die eine Kampagne der „Kritik an den Verbrechen des Klassenfeinds Deng Xiaoping“ inszenierte.[308]

Die Ausstellung fand auch Beachtung in der chinesischen Fachpresse. Zu den optischen Messgeräten hieß es dort etwas hochnäsig, dass sie größtenteils seit langem bekannte alte Geräte seien und sehr wenige neue Geräte ausgestellt wären. Auch wären die technischen Parameter nicht sonderlich verbessert worden. Selbst wenn man die Ideologie abzieht, zeigte sich also schon 1975 das technische Zurückfallen der DDR. Der freundschaftliche, oft enthusiastische Ton, mit dem die Aufbauleistungen der DDR in den 1950er Jahren gepriesen worden waren, war nun einem sachlichen, zuweilen kritisch abwertenden Ton gewichen. Zum Beispiel waren die Vortragenden aus der DDR nicht bloß „Techniker“, sondern meistens promovierte Hochschulabsolventen. In der damals üblichen Propagandadiktion sprach die Zeitschrift zudem von der DDR als „Ost-Deutschland“, wogegen die DDR-Vertreter häufig, aber erfolglos

---

[307] ZEISS-Archiv, VA 01820, Reisebericht vom 13.10.1975.

[308] Leese, *Die chinesische Kulturrevolution 1966–1976*, S. 106.

Protest einlegten. In einer Meldung der *Renmin Ribao* über die Ausstellung wurde dagegen der Staatsname DDR korrekt angegeben.[309]

4.3. Aufbau von Zementwerken und Kraftwerksanlagenbau nach dem chinesisch-sowjetischen Bruch

Auch während der wirtschaftlich schwierigen Jahre nach Ende des Großen Sprungs aber schritt der Aufbau kompletter Zementwerke durch die DDR unbeirrt vom sino-sowjetischen Bruch fort. Im April 1960 nahm die Zementfabrik Yaoxian offiziell die Produktion auf. Die chinesische Seite äußerte höchstes Lob für den unermüdlichen Einsatz, die Sachkunde, die Geduld, die Konsequenz im Einhalten der technischen Forderungen und für die Bescheidenheit im Auftreten der drei Spezialisten aus der DDR, die den Aufbau des Werks angeleitet hatten. Die beiden Spezialisten aus der DDR, die sich noch in Yaoxian befanden, wurden am 26. April 1960 feierlich verabschiedet.[310]

Um das Jahr 1960 wurde die Zementfabrik Chongqing, Provinz Sichuan, eingeweiht, die Ausrüstungen aus der DDR erhielt. Ein chinesischer Bericht besagte, dass der Ausstoß im Jahre 1962 um 25,5 Prozent höher als im Jahre 1961 war.[311] Mit dieser damals typischen Form der Berichterstattung in Form relativer Zahlen wurde der Rückgang der Produktion als Folge des Großen Sprungs verschleiert.

Von 1960 bis 1965 hatte der VEB Zementanlagenbau Dessau Aufträge zum Export von drei Zementfabriken nach China zu realisieren.[312] Gemeint sind wahrscheinlich die Zementfabriken in Yaoxian, Chongqing und Handan (siehe Tabelle in Kapitel 3 oben). Im Jahre 1969 nahm die letztgenannte Zementfabrik in Handan, Provinz Hebei die Produktion auf. Diese Zementfabrik war ein wichtiges Vorhaben des Zweiten Fünfjahrplans. Die Investitionsmittel waren im Jahre 1958 zugewiesen

---

[309] Deyizhi minzhu gongheguo zhanlanhui zai Shanghai bimu (Eine Ausstellung der DDR in Shanghai schließt die Pforten), Renmin Ribao, 25.4.1976.

[310] Lao zhaopian, Jinian cengjingde Yaoxian shuinichang (Alte Fotos, In Erinnerung an das damalige Zementwerk von Yaoxian), http://www.sohu.com/a/285662527_120055466 (aufgesucht am 23.12.2019).

[311] CIA, Communist China. Photographs and related text on cement industry, 1965, CIA RDP78-04546A003100010010-8.

[312] CIA, East Germany, VEB Zementanlagenbau, 30.6.1959, CIA RDP80T00246A048900040001-5.

worden. Die chinesische Seite hatte das Werk schon völlig selbständig projektiert. Aus der DDR wurden drei Produktionslinien mit Lepolöfen[313] mit vier Metern Durchmesser und 60 Metern Länge nach dem Halbtrockenverfahren importiert. Die projektierte jährliche Kapazität betrug 988.000 Tonnen Zement. Das Werk galt damals als die größte Zementfabrik Asiens.[314]

Im Jahre 1969 wurde die Zementfabrik Kaiyuan, Provinz Yunnan, eingeweiht. Der Bau der Fabrik hatte schon im Jahre 1958 begonnen, sich dann aber durch das Chaos des Großen Sprungs und der im Jahre 1966 einsetzenden Kulturrevolution mehrmals verzögert. Die Hauptausrüstungen – Drehrohröfen nach dem Nassverfahren – waren Lieferungen aus der DDR. Der projektierte Jahresausstoß betrug 270.000 Tonnen Zement.[315]

Weniger erfreulich für die DDR verlief die Entwicklung auf dem Gebiet der Kraftwerksausrüstung. Ab Ende der 1960er Jahre hatte der VEB Bergmann-Borsig in Kraftwerken in den Provinzen Yunnan (Kraftwerk Xuanwei), Shaanxi (Kraftwerk Weihe), Sichuan und Jiangsu (Wärmekraftwerk Nanjing) nacheinander insgesamt acht Dampfturbinen mit einer Leistung von jeweils 50 MW installiert.[316]

Die Dampfturbinen des VEB Bergmann Borsig waren vom Typ K116/50/20. Zwei Turbinen erhielt das Kraftwerk Weihe, drei das Kraftwerk Jiangyou, eine das Kraftwerk Xuanwei, eine das Wärmekraftwerk Luxian und eine das Wärmekraftwerk Nanjing.[317]

---

313 Ein Lepol-Ofen ist ein kurzer Drehofen mit einem vorgeschalteten Rostvorwärmer. Der Lepol-Ofen wurde von Dr. **Le**llep bei der **Pol**ysius AG in Dessau entwickelt. Aus diesen beiden Namen wurde die Bezeichnung Lepol zusammengesetzt. Diese Ofenanlagen werden mit Granalien oder Pellets beschickt. Im Halbtrockenverfahren werden die Pellets aus Rohmehl und Wasser hergestellt.

314 Handan jinyu taihang shuini youxian zeren gongsi (Handan Jinyu Taihang Cement Co., Ltd.), http://178441.fm086.com/ (aufgesucht am 23.12.2019).

315 Yunnan Kaiyuan shuini gufen youxian gongsi (Die Zement Co., Ltd. in Yunnan Kaiyuan), http://www.ynjsw.com/com/ynjsw4937/ (aufgesucht am 29.12.2019).

316 Jiang Dazhang/Wang Suquan, Dongde K116-50-20 xing qilun yelun lunzao xiaochi liewen de chaosheng tanshang, Wusun jiance (Ultraschall-Fehlerdetektion der Rissmuster der kleinen Zähne in den Radnuten der Blätter der Dampfturbine K116-50-20 aus Ostdeutschland), Wusun jiance 1980 Nr. 3, S. 76–80.

317 Guo Pingying/Zhang Fuping/Wang Yongqing et al., De zhi K116/50/20 xing qilun mo 4 ji yepian duanlie fenxi ji gaijin wanshan (Analyse des Bruchs der Blätter der letzten vier Reihen in den Dampfturbinen des Typs K116/5020 hergestellt in der DDR

Die Dampfturbine für das Wärmekraftwerk Nanjing gehörte zur zweiten Ausbaustufe des Kraftwerks. Im April 1965 hatte das Hauptamt für Kraftwerksanlagen des Ministeriums für Wasserkraft und Elektroenergie beschlossen, zwei Dampfturbinen zu je 50 MW aus chinesischer Produktion zu installieren (später wurde eine von ihnen durch einen Import aus der DDR ersetzt). Im Mai 1966 begannen nach der Projektierung die Bauarbeiten. Die danach einsetzende Kulturrevolution führte zu erheblichen Verzögerungen des Baus. Deshalb nahm die zweite Dampfturbine erst im Jahre 1971 die Stromerzeugung auf. Die Investitionen beliefen sich auf 36 Millionen Yuan.[318]

Im Juni 1970 ging im Kraftwerk Xuanwei in der Provinz Yunnan eine Dampfturbine für 50 MW vom VEB Bergmann Borsig in Betrieb. Der Dampf hatte einen Druck von 9,0 Megapascal (MPa)(= 90 bar) und eine Temperatur von 535 Grad Celsius.[319] In den 1970er Jahren kamen immer mehr Turbinen mit höheren Leistungen in der Größenordnung von 200 MW auf den Markt – ein Trend, dem der Turbinenbau der DDR nicht folgen konnte, weil die Sowjetunion durch ihren Botschafter in der DDR Pjotr A. Abrassimow entsprechende Eigenentwicklungen zum Vorteil sowjetischer Lieferungen unterband. Dies führte auch zum Niedergang des VEB Bergmann-Borsig und dazu, dass China ab dieser Zeit keine Kraftwerksturbinen mehr aus der DDR bezog.[320]

Allen Schwierigkeiten zum Trotz entwickelte sich die Volkswirtschaft Chinas auch in den 1960er und 1970er Jahren langsam weiter. Die DDR hatte zu dieser positiven Entwicklung besonders durch den Bau von Kraftwerken, Zementfabriken, durch Projekte in der Textilindustrie und in einigen Hochtechnologiebereichen beigetragen. Noch deutlicher als in diesen Bereichen zeigte sich die Stabilität der Handelsbeziehungen jedoch im Schiffbau.

---

und ihre Verbesserung und Vervollkommnung), Xibei dianli jishu 1999, H. 1, S. 1–5.

318 Dierjie Fadianchang (2. Kapitel Kraftwerke), jssdfz.jiangsu.gov.cn/szbook/slsz/dlgyz/D1/D2J.HTM (aufgesucht am 11.1.2020).

319 Zhang Jiyu, Xuanwei fadianchang #5ji zhuyoubeng gaizao (Verbesserung der Hauptölpumpe des Generators Nr. 5 im Kraftwerk Xuanwei), Yunnan dianli jishu 1996, Nr. 4, S. 32–36.

320 Dahms, Manfred, Energiewirtschaft unter dem Vorzeichen der Abhängigkeit, in: *Die Kombinatsdirektoren – Jetzt reden wir – Was heute aus der DDR-Wirtschaft zu lernen ist*; edition berolina, Berlin (2017), S. 127.

4.4. Schiffe für den „Großen Steuermann"

Exemplarisch für die Kontinuität der bilateralen Handelsbeziehungen bei allen äußerlich dramatischen, diplomatischen Konflikten der 1960er und 1970er Jahre steht der Export von Frachtschiffen aus den Werften der DDR. Zugleich war der Schiffbau eine Branche mit Pionierfunktion. An Chinas rasant wachsender Werftindustrie zeichnete sich bereits Mitte der 1970er Jahre ab, was zehn Jahre später zum generellen Trend werden sollte: China brauchte die DDR immer weniger, weil die Regierung in Beijing konsequent auf Technologietransfer beharrte. Diesen konnte sie dank der Abhängigkeit der DDR von Rohstoffimporten auch fast immer durchsetzen.

Die Volksrepublik China verfügte zum Zeitpunkt ihrer Gründung 1949 als Folge des Invasionskrieges Japans ab 1937 und des darauffolgenden Bürgerkriegs weder über eine eigene Flotte von Handelsschiffen noch über eine funktionierende Werftindustrie. Aus diesem Grunde war China daran interessiert, von der DDR Frachtschiffe zu kaufen und von den Erfahrungen der DDR mit dem Aufbau einer eigenen Schiffbauindustrie zu lernen.

Tabelle 11: Liste der vom VEB Warnow-Werft Warnemünde an die VR China ausgelieferten Schiffe[321]

Jahr	Schiffsname	Werft-typ	Stapellauf Abliefe-rung	Betreiber	Flagge	Verbleib
1957	*Völkerfreundschaft/ Zeromski*	Typ IV	27.3.1956 12.10.1957	Polish Ocean Lines	PL	Kein Nachweis
1958	*Dukla/ Solidarität*	Typ IV	17.11.1956 15.3.1958	Czechoslovak Ocean Shipping	CSR	Abbruch ca. 1986
1965	*Yumen*	VI	24.7.1965 31.12.1965	China Ocean Shipping Co.	CHI	Abbruch 1991/92
1966	*Jiangmen*	VI	20.9.1965 9.2.1966	China Ocean Shipping Co.	CHI	Abbruch 2001
1968	*Haimen*	VI	1.10.1968 23.12.1968	China Ocean Shipping Co.	CHI	2000 im Register
1969	*Haifeng*	Pazifik I	30.9.1969 23.12.1969	China Ocean Shipping Co.	CHI	Abbruch 1997

321 Strobel, D., *Die Warnemünder Werft*, Wolgast-Mahlzow: Hoffmann-Druck 2002, S. 248–264.

1970	*Lufeng*	Pazifik II	17.8.1970 30.11.1970	China Ocean Shipping Co.	CHI	Außer Dienst 2001
1970	*Xinfeng*	Pazifik	9.10.1970 23.12.1970	China Ocean Shipping Co.	CHI	2000 im Register
1973	*Qimen*	Ozean	23.2.1973 29.5.1973	China Ocean Shipping Co.	CHI	Abbruch 1998
1974	*Tianmen*	Ozean	29.6.1974 17.9.1974	China Ocean Shipping Co.	CHI	2000 im Register
1974	*Longmen*	Ozean	31.8.1974 5.12.1974	China Ocean Shipping Co.	CHI	Abbruch 1998
1975	*Hongmen*	Ozean	22.11.1974 23.1.1975	China Ocean Shipping Co.	CHI	Außer Dienst 2001
1975	*Yongmen*	Ozean	4.6.1975 18.8.1975	China Ocean Shipping Co.	CHI	Abbruch 1998
1975	*Xiamen*	Ozean	17.10.1975 23.12.1975	China Ocean Shipping Co.	CHI	Abbruch 2000
1975	*Wumen*	Ozean	9.11.1975 31.12.1975	China Ocean Shipping Co.	CHI	Abbruch 2000
1977	*Yanmen*	Ozean	17.6.1977 31.8.1977	China Ocean Shipping Co.	CHI	Abbruch 1998
1977	*Doumen*	Ozean	23.8.1977 8.11.1977	China Ocean Shipping Co.	CHI	Abbruch 1999
1978	*Yimen*	Ozean	25.1.1978 7.4.1978	China Ocean Shipping Co.	CHI	2000 im Register

China war bei den Lieferungen der Warnow-Werft mit insgesamt 18 Schiffen ein wichtiger Kunde, aber wie im gesamten Außenhandel der DDR war der Anteil der Sowjetunion mit 169 Schiffen fast zehn Mal größer. Noch größer war der Anteil kapitalistischer Länder und Jugoslawiens, von denen China neue und gebrauchte Schiffe kaufte.

Die China National Transport Machinery Import Co. hatte die ersten beiden Frachter bereits im Jahre 1954 bei der DIA Transportmaschinen für das erste bis zweite Quartal 1956 beziehungsweise für das erste bis zweite Quartal 1957 bestellt. Die beiden Schiffe wurden mit Verspätung mit den Namen *Völkerfreundschaft* beziehungsweise *Solidarität* vom Stapel gelassen und dann als *Zeromski* in einem polnisch-chinesischen Gemeinschaftsprojekt und als *Dukla* unter der Flagge der CSR in Dienst gestellt. Die Schiffe gehörten aber der VR China. Es handelte sich hier um Tarnnamen, um die Schiffe vor dem Zugriff des Chiang Kaishek-Regimes auf Taiwan zu schützen, das damals oft Schiffe der VR China, aber auch anderer sozialistischer Länder aufbrachte und entführte, wenn sie die Taiwan-Straße passierten. Die produzierten Schiffe stellten 10.000-Tonnen-Frachter für Stück- und Schüttgut dar, die auch die DDR im Handel mit China einsetzte.

Im Oktober 1958 nahm auf Einladung der DDR-Seite eine Delegation chinesischer Schiffbauspezialisten erstmalig an der in Rostock jährlich veranstalteten Konferenz für Schiffbautechnik teil. Nach der Konferenz besuchte die Delegation eine Reihe von Schiffbauwerften und Fabriken für Maschinen- und Gerätebau als Zulieferer für den Schiffbau sowie entsprechende Forschungsinstitute. Dabei besprach sie mit den Partnern in der DDR Fragen der Zusammenarbeit und der Liefermöglichkeiten. Der Artikel erwähnte, dass die Neptunwerft in Rostock mittelgroße Schiffe auch für China baute. Das Dieselmotorenwerk Rostock hatte für die auf dem Yangtse verkehrenden Fahrgast- und Frachtschiffe Dieselmotoren mit einer Leistung von 800 und 1.200 PS geliefert.[322]

Abbildung 20: Das Frachtschiff *Jiangmen* am Ausrüstungskai der Warnow-Werft

[322] Shen Yuerui, Canjia Minzhu Deguo 1958 nian zaochuan jishu huiyi de baodao (Bericht über die Teilnahme an der Konferenz für Schiffbautechnik 1958 in der DDR), Zhongguo zaochuan, 1959, H. 1, S. 68–78.

Bei der Abnahme und der Garantiedurchsicht nach einem Jahr erschien die chinesische Seite auf der Warnow-Werft stets mit einer großen Delegation von etwa 60 Personen, die offensichtlich alle Abläufe auf der Werft studieren sollten. Ganz offenkundig war die chinesische Seite schon damals bemüht, den Schiffbau möglichst rasch selbst zu beherrschen. Das einzige Problem war das deutsche Essen. Deshalb baten sie, zwei Männer in die Küche der Kantine abstellen zu dürfen, die chinesisches Essen zubereiteten.

Während, wie die obige Liste zeigt, der Export bis Ende der 1970er Jahre florierte, machte sich die Kulturrevolution doch zumindest oberflächlich auch im Handel mit Schiffen bemerkbar. Als das 1965 in Dienst gestellte Frachtschiff *Yumen* im Sommer 1967 zur Garantiedurchsicht nach Warnemünde kam, war die Situation dementsprechend verändert. Ein Zeitzeuge berichtete:

> Außerordentlich turbulent gestaltete sich einmal der Aufenthalt eines Schiffes in der Zeit der Kulturrevolution und des damit verbundenen Personenkults. An den Aufbauten prangte ein Riesenporträt Mao Tse-tung's mit Lobpreisungen. Nur die Fensterreihe der Kommandobrücke war freigelassen worden. Seitlich an den Aufbauten überall Stoffbänder mit Losungen der Kulturrevolution. Darunter auch die aus dem Kommunistischen Manifest von Karl Marx, aber durch die Chinesen wie folgt ergänzt: „Proletarier aller Länder und unterdrückte Völker vereinigt euch." Der Bordfunk spielte oft und laut die Internationale und andere bekannte Arbeiterlieder. Unsere übergeordnete SED-Bezirksleitung Rostock machte sich Sorgen.
> Sie sah sogar eine Gefährdung des Bewusstseins der Reisenden der Rostocker S-Bahn, die in unmittelbarer Nähe vorbeipendelte. Ich wurde aufgefordert, an Bord zu gehen, um dem ganzen Spuk Einhalt zu gebieten. Ich lehnte es jedoch mit dem Hinweis ab, dass die Chinesen auf ihrem Schiff machen könnten, was sie wollten. Und überhaupt. Unsere Kollegen waren davon nicht beeindruckt. Im Gegenteil. Auf sie wirkte es geradezu lächerlich, kindisch und naiv. Wir organisierten die Garantiearbeiten dann so, dass die Aufbauten zuerst eingerüstet wurden. Damit war diese Aktion beendet. Ich musste auch täglich berichten, ob sich Außerordentliches ereignet hätte. Das war selten der Fall, wenn man davon absieht, dass die Chinesen eifrig kleine rote Bücher, wir nannten sie nur Mao-Bibeln, und Abzeichen mit dem Porträt des Großen Führers an unsere Werker verteilten.[323]

In diesem Zusammenhang sollte auch ein Autounfall ungeahnte

[323] Strobel, Die Warnemünder Werft, S. 96f.

Bedeutung erlangen. Am 27. Juni 1967 ereignete sich auf der Fernverkehrsstraße F96 bei Neustrelitz ein schwerwiegender Verkehrsunfall. Ein PKW der Botschaft der VR China, der sich auf dem Weg nach Rostock zum Schiff *Yumen* befand, stieß beim Überholen frontal mit einem Lastwagen zusammen. Dabei fanden vier Insassen, darunter der Geschäftsträger ad interim, Fu Tiguang, den Tod, und ein Insasse wurde schwer verletzt. Daraufhin wollten fünf Matrosen des Frachters *Yumen* nach Berlin reisen, um ihr Beileid zu bekunden und dienstliche Angelegenheiten zu erledigen, doch sie wurden laut einem Protest der chinesischen Botschaft von Polizisten aus dem Zug geholt und über eine halbe Stunde festgehalten. Die Matrosen sollten die Fahrt nicht fortsetzen, da die Behörden der DDR an die Warnow-Werft eine Anordnung weitergegeben hätten, dass die Matrosen das Schiff nicht verlassen sollten.[324]

In dieser aufgeheizten Situation kam es bei der Probefahrt des Frachters *Yumen* kurze Zeit später, am 1. Juli 1967, durch ein Missverständnis zwischen dem Chefingenieur der Warnow-Werft und dem chinesischen Chefingenieur zu einem Zwischenfall. Angeblich war die Wasserkühlung der Kolben ausgefallen und der deutsche Chefingenieur hätte trotzdem mit Gewalt verhindern wollen, den Motor abzuschalten. Die chinesische Seite konstruierte daraus einen Anschlag auf das Schiff, was zu einem neuerlichen Protest der chinesischen Botschaft führte.[325] Auf dem Tiefpunkt der politischen Beziehungen zwischen der DDR und der VR China kam es in Beijing auch zu tätlichen Angriffen von Rotgardisten gegen Mitarbeiter der Botschaft der DDR. Das chinesische Außenministerium wies entsprechende Proteste der DDR-Seite scharf zurück und erklärte sich nicht bereit, die Sicherheit der DDR-Diplomaten zu garantieren. Daraufhin evakuierte die DDR-Botschaft alle Kranken und Schwangeren in die Heimat. Erst nachdem sich Ministerpräsident Zhou Enlai in den Fall eingeschaltet

---

324 SAPMO-BArch, ZPA NL 182/1222, Aktenvermerk über ein Gespräch zwischen dem Genossen Hegen und dem Stellvertreter des Militärattachés [Zhong Wen] am 2.9.1967 in der Zeit von 22.00–22.45 Uhr.

325 SAPMO-BArch, ZPA NL 182/1222:240, Aktenvermerk über ein Gespräch zwischen Genossen Schneidewind, Leiter der Abteilung Ferner Osten, und dem Geschäftsträger der Botschaft der VR China, Liu Pu, am 6. Juli 1967 in der Zeit von 15:00 Uhr bis 15:40 Uhr im MfAA der DDR.

hatte und eine Untersuchungsgruppe zum Ergebnis kam, dass der Wagen der Botschaft Chinas die Schuld an besagtem Verkehrsunfall trug, entschuldigte man sich bei der DDR-Seite.

Der Vorfall mit dem Frachter *Yumen* war durchaus kein Einzelfall. China benutzte die Gelegenheit, dass seine Schiffe in Häfen der DDR anlegten, während der Kulturrevolution regelmäßig zu Propaganda-aktionen. Als der Frachter *Songjiang* Ende August 1967 im Hafen von Rostock anlegte, erregte er mit deutschsprachigen Propagandalosungen die Aufmerksamkeit von Staatssicherheit und Hafenpolizei. Die Besatzungsmitglieder des Schiffes verteilten Propagandaschriften und Mao-Abzeichen an die Hafenarbeiter. Die Polizei untersagte den Besatzungsmitgliedern eine Fahrt zur chinesischen Botschaft in Berlin.[326]

Doch wie gesagt: Der Handel lief trotz allem weiterhin. Am 20. Dezember 1968 nahmen die China National Machinery Import and Export Co. und der DDR-Außenhandelsbetrieb des Schiffbaus, Schiffscommerz, den Typ Pazifik I für 3,97 Millionen Rubel unter Vertrag. Die am 6. Dezember 1969 übergegebene *Haifeng* vom Typ Pazifik I blieb ein Einzelstück. Vom Nachfolgertyp Pazifik II wurden nur zwei, und zwar die *Lufeng* am 30. November 1970 und die *Xinfeng* am 23. Dezember 1970, geliefert. Letztere wurden nicht mehr in Rubel, sondern auf Schweizer Franken (CHF)-Basis verrechnet. Damals entsprachen 100 Rubel 485,869 CHF.

Während die Pazifik I über 1.700 Kubikmeter Kühlladeraum für etwa 570 Tonnen Kühlladung verfügte, bereitete die für die Kühlung vorgesehene Hilfsdieselanlage vom VEB Schwermaschinenbau „Karl Liebknecht“ Magdeburg (SKL) Probleme wegen ihrer unzureichenden Zuverlässigkeit. Der chinesische Kunde forderte daraufhin den Austausch dieser Anlage gegen eine zuverlässigere. Diese Reklamation schlug damals in der Warnow-Werft und im SKL hohe Wellen.

Die Verhandlungen mit der chinesischen Seite gestalteten sich sehr langwierig, oft auch kompliziert, blieben aber sachlich. Nachteilig war anfangs das Fehlen kompetenter Schiffbauexperten auf chinesischer Seite. Die meisten der wenigen Experten hatte man aufs Land zur „Umerziehung durch arme Bauern“ verbannt. Das führte manchmal zu Missverständnissen, ja zu Misstrauen gegenüber den Projekt-

[326] Chen Tao, Minzhu Deguo yu Zhong Yue Chao guanxi yanjiu (1960–1977), S. 116.

vorschlägen der Warnow-Werft. Verhandlungssprache war Englisch. Die chinesischen Verhandlungsführer konnten oft zwar Russisch, verstanden es aber auf einmal nicht mehr. In der damaligen antisowjetischen Hysterie war es für einen Chinesen nicht opportun, ja sogar gefährlich, seine Russischkenntnisse zu zeigen. Hervorzuheben war die absolute Zuverlässigkeit der Chinesen. Sie hielten ihre mündlich oder schriftlich gegebenen Zusagen.[327]

Ab 1970 verhandelte der Außenhandelsbetrieb Schiffscommerz mit der China Ocean Shipping Co. (COSCO) über die Lieferung von acht Schiffen des Typs OZEAN. Rolf Weigert, der ursprünglich als Dolmetscher in der Handelsvertretung der DDR in Beijing arbeitete, wurde damals im VEB Warnow-Werft Chefdolmetscher für Englisch und Chinesisch. Bei der Übergabe des Schiffes *Wumen* verhandelte man noch am Silvesterabend 1975 mit der chinesischen Bauaufsicht, weil man noch wenige Restarbeiten im Januar 1976 abschließen wollte. Der chinesische Kunde wollte aber das Übergabeprotokoll nicht unterschreiben, ehe das Schiff nicht restlos fertig war. Nach Zusage von mehreren Extras unterschrieb die chinesische Seite schließlich, so dass auch die Planerfüllung gesichert war.[328] Als beim ersten Schiff für China der Serie OZEAN die Vorpieksektion nach der Montage von der Mittschiffsebene geringfügig abwich, akzeptierte die chinesische Bauaufsicht das nicht. Sie protestierte gegen den Stapellauf am 20. Oktober 1972 und blieb ihm fern. Obendrein koppelten sie die Hilfsdiesel-Problematik mit dem „schiefen" Wulstbug. Alle OZEAN-Verträge waren gefährdet. Monatelang wurde bis auf Ministerebene verhandelt. Keine Seite wollte zunächst nachgeben. Schließlich tauschte die Warnow-Werft den SKL-Hilfsdiesel aus. Das als *Shimen* vom Stapel gelassene Schiff musste aus dem Vertrag genommen werden. Dafür löste der chinesische Auftraggeber Zusatzaufträge aus. Statt ursprünglich acht, wurden zehn OZEAN-Schiffe geliefert. Das Schiff mit dem „schiefen" Wulstbug übernahm die Czechoslovak Ocean Shipping Prag am 23.3.1973 als „*Mir*". Bei der Probefahrt war es sogar schneller als alle vorher gelieferten OZEAN-Schiffe.[329]

Während der Kulturrevolution waren auch die wirtschaftlichen

---

[327] Strobel, *Die Warnemünder Werft*, S. 107f.

[328] Ibid., S. 111f.

[329] Ibid., S. 149f.

Verhandlungen mit der chinesischen Seite oft ein politischer Balanceakt. Ein Augenzeuge berichtete:

> Wir mussten uns (auf dem Weg zu *China National Machinery Import Export Corporation [CNMIEC]* in Beijing) durch die Massen einen Weg bahnen. Wütend wurden uns die Fäuste gezeigt, wohl in der Annahme, wir seien Russen. Nachts vor dem Hotel dröhnten stundenlang die Trommeln. Auf dem Flur von CNMIEC, dem Haus des Handelsunternehmens gingen Doppelposten mit aufgepflanztem Bajonett. Zum Auftakt der Gespräche erhielten wir erst einmal eine halbstündige politische Lektion (so eine Art Zeitungsschau, wie bei uns damals auch üblich, aber viel schärfer). Zum Beispiel: ‚Die russischen neuen Zaren' – so wurde die Führung der Sowjetunion bezeichnet – ‚haben uns überfallen! Wie ist Ihre Meinung?'[330] Unser Delegationsleiter Direktor Krahn erwiderte ruhig und sachlich, dass die DDR mit der Sowjetunion gute freundschaftliche und wirtschaftliche Beziehungen unterhalte. Wir sollten darüber nicht debattieren, sondern lieber die Verhandlungen über die Schiffslieferungen weiterführen. Daraufhin unterbrachen die Chinesen die Verhandlungen erst einmal. Die Dolmetscher wurden vorübergehend ausgeschlossen. Da haben wir es wieder. Wenn es mal nicht klappt oder man sich nicht verstehen will, gibt es immer noch einen Sündenbock! Die Dolmetscher waren schuld. Wir machten dann zunächst Englisch weiter. Am nächsten Tag war unser Dolmetscher aber wieder zugegen. Wir merkten, dass es unseren Verhandlungspartnern auch unangenehm war. Sie hatten aber die Weisung der Zentrale zu befolgen. Manche Verhandlungspartner waren bei den langwierigen Verhandlungen, die sich in mehreren Etappen für drei Schiffe einmal über 1 ½ Jahre hinzogen, plötzlich von der Bildfläche verschwunden. Auf unsere Frage, wo der Genosse Soundso denn sei, wurde uns erklärt, er sei für sechs Monate zum körperlichen Arbeitseinsatz auf dem Lande, damit er die Verbindung zur werktätigen Bauernschaft nicht verliert. Dafür tauchten plötzlich Vertreter der werktätigen Bauernschaft bei den Verhandlungen auf. Als Kontrolle durch das Volk, wie uns erklärt wurde. Diese saßen nur rum und hatten von der Sache natürlich keinen blassen Schimmer. Sie verschwanden auch nach kurzer Zeit wieder. Man hatte den Unsinn wohl eingesehen.[331]

Schon in den 1970er Jahren und damit früher als in anderen Bereichen, trugen Chinas Bemühungen um Technologietransfer im Schiffbau

---

[330] Gemeint sind die blutigen militärischen Auseinandersetzungen zwischen sowjetischen und chinesischen Soldaten um die Insel Zhenbao (russisch: Damanski) im Grenzfluss Ussuri im März 1969.

[331] Strobel, *Die Warnemünder Werft*, S. 171.

reiche Früchte. China baute die eigene Werft-Industrie energisch aus, so dass das Land Ende der 1970er Jahre von der DDR nur noch Schiffsdieselmotoren für 10.000-Tonnen-Schiffe kaufte, diese hauptsächlich vom VEB Maschinenbau Halberstadt, der die Motoren nach einer Lizenz von MAN fertigte. Im Jahre 1974 zum Beispiel schloss der VEB Maschinenbau Halberstadt mit dem Außenhandelsunternehmen China National Machinery (CNM) einen Vertrag über die Lieferung von sieben Schiffsdieselmotoren mit einer Leistung von je 9.000 PS ab. Zwei Motoren waren im Jahre 1975 und fünf im Jahre 1976 zu liefern. Der Wertumfang betrug 17,64 Millionen CHF. Der VEB Maschinenbau Halberstadt exportierte schon seit 1971 Schiffsdieselmotoren nach China.[332]

Im Jahre 1975 führte der VEB Maschinenbau Halberstadt in Beijing eine Vortragsveranstaltung über seine neu entwickelten Schiffsdieselmotoren durch, an der Vertreter von CNM sowie der Schiffswerften in Shanghai und Dalian teilnahmen. Als positiv wurde die Teilnahme von CNM-Vertretern registriert, die in den Vorjahren schon das Werk in Halberstadt besucht hatten, so dass sich ein gewisses Vertrauensverhältnis entwickelt hatte. CNM verschob aber die von der DDR-Seite gewünschte Verhandlung über die Lieferung von Schiffsdieselmotoren auf einen späteren Zeitpunkt.[333]

Im Jahre 1976 wurden Verhandlungen zwischen dem VEB Maschinenbau Halberstadt und CNM über die Lieferung von Schiffsdieselmotoren in den Folgejahren geführt. Es konnte ein Vertrag über vier Motoren im Jahre 1977 und vier Motoren im Jahre 1978 sowie eine größere Position von Ersatzteilen abgeschlossen werden. Der Vertrag hatte einen Wertumfang von 20,887 Millionen CHF. Insgesamt hatte der VEB Maschinenbau Halberstadt seit 1971 einschließlich der Verträge für 1977 und 1978 25 Schiffsdieselmotoren nach China exportiert. Mit CNM wurde vereinbart, Ende 1976 in Beijing eine Informationsveranstaltung über Schiffsdieselmotoren und Verdichter durchzuführen, um weitere Exportmöglichkeiten für den VEB Maschinenbau Halberstadt vorzubereiten.[334] Im

[332] LASA Abteilung Magdeburg, I 34, Nr. 4020, Reisebericht über eine Dienstreise vom 27.9. bis 4.11.1974.

[333] LASA Abteilung Magdeburg, I 34, Nr. 4023, Reisebericht über eine Dienstreise in die VR China vom 4.10. bis 22.10.1975.

[334] LASA Abteilung Magdeburg, I 34, Nr. 4026, Reisebericht über eine Dienstreise in die VR China vom 7.2. bis 17.3.1976.

Jahre 1978 verhandelte der VEB Maschinenbau Halberstadt mit dem Außenhandelsunternehmen China National Machinery über die Lieferung von Dieselmotoren für Fluss-Fahrgastschiffe.[335]

In den 1980er Jahren war vom einstigen Exportschlager Schiff wenig übrig. Die DDR konnte chinesische Wünsche nach dem Bau großer Containerschiffe wegen der technologischen Beschränkung der Werftanlagen nicht erfüllen. Umgekehrt half jetzt sogar China der DDR. Im Juni 1986 reparierte die Pudong-Reparaturwerft der Schiffswerft Shanghai erstmalig einen Hochseefrachter der Deutschen Seereederei, das 13.000-Tonnen-Frachtschiff *Karl Marx*. Für Oktober war schon die Reparatur des Schwesterschiffes *Friedrich Engels* anvisiert.[336]

Von Februar bis März 1989 besuchte eine vierköpfige Delegation des Schiffbaukombinats der DDR Shanghai, um einen technischen Austausch durchzuführen. Auf der Jiangnan-Werft in Shanghai kam es zum Austausch über hocheffektive Schweißtechnologien, die Verarbeitung von Rohrleitungen und den Einsatz von nichtmetallischen Werkstoffen. Außerdem besuchte die Delegation die Ludong-Werft, die Zhonghua-Werft und die Shanghai-Werft. Eine Notiz der chinesischen Seite über den Besuch brachte zum Ausdruck, dass für die technische Zusammenarbeit zwischen beiden Ländern auf diesem Gebiet ein guter Anfang gemacht wurde.[337] Diese sich anbahnende Entwicklung kam aber durch das baldige Ende der DDR nicht mehr zum Tragen.

Zusammenfassung

Ungeachtet der durch die Kulturrevolution hervorgerufenen großen Probleme gingen die wirtschaftlichen Beziehungen zwischen der DDR und China ungebrochen weiter. Hierbei spielten die Embargobestimmungen der kapitalistischen Industriestaaten ebenso eine entscheidende Rolle wie Chinas knappe Devisenreserven. Die DDR tätigte umfangreiche Geschäfte bei Werkzeugmaschinen sowie Fahr-

---

[335] LASA Abteilung Magdeburg, I 34, Nr. 4029, Reisebericht 36/78, Dienstreise vom 27.5. bis 7.6.1978.

[336] Xi Genyong, Shanghai chuanchang shouci xiuli Minzhu Deguo huochuan (Die Werft Shanghai reparierte erstmalig einen Frachter der DDR), Chuanting 1986, H. 8, S. 10.

[337] Deng Shiying, Minzhu Deguo zaochuan lianheti zai Shanghai jinxing jishu jiaoliu huodong (Das Schiffbaukombinat der DDR führt in Shanghai einen technischen Austausch durch), Chuanting 1989, H. 6, S. 2.

zeugen und Landmaschinen.

Auf dem Gebiet des Schiffbaus verlagerte sich der Schwerpunkt der Lieferungen aus der DDR in den 1970er Jahren von Frachtschiffen zu Schiffsdieselmotoren. China hatte den Schiffbau einschließlich der notwendigen Zulieferbetriebe als einen strategisch wichtigen Industriezweig vorrangig und rasch ausgebaut und sich dadurch zunehmend unabhängig von Importen gemacht. Auch für die Produktion von großen Schiffsdieselmotoren baute China in den 1980er Jahren eine eigene Industrie auf.

5. Normalisierung: Chinas Aufstieg, der Transfer von Technologie, und der Niedergang der DDR (1979–1990)

Offiziell wurde die Kulturrevolution 1969 auf dem 9. Parteitag für beendet erklärt, doch der Terror der „Viererbande“, zu der Maos Frau Jiang Qing, Wang Hongwen, Yao Wenyuan und Zhang Chunqiao gehörten, setzte sich noch bis zu Maos Tod am 9. September 1976 fort. Vier Wochen nach seinem Tod wurde die „Viererbande“ in einer Handstreichaktion verhaftet. Die nachfolgende Propagandawelle der Verurteilung der „Viererbande“ diente auch dazu, von Maos Schuld an den Folgen der Kulturrevolution abzulenken. Bis 1978 war Maos Nachfolger, Hua Guofeng, an der Macht, bis er von Deng Xiaoping abgelöst wurde. Deng verkündete im Dezember 1978 auf der 3. Plenarsitzung des 11. Parteitags der KP Chinas eine Politik der Reformen und der Öffnung, das heißt wirtschaftliche Reformen nach innen, die die ökonomische Motivation förderten, und Öffnung nach außen, damit ausländisches Kapital in China investiert wird. Nachdem den Bauern das Recht gegeben worden war, selbst über die Bewirtschaftung der Felder zu entscheiden, verbesserte sich die Versorgung der Bevölkerung mit Nahrungsmitteln zusehends. In den Städten wurden private wirtschaftliche Initiativen zugelassen, und die Staatsbetriebe wurden immer mehr darauf orientiert, Gewinn zu erwirtschaften. Deng Xiaoping forderte einen Paradigmenwechsel weg von der bisherigen linkssektiererischen Politik des Großen Sprungs und der Kulturrevolution und hin zu einer sozialistischen Marktwirtschaft.

Seit dem Besuch des amerikanischen Präsidenten Richard Nixon in der VR China im Jahre 1972 und der diplomatischen Anerkennung der Volksrepublik durch die entwickelten kapitalistischen Staaten wurde auch das Wirtschaftsembargo schrittweise gelockert. Nun drängten die westlichen Industriestaaten auf den chinesischen Markt.

Die weitere Entwicklung bis zum heutigen Tag, da China den USA den Rang der größten Volkswirtschaft der Erde streitig macht, ist gut bekannt. Dennoch lohnt es, sich anhand einiger Beispiele die Dynamik vor Augen zu führen, die die Volksrepublik schon in den 1980er Jahren erfassen sollte. Diese Dynamik vergrößerte Jahr um Jahr den Abstand zum einst zweitwichtigsten Handelspartner DDR – mit, wie wir sehen werden, schwerwiegenden Konsequenzen für den sozialistischen deutschen Staat. Die nachfolgende Tabelle gibt die industrielle Entwicklung Chinas anhand ausgewählter Erzeugnisse besonders in der Periode der Politik von Reform und Öffnung (ab 1979) bis zum Ende der DDR im Jahr 1990 wieder.[338]

Tabelle 12: Entwicklung der Industrieproduktion in China von 1975 bis zum Jahre 1990

Erzeugnis	**Einheit**	**1975**	**1980**	**1985**	**1990**
Chemiefasern	1.000 t	154,8	430,3	947,8	1.654,2
Baumwollstoff	Mrd. m	21,080	29,260	35,350	46,260
Seide	1000 t	23,1	35,4	42,2	56,6
Papier	Mio. t	3,41	5,35	9,11	13,72
Zucker	Mio. t	1,74	2,57	4,51	5,82
Kühlschränke	1.000 Stück	18,0	49,0	4.013,4	4.630,6
Waschmaschinen	1.000 Stück	0,4	8.872,0	9.902,0	6.626,8
Farbfernseher	1.000 Stück	2,9	32,1	4352,8	10.330,4
Kameras	1.000 Stück	184,9	372,8	1.789,7	2.132,2
Kohle	Mio. t	482	620	872	1.080
Erdöl	Mio. t	77,06	105,95	124,90	138,31
Erdgas	Mrd. m^3	8,85	14,27	12,93	15,29
Elektrizität	Mrd. kWh	195,8	300,6	410,7	621,2

Die Tabelle zeigt die kontinuierliche Steigerung der Produktion in der Grundstoffindustrie und zugleich den rasanten Anstieg in der Konsumgüterproduktion, die zur Deckung des Bedarfs der Bevölkerung eine Massenproduktion aufnahm, ähnlich wie es die DDR versucht hatte, wenngleich mit deutlich geringerem Erfolg. Energie und Transportleistungen blieben in China noch lange Zeit Nadelöhre für die ökonomische Entwicklung. Der Energiemangel hing auch mit dem Betrieb veralteter, verbrauchsintensiver Anlagen und Fahrzeuge zusammen. Die rasche

338 Output of Major Industrial Products, China Statistical Yearbook 2001, S. 13–22.

Steigerung der Industrieproduktion führte zudem zu gravierenden Umweltproblemen.

Doch die dynamische Entwicklung der chinesischen Wirtschaft und die Öffnung des Marktes für Firmen aus dem nicht-sozialistischen Ausland bekamen viele Kombinate in der DDR zu spüren, deren Produkte bald immer weniger gefragt waren. Auch ihr mangelnder Service stieß nun auf deutliche Kritik der chinesischen Einkäufer. So beklagte der VEB Schwermaschinenbau „Karl Liebknecht" Magdeburg (SKL) im Jahre 1980, dass der Absatz seiner Dieselmotoren in China rückläufig sei. Ein Grund hierfür wurde darin gefunden, dass der VEB Kompressorenbau Bennewitz als ein Zulieferer für das SKL Ersatzteilbestellungen aus China mehrere Jahre (!) unbeantwortet gelassen hatte, weshalb sich die chinesische Seite nach anderen Lieferanten umgesehen hatte.[339] Aber auch, dass die chinesische Seite bis 1985 mehrfach die Schwerpunkte der eigenen wirtschaftlichen Entwicklung wechselte, wirkte sich hemmend auf den Ausbau des Handels aus.

In anderen Branchen versuchte die DDR, sich dem neuen Trend entgegenzustemmen, oft mit Erfolg. Ausstellungen spielten hierfür nach wie vor eine wichtige Rolle. Im Jahre 1978 führte das Kombinat VEB Landmaschinenbau „Fortschritt" aus Neustadt/Sachsen in der Nähe von Beijing eine Ausstellung seiner Mähdrescher durch. Im Jahr darauf veranstaltete der Außenhandelsbetrieb WMW in Tianjin eine Werkzeugmaschinenausstellung.[340] Auch Eisenbahnwaggons liefen weiter gut. Im Jahre 1980 importierte China für die Staatsbahnen aus der DDR 110 Personenzugwagen, davon 30 Wagen des Typs 18 ohne Klimatisierung und 80 Wagen des Typs 24 mit Klimatisierung. Die Wagen wurden auf die Eisenbahndirektionen von Beijing, Shanghai, Guangzhou, Liuzhou und Chengdu verteilt.[341]

Wirkliche Hoffnung weckte zumindest anfangs auch noch der Absatz von Computertechnik. Im Jahre 1979 bestellte China beim Kombinat Robotron ein Rechnersystem 1600, das allerdings schon ein Auslauf-

---

339 LASA Abteilung Magdeburg, I 34, Nr. 3926, Schreiben an den VEB Kompressorenbau Bennewitz vom 15.5.1980.

340 Krüger (Hg.), *Beiträge zur Geschichte der Beziehungen der DDR und der VR China*, S. 178.

341 Yuan Jiankang, Jinkou Minzhu Deguo keche zhidong zhuangzhi de gaizao (Verbesserung der Bremseinrichtung an aus der DDR importierten Personenzugwagen), Tiedao cheliang 1985, H. 8, S. 11–14.

modell war. Daraufhin setzte eine intensive Marktarbeit mit Symposien, Betriebsbesuchen mit Fachvorträgen, Einladung maßgeblicher chinesischer Vertreter zur Leipziger Messe und Besuch beim VEB Kombinat Robotron ein. Schließlich bestellte die chinesische Seite das modernere (aber auch wesentlich teurere) Computersystem R 300 für mehr als drei Millionen Schweizer Franken.

Im Jahre 1980 wurde der erste Rechner R 300 an das Beijinger Autowerk geliefert, nachdem hierfür ein zweistöckiges Gebäude errichtet worden war. Zu dem Rechner gehörten unter anderem mehrere Zentraleinheiten, Drucker, eine Tabelliermaschine und eine Lochkarteneinheit. Das ganze Jahr hindurch fand eine umfassende Schulung statt. Nacheinander reisten zu diesem Zweck insgesamt 40 Lehrkräfte aus Leipzig und Dresden an. Das größte Problem waren hierbei fehlende Fachdolmetscher für Deutsch/Chinesisch.

Eine zweite, gleiche Anlage wurde im Dezember 1981 mit einem Sonderflugzeug nach Beijing geliefert und von dort dann mit chinesischen LKWs in das Autowerk Changchun, Provinz Jilin, transportiert. Bis auf eine Zentraleinheit, die ausgetauscht werden musste, wurde dieser Auftrag reibungslos abgewickelt. Hier wiederholte sich das Ausbildungsprogramm, und inzwischen standen auch qualifizierte Dolmetscher zur Verfügung.

In dieser Zeit wurde auch ein Großauftrag über 400 Buchungsmaschinen für den Einsatz in Banken mit einem Wert von rund 1,6 Millionen CHF realisiert. Ferner wurden einzelne Fakturiermaschinen für das Rechnungswesen geliefert.[342] Der AHB Elektrotechnik verkaufte Ende der 1970er Jahre kontinuierlich und in hohen Stückzahlen Fernschreiber an die Volksrepublik, deren Verkauf aber bald rückläufig wurde. 1981 hörte er ganz auf. Für die Post wurden in dieser Zeit kontinuierlich Pulsmodulationsanlagen (PCM) verkauft, für deren Installation mehrmals Techniker anreisten. Wahrscheinlich wurden diese Anlagen für die Modernisierung des Telefonnetzes eingesetzt. Hinzu kamen Umsätze mit Messtechnik für verschiedenste Anwendungen, die sich in einem mittelgroßen Umfang bewegten. Zur Ausstattung der chinesischen Außenhandelsbetriebe wurden für Schulungen und Vorträge 400 Polylux-Projektoren geliefert.[343]

---

[342] Persönliche Mitteilung von Carmen Marx, 24.2.2020.
[343] Persönliche Mitteilung von Carmen Marx, 10.3.2020.

Über den AHB Intermed wurde um das Jahr 1980 kontinuierlich mit leicht zunehmender Tendenz medizinische Labortechnik verkauft. Intermed veranstaltete in Beijing, Shanghai und Nanjing Fachsymposien über Röntgentechnik. Im November 1980 wurde dann die erste D 800-Röntgenanlage an das Guang'anmen-Krankenhaus in Beijing übergeben.[344]

5.1. Außenhandel unter neuen Vorzeichen

Parallel zur Belebung des Handels normalisierten sich auch die politischen Beziehungen. Anfang der 1980er Jahre wurden die seit der Kulturrevolution unterbrochenen Parteibeziehungen zwischen der KPCh und der SED, argwöhnisch beobachtet von der KPdSU, vorsichtig und schrittweise wieder aufgenommen. Dies wirkte sich auch positiv auf die Belebung der Handelsbeziehungen aus, die sich aber nur langsam entwickelten und hinter den Erwartungen der DDR zurückblieben. Schon als China im Frühjahr 1979 einen „Straffeldzug" gegen Vietnam führte, weil das Land das Pol Pot-Regime in Kambodscha gestürzt hatte, war man bemüht, ungeachtet der politischen Verurteilung dieses Kriegs gegen Vietnam die wirtschaftlichen Beziehungen mit China nicht zu beeinträchtigen.

Im Juli 1981 reiste eine Delegation unter Leitung von Bruno Mahlow, Leiter der Abteilung Internationale Beziehungen des ZK der SED, nach China, um die Beziehungen zur KP Chinas wieder aufzunehmen.[345] In der Zeit vom 16. Juli bis zum 23. August 1981 fand dann ein Gegenbesuch durch den stellvertretenden Leiter des Sektors UdSSR und Osteuropäische Länder in der Abteilung Internationale Beziehungen des Zentralkomitees der KP Chinas, Chen Dexing, und durch Du Kening, Mitarbeiter in dieser Abteilung, auf „Einladung des chinesischen Botschafters in der DDR" statt. Zu Studienzwecken besuchten die beiden Parteivertreter zahlreiche Einrichtungen der DDR, darunter das Kombinat VEB Carl Zeiss JENA. Dies war der erste offizielle Kontakt zwischen den beiden Parteien seit der Mitte der 1960er Jahre. Bezüglich des Zeiss-Werks interessierten sich die chinesischen Gäste insbesondere für

---

[344] Persönliche Mitteilung von Carmen Marx, 10.3.2020.

[345] Berkovsky, Axel, From foes to fair-weather friends and comrades in arms. The ups and downs of relations between the GDR and China in the 1980s, The Journal of North-East Asian History 14 (2017) 1, S. 6.

die Struktur und Wirkungsweise eines Kombinats.[346]

Chinas Motiv für die Normalisierung der Beziehungen zu den „Fünf Ländern Osteuropas" (Ungarn, Bulgarien, CSSR, DDR und Polen) war im Wesentlichen die Politik der USA. Nach dem Besuch von Nixon im Jahre 1972 in China, der gegenseitigen diplomatischen Anerkennung und der Anerkennung der „Ein-China"-Doktrin entwickelte Deng Xiaoping eine Politik der „Verbündung mit den USA zum Widerstand gegen die Sowjetunion". Doch als Ronald Reagan 1981 Präsident der USA wurde, kündigte er eine Neubewertung der Taiwan-Frage an, so dass China befürchten musste, in den chinesisch-amerikanischen Beziehungen in die Zeit vor 1972 zurückzufallen. Deshalb war China mehr denn je zuvor an einer Verbesserung der Beziehungen mit der Sowjetunion gelegen. Allerdings erwiesen sich die daraufhin aufgenommenen Verhandlungen Chinas mit der Sowjetunion als sehr zäh. Bezüglich der Fünf Länder Osteuropas erklärte China, dass es eine Vielfalt von Modellen des Sozialismus gäbe und man sich nicht in die inneren Angelegenheiten des anderen einmischen dürfe.[347] Damit war von chinesischer Seite der Weg frei für eine Normalisierung der Beziehungen.

Auf der 5. Plenartagung des ZK der SED im Jahre 1982 erklärte das Mitglied des Politbüros Hermann Axen, dass die DDR konstruktive Schritte unternehmen wolle, um die Beziehungen mit der VR China zu normalisieren.[348] Daraufhin fanden im Jahre 1983 zunächst vor allem Treffen auf Ministerebene statt, um über eine mögliche Kooperation zu beraten. Doch in der zweiten Jahreshälfte kam es auch schon zum Austausch von Expertendelegationen, die die Umsetzung von Kooperationsvorhaben konkret besprachen.

Im September 1983 empfing der stellvertretende Minister für Außenhandel, Eugen Kattner, eine Expertendelegation des Ministeriums für Chemie Chinas zu einem Gespräch. Sie erörterten Fragen der Entwicklung

---

[346] Aufenthalt von 2 Mitarbeitern des ZK der KP Chinas in der DDR (16. Juli bis 23. August 1981), SAPMO-BArch, ZPA JIV 2/20/139, zitiert in: W. Meißner, *Die DDR und China 1949 bis 1990*, S. 355.

[347] Niu Jun, Cong „huli" dao pengyou: 1980 niandai Zhongguo dui „Dongou wuguo" zhengce (Vom „Fuchs" zum Freund: Die Politik Chinas in den 1980er Jahren gegenüber den „Fünf Ländern Osteuropas"), Waijiao pinglun 2013, H. 5, S. 65–81.

[348] Minzhu Deguo zhuzhang tong Wo guanxi zhengchanghua (Die DDR tritt dafür ein, die Beziehungen mit China zu normalisieren), Renmin Ribao, 27.11.1982.

der Zusammenarbeit auf dem Gebiet der Kohlechemie und in anderen Bereichen der Produktion von chemischen Ausrüstungen und Anlagen.[349] Nach einem Besuch der Kantoner Handelsmesse im selben Jahr fand zwischen Eugen Kattner und dem Vizevorsitzenden der Staatlichen Wirtschaftskommission der VR China, Zhu Rongji, in Beijing eine Beratung statt. Im Mittelpunkt stand die Zusammenarbeit zwischen beiden Ländern auf den Gebieten des Maschinenbaus und der Elektrotechnik sowie der Modernisierung von Produktionsbetrieben in China.

Weiterhin traf Eugen Kattner im November 1983 in Beijing mit der Staatskommissarin und Ministerin für Außenwirtschaft und Außenhandel der VR China, Chen Muhua, zusammen. Sie erörterten Fragen der Entwicklung und Erweiterung der Handels- und Wirtschaftsbeziehungen zwischen beiden Ländern. Chen Muhua brachte das Interesse Chinas am Ausbau des Warenaustausches „entsprechend den wirtschaftlichen Möglichkeiten und Bedingungen beider Länder“ zum Ausdruck. Gleichermaßen könnten weitere Formen der ökonomischen und wissenschaftlich-technischen Zusammenarbeit zum gegenseitigen Vorteil erschlossen werden, betonte sie.[350]

Für die zunehmend verschuldete DDR der 1980er Jahre war China als Exportmarkt mit hohem Wachstumspotential von größter Bedeutung. Hinzu kam, dass die Sowjetunion als größter Handelspartner der DDR aufgrund eigener wirtschaftlicher Schwierigkeiten die Lieferung wichtiger Rohstoffe an die DDR empfindlich drosselte.

Institutionell wurden die wirtschaftlichen Beziehungen zwischen der DDR und China ab 1984 durch einen Wirtschaftsausschuss DDR – VR China, der von den Chemieministern beider Länder, Günther Wyschofsky und Qin Zhongda, geleitet wurde, entwickelt. Dieser Wirtschaftsausschuss, der den Plankommissionen beider Länder unterstellt war, arbeitete die langfristigen Pläne der Zusammenarbeit zwischen der DDR und China aus. In der DDR wechselte zu dieser Zeit die Verantwortung für die wirtschaftlichen Beziehungen mit China vom Ministerium für Außenhandel zur Staatlichen Plankommission, was nicht ohne Reibungen erfolgte. Bezüglich der Tätigkeit des Wirtschaftsausschusses DDR – China war die Ausarbeitung des langfristigen Plans der wirtschaft-

---

349 Experten aus China beim DDR-Chemieanlagenbau, Neues Deutschland, 9.9.1983, S. 3.
350 Gespräche in Peking über Ausbau des Handels, Neues Deutschland, 7.11.1983, S. 2.

lichen Zusammenarbeit für die Jahre 1986 bis 1990 und des Plans der wirtschaftlichen und wissenschaftlich-technischen Zusammenarbeit bis zum Jahre 2000 von strategischer Bedeutung. Diese Pläne, natürlich schon vorher ausgearbeitet, waren ein wesentliches Ergebnis des Besuchs von Erich Honecker im Oktober 1986. Es handelte sich um den ersten offiziellen Besuch eines Staatsoberhaupts aus den osteuropäischen sozialistischen Ländern seit Jahrzehnten.

Honeckers Besuch in China leitete eine spürbare Vertiefung der wirtschaftlichen Beziehungen zwischen beiden Ländern ein. Ausgehend von den Ergebnissen der Tätigkeit des Wirtschaftsausschusses entwickelte sich eine vielfältige Zusammenarbeit zwischen den Fachministerien beider Länder. Einen letzten Höhepunkt in den wirtschaftlichen Beziehungen stellte die Exportgüterausstellung der DDR in Beijing im April 1988 dar, auf der nennenswerte Abschlüsse getätigt und das Handelsvolumen noch einmal gesteigert wurde. Für die ursprünglich vereinbarte Steigerung des Handels fehlte es seitens der DDR allerdings an einem breiten, konkurrenzfähigen Angebot von Erzeugnissen, besonders was die zugehörige Rechen- und Steuertechnik anging. Letztlich war die DDR für den mengenmäßig riesigen Bedarf Chinas zu klein und in vielen Bereichen auch technisch nicht länger auf Weltniveau.

Ein vielsagender Ausweg wurde darin gefunden, dass die DDR mit dem eher armen, ländlichen Autonomen Gebiet Innere Mongolei intensivere Beziehungen entwickeln sollte. Allerdings konnte die DDR aufgrund der Starrheit ihres Wirtschaftssystems auch hier nicht auf Joint Ventures eingehen, die in den 1980er Jahren in China immer mehr Verbreitung fanden. Mit der Vereinigung der beiden deutschen Staaten am 3. Oktober 1990 verloren die zwischen den Ministerien der DDR und der VR China abgeschlossenen Verträge ihre Gültigkeit. Sie wurden teils abgewickelt, teils mit Mitteln der Kreditanstalt für Wiederaufbau (KfW) zu Ende geführt.

1982 erklärte der spätere Premierminister Zhu Rongji, damals noch als Direktor des Büros für technische Rekonstruktion beim Staatsrat, die Volksrepublik China werde sich in den nächsten Jahren verstärkt auf die „Rekonstruktion“ – also die Modernisierung – von Betrieben konzentrieren. In den letzten drei Jahren seien für die technische Umrüstung von Betrieben 12,1 Milliarden Yuan bereitgestellt worden.

Dadurch hätten jährlich 19 Millionen Tonnen Rohkohle und acht Millionen Tonnen Erdöl eingespart werden können. Für 1983 seien 20 Milliarden Yuan für die Rekonstruktion vorgesehen. Entsprechend den Festlegungen des Staatsplans sollten die Modernisierungen 1983 vorrangig in den Bereichen der Leicht- und Textilindustrie sowie in den Betrieben der Elektrotechnik und Elektronik erfolgen.[351] Diese 1982 verkündete Schwerpunktsetzung sollte für die letzten Jahre der technischen Zusammenarbeit zwischen der DDR und der VR China maßgeblich werden.

Denn tatsächlich warb die DDR nach Kräften dafür, an der Modernisierung und Automatisierung bestehender Betriebe in den von Zhu Rongji genannten Bereichen beteiligt zu werden. So führte im Frühjahr 1982 das Kombinat Robotron in Shanghai in einem Hotel eine sehr gut besuchte Fachausstellung durch. Eine Hauptattraktion war ein Bildverarbeitungssystem (Abb. 21).

Abbildung 21: Ausstellung des VEB Kombinat Robotron in Shanghai --- Vorführung eines Bildverarbeitungsgeräts

Ferner beteiligte sich das Kombinat Textima in diesem Jahr an einer Fachausstellung in Tianjin. Textima begann die Marktarbeit in China in den Jahren 1979 und 1980 mit zahlreichen Symposien und Fachvorträgen. Erste Maschinen wurden in wenigen Stückzahlen verkauft. Eine Delegation aus einem Forschungsinstitut für Maschinenbau in Chengdu, Provinz Sichuan, besuchte in der DDR verschiedene Betriebe des Werkzeugmaschinenbaus und des Kombinats Robotron sowie den VEB Forschung, Entwicklung und Rationalisierung des Schwermaschinen- und Anlagenbaus Magdeburg sowie die Technische Hochschule Magdeburg. Ihr Ziel war die Aufnahme eines Forschungsthemas zur rechnergestütz-

[351] Chinesische Betriebe verstärkt rekonstruiert, Neues Deutschland, 24.11.1982, S. 5.

ten Automatisierung von Produktionsprozessen in den Plan der wissenschaftlich-technischen Zusammenarbeit mit der DDR.[352]

Doch abgesehen von der erwähnten Lieferung der beiden Großrechner 1980 und 1981 war schnell klar, dass die DDR als Quelle von Computertechnologie für China wenig interessant war. Aus chinesischer Sicht viel wichtiger war die DDR als Lieferant konventioneller Maschinen der Leicht- und Schwerindustrie. Ein gravierendes Problem waren jedoch die Maschinensteuerungen. Waren die Maschinen mit importierten Steuerungen aus den westlichen Industriestaaten ausgerüstet, war der Exporterlös unbefriedigend. Maschinen mit Steuerungen aus DDR-Produktion allerdings waren nicht hinreichend zuverlässig und verursachten hohe Reparaturkosten.

Groß hingegen war das chinesische Interesse an der Kohleindustrie der DDR, nicht zuletzt an einem entsprechenden Technologie-Transfer. Deshalb besuchte zum Beispiel vom 25. September bis zum 6. Oktober 1983 eine Expertendelegation aus dem Kohleforschungsinstitut Beijing und dem Forschungsinstitut für Kohlechemie Beijing das Kombinat Schwarze Pumpe, das zugehörige Forschungsinstitut für Brennstoffe, das Braunkohlekraftwerk Jänschwalde, die Montanwachsfabrik Amsdorf und ein Labor für geologische Erkundung. Die Delegation interessierte sich besonders für die Nutzung der Braunkohle.[353] Deren Förderung und Verarbeitung gehörte auch im globalen Maßstab zu den ganz großen Stärken der DDR-Wirtschaft.

Anfang Dezember 1983 tagte in Berlin die „Ständige Kommission für technische und technisch-wissenschaftliche Zusammenarbeit DDR – VR China“. Sie besprach Maßnahmen zur weiteren Entwicklung der Zusammenarbeit in volkswirtschaftlich wichtigen Zweigen, wie Kohlegewinnung und -verarbeitung, Elektrotechnik und Elektronik, Schwermaschinen- und Verarbeitungsmaschinenbau sowie chemische Industrie.[354] Im Dezember 1983 führte der Minister für Chemische Industrie, Günther Wyschofsky, in Beijing Gespräche mit seinem Amtskollegen Qin

---

[352] Persönliche Mitteilung von Carmen Marx, 10.3.2020.

[353] Yang Jinhe/Yao Xingyi/Chen Wenmin, Minzhu Deguo hemei liyong de yanjiu (Forschung in der DDR über die Nutzung von Braunkohle), Meitan kexue jishu 1984, H. 6, S. 56f.

[354] Kommission DDR – China berät über Wirtschaftskooperation, Neues Deutschland, 5.12.1983, S. 2.

Zhongda über die Zusammenarbeit auf dem Gebiet der chemischen Industrie.[355]

Im Oktober 1983 veranstaltete der VEB Carl Zeiss JENA in Shenyang, Provinz Liaoning, eine einwöchige Ausstellung seiner Erzeugnisse. Unter den Exponaten befanden sich Vermessungsgeräte, Geräte für Luftbildauswertung, Medizintechnik, Mikroskope sowie Analysenmesstechnik und astronomische Geräte.[356]

Mit der bereits erwähnten chinesischen Außenhandelsgesellschaft CMC schloss der Außenhandelsbetrieb Textima Verträge zur Lieferung von Malimo- und anderen Textilmaschinen nach China ab. Die vereinbarten Exporte dienten der weiteren technischen Rekonstruktion der chinesischen Textilindustrie.[357] Unter anderem importierte die Gardinenfabrik Tianjin im Jahre 1983 fünf Malimo-Maschinen.[358]

Dass China die DDR nicht länger, wie noch in den 1950er Jahren, als wichtigsten Lieferanten von Hochtechnologie einstufte, zeigte sich im März 1984. Da wurde in Leipzig das Abkommen über Warenaustausch und Zahlungsverkehr für das laufende Jahr vom Minister für Außenwirtschaft und Außenhandel, Chen Jie, und dem stellvertretenden Minister für Außenhandel, Eugen Kattner, unterzeichnet. Das Abkommen sah vor, dass China Lebensmittel, landwirtschaftliche Produkte, Textilien, Schweinefleisch und andere Erzeugnisse liefern sollte. Aus der DDR kaufte Beijing im Gegenzug vor allem klassische Produkte wie Elektrolokomotiven, Eisenbahnwagen, Lastkraftwagen und Stahl.[359] Als kurz darauf, im April 1984, eine Wirtschaftsdelegation Chinas unter Leitung von Zhu Rongji, mittlerweile Stellvertreter des Vorsitzenden der Staatlichen Wirtschaftskommission, die DDR besuchte, ging es ebenfalls um die Rekonstruktion bestehender chinesischer Industriebetriebe im Verarbeitungsmaschinenbau, im Landmaschinen- und Fahrzeugbau,

---

[355] DDR-Minister zu Beratungen in China, Neues Deutschland, 14.12.1983, S. 1.

[356] VEB Carl Zeiss JENA stellt in China aus, Neues Deutschland, 13.10.1983, S. 5.

[357] Export- und Importverträge mit Partnern in aller Welt, Neues Deutschland, 9.9.1983, S. 1.

[358] Lei Ming, Fangzhi, zhenzhi jixie zhizao (Herstellung von Web- und Wirkmaschinen), Guoji keji jiaoliu 1986, H. 6, S. 25.

[359] Zhongguo he Minzhu Deguo qianding jinnian huanhuo he fukuan xieding (China und die DDR unterzeichneten das Abkommen über Warenaustausch und Zahlungsverkehr dieses Jahres), Renmin Ribao, 15.3.1984.

in der Elektroindustrie, bei Ausrüstungen für die Nahrungsgüterindustrie und in anderen Bereichen, für die eine stärkere Zusammenarbeit vereinbart wurde.[360]

Zhu Rongji besuchte bei dieser Gelegenheit in Begleitung des Ministers für Schwermaschinen- und Anlagenbau, Rolf Kersten, auch den VEB Schwermaschinenbaukombinat „Ernst Thälmann“ Magdeburg (SKET), um die Entwicklung der gegenseitigen Warenlieferungen zu besprechen. Minister Kersten verwies darauf, dass SKET in den vergangenen Jahren eine Reihe von Zementwerken, Walzwerken, Drahtweb- und Ziehmaschinen, Verseilmaschinen und metallurgischen Kranen nach China geliefert hatte.[361]

Doch gerade an den Zementwerken ließen sich die Zeichen der neuen Zeit gut ablesen. Im Oktober 1983 hatte der VEB Zementanlagenbau Dessau, der zum SKET gehörte, der China Machinery Import Export Co. ein Angebot über eine Zementfabrik nach dem Nassverfahren unterbreitet – das aber schlicht unbeantwortet blieb.[362]

Zwei Jahre später folgte die nächste Enttäuschung: Der VEB Zementanlagenbau Dessau legte 1985 ein Angebot über ein Zementwerk in Datong nach dem Trockenverfahren mit einem Ausstoß von 2.000 Tonnen pro Tag vor. Es wurde vermerkt, dass es sich nicht um ein schlüsselfertiges Werk handeln würde, weil die chinesische Seite vieles selbst ausführen wollte, um die Kosten des Projekts gering zu halten. Ein ähnliches Angebot hatten die Dessauer bereits 1979 gemacht, ohne Erfolg. Weil sie aber 1957 schon das alte Zementwerk in Datong errichtet hatten (siehe Kapitel 2), rechneten sie sich auch diesmal wieder gute Chancen aus. Vergeblich. Die 1980er waren eben nicht die 1950er Jahre. 1989 legte das SKET zum letzten Mal ein Angebot über ein Zementwerk in Datong vor.[363]

1987 hatte sich Dessau auch an einer Ausschreibung für ein Zementwerk in Chongqing beteiligt und laut einer chinesischen Quelle bei

---

[360] Ökonomische Zusammenarbeit DDR – Volksrepublik China, Neues Deutschland, 19.04.1984, S. 1, 2.

[361] Chinesische Delegation im SKET, Volksstimme, 13.4.1984.

[362] Sigaite shuini shebei zhizaochang jiankuang (Überblick über den VEB Zementanlagenbau des SKET), Jihua jingji yanjiu 1984, H. 21, S. 91.

[363] LASA Abteilung Magdeburg, I 420, Nr. 975/2, Angebot über ein Zementwerk in Datong, Mai 1989.

einem Preis von rund 111 Millionen Mark auch den Zuschlag bekommen. Es ist aber unklar, was tatsächlich aus dem Projekt wurde.[364] Immerhin konnte der VEB Zementanlagenbau Dessau in den 1980er Jahren immer wieder einzelne Komponenten für die zu modernisierenden Zementwerke in China verkaufen.[365] Hier wurde die Strategie der chinesischen Seite sehr deutlich, nur noch möglichst wenige Komponenten zu importieren.

Doch zurück zu der Wirtschaftsdelegation unter Leitung von Zhu Rongji im April 1984. In einem Bericht über ihren Besuch in fünf Ländern Osteuropas hob die Delegation hervor, dass das Verbrauchsniveau in der DDR unter diesen Ländern am höchsten sei und es keine großen Unterschiede zwischen Stadt und Land gebe. Das Lebensniveau in allen diesen fünf Ländern liege zudem höher als in der Sowjetunion.

Die Delegation hatte unter anderem analysiert, welche industriellen Erzeugnisse Weltspitzenniveau erreicht hätten. Für die DDR nannte sie insbesondere, dass Carl Zeiss JENA 5.000 verschiedene optische Geräte produziere, die in mehr als 100 Länder exportiert würden, und dass jedes Jahr ein Drittel dieser Geräte erneuert werde. Weiter wurde die Waggonfabrik Dessau genannt, die jährlich 1.600 Kühlwagen herstelle und in viele Länder exportiere. Bezüglich der Energieversorgung hob der Bericht hervor, dass die DDR reiche Erfahrungen mit der Verwertung minderwertiger Kohle gesammelt habe. Die DDR produziere Tagebauausrüstungen, Öfen für die Gaserzeugung aus Kohle und Zementausrüstungen. Weiter wurde die Produktion von Erzeugnissen der Mikroelektronik, von Strickmaschinen, Maschinen zur Lebensmittelverarbeitung und Verpackungsmaschinen aufgeführt.[366] Alle diese Highlights wurden Bestandteil der außenwirtschaftlichen Beziehungen der DDR mit China.

---

364 LASA Abteilung Magdeburg, I 420, Nr. 976, Angebot für ein Zementwerk in Chongqing, 1987.

365 Yang Wei, Wushan shuinichang kuojian gongcheng dianqi sheji gaiyao (Überblick über das elektrische Design für das Vorhaben der Erweiterung des Zementwerks Wushan), Jiancai gongye jishu 1995, H. 4, S. 10-12.

366 Dongou wuguo de gongye he jingji guanli tizhi gaikuang – Zhongguo jingji daibiaotuan fangwen Dongou wuguo baogao zhaiyao (Überblick über die Industrie und das System der Administration der Wirtschaft in fünf Ländern Osteuropas – Auszug aus dem Bericht der chinesischen Wirtschaftsdelegeation über den Besuch in fünf Ländern Osteuropas), Zhongguo jingji daokan, 1984, H. 7, S. 24f.

Nach dem Besuch von Zhu Rongji fanden im August 1984 in Beijing Verhandlungen zum Abschluss eines Wirtschaftsabkommens statt. Die DDR-Delegation wurde vom zuständigen Abteilungsleiter im Ministerium für Außenhandel geleitet. Dieses Abkommen war noch sehr allgemein gehalten, denn die DDR-Seite wollte sich erst der politischen Standpunkte Chinas vergewissern.[367]

Eine Delegation unter Leitung von Minister Kersten besprach in Beijing mit dem Vorsitzenden der Staatlichen Wirtschaftskommission, Zhang Jingfu, Möglichkeiten der Erweiterung des Handels, der Rekonstruktion von Betrieben und des Ausbaus immaterieller Leistungen.[368] In einem Protokoll mit dem Minister für Maschinenbau, Zhou Jiannan, wurde vereinbart, bei einer Reihe von Objekten, darunter bei Walzwerken, Tagebauausrüstungen, Klima- und Kältetechnik, mit der Zusammenarbeit zu beginnen.[369]

Der Ministerrat der DDR fasste am 24. Mai 1984 über diese Beratungen mit der chinesischen Seite einen Beschluss zu einem Maßnahmenkatalog, der Folgendes für den Bereich des Schwermaschinen- und Anlagenbaus vorsah:[370]

- Lieferung von Maschinenkühlwagen, Hauptbau- und Montageteilen und Konstruktions- und Herstellungstechnologien (einschließlich Kühlaggregate)
- Produktionstechnik und Hauptausrüstungen für Schachtvorwärmer (Zementausrüstungen)
- Hauptausrüstung zur Gewinnung von Sonnenblumenöl aus Proteinen

Angesichts der Zielstellung, bis 1990 1.000 Maschinenkühlwagen nach China zu liefern ohne Abstriche an den Lieferungen in die Sowjetunion zu machen und gleichzeitig den Export in das Nichtsozialistische Wirtschaftsgebiet (NSW) zu steigern, sollte das Kombinat Schienenfahr-

---

[367] Persönliche Mitteilung von Dr. R. Sukowski, 19.4.2020.

[368] Gespräch in Peking über Fragen der Kooperation, Neues Deutschland, 12.05.1984, S. 5.

[369] Vereinbarung mit China in Peking unterzeichnet, Neues Deutschland, 18.5.1984, S. 2.

[370] LASA Abteilung Magdeburg, I 422, Nr. 569, Maßnahmeplan in Auswertung des Beschlusses des Präsidiums des Ministerrats vom 24.5.1984 zu den Beratungen zwischen einer Delegation der DDR und einer Wirtschaftsdelegation der VR China in der DDR sowie der Beratungen des Ministers für Schwermaschinen- und Anlagenbau der DDR mit dem Minister für Maschinenbau der VR China vom 10. bis 17.5.1984 in der VR China, 8.6.1984.

zeugbau Vorstellungen über die Entwicklung der Produktion entwickeln. In diesem Zusammenhang wurde auch die Modernisierung des Waggonbaubetriebs Wuhan erwähnt. Im Ministerium für Schwermaschinen- und Anlagenbau war man sich der Tatsache bewusst, dass diese komplexe Aufgabenstellung nicht ohne eine größere Investition in die eigenen Fertigungsstätten zu bewältigen sein würde.

Gleiches galt für die Produktion von Mähdreschern, die die DDR ebenfalls nicht in der von China nachgefragten Stückzahl herstellen konnte. So wurde im November 1985 in einem Landwirtschaftsbetrieb in einem Beijinger Vorort bereits der fünftausendste Mähdrescher des Typs Fortschritt E 514 übergeben.[371] Deshalb entschied man sich in diesem Fall für einen Technologietransfer. 1984 importierte die Mähdrescherfabrik in Siping, Provinz Jilin, die Technologie der Herstellung der Mähdrescher Fortschritt E 512/E 514[372] aus dem VEB Kombinat Fortschritt Landmaschinen in Neustadt/Sachsen. Im November desselben Jahres reiste eine Gruppe von acht Personen, geleitet von der chinesischen Import/Export-Servicegesellschaft des Amts für Neulanderschließung im Ministerium für Landwirtschaft, Viehzucht und Fischereiwesen für gut einen Monat in die DDR, um sich in der Reparatur des Mähdreschers E 512 ausbilden zu lassen. Schwerpunkte waren die Reparatur des Motors und der Hydraulikanlage. Außer für die Reparatur interessierte sich die Gruppe auch für die Organisation der Instandhaltung von Landmaschinen in der ganzen DDR.

Ebenfalls um Technologietransfer ging es im VEB Kombinat Agrochemie Piesteritz. Das dort seit 60 Jahren angewendete Verfahren der Herstellung von Schwefelsäure und Zement aus Gips wurde in den 1980er Jahren an ein Unternehmen in der Provinz Yunnan in Lizenz vergeben.[373] Auch im Jahr 1988 verkaufte die DDR Patente und Technologien nach China.[374]

---

[371] Foto von Xinhua Nr. 150075178 vom 25.11.1985.

[372] Woguo gaige kaifang qian de liu da lianhe shougeji zhizaochang (Die sechs großen Herstellerwerke für Erntekombines in China aus der Zeit vor der Periode von Reform und Öffnung), http://www.pig66.com/2019/145_0405/17796540.html (aufgesucht am 25.10.2019).

[373] Li Tongfu, Fu Minzhu Deguo huagong kaocha gaikuang (Übersicht über eine Untersuchung der chemischen Industrie der DDR), Lüjian gongye 1988, Nr. 1, S. 2–6.

[374] Zengjin bici liaojie – jiaqiang huli hezuo (Verstärken wir das gegenseitige Verständnis und die Zusammenarbeit zum gegenseitigen Vorteil), Guoji Maoyi, 1989, H. 6, S. 1.

Vom 6. bis 18. September 1984 besuchte eine Delegation aus dem Forschungsinstitut für Fotochemie der chinesischen Akademie der Wissenschaften einschlägige Betriebe und Institute in Berlin, Merseburg, Leipzig, Dresden, Jena und Wolfen. Die Delegation hob die engen Beziehungen zwischen dem Kombinat ORWO und den Forschungseinrichtungen und Universitäten innerhalb der DDR hervor.[375]

Ebenfalls im September und Oktober besuchte eine chinesische Expertendelegation für traditionelles Porzellan in der DDR verschiedene Betriebe im Bereich des Ministeriums für Glas und Keramik, um neue Technologien insbesondere zur Herstellung von Gebrauchsporzellan zu studieren. In ihrem Besuchsbericht hob die Delegation hervor, dass verschiedene automatisierte Prozesse es wert sind, studiert zu werden und dass andererseits die DDR-Seite daran interessiert ist, von den Erfahrungen Chinas mit der Herstellung von Porzellan zu lernen.[376]

Im November 1984 wurde nach dem Besuch einer Expertendelegation unter Leitung des Generaldirektors des Eisen- und Stahlwerks Taiyuan, Wang Jingsheng, im VEB Schwermaschinenbaukombinat „Ernst Thälmann“ (SKET) Magdeburg bekannt gegeben, dass SKET im Eisen- und Stahlwerk Taiyuan, Provinz Shanxi, Walzwerksanlagen rekonstruieren beziehungsweise neu bauen wird.[377] Ebenfalls im November 1984 unternahm eine Delegation unter Leitung des Direktors des Ökonomischen Forschungsinstituts der Staatlichen Plankommission (SPK), Professor Horst Steeger, eine dreiwöchige Studienreise, um die Politik der offenen Küstenstädte zu kennenzulernen. Sie besuchte neben Beijing, Dalian, Tianjin, Shanghai und Guangzhou auch das damalige Dorf Shenzhen, in dem sich schon die Kräne drehten.[378]

Im Dezember dann unterzeichneten der Vorsitzende der Plankommission, Gerhard Schürer, und der Vorsitzende der Staatlichen Plankommission der VR China, Song Ping, ein Protokoll über die Vertiefung der wirtschaftlichen und wissenschaftlich-technischen Zusammenarbeit für

[375] Wang Su‘e, Fu Minzhu Deguo kaocha tihui (Resultate einer Studienreise in die DDR), Yingxiang cailiao 1985, H. 2, S. 6.

[376] Zhu Guihong, Minzhu Deguo taoci shengchan de xin gongyi xin shebei gaikuang (Überblick über neue Technologien und Ausrüstungen bei der Herstellung von Porzellan in der DDR), Zhongguo Taoci 1985, H. 3, S. 43–47.

[377] SKET rekonstruiert Walzwerk in China, Volksstimme, 1.11.1984.

[378] Persönliche Mitteilung von Dr. R. Sukowski, 19.4.2020.

1985 und im Zeitraum 1986 bis 1990. Als Maßnahmen zur Vertiefung der Wirtschaftsbeziehungen wurde vereinbart, dass sich die DDR im Rahmen des Modernisierungsprogramms der chinesischen Volkswirtschaft an der Rekonstruktion von Industriebetrieben durch Lieferung hochproduktiver Ausrüstungen, Transfer fortschrittlicher Technologien und technische Unterstützung beteiligen sollte.[379] Song Ping lud Gerhard Schürer zum Besuch in China ein.

Die VR China intensivierte im Jahre 1984 als eine neue Schwerpunktsetzung die Wirtschafts- und Kulturbeziehungen mit der DDR, Polen und Ungarn. Ein Bericht in der Zeitschrift *Guoji Zhanwang* (Internationale Perspektiven) hob hervor, dass der Warenaustausch zwischen China und der DDR im Jahre 1985 gegenüber 1984 um 54,9 Prozent gesteigert werden solle.[380] Die chinesische Seite schlug den sozialistischen Ländern Europas 90 Projekte einer möglichen Zusammenarbeit besonders bei der Rekonstruktion von Industriebetrieben vor. Die DDR erklärte ihr Interesse an 47 dieser Projekte.[381]

Im Jahre 1984 importierte China aus der DDR mehr als 300 Kettenwirkmaschinen des Typs Kokett 300. Um den Import teurer Ersatzteile für diese Maschinen abzulösen, hatte das Ministerium für Textilindustrie das Forschungsinstitut für Textilmaschinen in Wuxi, Provinz Jiangsu, damit beauftragt, die dazugehörigen Spezialnadeln selbst herzustellen. Das Institut in Wuxi hatte dieses Problem im Jahre 1987 gelöst.[382] Die Werkzeugmaschinenfabrik *Xinghuo* (Sternenfeuer) in Tianshui, Provinz Gansu, berichtete von einer Verbesserung, die sie an einer aus der DDR importierten Horizontalfräsmaschine FV 400 y vorgenommen hatte.[383] Dieser an sich nicht besonders bedeutsame Artikel wirkte wie eine Negativreklame für den DDR-Werkzeugmaschinenbau, weil der Ausgangspunkt

---

379 DDR und VR China bauen ihre Beziehungen aus, Neues Deutschland, 12.12.1984, S. 2.

380 Chen Xueyan, Zhongguo yu Dongou sanguo xunsu fazhan hezuo guanxi (China und drei Länder Osteuropas entwickeln rasch die Beziehungen der Zusammenarbeit), Guoji zhanwang 1985, H. 15, S. 20.

381 CIA, Eastern Europe: Expanding Trade with China, Dezember 1985, CIA-RDP93T01142R000100250002-4.

382 Huang Miaozhen, Yinjin „zaozhen sheji, zhizao jishu“ tongguo yanshou, jinru zhengchang shengchan (Die importierte Konstruktion der Spezialnadeln und ihre Fertigungstechnologie wurden abgenommen und gingen in die normale Produktion über), Fangzhi baodao 1987, H. 18, S. 3f.

383 Liang Shufa, Jinkou jichuang mocapian de gaijin (Verbesserung der Reibplatte an

der Verbesserung ein gebrochenes Teil an der Fräsmaschine war. Wenn die vom chinesischen Anwender vorgeschlagene Verbesserung veröffentlicht wurde, kann man annehmen, dass dieser Schaden öfter aufgetreten war. Wie diese Beispiele zeigen, holte China technologisch immer schneller auf und förderte systematisch die eigene Unabhängigkeit von Importen in immer mehr Bereichen.

Sehr rege verlief Mitte der 1980er Jahre die Wirtschaftsdiplomatie zwischen beiden Seiten. Dabei wurde immer deutlicher, dass vor allem die chinesische Nachfrage Art und Umfang des Handels bestimmte. In Anwesenheit des Mitglieds des Politbüros der KP Chinas, Li Peng, unterzeichneten Günther Wyschofsky und der Vorsitzende der chinesischen Sektion, Qin Zhongda, im April 1985 in Beijing das Protokoll der I. Tagung des Wirtschaftsausschusses DDR – China. Beide Seiten werteten den für 1985 vereinbarten Warenaustausch als gute Ausgangsbasis für die Vorbereitung des langfristigen Handels- und Zahlungsabkommens. Sie unterstrichen ihr Interesse, im kommenden Fünfjahrplan den Warenaustausch bedeutend zu steigern. Wieder lag der Schwerpunkt auf der Modernisierung von chinesischen Industriebetrieben, an der die DDR mitwirken werde, vor allem im Maschinenbau.[384]

Die DDR-Seite des Wirtschaftsausschusses wurde, wie erwähnt, vom Minister für chemische Industrie, Günther Wyschofsky, geleitet. Sein Stellvertreter war Harald Rost, stellvertretender Vorsitzender der SPK. Sekretär war Dr. Rolf Sukowski, Fachgebietsleiter China in der SPK. Der DDR-Delegation gehörten zehn bis 15 Mitglieder an, die die wichtigsten Ministerien vertraten. Zu ihnen gehörten: Dr. Herbert Krolikowski, Staatssekretär im Ministerium für auswärtige Angelegenheiten, Dietrich Lemke, stellvertretender Minister für Außenhandel, Dr. Manfred Thalemann, stellvertretender Minister für Werkzeug- und Verarbeitungsmaschinenbau und Klaus Herrmann, stellvertretender Minister für Wissenschaft und Technik. Für eine bequeme Kontaktaufnahme mit den chinesischen Partnern wurde in der Botschaft der DDR zusätzlich zur Handelspolitischen auch eine Wirtschaftpolitische Abteilung (WPA) eingerichtet, die zuerst mit Rolf Richter und dann mit Günther Schwab, beide von der SPK delegiert, besetzt war. In Shanghai gab es

---

einer importierten Werkzeugmaschine), Zhizao jishu yu jichuang 1985, H. 4, S. 47.

[384] Gute Basis für langfristiges Handelsabkommen mit China, Neues Deutschland, 29.4.1985, S. 2.

eine Außenstelle der WPA, deren Vertreter vom Ministerium für Wissenschaft und Technik kam.[385]

Bei seinem Besuch in der DDR brachte der stellvertretende Ministerpräsident Li Peng in einem Gespräch mit Erich Honecker zum Ausdruck, dass China die weitere Entwicklung der „traditionell freundschaftlichen" Beziehungen mit der DDR wünsche. Li Peng traf während seines Besuchs unter anderem mit dem Vorsitzenden der Plankommission, Gerhard Schürer, und mit Außenminister Oskar Fischer zusammen.[386] Er besuchte auch den VEB Waggonbau Dessau und führte ein Gespräch mit dessen technischem Direktor, Siegfried Möbius, über die Zusammenarbeit dieses Betriebes mit China. Als Chemieminister Wyschofsky erfuhr, dass Li Peng als Student in Moskau in den 1950er Jahren im Rahmen eines Studentenaustausches nach Berlin gekommen war und an Einsätzen des Nationalen Aufbauwerks (NAW) in der damaligen Stalinallee teilgenommen hatte, überreichte man ihm nachträglich die Ehrennadel des NAW.[387]

Am 4. Juni 1985 wurde zwischen dem Volkseigenen Außenhandelsbetrieb Chemieanlagenbau Export-Import und der China National Technical Import Corporation ein Vertrag über die Lieferung der Hauptausrüstungen für eine Sodaanlage in Weifang, Provinz Shandong, abgeschlossen. Ausführender Betrieb war der VEB Chemieanlagenbau Staßfurt. Vor Abschluss des Vertrages hatte sich die chinesische Seite von der Funktionsweise gleichartiger Anlagen in der DDR, unter anderem in Staßfurt und Bernburg, überzeugt. Die Lieferung hatte einen Wert von 20.650.000,- CHF oder 40.422.100,- VM.[388] In dieser Summe war ein Anteil von 510.000,- CHF für Ersatzteile enthalten. Die Sodafabrik hat eine Kapazität von 600.000 Tonnen Soda pro Jahr (oder 1.800 metrischen Tonnen Soda täglich).

Im April 1985 traf eine Wirtschaftsdelegation aus der Provinz Hunan in der DDR ein. Die Delegation hatte sich während ihres Aufenthalts in der DDR in Kombinaten des Chemieanlagenbaus, des Maschinenbaus und der Nahrungsmittelverarbeitung über Möglichkeiten der Zu-

---

[385] Persönliche Mitteilung von Dr. R. Sukowski, 19.4.2020.

[386] Angnake zhuxi huijian Li Peng fuzongli (Vorsitzender Honecker empfängt den stellvertretenden Ministerpräsidenten Li Peng), Renmin Ribao, 22.5.1985, S. 6.

[387] Persönliche Mitteilung von Dr. R. Sukowski, 19.4.2020.

[388] LASA Abteilung Magdeburg, I 41, Nr. 625, Schreiben Chemieanlagen Export-Import an Käufer vom 24.9.1985.

sammenarbeit beim Aufbau und bei der Rekonstruktion von Betrieben in China, über den Erwerb von Lizenzen und Technologien sowie die Lieferung von Maschinen und Anlagen informiert.[389]

Im Juli 1985 wurde das langfristige Handels- und Zahlungsabkommen zwischen der DDR und der VR China für den Zeitraum 1986 bis 1990 durch die stellvertretenden Ministerpräsidenten beider Länder, Gerhard Schürer und Tian Jiyun, in Beijing unterzeichnet. In diesem Handelsabkommen war die Erhöhung der gegenseitigen Warenlieferungen auf mehr als das Zweieinhalbfache gegenüber dem Zeitraum 1981 bis 1985 vorgesehen. Die DDR sollte in die VR China unter anderem Lastkraftwagen W 50, Schienenfahrzeuge, Erzeugnisse des wissenschaftlichen Gerätebaus, Werkzeugmaschinen, Mähdrescher, Maschinen und Ausrüstungen für die Leicht- und Lebensmittelindustrie sowie Düngemittel liefern. Vorgesehen waren auch die erneute Mitwirkung der DDR an der Rekonstruktion chinesischer Industriebetriebe sowie die Vertiefung der Produktionszusammenarbeit.[390] Nach längeren internen Erwägungen trat Schürer in China auch in seiner Eigenschaft als Kandidat des Politbüros des ZK der SED auf. Als Zhao Ziyang im Jahre 1987 die DDR besuchte, bezeichnete er Schürers Reise gegenüber Erich Honecker daher als eine „historische Reise", weil er die Beziehungen zwischen beiden Ländern auf eine höhere Stufe gehoben habe.[391]

Das Abkommen für die Jahre 1986 bis 1990 führte folgende Positionen zum Aufbau von Industriebetrieben in China durch die DDR auf:[392]

- Ausrüstungen für Zementanlagen	45 Mio. CHF
- Ausrüstungen für Plattenwerke	28 Mio. CHF
- Sodaanlage	20 Mio. CHF
- Ausrüstungen für Kohledruckvergasung (Ausgaben für 1986/87)	16 Mio. CHF
- Maschinen und Ausrüstungen für die Lebensmittelindustrie	16 Mio. CHF

---

389 Abordnung aus der VR China begrüßt, Neues Deutschland, 19.4.1985, S. 2.

390 Langfristiges Abkommen mit der Volksrepublik China abgeschlossen, Neues Deutschland, 16.7.1985, S. 1.

391 Persönliche Mitteilung von Dr. R. Sukowski, 19.4.2020.

392 SAPMO-BArch Büro Egon Krenz, DY_30_2_2.039_297_052, Abkommen zwischen den Regierungen der DDR und der VR China über den Warenaustausch und Zahlungen in den Jahren 1986 bis 1990, Juli 1985.

Angesichts der in den Jahren zuvor wie erwähnt häufigen Veränderungen in den Schwerpunkten der wirtschaftlichen Entwicklung Chinas sah die DDR in diesen Handelsvereinbarungen erstmals eine effektive, auf fünf Jahre angelegte Planabstimmung für die Lieferungen beider Seiten.[393] Im System des ausgeglichenen Warenaustauschs waren die Exporte nach China für die DDR ökonomisch ebenso vorteilhaft wie chinesische Lieferungen von Rohstoffen, industriellen und landwirtschaftlichen Halb- und Fertigwaren, die für die Wirtschaft der DDR benötigt wurden.[394] Als wichtige Positionen im langfristigen Handelsabkommen war festgeschrieben, dass die DDR 1.000 Kühlfahrzeuge, 10.000 LKW, 300 klimatisierte Reisezugwagen, Ersatzteile für 3.000 Mähdrescher und 73 schwere Pressen nach China exportieren werde.[395] Allerdings erwies sich die chinesische Seite als deutlich flexibler und pragmatischer in der Verfolgung ihrer eigenen Interessen. China fühlte sich nicht streng an die langfristigen Vereinbarungen gebunden und reduzierte insbesondere den Import von LKW und anderen Positionen drastisch.

Die folgende Tabelle gibt einen Überblick über die Entwicklung des Handels der VR China mit den „Fünf Ländern Osteuropas“.[396]

Tabelle 13 Entwicklung des Handels der VR China mit den „Fünf Ländern Osteuropas“

Land	**Handelsumsatz 1982, Mio. CHF**	**Handelsumsatz 1985, Mio. CHF**	**Geplanter Handelsumsatz 1986–1990, Mio. CHF**
DDR	404 (1984)	622	4.800
Polen	250	1.300	6.500
CSSR	400 (1983)	1.000	5.000
Ungarn	186 (1983)	656	3.000
Bulgarien	100 (1984)	156	3.000

393 Beziehungen DDR – China gewinnen an Effektivität, Neues Deutschland, 12.12.1985, S. 6.

394 Ibid.

395 Yang Laichun, Yuan Zhongguo yu Minzhu Deguo jingmao guanxi buduan fazhan (Mögen sich die Wirtschafts- und Handelsbeziehungen zwischen China und der DDR unaufhörlich weiter entwickeln), Guoji Maoyi 1989, H. 6, S. 17f.

396 Dong Zhongshi, Zhongguo tong Dongou wuguo guanxi de xin fazhan (Neue Entwicklung der Beziehungen Chinas mit den fünf Ländern Osteuropas), Guoji zhanwang, 1986, H. 18, S. 8–10.

Die Aufstellung zeigt, dass die DDR 1985 im Handel mit China einen hinteren Platz einnahm. Auch bis 1990 sollte sie dem Abkommen zufolge hinter Polen und der Tschechoslowakei rangieren. Ihre einstige Spitzenposition im Handel mit China – in den 1950er Jahren nur von der Sowjetunion übertroffen – hatte sie spätestens mit Einsetzen der chinesischen Reform- und Öffnungspolitik endgültig eingebüßt.

Dennoch waren manche Sparten verblieben, in denen die DDR-Wirtschaft für die VR China nach wie vor von Interesse war – wenngleich auch hier die chinesische Seite beständig auf Technologietransfer und Ausbildung eigener Fachkräfte hinwirkte. Zum Beispiel fanden im Oktober 1985 in Beijing Verhandlungen zwischen dem Minister für Allgemeinen Maschinen-, Landmaschinen- und Fahrzeugbau, Günther Kleiber, und Zhou Jiannan, Minister für Maschinenbau, statt. Der Ausbau der Produktionszusammenarbeit, die Mitwirkung der DDR an der technischen Rekonstruktion chinesischer Betriebe, der Technologietransfer und die Ausbildung und Qualifizierung chinesischer Fachkräfte waren Gegenstand der Gespräche.[397]

Im November desselben Jahres besuchte eine Expertengruppe des chinesischen Verkehrsministeriums das Kombinat baukema (Bau-, Baustoff- und Keramikmaschinen), um sich über die Produktion von Straßenbaumaschinen zu informieren. Ihr Bericht macht deutlich, dass die chinesische Seite auch beim Straßenbau die DDR zusehends als veraltet ansah. Fast nostalgisch mutet der Hinweis an, dass China in den 1950er und 1970er Jahren aus diesem Bereich Bagger sowie Bitumen- und Betonmischmaschinen importiert habe. Die Experten aus China bescheinigten dem Kombinat, dass das Niveau der Straßenbaumaschinen „nicht niedrig“ sei - aber auch nicht hoch, sollte das heißen - und dass es für China vorteilhaft sei, Maschinen des Kombinats im Rahmen des Handelsabkommens zu importieren. Auch die deutsche Seite hätte wiederholt zum Ausdruck gebracht, dass man am Ausbau der technischen Zusammenarbeit und des Handels interessiert sei.[398] Die wirtschaftlichen Kräfteverhältnisse waren deutlich erkennbar. Entsprechend zufrieden äußerte sich der Außenminister der VR China, Wu Xueqian, als er im

[397] Verhandlungen DDR – VR China, Neues Deutschland, 28.10.1985, S. 2.

[398] Chai Rendong, Minzhu Deguo lumian jixie kaocha jishi (Aufzeichnung über eine Untersuchung von Straßenbaumaschinen aus der DDR), Gonglu jiaotong keji 1986, H. 2, S. 93f.

Dezember 1985 in Berlin eine Bilanz der internationalen Beziehungen seines Landes im zu Ende gehenden Jahr zog.

Besonders in der zweiten Hälfte der 1980er Jahre erinnerte man sich in China, wie wir gesehen haben, wieder der Hilfe der DDR beim Aufbau kompletter Industriebetriebe während der 1950er Jahre. Jetzt wünschte man eine Modernisierung dieser Betriebe. Die chinesische Seite schlug vor, diese Modernisierung mit der Lieferung der daraus resultierenden, besseren Erzeugnisse zu bezahlen. Doch die ohnehin bereits skeptisch gewordenen Chinesen mussten schnell einsehen, dass die DDR in vielen Fällen zu den gewünschten Modernisierungen gar nicht mehr in der Lage war. Auch stieß das Bezahlungsmodell bei der DDR-Seite auf wenig Gegenliebe. Damals wurden an das Kombinat VEB Carl Zeiss JENA Anfragen zur Modernisierung eines Werks für Fotoapparate und einer Brillenfabrik gerichtet. Die Shanghai Foreign Trade Co. fragte wegen einer Produktionslinie und Technologien für das kontinuierliche Schmelzen von optischem Glas an.[399] Diese Anfragen wurden abgelehnt, weil das Zeiss-Kombinat keine technologischen Ausrüstungen liefern konnte.

Im VEB Kombinat Carl Zeiss JENA für die Mikroelektronik entwickelte Ausrüstungen jedoch konnten erfolgreich auch nach China exportiert werden. Damit half die DDR der VR China bei ihren Anstrengungen, durch Importe von Fertigungslinien den Rückstand in der Mikroelektronik aufzuholen. Im Zentrum stand hier allerdings die japanische Firma Toshiba. Von September bis Dezember 1986 installierte das Zeiss-Kombinat in Wuxi (Provinz Jiangsu) im Forschungszentrum für Mikroelektronik einen Automatischen Überdeckungsrepeater (AÜR) und eine Zeiss-Belichtungsanlage 20 (ZBA 20) und in Changsha, Provinz Hunan, und in der Tianguan Fabrik für integrierte Schaltkreise Shaoxing, Provinz Zhejiang, je einen Automatischen Einfach-Repeater (AER). Montageleiter war Dr. Richard Oberländer, der auch als Bevollmächtigter des Generaldirektors von Carl Zeiss JENA in Beijing tätig war.[400] Der in Wuxi vorgesehene Ort hielt zwar nicht die geforderten Aufstellungsbedingungen ein. Die Geräte konnten dennoch übergeben werden. Die Stadt Wuxi wurde damals gerade zu einem der Zentren der Mikroelektronikindustrie, und das ist sie bis heute.

---

[399] ZEISS-Archiv, VA 04104, Reisebericht vom 18.7.1986.

[400] Persönliche Mitteilung von Dr. R. Oberländer, 25.07.2018.

Bereits in den 1970er Jahren hatte der VEB Carl Zeiss JENA einen Repeater in eine Elektronikfabrik in Meishan, Provinz Sichuan, geliefert. 1975 wurde ein automatischer Neunfach-Repeater ANR3 von Zeiss im Radiowerk „Licht aus dem Osten" in Beijing montiert.[401] Bei diesen Anlagen handelte es sich um Hochleistungsgeräte, die nicht für den Export in das NSW freigegeben waren. Die Ausrüstungen für die Mikroelektronik waren auf der Grundlage eines Regierungsabkommens mit der Sowjetunion entwickelt worden. Die sowjetische Seite musste jeweils eine Freigabe erteilen, die für China nicht vorlag. Schließlich genehmigte die Sowjetunion den Export dieser Ausrüstungen nach China.

Abbildung 22: Ein chinesischer Spezialist am Zeiss-Stand auf der Leipziger Frühjahrsmesse in den 80er Jahren (2. von rechts: Dr. Umland, Leiter der HA Applikation des Außenhandelsbetriebs, 4. von links: Dr. Richard Oberländer)

Der Vorsitzende der DDR-Sektion des Wirtschaftsausschusses DDR – China, Günther Wyschofsky, und der Minister für Elektronikindustrie der VR China, Li Tieying, stimmten bei einem Treffen in Berlin im November 1986 darin überein, dass die Zusammenarbeit in der Elektronikindustrie verstärkt in den Mittelpunkt der Arbeit des Wirtschaftsausschusses DDR – China gestellt werden müsse. Sie unterstrichen das Interesse beider Seiten, Warenlieferungen zunehmend mit der Entwicklung der Produktionskooperation, der Ausbildung von Fachkräften sowie dem Technologietransfer zu verbinden.[402]

Wirklich aussichtsreich aber war die Zusammenarbeit in der (Braun-)

401 ZEISS-Archiv, VA 01820, Reisebericht vom 12.09.1975.

402 Kooperation in der Elektronik, Neues Deutschland, 2.12.1986, S. 3.

Kohleindustrie. Beide Länder deckten den Großteil ihres Bedarfs an Energie mit Hilfe der Kohle. Zu den reichen Kohlevorkommen Chinas gehören — vor allem im Autonomen Gebiet der Inneren Mongolei — auch große Braunkohlelagerstätten, die im Tagebau abgebaut werden. Der effektiven Verwertung und Veredlung der Kohle galt hier wie dort erstrangige Aufmerksamkeit.

Partner aus beiden Ländern kooperierten bei der Rekonstruktion und Erweiterung der Rohmontanwachsfabrik Shulan (*Shulan hemeila chang* 舒兰褐煤腊厂, Provinz Jilin). Seit Jahren importierte China Montanwachs — einen Rohstoff für die Produktion von Putzmitteln und Kohlepapier — aus Amsdorf, im Landkreis Mansfeld-Südharz gelegen, in der DDR. In Shulan sollte gemäß einem Abkommen von 1986 nach der Amsdorfer Technologie Rohwachs aus Braunkohle gewonnen werden. Damit hatte die DDR diese Technologie erstmalig ins Ausland transferiert. Chinesische Fachleute hatten das Verfahren bereits vor Ort in Amsdorf studiert und erste Erfahrungen gesammelt. Die Montanwachsfabrik Shulan nahm, ausgerüstet mit Technologie aus der DDR, 1990 die Produktion von jährlich 500 Tonnen Montanwachs höchster Qualität auf. Im Vordergrund stand die jährliche Produktion entsprechend DDR-Standard.[403] Um den weiteren Export von Montanwachs aus der DDR in andere Länder zu sichern, wurde vereinbart, dass die Montanwachsfabrik Shulan nur für den innerchinesischen Bedarf produziert.[404]

Die ständigen Bemühungen der DDR um langfristig planbare Handelsbeziehungen mit China hatten im Juli 1985, wie oben erwähnt, zur Unterzeichnung eines Handelsabkommens für die Jahre 1986 bis 1990 geführt. Sie wurden im Oktober 1986 beim Besuch von Erich Honecker in der VR China mit dem „Abkommen zur Entwicklung der langfristigen wirtschaftlichen und wissenschaftlich-technischen Zusammenarbeit" mit einer Laufzeit von 15 Jahren fortgesetzt. Schwerpunkte der langfristig auszubauenden Zusammenarbeit beider Länder waren unter anderem der Maschinenbau, die Elektrotechnik/Elektronik, die Kohleindustrie, die Che-

---

403 Shao Yi, Hemeila shengchan he xiaoshou zhong jidai jiejue de wenti (Die dringend zu lösenden Probleme bei der Produktion und dem Verkauf von Montanwachs), https://wenku.baidu.com/view/571f510a03020740be1e650e52ea551810a6c919.html (aufgesucht am 15.2.2020).

404 SAL, 20309 Institut für Energetik, Nr. 36118, Besuch von Gao Yangwen, Minister für Kohleindustrie, in der DDR, 27.3.1985.

mie und die Landwirtschaft, aber auch Bereiche wie Umweltschutz und Gesundheitswesen.

Die zweite Hälfte der 1980er Jahre war denn auch von zahlreichen Treffen und Abkommen geprägt. China interessierte sich dabei vor allem für Techniken rund um die Braunkohle (nicht allein Montanwachs), für die Chemieindustrie sowie für Baumaschinen. Der Präsident der Kammer für Außenhandel, Hans-Joachim Lemnitzer, traf im August 1986 mit dem Vorsitzenden des Komitees zur Förderung des Handels, Jia Shi, zusammen. Sie vereinbarten, dass sich China an der Leipziger Frühlings- und Herbstmesse 1987 beteiligt und die DDR im Jahre 1988 in Beijing eine Exportgüterausstellung ausrichtet.[405]

Abbildung 23: Der stellvertretende Ministerpräsident Li Peng (3. von links) empfing am 21.8. 1986 den Präsidenten der Kammer für Außenhandel der DDR, Hans-Joachim Lemnitzer (2. von links) in der Großen Halle des Volkes in Beijing

Im April und Mai 1987 fand die III. Tagung des Wirtschaftsausschusses DDR – China statt. Unter anderem wurde die Aufnahme einer direkten Flugverbindung der Interflug zwischen Berlin und Beijing vereinbart.[406] Im September 1986 reiste eine chinesische Delegation des Amts für Baumaschinen im Bauministerium zu einer zweiwöchigen Tour in die DDR, um den Stand der Produktion von Baumaschinen zu studie-

[405] Eintrag zum 21.8.1986 in: *Zhongguo gaige kaifang xin shiqi nianjian, 1986 nian (Jahrbuch der neuen Periode von Reform und Öffnung Chinas 1986)*, Beijing: Zhongguo minzhu fazhi chubanshe 2015, S. 582f.

[406] Persönliche Mitteilung von Dr. R. Sukowski, 19.4.2020.

ren.[407] Zahlreiche weitere Treffen und Vereinbarungen folgten.[408]

Im Juni 1987 besuchte der Generalsekretär der KP Chinas, Zhao Ziyang, die DDR.[409] Im Zentralinstitut für sozialistische Wirtschaftsführung in Berlin-Rahnsdorf stellte ihm Chemie-Minister Wyschofsky Exponate zum Thema „Neue Werkstoffe und Technologien" vor. In der DDR gehe es vor allem darum, so erklärte Minister Wyschofsky, einheimische Rohstoffe höher zu veredeln. Der Minister nannte das Beispiel der Staubdruckvergasung von Kohle, eines Verfahrens, das künftig auch im Gaswerk der chinesischen Millionenstadt Harbin genutzt werden solle (siehe unten).[410] Der Minister für Außenhandel der DDR, Gerhard Beil, und der Minister für Außenwirtschaft und Außenhandel der VR China, Zheng Tuobin vereinbarten Maßnahmen zum Abschluss weiterer langfristiger kommerzieller Verträge zwischen den Außenhandelsgesellschaften beider Länder zur Entwicklung der industriellen Zusammenarbeit und zur Lieferung ingenieurtechnischer Leistungen.[411]

Die folgende Statistik des Exports der DDR nach China im Jahre 1987 zeigt die Aufschlüsselung des Exports nach Industriezweigen beziehungsweise Außenhandelsbetrieben (Werte in Tausend CHF, Stand: 30.9.1987)[412]

Tabelle 14: Export der DDR nach China aufgeschlüsselt auf Industriezweige im Jahre 1987

Außenhandelsbetrieb	**Jahresprotokoll 1987**	**1987 gesamt**	**Davon Verträge 1987**	**Überhänge aus 1986**
Chemieanlagenbau	24.800	30.015	29.565	450

[407] Ren Tianxiao, Minzhu Deguo de jianzhu jixie (Baumaschinen der DDR), Jianzhu jixiehua 1987, H. 3, S. 12–18.

[408] Begegnung mit chinesischer Politikerin im Ministerrat, Neues Deutschland, 15.9.87, S. 2; Chinesische Kohleindustrie wird DDR-Verfahren nutzen, Neues Deutschland, 6.6.1987, S. 6; Protokoll mit VR China in Berlin unterzeichnet, Neues Deutschland, 22.4.1987, S. 3.; Chang Su, Minzhu Deguo huagong shebei zhizaoye (Der Chemieanlagenbau in der DDR), Xiandai Huagong 1989, Nr. 9, S. 40–43.

[409] Zhao Ziyang tong Siduofu juxing huitan (Unterredung von Zhao Ziyang mit Stoph), Renmin Ribao, 10.6.1987.

[410] Heimische Rohstoffe höher veredelt, Neues Deutschland, 11.6.1987, S. 4.

[411] Dynamik im Handel mit China, Neues Deutschland, 11.6.1987, S. 4.

[412] Export der Außenhandelsbetriebe nach China 1987, Material der HPA der Botschaft der DDR in der VR China, 1987. Persönliche Mitteilung von W. Wallborn vom 8.7.2020.

Schienenfahrzeugbau	69.400	70.102	66.262	3.840
Werkzeugmaschinen	35.900	36.550	33.620	2.830
SKET	1.800	1.986	1.986	-
Elektronik	1.500	-	-	-
Fortschritt Landmaschinen	36.400	43.381	28.769	1.522
Transportmaschinen	144.200	141.313	105.820	35.493
Textima	4.000	2.393	1.273	1.120
Polygraph	20.000	17.113	15.233	1.880
Robotron	1.000	12	12	-
Elektrotechnik	25.000	27.752	27.752	-
Technocommerz	2.900	2.989	2.989	-
Carl Zeiss JENA	10.000	7.545	3.465	4.080
Chemie	21.000	17.350	17.350	-
Intermed	4.300	3.949	3.922	-
Metallurgiehandel	29.000	27.310	26.210	1.100
Buchexport	1.100	836	736	100
Kali	15.500	17.847	16.747	1.100
Germed	200	200	200	-
Limex	-	196	-	-
TAKRAF	-	260	-	-
Schiffscommerz	-	200	-	-
Baukema	-	20	-	-
Heimelektrik	-	454	-	-
Gesamt	**448.000**	**449.773**	**381.911**	**65.083**

Die Statistik zeigt, dass Fahrzeuge, wie Lastkraftwagen und Schienenfahrzeuge und Landmaschinen, nach wie vor die größte Position im Export der DDR nach China bildeten, gefolgt von Maschinenbauerzeugnissen und Chemieanlagen. Auch Rohstoffe und Halbfabrikate, wie Kali, Chemikalien und metallische Halbzeuge hatten einen bedeutenden Anteil am Export. Die Probleme beim Export der DDR werden auch daran sichtbar, dass der Exportplan nur unter Einbeziehung der Überhänge aus dem Jahr 1986 erfüllt wurde. Um mehr zukunftsträchtige Erzeugnisse in den Export einzubeziehen, unternahm die DDR große Anstrengungen. Hierzu gehörte die Exportgüteraussstellung im Jahre 1988 in Beijing.

5.2. Beijing 1988: Die größte Exportausstellung der DDR

Anlässlich der Leipziger Frühjahrsmesse 1988 empfing der stellvertretende Außenhandelsminister Jochen Steyer eine Gruppe chinesischer

Wirtschaftsjournalisten zu einem Gespräch über die Perspektiven der wirtschaftlichen Beziehungen zwischen der DDR und der VR China. Er erwähnte als Erfolge die bekannten Punkte Schienenfahrzeugbau, Mähdrescher und den Bau des Kohlegaswerks in Harbin (siehe unten). Als die interessantesten Gebiete für die künftige Zusammenarbeit nannte Steyer die Mikroelektronik, die Rechentechnik und die Biotechnologie, weil China auf diesen drei Gebieten in den letzten Jahren beachtliche Erfolge erzielt hätte.[413] Hier deutete sich mit seltener Klarheit an, dass die DDR inzwischen auch auf anderen Gebieten als dem der traditionellen Porzellanherstellung von China würde lernen können.

Die größte und letzte Exportausstellung der DDR wurde, wie eingangs erwähnt, im April 1988 in Beijing eröffnet. Zehn Tage lang zeigten 64 Kombinate und 38 Außenhandels- und Consultingbetriebe der DDR chinesischen Fachleuten aus Forschung, Entwicklung, Industrie und Außenhandel anhand von rund 800 Erzeugnissen, Modellen und ingenieurtechnischen Lösungen auf einer Gesamtfläche von 6.600 Quadratmetern Highlights der DDR-Wirtschaft und unterbreiteten ihre Exportangebote.

Die Eröffnung der Ausstellung fand im Beisein mehrerer Minister beider Seiten statt. Erich Honecker und Zhao Ziyang schickten Grußadressen. Zhao äußerte unter anderem die Hoffnung, dass sich beide Seiten darum bemühen sollten, für eine lebendige, vielfältige Zusammenarbeit neue Wege und Methoden zu finden. Damit spielte er sehr wahrscheinlich auf die konservative, ablehnende Haltung der DDR-Regierung zu Joint Ventures und ähnlichen Formen der Zusammenarbeit an.[414]

In der chinesischen Presse wurde auf die Exportausstellung der DDR vielfältig aufmerksam gemacht. Die Zeitschrift *Guoji Maoyi* (Internationaler Handel) hob das Motto der Ausstellung „Die DDR – zuverlässiger Handelspartner Chinas" hervor.[415] Eine medizinische Fachzeitschrift informierte, dass das Außenhandelsunternehmen Intermed Export-Import auf der Ausstellung die Medizinprodukte des VEB Kom-

---

413 Dong Guangzu, Shenru kaituo Zhongguo yu Minzhu Deguo jingmao hezuo de xin lingyu (Vertiefung der Zusammenarbeit auf neuen Gebieten von Wirtschaft und Handel zwischen China und der DDR), Guoji Maoyi 1988, H. 5, S. 24f.

414 Minzhu Deguo chukou shangpin zhanlanhui zai Jing kaimu (Die Exportgüterausstellung der DDR wurde in Beijing eröffnet), Renmin Ribao, 13.4.1988, S. 4.

415 Dong Guangzu/Wang Yanyun, Minzhu Deguo daxing gongye chukou zhanlanhui jiangyu 4 yue zai Beijing juxing (Im April nächsten Jahres wird in Beijing eine große

binat Medizin- und Labortechnik Leipzig vertreten wird. Sie stellte einige Neuentwicklungen vor und betonte dabei den Einsatz der Mikroelektronik und Rechentechnik.[416] Weiter berichtete die Zeitschrift *Guoji Maoyi*, Harald Schütz, Generaldirektor aus dem Außenhandelsministerium der DDR, habe betont, dass alle Ausstellungsobjekte auf die Bedürfnisse China zugeschnitten seien. Als ein besonders erfolgreiches Beispiel hob er erneut die kürzlich abgeschlossene Vereinbarung über die Zusammenarbeit auf dem Gebiet der Mähdrescher hervor. In China seien inzwischen 6.500 Mähdrescher des Typs „Fortschritt E 514" im Einsatz, und der VEB Landmaschinenbau „Fortschritt" in Neustadt/Sachsen und das Mähdrescherwerk in Siping, Provinz Jilin, hätten einen Vertrag zur Übernahme der Technologie des E 514 unterzeichnet. Die Ausstellung solle dazu dienen, weitere Felder der Zusammenarbeit zu finden.[417]

Die Zeitung *China Daily* nahm die Exportausstellung der DDR in Beijing zum Anlass, um über die Hilfe der DDR beim Bau von Kühlwagen zu berichten. Im April 1988 wurde der 1.600. Kühlwagen aus dem VEB Waggonbau Dessau in einer feierlichen Zeremonie in Beijing vom stellvertretenden Minister für Schwermaschinen- und Anlagenbau, Karl-Heinz Mornhinweg, übergeben (Abb. 24). Dong Chunlei vom chinesischen Eisen-

Abbildung 24: Übergabe des 1.600. Kühlwagens vom VEB Waggonbau Dessau im Depot Fengtai an die chinesische Seite – Unterzeichnung des Übergabeprotkolls. Ganz links: der stellvertretende Generaldirektor des Kombinats Schienenfahrzeugbau, Harri Hegewald, rechts neben ihm der Generaldirektor des AHB Schienenfahrzeuge, Peter Donhauser

Industrieexportausstellung der DDR stattfinden), Guoji Maoyi 1987, H. 10, S. 16.

416 Ma Yongchun, Minzhu Deguo chukou chanpin zhanlanhui jinnian siyue zai Jing juban (Im April dieses Jahres findet in Beijing eine Ausstellung von Exporterzeugnissen der DDR statt), Yiliao zhuangbei 1988, H. 2, S. 29–31.

417 Dong Guangzu, Yingjie Zhong De jingji hezuo de xin jieduan (Wir begrüßen die neue Etappe der chinesisch-deutschen ökonomischen Kooperation), Guoji Maoyi 1988, H. 2, S. 39f.

bahnministerium unterstrich, dass mit dem steigenden Lebensniveau der Bevölkerung auch der Bedarf an Transport leicht verderblicher Lebensmittel steige. Die Kühlwagen aus Dessau seien zwar nicht so luxuriös wie solche aus westlichen Ländern, dafür aber praktisch und für Chinas Bedürfnisse gut geeignet.[418]

Die Ausstellung gliederte sich in fünf Komplexe. In ihnen wurden Spitzenerzeugnisse und moderne Technologien auf den Gebieten der Energiewirtschaft, Rohstoffgewinnung und -verarbeitung, des Werkzeug- und Verarbeitungsmaschinenbaus, der Elektrotechnik/Elektronik und insbesondere der Automatisierungstechnik, der Land- und Nahrungsgüterwirtschaft, der Leichtindustrie, der chemischen Industrie sowie der Transporttechnik, des Bauwesens und des Straßenbaus gezeigt.[419]

Die Produkte und Technologien „Made in GDR" reichten von mikroelektronischen Schaltkreisen und Geräten für Chipfabriken über Lichtleitertechnik bis hin zu flexibel automatisierten Fertigungssystemen des Werkzeug- und - Verarbeitungsmaschinenbaus; von kompletten Anlagen zur Rohstoffgewinnung – beispielsweise der Braunkohle – bis hin zur Technologie der Staubdruckvergasung; vom Mähdrescher E 514 mit spezieller Ausrüstung für die Reisernte über den LKW L 60 bis zum Modell des Kühl- und Transportschiffes „Kristall" sowie bis zu 16-bit-Computern und Software.[420] Der Minister für Chemische Industrie- der VR China, Qin Zhongda, wies, wie so viele Chinesen in jenen Jahren, darauf hin, dass in der Volksrepublik schon in den 1950er Jahren eine Reihe von Betrieben mit Ausrüstungen aus der DDR entstanden seien. Ihre jetzt vorgesehene Modernisierung sei ebenfalls ein wichtiges Feld der Wirtschaftskooperation.

Mittelpunkt der Exportausstellung war weiterhin der Werkzeug- und Verarbeitungsmaschinenbau. Ein Höhepunkt war hier die Übergabe der 40. Malimo-Maschine an einen chinesischen Kunden. Auf der Ausstellung wurden zudem mehr als zehn weitere Malimo-Nähwirkmaschinen bestellt.[421] Die Ausstellung stand ferner im Zeichen des Schwermaschinen- und Anlagenbaus. Das Interesse der rund zehntausend Besucher

---

418 Chang Weimin, GDR helps refrigerator car makers, China Daily, 17.4.1988, S. 1.

419 Bisher größte Exportausstellung der DDR wurde in China eröffnet, Neues Deutschland, 14.4.1988, S. 1, 2.

420 ND-Farbfotos: China von Freunden gesehen, Neues Deutschland, 16.4.1988, S. 6.

421 Di Xi, Textima gongsi canzhan chanpin jieshao (Vorstellung der von der Firma

aus Industrie und Außenhandel Chinas galt in diesem Bereich insbesondere Technologien zur Kohlegewinnung und -veredlung.[422]

Helga Schwab, die damals in Beijing die Kombinate SKET und baukema vertrat, berichtete in einem Brief nach Hause über die Exportausstellung:

> Nun wollte ich ja eigentlich noch berichten, wie erfolgreich unsere DDR-Ausstellung in Peking war. Ja, sie war sehr schön und hat bei den Chinesen allergrößte Bewunderung ausgelöst.
> Es waren auf 6000 m^2 Hallenfläche und 2200 m^2 Freigelände natürlich vorwiegend Maschinen und Anlagenmodelle ausgestellt, aber alles sehr schön ausgestaltet und arrangiert.
> Aus allen Industriezweigen waren interessante Exponate zu sehen, insgesamt 800 an der Zahl. Es waren insgesamt 125 000 Besucher da, 3 chinesische Minister und 13 chin. stellv. Minister. Von zu Hause waren es 38 Außenhandelsbetriebe und diese zusammen mit 64 Kombinaten, insgesamt ungefähr 300 DDR-Bürger als Dienstreisende. Wir haben schon einige Wochen vor der Ausstellung ganz intensiv arbeiten müssen, denn viele Verhandlungen mußten ja vorbereitet werden, Fachvorträge zum Übersetzen gebracht, Druckarbeiten erledigt, Symposien vorbereitet und tausend Kleinigkeiten abgearbeitet werden. Monteure waren schon vorher da, leitende Genossen reisten an und auch Sekretärinnen. Und jeder hatte seine eigenen Wünsche. Da fehlte dies, da fehlte jenes. Wir haben schwierigste Verhandlungen vorbereitet, daran teilgenommen und auch Limonade oder Bier gefahren, wenn es gebraucht wurde. Da mußte man nicht nur ein Tausendfüßler, sondern vielmehr ein Tausendsassa sein, um das alles den ganzen Tag über zu bewältigen. Wir haben wohl wie immer nicht viel geschlafen, denn oft hatten wir abends noch Gäste oder sind selbst zu einem Empfang gegangen. Es war wie 3-4mal Leipziger Messe hintereinander.
> Aber wir haben alles gut geschafft. Günther [Frau Schwabs Ehemann] hatte seine ganzen Aufgaben, die auch nicht leicht waren. Er hatte auch eine Reihe von Delegationen zu betreuen, vieles vorzubereiten und jeder von seinen Gästen glaubte, der wichtigste zu sein. Aber er ist ja sehr diplomatisch und schluckt auch manchen Ärger hinunter. Ich hatte für SKET und baukema zu sorgen, unter anderen den SKET-Messedirektor und hatte auch noch leitende Genossen hier.
> Aber alle Anstrengung hat auch manchmal sein Gutes. Jedenfalls hatte ich

---

Textima ausgestellten Erzeugnisse), Fangzhi daobao 1988, H. 15, S. 10; 40. Malimomaschine aus der DDR in Peking übergeben, Neues Deutschland, 20.4.1988, S. 5.

[422] DDR-Anlagenbau in Peking mit vielseitigem Angebot, Neues Deutschland, 15.4. 1988, S. 3.

> eine ganz persönliche große Freude. Denn es fand ein Wettbewerb auf der Ausstellung statt im Zusammenhang mit den besten ökonomischen Ergebnissen. Und da hat baukema den 2. Platz belegt für abgeschlossene Verträge. Das hatte niemand erwartet und unser Kollektiv ist ganz stolz nach Hause gefahren. Und ich war ganz glücklich. So hat sich die anstrengende Arbeit der letzten Monate seit meinem Beginn hier wunderbar gelohnt. Es hat mir eine große Befriedigung verschafft und auch Anerkennung eingebracht. Nun geht es mir auch nervlich besser und ich habe bald meine alte Sicherheit wieder.
> Ich will noch einige lustige Sachen berichten von der Ausstellung. Neben den technischen Erzeugnissen, die ausgestellt waren, hatte man natürlich auch einiges vorbereitet, was man so „Besuchermagnet" nennt, z. B. auf dem Freigelände einen großen Stand von den Motorradwerken Zschopau, die hatten direkt einen Kunsthindernisfahrer (einen Weltmeister) mit, der jede Stunde dort Hindernisfahren vorgeführt hat. Das war natürlich etwas für die Chinesen. Oder bei den Musikinstrumenten, da wurde sehr oft Elektronikorgel usw. gespielt.
> Aber das schönste war eine Kaufhallenbäckerei. Dort wurden den ganzen Tag über Brötchen oder Kuchen gebacken in wunderbarer Qualität. Für ein paar Flaschen Bier haben wir dort immer zum Frühstück frische Brötchen bekommen und nachmittags Zucker- oder Streuselkuchen. Es versteht sich, daß dieser nur mit Butter gebacken wurde. Das schönste war, daß die Bäcker gar keine Bäcker waren, sondern Monteure![423]

Zum Abschluss der Exportausstellung meldete die Zeitung *Renmin Ribao*, dass Abschlüsse über Werkzeugmaschinen, Ausrüstungen für die chemische Industrie, Textilmaschinen und wissenschaftliche Geräte getätigt wurden.[424]

5.3. Weitere Entwicklungen, 1988/89

Im Jahre 1988 fanden Verhandlungen zwischen TAKRAF und CMC über die Ausrüstung des Tagebaus Yuanbaoshan in der Inneren Mongolei statt. Dabei handelte es sich um zwei Schaufelradbagger SRs 1602, zwei Bandabsetzer A_2RSB 5.800.70, einen etwa 17 Kilometer langen Bandabsetzer sowie drei mobile Brechanlagen. Die chinesische Seite ließ diese Objekte international ausschreiben. Im Jahre 1992 gewann die TAKRAF GmbH schließlich die Ausschreibung. Vor der deutschen Vereini-

---

[423] Persönliche Mitteilung von H. Schwab, 1.3.2020, Brief vom 12.5.1988.

[424] Minzhu Deguo chukou shangpin zhanlanhui bimu (Die Exportgüterausstellung der DDR ist geschlossen), Renmin Ribao, 22.4.1988, S. 2.

gung waren zudem mehrere Ingenieure aus der DDR im chinesischen Kohleministerium, das sich in Shenyang, Provinz Liaoning, befand, als Berater tätig gewesen.[425]

Die chinesischen Experten, die sich in der DDR über Möglichkeiten zur Kooperation bei der Realisierung des Entwicklungsprogramms „Funke" für die ländlichen Gebiete Chinas informiert hatten, beendeten im Mai 1988 ihren DDR-Aufenthalt. Sie hatten Kombinate und Betriebe in Berlin, Dresden, Leipzig und Magdeburg, zu denen auf der Exportausstellung der DDR in Beijing Kontakte geknüpft worden waren, besucht. Das besondere Interesse galt Anlagen und Ausrüstungen für die Milchindustrie und die Tierproduktion sowie zur Verarbeitung von Leder und Kunstleder. Die chinesischen Gäste hatten mit Vertretern von Industrie und Außenhandel Möglichkeiten zum Kauf von Ausrüstungen, Lizenzen und Know-how, zur Ausarbeitung von Expertisen und Projekten sowie der technischen Hilfeleistung und Ausbildung erörtert.[426]

Anlässlich der IV. Tagung des Wirtschaftsausschusses DDR – VR China im Juni 1988 in Berlin besuchte Minister Qin Zhongda den Chemiebezirk Halle. [427] Im Förderanlagen- und Kranbau Köthen des Schwermaschinenbaukombinates TAKRAF und im Tagebau Gröbern des Braunkohlenkombinates Bitterfeld diskutierte die von Qin Zhongda geleitete Regierungsdelegation über Möglichkeiten des weiteren Ausbaus des Handels und der Kooperation auf dem Gebiet von Tagebauausrüstungen und Förderanlagen.[428]

Der Vorsitzende der Staatlichen Plankommission, Gerhard Schürer, empfing Qin Zhongda zu einem Gespräch. Schürer unterstrich das Interesse der DDR am weiteren Ausbau der Zusammenarbeit, wobei Wissenschaft und Technik wachsende Bedeutung zukämen. Er hob die Bedeutung rechtzeitiger Absprachen für den Zeitraum 1991 bis 1995 hervor und verwies dabei auf die hohe Verantwortung der zentralen Planungsorgane der DDR und der VR China.[429] Mit den „rechtzeitigen Absprachen“ kritisierte Schürer diplomatisch, dass sich die chinesische Seite nicht an die

---

425 Persönliche Mitteilung von W. Wallborn, 5.3.2020.

426 Mitarbeit am Programm „Funke“ in China erörtert, Neues Deutschland, 12.5.1988, S. 4.

427 Regierungsdelegation der VR China besuchte Betriebe, Neues Deutschland, 2.6. 1988, S. 4.

428 Delegation aus China in Betrieben, Neues Deutschland, 3.6.1988, S. 2.

429 Interesse am Ausbau der Zusammenarbeit DDR – VR China, Neues Deutschland,

langfristigen Festlegungen hielt und, wie gesehen, bestimmte Lieferungen der DDR nach China empfindlich kürzte. Das galt zum Beispiel für LKW, von denen China statt der vereinbarten jährlichen 10.000 Stück 1987 nur 8.000, 1988 nur 6.000 und 1989 nur 2.000 abnahm. Andererseits führten interne Schwierigkeiten auf Seiten der DDR dazu, dass der chinesische Wunsch nach gemeinsamer Errichtung eines karbochemischen Komplexes in Wuhai, Innere Mongolei, mit einer Jahresproduktion von 360 Kilotonnen Karbid, 200 Kilotonnen Soda und 200 Kilotonnen PVC hinhaltend beantwortet wurde.[430] Dennoch hatte der Wirtschaftsausschuss DDR – China im Verlaufe seiner bisher vier Tagungen 38 Projekte der wirtschaftlich-technischen Zusammenarbeit beraten. Von ihnen wurden zu 17 Projekten schon Verträge abgeschlossen.[431]

Eine Delegation des ZK der Kommunistischen Partei Chinas unter Leitung des Mitglieds ihres Politbüros, Qiao Shi, besuchte im Oktober 1988 den VEB Schwermaschinenbau-Kombinat „Ernst Thälmann“ (SKET) in Magdeburg. SKET stand in vielen Ländern für solche Finalerzeugnisse wie Walzwerke, Zementfabriken, Kabelwerke oder Entstaubungstechnik. 70 Prozent der Maschinenproduktion des Kombinates wurden exportiert.

Der Kombinatsdirektor Dr. Klaus Oberländer (nicht verwandt mit dem Zeiss-Bevollmächtigten Dr. Richard Oberländer) verwies auf langjährige Traditionen der Zusammenarbeit mit der VR China. Bereits in den 1950er Jahren seien unter anderem Walzwerksausrüstungen geliefert worden. Gegenwärtig arbeiteten dort 19 Ofenlinien für acht Zementwerke sowie diverse Kabel- und Drahtbearbeitungsmaschinen mit dem Zeichen SKET. Drahtseilanlagen aus Magdeburg spielten eine große Rolle für die Entwicklung der chinesischen Industrie, erwiderte Qiao Shi.[432] „Es wird künftig noch sehr viele Möglichkeiten der Zusammenarbeit geben.“[433] Bezeichnenderweise aber führten seine Worte zu keinen nennenswerten

---

1.6.1988, S. 3.

[430] Krüger, Joachim, Zu Gast in Peking. Die DDR und die VR China in den 80er Jahren, WeltTrends: Zeitschrift für internationale Politik und vergleichende Studien 2 (1994), S. 133–144, hier: S. 137.

[431] Yang Laichun, Yuan Zhongguo yu Minzhu Deguo jingmao guanxi buduan fazhan (Mögen sich die Wirtschafts- und Handelsbeziehungen zwischen China und der DDR unaufhörlich weiter entwickeln), Guoji Maoyi 1989, H. 6, S. 17–19.

[432] Chinesische Delegation bei den Werktätigen von SKET, Neues Deutschland, 18.10. 1988, S. 4.

[433] Betriebszeitung des SKET „Aktivist“ 42/1988, 20.10.1988.

Aufträgen der chinesischen Seite.[434]

Für die DDR war dies bedauerlich, investierte man doch erheblich in die Handelsbeziehungen, auch um den mittlerweile nicht mehr ganz so glänzenden Ruf der DDR-Exporte aufzupolieren. Im November 1988 eröffneten die Werkzeugmaschinenkombinate WMW „Fritz Heckert" und „7. Oktober" in Beijing einen gemeinsamen Servicestützpunkt, um dem gestiegenen Bedarf der chinesischen Kunden an Serviceleistungen an aus der DDR importierten Werkzeugmaschinen gerecht zu werden. In dem Stützpunkt wurde für die Reparaturen eigens geschultes Personal eingesetzt. Es gab ein Lager mit Reparaturwerkzeugen, technischen Dokumentationen und Ersatzteilen. Außerdem wurden den Kunden Teile zum Kauf angeboten.[435]

Der Minister für Umweltschutz und Wasserwirtschaft, Hans Reichelt, und der Minister für Bauwesen der VR China, Lin Hanxiong, unterzeichneten im Oktober 1988 ein Protokoll über die Zusammenarbeit auf dem Gebiet der Trinkwasseraufbereitung und Abwasserbehandlung. Im Mittelpunkt standen die Kooperation in der Forschung, bei der Projektierung und Entwicklung entsprechender Anlagen und die Anwendung der Computertechnik und -technologie sowie biotechnologische Verfahren.[436]

Abbildung 25: Ministerpräsident Li Peng (5. von rechts) empfängt im November 1988 den Minister für Umweltschutz und Wasserwirtschaft, Hans Reichelt (5. von links) aus Anlass der Unterzeichnung eines Protokolls der Zusammenarbeit mit dem chinesischen Ministerium für Bauwesen (3. von links: Botschafter Rolf Berthold, rechts neben ihm der Bauminister Lin Hanxiong).

[434] Delegation der KPCh unter Leitung von Qiao Shi im SKET, Volksstimme, 18.10.1988.

[435] Xu Jikang, Minzhu Deguo jichuang jishu fuwuzhan zai Jing kaiye (Servicestützpunkt für Werkzeugmaschinentechnik aus der DDR in Beijing eröffnet), Shebei guanli yu weixiu 1989, H. 2, S. 19.

[436] Kooperation DDR – China in Wasserwirtschaft vereinbart, Neues Deutschland, 17.10.1988, S. 5.

Das Protokoll über die gegenseitigen Warenlieferungen zwischen der DDR und der VR China im Jahre 1989 war im Januar in Beijing unterzeichnet worden. Basierend auf dem langfristigen Regierungsabkommen für 1986 bis 1990 wurde vereinbart, den Umfang der gegenseitigen Lieferungen und Leistungen weiter zu erhöhen.[437] Die V. Tagung des Wirtschaftsausschusses DDR – China sollte Anfang Juni 1989 in Beijing stattfinden, aber wegen der studentischen Proteste in Beijing, der Besetzung des Tiananmen-Platzes durch die Studenten und der gewaltsamen Räumung des Platzes durch die Armee wurde sie um einen Monat verschoben.[438]

Die Direktive der DDR-Seite für das Auftreten auf dieser Tagung verwies darauf, dass das vereinbarte Jahresprotokoll bis zum 31.3.1989 nur zu 81 Prozent vertraglich gebunden war, weil auf der chinesischen Seite entsprechende Importfinanzierungen und Importgenehmigungen nicht vorlagen. Besonders beim Import der DDR von Rohbaumwolle, Tomatenmark und Reis befürchtete man Unsicherheiten für die Versorgung der eigenen Bevölkerung. Weiterhin war der Stand der Vorbereitung der Verträge für 1990 unbefriedigend.

Die chinesische Seite hatte angekündigt, dass strukturelle Veränderungen im chinesischen Export und Import nicht auszuschließen seien. Auch wolle China die Bedingungen für den Einsatz chinesischer Werktätiger in der DDR vor allem durch eine wesentliche Erhöhung des Lohnanteils in konvertierbaren Devisen einseitig zu seinen Gunsten verändern. Diese Absichten sollten verhindert werden. Schließlich war die DDR daran interessiert, ein langfristiges Abkommen über Warenaustausch und Zahlungen für den Zeitraum 1991 bis 1995 abzuschließen.[439] Ganz offensichtlich saß die DDR, wo seit den deutlich manipulierten Kommunalwahlen im Mai die Unruhe in der Bevölkerung und offene Proteste ständig zunahmen, inzwischen ökonomisch wie auch politisch am kürzeren Hebel.

---

437 Warenprotokoll DDR – China unterzeichnet, Neues Deutschland, 20.1.1989, S. 7.

438 Wirtschaftsausschuß DDR – VR China beendete Tagung in Peking, Neues Deutschland, 10.7.1989, S. 5.

439 SAPMO-BArch, ZPA JIV 2/3/4400, Direktive für das Auftreten der DDR-Delegation auf der V. Tagung des Wirtschaftsausschusses DDR – VR China.

Abbildung 26: In China installierte Presse aus dem VEB Umformtechnik Erfurt

Doch zeichnete sich der bevorstehende Wandel längst nicht in allen Bereichen so deutlich ab. Der VEB Umformtechnik Erfurt zum Beispiel exportierte nach wie vor Pressen für den Bedarf des Maschinenbaus in China (Abb. 25).[440] Im Jahre 1989 besuchten chinesische Experten den Anlagenbau Petkus für Saatgutbehandlung in Wutha (Wartburgkreis), der der führende Hersteller von Getreide- und Saatgutaufbereitungstechnik im RGW war, und informierten sich über dort produzierte Maschinentechnik. Die Experten bescheinigten Petkus aufgrund seiner langjährigen Tradition und Erfahrung fortschrittliche Konstruktionen, einen hohen Stand der Technologie und recht niedrige Kosten. Aufgrund der Rückständigkeit entsprechender Technik in China und andererseits ihrer großen Bedeutung für die Steigerung der Ernten wurde zwischen Petkus Wutha und der Fabrik für Saatgutaufbereitungsmaschinen in Tianshui, Provinz Gansu, ein Vertrag abgeschlossen. Er sah vor, dass Petkus für China eine Saatgutaufbereitungsmaschine mit einer Sortierleistung von drei Tonnen pro Stunde entwickelt, die in der Fabrik für Saatgutaufbereitungsmaschinen in Jiuquan, Provinz Gansu, in Produktion gehen soll.[441]

Im Jahre 1989 nahm die Sodafabrik in Weifang nach einem erfolgreichen Probelauf die Produktion auf. Die Hauptausrüstungen für das Werk hatte die DDR geliefert. Aus dem VEB Chemieanlagenbau

---

[440] BArch, Bild 183-1989-1016-040/Fotograf: Heinz Hirndorf, 16.10.1989.

[441] Zhang Yanzhao, Minzhu Deguo de xuanzhongjixie gongye (Bau von Saatgutaufbereitungsmaschinen in der DDR), Quanqiu keji jingji liaowang 1990, H. 9, S. 21, 13.

Staßfurt waren sie Ende 1987 und Anfang 1988 per Schiff im Hafen von Qingdao eingetroffen. [442]

5.4. Zwei Schwerpunktvorhaben der Zusammenarbeit

Im Folgenden sei der Verlauf von zwei Schwerpunktvorhaben aus der Zusammenarbeit zwischen der DDR und China dargestellt, die aufgrund relativ ausführlich erhaltener Akten und anderweitiger Quellen einen umfassenderen Einblick in die Leistungen und Probleme speziell während der herausfordernden 1980er Jahre ermöglichen. Es handelt sich um das Stadtgaswerk im nordostchinesischen Harbin und um die umfangreiche Kooperation im Bau von Schienenfahrzeugen besonders im zentralchinesischen Wuhan und in Dessau.

5.4.1. Aufbau des Stadtgaswerks in Harbin

Im September 1984 empfing der Minister für Kohle und Energie, Wolfgang Mitzinger, in Berlin seinen chinesischen Amtskollegen Gao Yangwen. Dieser unterbreitete Mitzinger den Vorschlag, ein Gaswerk für die Großstadt Harbin im hohen Norden Chinas zu errichten, das spätere Gaswerk der Stadt Harbin (*Ha'erbin shi meiqichang* 哈尔滨市煤气厂). Der Rohstoff zur Gasherstellung sollte aus einer nahe gelegenen Steinkohlengrube kommen. Dabei ließ Minister Gao sich offenbar von den Erfahrungen der DDR mit der Vergasung von *Braun*kohle im Kombinat Schwarze Pumpe leiten. Mitzinger erwiderte vollmundig, dass in der DDR reiche Erfahrungen und Traditionen mit der Kohlevergasung bestünden und sagte zu, die chinesische Machbarkeitsstudie hierzu begutachten zu lassen.[443]

---

[442] Gao Wenchen, Shandong Weifang chunjianchang kaigong jin liangnian jishu jinbu jiankuang (Kurzbericht über den technischen Fortschritt in der Sodafabrik Weifang, Provinz Shandong seit der Produktionsaufnahme vor fast zwei Jahren), Chunjian gongye 1991, H. 2, S. 25–27. Li Wei, Weifang chunjianchang jiang tiqian wancheng touzi jihua (Die Sodafabrik Weifang wird den Investitionsplan vorfristig erfüllen), Chunjian gongye 1988, H. 2, S. 3.

[443] SAL, VEB PKM Anlagenbau Leipzig Nr. 2452, 18420/18421 Außenwirtschaft – Begutachtungsstudie Druckgaswerk Harbin (Vertrags- und Vorbereitungsunterlagen), Abschrift Protokoll der Beratungen des Ministers für Kohle und Energie der DDR, Gen. Wolfgang Mitzinger, mit dem Minister für Kohleindustrie der VR China, Genossen Gao Yangwen, 10.9.1984. Außer dem Vorhaben Gaswerk in Harbin wurden folgende

Mitzinger gab die Machbarkeitsstudie der chinesischen Seite – wahrscheinlich über seinen Amtskollegen Wyschofsky – an die Kombinate VEB Projektierungs-, Konstruktions- und Montagebüro (PKM) Chemieanlagenbau Leipzig und VEB Chemieanlagenbau Leipzig-Grimma (CLG) weiter. Mit Schreiben vom 25. Oktober 1984 sicherte der Generaldirektor des Gaskombinats Schwarze Pumpe (GSP – Schwarze Pumpe heißt der Ort in der Lausitz, wo dieses Kombinat gelegen ist), Dr. Herbert Richter, daraufhin dem Vize-Generaldirektor der chinesischen Gesellschaft für Kohleimport und -export, Wang Guang'en, einen Baubeginn des Gaswerks am 1. Oktober 1986 zu. Richter wies jedoch gleich darauf hin, dass die übergebenen 500 Kilogramm Steinkohle für einen großtechnischen Versuch zur Kohledruckvergasung zu große Streuungen liefern würden. Nach den Erfahrungen des Kombinats sollten stattdessen 5.000 bis 15.000 *Tonnen* Steinkohle zur Verfügung gestellt werden. Diese Versuche sollten im Gaskombinat Schwarze Pumpe sowie, unter Leitung von DDR-Spezialisten, auch an bestehenden Druckgasgeneratoren in China durchgeführt werden.[444]

Im November 1984 informierte die handelspolitische Abteilung der Botschaft der DDR in Beijing darüber, dass sich das chinesische Ministerium für Kohle über den zu hohen Preisvorschlag für die Begutachtung der chinesischen Machbarkeitsstudie beschwerte. Sie riet zu einem günstigeren Preis, um das Hauptgeschäft nicht zu gefährden.[445]

Im Dezember nannte eine eigens angereiste chinesische Delegation bei einer Besprechung im Ferienobjekt Knappensee folgende Ecktermine für die Realisierung des Vorhabens:

Projekte besprochen: Aufschluss des Tagebaus Yuanbaoshan (Innere Mongolei), Konsultation im Kohleinstitut Fushun (Provinz Liaoning), Aus- und Weiterbildung chinesischer Spezialisten auf den Gebieten der Kohlegewinnung im Tagebau und der Veredlung von Kohle, sowie Modernisierung und Rekonstruktion der Braunkohlen-wachsanlage der Grube Shulan zur Erhöhung der Leistungsfähigkeit und Qualität des Wachses.

[444] SAL, VEB PKM Anlagenbau Leipzig Nr. 2452, 18420/18421 Außenwirtschaft – Begutachtungsstudie Druckgaswerk Harbin (Vertrags- und Vorbereitungsunterlagen), Schreiben des Generaldirektors des Gaskombinats Schwarze Pumpe, Dr. Richter, an den Vize-Generaldirektor der chinesischen Gesellschaft für Kohleimport und -export, Wang Guang'en, 25.10.1984.

[445] SAL, VEB PKM Anlagenbau Leipzig Nr. 2452, 18420/18421 Außenwirtschaft – Begutachtungsstudie Druckgaswerk Harbin (Vertrags- und Vorbereitungsunterlagen), Telex Arnold an Generaldirektor Gaskombinat Schwarze Pumpe, 15.11.1984.

- 1. Halbjahr 1985 Abschluss der Entwurfsarbeiten
- 2. Halbjahr 1986 Baubeginn
- 1987/1988 Montagearbeiten
- Ende 1988 Beginn des Probebetriebs
- 1990 Abschluss der Gesamtinvestition

Die Begutachtung der Durchführbarkeitsstudie sollte nun auf Grundlage einer mitgebrachten Probe von gerade einmal 50 Kilogramm Steinkohle aus der Grube Yilan bei Harbin durchgeführt werden. Die zuvor angekündigte (und von Herbert Richter auch schon als viel zu klein monierte) Probe von einer halben Tonne Steinkohle war auf dem Transport nach Schwarze Pumpe – wahrscheinlich in der Sowjetunion – verlorengegangen. Die chinesische Seite erklärte sich aber bereit, für einen Großversuch im Sommer 1985 drei- bis viertausend Tonnen Steinkohle zu liefern. Versuche zur Kohlevergasung in der VR China selbst wurden hingegen als unzweckmäßig verworfen. Das Gaswerk sollte eine Kapazität von 1,6 Millionen Kubikmeter Stadt- und Synthesegas pro Tag haben und außerdem jährlich 40.000 Tonnen Methanol produzieren (ein Synthesegas ist ein Gasgemisch, das für eine Synthese, zum Beispiel zur Herstellung von Methanol, eingesetzt wird).[446]

Diese Beratung wurde sehr gründlich vorbereitet, um die chinesischen Gäste möglichst positiv für den DDR-Partner einzunehmen und den Abschluss des Begutachtungsvertrages atmosphärisch zu unterstützen. Die Unterbringung der Gäste erfolgte in Bungalows mit alkoholfreien Getränken auf den Zimmern. Weinbrand und Wodka waren auf Weisung des Generaldirektors bereitzuhalten. Für die Verpflegung (einschließlich Obst und Kaffee) stand die Objektgaststätte zur Verfügung. Mehrere Verhandlungsräume wurden für Gespräche in Gruppen vorbereitet. Dabei wurden auch Fahnen der VR China und der DDR nicht vergessen. „In beiden Objekten ist ein dezenter Tischschmuck zu gewährleisten. Für saubere Sanitäranlagen (männlich, weiblich) ist Sorge zu tragen“, vermerkte die Aktennotiz. Für die Wochenenden war eine kulturelle Rundumbetreuung nach Wahl in Cottbus, Dresden, Bautzen und Senftenberg vorgesehen, einschließlich Einkaufstag in Hoyerswerda,

---

[446] SAL, VEB PKM Anlagenbau Leipzig Nr. 2452, 18420/18421 Außenwirtschaft – Begutachtungsstudie Druckgaswerk Harbin (Vertrags- und Vorbereitungsunterlagen), Protokoll der Beratung zur Vorbereitung der Begutachtung der Durchführbarkeitsstudie für das Gaswerk Harbin vom 2.12. bis 18.12.1984 in Knappensee, 18.12.1984.

Cottbus oder Dresden. (Schließlich wurden die Porzellanmanufaktur in Meißen, die Moritzburg und die Galerie Alte Meister in Dresden besucht.) Die chinesischen Gäste erhielten 15,- Mark Tagegeld pro Person und Tag. Probleme bereitete ein separater Telefonanschluss, für den noch eine Freileitung gelegt werden musste. Weiterhin musste ein 45-Personen-Bus mit ausreichendem Treibstoffvorrat bereitgestellt werden. Auch eine Sekretärin mit Schreibmaschine stand noch nicht zur Verfügung. Für die Lösung dieser Probleme musste der Generaldirektor des Kombinats eingeschaltet werden.[447] Diese an sich geringfügigen Details zeigen, dass angesichts der damaligen Treibstoffknappheit und des allgemeinen Sparsamkeitsregimes die materielle Sicherstellung solcher Veranstaltungen maximale Anstrengungen bis hin zu den höchsten Leitern erforderten. Am 14. Dezember 1984 wurde in Knappensee schließlich zwischen der China National Coal Development Corporation und dem Außenhandelsbetrieb Chemieanlagen Export/Import ein „Vertrag über die Begutachtung der Durchführbarkeitsstudie des Gaswerkes in Harbin“ zum Preis von 257.530,- CHF abgeschlossen.[448] Der Preis für die Begutachtung wurde zwischen PKM und CLG entsprechend dem Aufwand im Verhältnis drei zu eins aufgeteilt.[449]

In der Zeit vom 4. bis 20. Juni 1985 wurden die Begutachtungsergebnisse in Beijing auf einer gemeinsamen Beratung der China National Coal Development Corporation und des Außenhandelsbetriebs Chemieanlagen Export/Import verteidigt. In diesem Zusammenhang besichtigte man auch die Steinkohlengrube Yilan und den künftigen Bauplatz des Gaswerks. Die chinesische Seite forderte, dass die Technologien, die

---

447 SAL, VEB PKM Anlagenbau Leipzig Nr. 2452, 18420/18421 Außenwirtschaft – Begutachtungsstudie Druckgaswerk Harbin (Vertrags- und Vorbereitungsunterlagen), Aktennotiz über die vorbereitenden Gespräche zum Besuch der chinesischen Delegation Harbin/VR China in der DDR, 12.11.1984, VEB PKM Anlagenbau Leipzig.

448 SAL, VEB PKM Anlagenbau Leipzig Nr. 2452, 18420/18421 Außenwirtschaft – Begutachtungsstudie Druckgaswerk Harbin (Vertrags- und Vorbereitungsunterlagen), Vertrag über die Begutachtung der Durchführbarkeitsstudie des Gaswerkes in Harbin, 14.12.1984.

449 SAL, VEB PKM Anlagenbau Leipzig Nr. 2452, 18420/18421 Außenwirtschaft – Begutachtungsstudie Druckgaswerk Harbin (Vertrags- und Vorbereitungsunterlagen), Vereinbarung zwischen VEB PKM Anlagenbau Leipzig und VE Chemieanlagenbaukombinat Leipzig/Grimma über die gemeinsame Erarbeitung der Begutachtungsdokumentation der Durchführbarkeitsstudie Stadtgaswerk Harbin, 21.3.1985.

sich in der DDR noch im Stadium von Forschung und Entwicklung befinden, wie Druckspülentaschung, Rührwerk, drehbarer Kohleverteiler und Teerrückführung bei Steinkohleeinsatz, so schnell wie möglich industriell erprobt werden. Weiterhin wünschte die chinesische Seite – typisch nicht erst für jene Jahre – ausführlichere Informationen zu folgenden Technologien: Methanolwäsche bei tiefen Temperaturen, Entphenolung und Ammoniak-Produktion hoher Konzentration.[450]

Bei den Druckvergasungsversuchen im Gaskombinat Schwarze Pumpe mittels der aus Yilan mitgebrachten Probe hatte sich erwiesen, dass der Druckvergasungsgenerator von PKM grundsätzlich brauchbar war. Die chinesische Seite äußerte aber auch mehrere Kritikpunkte. So hatte sich gezeigt, dass die Korngröße des Steinkohlenmehls nicht kleiner als 6,3 Millimeter betragen sollte, da die Anlage sonst verstopfen könnte. Mit der eingesetzten Mikrocomputersteuerung ließ sich nur eine Programmsteuerung, aber keine Optimierung der Steuerung realisieren. Ferner war das erzeugte Gas mit Wasser gemischt; es trat kein Emulgieren auf, so dass sich die Komponenten relativ leicht trennen ließen. Da der Vier-Meter-Druckvergasungsgenerator von PKM für die Braunkohle in der Schwarzen Pumpe konstruiert worden war, hatte sich außerdem erwiesen, dass er beim Einsatz mit der Steinkohle von Yilan einige Unzulänglichkeiten zeigte. Zum Beispiel war die Höhe des Generators unzureichend, so dass die Temperatur an der Oberseite des Generators zu hoch war. Das Auswaschen der Phenolfraktion erwies sich nicht als ein hilfreiches Verfahren, weil es zu viel Energie verbrauchte. Die Drehzahl des Ascherosts war zu klein, so dass die Asche zu langsam ausgestoßen wurde. Der Verteiler der Steinkohle für den Druckgasgenerator bedurfte der Verbesserung. Die chinesische Seite erwartete, dass die Ausrüstung für das Stadtgaswerk Harbin weiter verbessert und optimiert werden würde.[451]

---

[450] SAL, VEB PKM Anlagenbau Leipzig Nr. 2452, 18420/18421 Außenwirtschaft – Begutachtungsstudie Druckgaswerk Harbin (Vertrags- und Vorbereitungsunterlagen), Abschlussprotokoll über die Vertragserfüllung der Begutachtungsdokumentation für das Druckgaswerk Harbin von CAEI DDR auf der Grundlage des Vertrages vom 14.12.1984, Juni 1985.

[451] Liu Kexi/Jiang Changbin/Lu Bing et al., Yilan mei zai PKM qihualu shang shishao zongjie (Zusammenfassung der Verbrennungsversuche von Steinkohle aus Yilan in einem Druckvergasungsgenerator von PKM), Meiqi yu reli 1987, Nr. 3, S. 14–21.

Im Angebot für die Lieferung des Gaswerkes Harbin bemühte sich die DDR-Seite um eine Leistungsabgrenzung bei der Mess-, Steuer- und Reglungstechnik und der Computertechnik.[452] Da die DDR letztere nicht liefern wollte oder nicht liefern konnte, bestand China zumindest auf Konsultationen mit den DDR-Kollegen sowie auf Lieferung der Software für die Programmierung.

Am 1. Februar 1986 wurde vonseiten der DDR eine Objektleitung für das Exportvorhaben Druckgaswerk Harbin gebildet. Die Aufteilung der Arbeiten der beiden beteiligten Kombinate VEB PKM Chemieanlagenbau Leipzig und VEB Chemieanlagenbau Leipzig-Grimma wurde vertraglich geregelt. Mit dem VEB Schwermaschinenbau „Karl Liebknecht" (SKL) Magdeburg wurde die Zulieferung einer Absorptionskälteanlage vereinbart.

Im September und Oktober 1986 fanden in Harbin die technischen Verhandlungen statt. Neben dem ursprünglichen Angebot der DDR wurde über Zusatzforderungen der chinesischen Seite nach Lieferung von Ventilen, Flanschen und anderen Baugruppen für das Druckgaswerk verhandelt. Außerdem sollte der Einsatz von Chefmonteuren aus der DDR reduziert werden. Im Ergebnis der Verhandlungen sollten die Lieferungen im November 1986 beginnen, in den Jahren 1989 und 1990 sollte das Werk montiert werden, und von September 1991 an sollte es voll in Betrieb sein. Die Montage musste in jedem Fall im Jahre 1990 beendet werden, weil dann in China der Fünfjahrplan auslief und nur so die Finanzierungsgrundlage für das Projekt gegeben war.

Dass es die chinesischen Verhandlungsführer ernst meinten mit ihrem ehrgeizigen Zeitplan, machten sie der DDR-Seite bei einem Besuch von Minister Mitzinger in Beijing im August 1986 deutlich. In einer Anlage zum Protokoll des Besuchs wurde konstatiert, dass das Tempo bei der Vorbereitung des Stadtgaswerks Harbin wesentlich beschleunigt werden müsse. Bei den Verhandlungen über das technische und das kommerzielle Angebot übte die chinesische Seite harsche Kritik an der schleppenden Bearbeitung dieser Unterlagen. Eine wesentliche Ursache für den Zeitverzug waren auf Seiten der DDR die Schwierig-

[452] SAL, VEB PKM Anlagenbau Leipzig Nr. 2452, 18420/18421 Außenwirtschaft – Begutachtungsstudie Druckgaswerk Harbin (Vertrags- und Vorbereitungsunterlagen), Fernschreiben an VEB Gaskombinat Schwarze Pumpe, 10.12.1986.

keiten bei der Absicherung der Zulieferungen und eigene Kapazitätsprobleme. Dazu kam die verloren gegangene Steinkohlenprobe. Nicht weniger schwierig als die Probleme der Fertigung war die Zusammenstellung und Überprüfung der notwendigen in China einzusetzenden Fachkräfte. Die Baustelle des Druckgaswerks erforderte bei der Montage den Einsatz von etwa 40 Fachkräften.[453]

Die chinesische Seite ließ erkennen, dass sie über das Vorhaben auch mit dem Konkurrenzunternehmen Lurgi verhandelte, um den Druck auf die DDR-Seite zu erhöhen. Andererseits war die Volksrepublik an der Auftragsvergabe an die DDR interessiert, weil im Rahmen des Handels- und Zahlungsabkommens bei ausgeglichenem Handel keine Valutazahlungen erfolgen mussten. In diesem Fall waren die vereinbarten Preise in Schweizer Franken nur Werte auf dem Papier.

In der Zeit vom 28. August bis 3. Oktober 1986 fand in Beijing und Harbin die Verhandlung zum Angebot des PKM über die Lieferung des Gaswerks statt. Im Ergebnis wollte die chinesische Seite die Computersteuerung lieber selbst realisieren und forderte von der DDR stattdessen zusätzliche Ventile, Rohrleitungen und Armaturen. Einige gewünschte technologische Veränderungen sowie eine Erhöhung der Garantieforderungen lehnte die DDR-Seite ab.[454]

Für die Jahre 1986 bis 1989 liegen monatliche Produktionsberichte des Kombinats Projektierungs-, Konstruktions- und Montagebüro (PKM) Chemieanlagenbau Leipzig vor. Weil sie den Fortgang des Vorhabens Druckgaswerk Harbin und damit die Probleme, vor die ein so komplexes Projekt, das zugleich ein Chemiekombinat war, die Betriebe der DDR in den 1980er Jahren stellte, detailreich widerspiegeln, sind diese Berichte hier in einiger Breite zusammengefasst.

Januar/Februar 1986

Am 22.1.1986 schlossen das Gaskombinat Schwarze Pumpe (GSP) und der VEB Chemieanlagenbau Leipzig-Grimma (CLG) eine

---

[453] SAL, VEB PKM Anlagenbau Leipzig Nr. 2727, 20817 Konzeption zum Leitungsregime der Exportvorhaben und zur Sicherung der Vorbereitung und Realisierung des Exportvorhabens Druckgaswerk Harbin, 13.12.1985.

[454] SAL, VEB PKM Anlagenbau Leipzig Nr. 2452, 18420/18421 Außenwirtschaft – Begutachtungsstudie Druckgaswerk Harbin (Vertrags- und Vorbereitungsunterlagen), Reisebericht zur Dienstreise in die VR China, Vorhaben DGW Harbin, vom 28.8. bis 3.10.1986 – Teilreisebericht PKM, 6.10.1986.

Globalvereinbarung ab. Sie war notwendig, weil die beiden Kombinate unterschiedlichen Ministerien unterstanden (das GSP dem Ministerium für Kohle und Energie, das CLG dem Ministerium für chemische Industrie). Darin war vorgesehen, dass PKM Hauptauftragnehmer für die Objekte der Gaserzeugung, Gaskühlung, Gasreinigung und Flüssigproduktentrennung ist. PKM erhielt einen Teilauftrag für seine eigenen Leistungen bei Projektierung, Inbetriebnahme und Chefmontage. Am 28.1.1986 wurde mit SKL eine Anlaufberatung über die Absorptionskälteanlage durchgeführt.[455] Am 1.2.1986 wurde die Objektleitung Exportvorhaben gebildet.

September/Oktober 1986

Die technischen Verhandlungen zum Angebot fanden wie oben geschildert vom 28.8. bis 3.10.1986 in Harbin statt.[456]

Oktober/November 1986

Seit dem 10.11.1986 fand in Beijing die zweite Etappe der Vertragsverhandlungen statt. Die Vertragsunterzeichnung war für den 3.12. oder 10.12.1986 vorgesehen. Zur Lieferung der Betriebsmess-, Steuerungs- und Regelungstechnik (BMSR-Technik) und der Computersteuerung für die Generatorenanlage lag noch keine Information und Entscheidung des Ministeriums für Kohle und Energie an die chinesische Seite vor.[457]

Dezember 1986/Januar 1987

Derzeitige Probleme: Fehlende Lieferbereitschaft von SKL für die Absorptionskälteanlage und eine zu geringe Bearbeitungskapazität auf verfahrenstechnischem Gebiet im PKM.[458]

Januar/Februar 1987

Am 20.1.1987 wurde der Exportvertrag über die Lieferung des Stadtgaswerks Harbin in Beijing unterzeichnet. Die chinesische Seite bestand auf einer Koproduktion beim fünften Generator und bei der zweiten Mehrzweckkolonne. Die Verhandlungen hierzu sollten im Februar 1987 zwischen VEB Germania Karl-Marx-Stadt und dem chinesischen Herstellerbetrieb durchgeführt werden. Für den Einsatz chinesi-

---

455 SAL, VEB PKM Anlagenbau Leipzig Nr. 2721, 20817 Produktionsbericht Januar/Februar 1986, 14.2.1986.

456 Ibid.: Produktionsbericht September/Oktober 1986, 5.10.1986.

457 Ibid.: Produktionsbericht Oktober/November 1986, 5.11.1986.

458 Ibid.: Produktionsbericht Dezember 1986/Januar 1987, 15.1.1987.

scher Spezialisten bei der Projektierung mussten erst noch die materiellen Voraussetzungen (Reißbretter, Blechschränke, Mobiliar) geschaffen und Betreuer bestimmt werden. Ein Fahrzeug B1000 für den Transport der chinesischen Spezialisten konnte angesichts des damaligen Sparregimes bei Treibstoffen nicht bereitgestellt werden. Eine Entscheidung hierzu sollte noch gefällt werden. Aktuell wurde das kick-off-meeting (Anlaufberatung) in Taiyuan vorbereitet. Bei PKM war die zu geringe Bearbeiterkapazität nach wie vor ein ernsthaftes Problem.[459]

März/April 1987

Am 31.3.1987 wurde der Exportvertrag für das Stadtgaswerk Harbin ratifiziert. Vom 22.4. bis 10.5.1987 fand in Taiyuan ein kick-off-meeting statt, zu dem die Fachprojektanten von PKM in zwei Gruppen anreisten.[460]

April/Mai 1987

Im April und Mai 1987 wurde die Lieferbereitschaft der Zuliefebetriebe protokolliert. Hauptsächliche Zulieferbetriebe waren: VEB Germania Karl-Marx-Stadt, Betriebsteil Apparate- und Kompensatorenbau (AK) Crimmitschau und CLG in Grimma. Auch mit den Lieferbetrieben Chemie- und Tankanlagenbau Fürstenwalde (CTA) und Chemieanlagenbau Erfurt-Rudisleben (CAER) wurde Klarheit bezüglich der zu übernehmenden Aufgaben geschaffen. Mit den ausgewählten Fachkräften fanden für den Baustelleneinsatz in Harbin Gespräche statt. Das kick-off-meeting in Taiyuan wurde ausgewertet. Insbesondere zusätzliche Käuferwünsche (zusätzliche Behälter) führten zu Änderungen der Projektierung.[461]

Mai/Juni 1987

Die gemäß Exportvertrag vereinbarten ersten Lieferungen von Dokumentationen, wie Standards für die Qualitätskontrolle und Werksabnahme der Ausrüstungen, Transportskizzen für übergroße und überschwere Ausrüstungen sowie Lager- und Transporthinweise für spezielle und gefährliche Güter wurden dem Objektleiter zur Weiterleitung an die chinesische Seite übergeben. Den Kooperationspartnern wurden die technischen Änderungen, die sich aus dem Kick-off-Meeting ergaben, mitgeteilt. Der chinesischen Forderung nach Einhausung des Generatorgebäudes wurde entgegen den gesetzlichen Bestimmungen der

---

459 Ibid.: Produktionsbericht Januar/Februar 1987, 10.2.1987.

460 Ibid.: Produktionsbericht März/April 1987, 9.4.1987.

461 Ib/id.: Produktionsbericht April/Mai 1987, 18.5.1987.

DDR aufgrund der klimatischen Bedingungen in Harbin entsprochen. Weiterhin bestand noch der Wunsch der chinesischen Seite nach Aufnahme einer Azeotropkolonne. In einer wissenschaftlichen Diskussion sollte der Käufer zum Verzicht auf diese Kolonne bewegt werden. Die wichtigsten Lieferbetriebe wurden nochmals aufgesucht, um die Lieferbereitschaft zu den veränderten Lieferterminen entsprechend dem Kick-off-Meeting zu protokollieren. Dabei traten insbesondere Schwierigkeiten mit dem Pumpenwerk Halle zutage, das die Lieferung der benötigten Pumpen ablehnte, da es die technischen Parameter der Wellenabdichtung nicht einhalten konnte.[462]

Juni/Juli 1987

Die Ausarbeitung des Basic Engineering (Entwurfsplanung, 2. Phase nach dem Vorprojekt im verfahrenstechnischen Anlagenbau) begann am 1.6.1987. Am 15.6.1987 traf eine chinesische Gruppe von 27 Spezialisten ein, davon waren 15 Spezialisten in der Berliner Projektierungseinrichtung tätig. Die chinesischen Spezialisten sollten bei der Klärung technischer Probleme und, soweit möglich, an der Projektierung teilnehmen. Die Gespräche und Festlegungen wurden protokolliert und im 14-tägigen Turnus mit der chinesischen Delegationsleitung abgestimmt und beschlossen. Mit den Lieferbetrieben, die zu CLG gehören, wurden die entsprechenden Lieferungen von Ausrüstungen vereinbart. Probleme bestanden noch mit den Lieferungen des Pumpenwerks Halle und bei den Ausrüstungen für die Entaschung. Zwischen PKM und CLG wurde die Aufteilung der Valutapreise präzisiert.[463]

Juli/August 1987

Im Juli 1987 wurde das Basic Engineering mit Termin der Fertigstellung bis 30.11.1987 ausgearbeitet. Die chinesische Seite wünschte sich die Übergabe eines Exemplars in deutscher Sprache vorab bis zum 15.11.87 zur Vorlage bei der chinesischen Staatsbank, da dies Voraussetzung für die Finanzierung im Jahre 1988 war. Die chinesischen Spezialisten nahmen weniger an der Projektierung teil, sondern studierten intensiv die vorgeschlagenen Technologien und die Ausrüstungen. Die hierzu geführten ausführlichen Konsultationen und Diskussionen erforderten einen erhöhten Aufwand. Eine Entlastung bei der Projektierung

---

462 Ibid.: Produktionsbericht Mai/Juni 1987, 17.6.1987.
463 Ibid.: Produktionsbericht Juni/Juli 1987, 8.7.1987.

durch die chinesischen Spezialisten trat somit nicht ein – dafür aber ein weiterer Transfer von Know-how aus der DDR nach China. Der VEB Pumpenwerk Halle sah sich weiterhin außerstande, Pumpen für die Phenolwasserumwälzung zu liefern. Das Problem war nach wie vor die Abdichtung der Pumpen mit Gleitringdichtungen.[464]

August/September 1987

Die Phenolwasserumwälzpumpen für die Generatorenanlage können vom VEB Pumpenwerk Halle geliefert werden. Allerdings stellte der Betrieb die Bedingung, dass PKM aus dem NSW benötigte Zulieferungen aus eigenen Valutamitteln finanziert. Das wurde von PKM abgelehnt.[465] Der VEB Pumpenwerk Halle lieferte daraufhin die Pumpen anstelle der geforderten mit einfachen Gleitringdichtungen. PKM hatte dieses Problem in eigener Regie gelöst und musste nun das Garantieproblem mit dem Pumpenwerk Halle lösen.[466] Dieses Detail verdeutlicht die prekäre Situation bei Valutamitteln, die unter anderem zu Erpressungen im Verkehr der Wirtschaftseinheiten untereinander führte.

Oktober/November 1987

Die chinesische Seite äußerte den Wunsch, einen dritten Antrieb für die Drehroste des Druckgasgenerators einzusparen. Im CLG wurden daraufhin entsprechende konstruktive Änderungen vorgenommen. Weiter wurde vereinbart, die Ausbildung chinesischer Fachkräfte im Jahre 1990 durchzuführen.[467]

November/Dezember 1987

Im November 1987 fand in Leipzig die Verteidigung der Basic Engineering-Dokumentation für das Gaswerk Harbin statt. Hierfür war eine chinesische Delegation unter Leitung des stellvertretenden Oberbürgermeisters der Stadt Harbin angereist. Im Ergebnis der Verteidigung wurden alle technisch-technologischen Lösungen von der chinesischen Seite bestätigt. Allerdings gab es Veränderungen im Lieferumfang – einzelne Ausrüstungen wurden nicht mehr benötigt, andere Ausrüstungen mussten in die Lieferung zusätzlich aufgenommen werden. Es wurde vereinbart, keine Änderungen am Gesamtpreis vorzunehmen.[468]

---

464 Ibid.: Produktionsbericht Juli/August 1987, 11.8.1987.
465 Ibid.: Produktionsbericht August/September 1987, 8.9.1987.
466 Ibid.: Produktionsbericht September/Oktober 1987, 6.10.1987.
467 Ibid.: Produktionsbericht Oktober/November 1987, 5.11.1987.
468 Ibid.: Produktionsbericht November/Dezember 1987, 3.12.1987.

Dezember 1987/Januar 1988

Die erfolgreiche Verteidigung des Basic Engineering wurde mit dem Protokoll vom 2.12.1987 durch den chinesischen Käufer bestätigt. Das Basic Engineering konnte dann als Exportleistung 1988 abgerechnet werden. Die Objektleitung überprüfte alle erteilten Aufträge mit den endgütigen Spezifikationen der Basic Engineering-Dokumentation. Schwerpunkt war die Erarbeitung des Montage- und Instandhaltungs-Handbuches. Ein möglicher Vorlauf im Jahre 1987 konnte nicht geschaffen werden, da die Fachkräfte mit anderen Aufgaben einschließlich der Umrüstung des Generators Nr. 2 ausgelastet waren.[469]

Januar/Februar 1988

Entsprechend dem Maßnahmeplan vom 10.12.1987 wurden die aus der Basic Engineering-Verteidigung noch offenen Punkte abgearbeitet und die Arbeiten für das Detail Engineering (detaillierter Entwurf, 3. Phase im verfahrenstechnischen Anlagenbau) vorbereitet. Für das Problem der Staub-Dickteer-Rückführung in den Generator bzw. für Ersatzlösungen wurde ein Ideenwettbewerb der Kammer der Technik (KdT) organisiert. Die Zulieferung der Einbauteile in die Generatoren von Germania durch den VEB Chemieanlagenbau Staßfurt war nicht gesichert. CLG wurde verpflichtet, Maßnahmen zur Lösung des Problems zu ergreifen.[470]

Februar/März 1988

Im Februar 1988 wurde ein Kooperationsvertrag mit dem VEB Germania Karl-Marx-Stadt über die Lieferung von fünf Generatoren und der Kolonnen abgeschlossen. Probleme ergaben sich, weil Germania gegenüber dem ersten Angebot einen erheblich höheren vorläufigen Preis angab, so dass sich eine Preisprüfung erforderlich machte. Die Lieferung des dritten Generators erfolgte nicht nach dem Schiffsbeladungsplan und gefährdete dadurch die Montagearbeiten auf der Baustelle.[471]

März/April 1988

Lieferschwerpunkte im März 1988 waren der dritte Druckgasgenerator, der zweite Extrakteur, der von der zweiten in die erste Baustufe vorgezogen wurde, und die Kolonnen. Das Pumpenwerk Halle sah sich außerstande, die benötigten Phenolwasserkreiselpumpen zu liefern.

---

[469] Ibid.: Produktionsbericht Dezember 1987/Januar 1988, 14.1.1988.
[470] Ibid.: Produktionsbericht Januar/Februar 1988, 2.2.1988.
[471] Ibid.: Produktionsbericht Februar/März 1988, 7.3.1988.

Deshalb mussten Angebote ausländischer Produzenten eingeholt werden. Über die Lieferungen des VEB Orsta Hydraulik wurde noch verhandelt, da man bei den technischen Parametern noch nicht einig wurde. Am Instandhaltungsbuch wurde weitergearbeitet. Ein Problem entstand, weil der hierfür neu eingestellte Kollege inzwischen wieder gekündigt hatte. Zur Vorbereitung des Detail Engineering wurden die noch offenen Punkte im Basic Engineering abgearbeitet. Noch ungelöste Probleme bestanden bei der BMSR-Technik, der Anfahrtechnologie und der Verankerung der Mehrzweckkolonnen.[472]

April/Mai 1988

Der Auftrag für die Getriebezahnräder der beiden Rostantriebe wurde im April 1988 an die Firma Voith in der BRD vergeben. Die Gussrohlinge wurden Anfang Mai zur Verzahnung versandt. Eine Produktionskontrolle beim VEB Germania Karl-Marx-Stadt ergab, dass die vorgesehenen Lieferungen für das zweite Schiff nicht garantiert waren. Das würde den Montageablauf gefährden. Angebote für vier Phenolwasserpumpen aus dem NSW wurden geprüft (280.000 DM). Mit VEB Orsta Hydraulik wurde das Vertragsangebot inhaltlich abgestimmt. Gegenwärtig liefen Vorbereitungen für die Ausarbeitung des Detail Engineering im Konsultationszentrum Taiyuan.[473]

Mai/Juni 1988

Gemäß dem Exportvertrag über das Druckgaswerk Harbin wurde am 9.5.1988 ein Konsultationsbüro beim Käufer in Taiyuan eröffnet. Schwerpunkte der Realisierung des Exportvorhabens waren die Ausarbeitung eines Montagehandbuchs zum 15.6.1988 und einer Liefergrafik über die zu liefernden Materialien und Ausrüstungen zum 30.6.1988. Diese Termine waren gefährdet, weil die jeweiligen Auftragnehmer noch nicht über alle benötigten Parameter und Angaben verfügten. Weiter musste überprüft werden, ob das für die Eröffnung der Baustelle benötigte Inventar vollständig vorhanden war bzw. was noch neu beschafft werden musste. Probleme bestanden bei der Zulieferung von Kreiselpumpen für die Förderung der Teerölfeststoffprodukte. Der Pumpenlieferant in Salzwedel bot als Liefertermin 1992(!) an. Dieses Problem musste kurzfristig gelöst werden.[474]

---

[472] Ibid.: Produktionsbericht März/April 1988, 5.4.1988.

[473] Ibid.: Produktionsbericht April/Mai 1988, 4.5.1988.

[474] Ibid.: Produktionsbericht Mai/Juni 1988, 15.6.1988.

August/September 1988

PKM übernahm im August 1988 die Projektierung der Isolierung und Beirohrbeheizung für die Hydraulikanlage, da der vorgesehene Lieferbetrieb dies abgelehnt hatte. Germania Karl-Marx-Stadt hatte die Lieferung von zwei Positionen für den zweiten Generator vom zweiten auf das dritte Schiff verschoben. Damit wurde der gesamte Montageablauf im Jahre 1989 infrage gestellt. Außerdem würden dann für die DDR-Seite 70.000 CHF Vertragsstrafe anfallen. Aufgrund des Einspruchs von PKM hatte Germania seinen Terminänderungsantrag schließlich zurückgezogen.

Entsprechend einer Beratung mit dem Konsultationsbüro in Taiyuan wurde die Zusammenarbeit mit den chinesischen Kollegen als gut eingeschätzt. Einige schwierige Probleme hatten sich durch Änderungen an der Abhitzanlage aufgrund von Forderungen des Käufers gegenüber der Basic-Engineering-Dokumentation ergeben. Auf chinesischen Wunsch sollte die Arbeit im Konsultationsbüro Taiyuan ab Ende Dezember 1988 für ca. 6 Wochen unterbrochen werden. Die DDR-Seite stimmte dem zu mit dem Hinweis, dass die Verantwortung für die daraus entstehenden Konsequenzen bei der chinesischen Seite liegt.[475]

September/Oktober 1988

Im September 1988 fand bei Germania ein Probelauf des ersten Drehrostes statt. Im Ergebnis waren noch einige Nacharbeiten notwendig, um die erforderliche Leichtgängigkeit unter Betriebsbedingungen zu gewährleisten. Der Versand des ersten Generatorgehäuses sollte ab 15.11.1988 nach Rostock erfolgen. Der Vorlauf für den zweiten Generator war nicht gegeben. Seit dem 29.9. weilte eine chinesische Delegation des Investors und des Außenhandelsbetriebes China National Instrument Import Co. in der DDR, um die Ausrüstungen für das erste Schiff abzunehmen. Diese Delegation wird im November Abnahmen der Ausrüstungen für das zweite Schiff vornehmen.[476]

Oktober/November 1988

Der Oktober-Bericht 1988 vermeldete, dass PKM als Hauptauftragnehmer zusätzliche Messtechnik einschließlich Konstruktion und Fertigung von Steuerschränken für die Hydraulikzentrale, deren Lieferung von einem anderen Betrieb abgelehnt worden war, übernommen

---

[475] Ibid.: Produktionsbericht August/September 1988, 9.9.1988.

[476] Ibid.: Produktionsbericht September/Oktober 1988, 6.10.1988.

hatte. Dies belastete die eigenen Kapazitäten. Die von CLG zu liefernden Kolonnen und der zweite Generator verzögerten sich und mussten für den Transport mit dem zweiten Schiff eingeordnet werden. Sie sollten als neuer Termin mit dem Schwerlasttransport am 15.1.1989 nach Rostock abgehen. Das Generatorgehäuse des ersten Generators wurde abgenommen und ging am 1.11.1988 mit Schwerlasttransport nach Rostock. Germania lieferte Fußringschablonen und Ankerschrauben zum Versand mit dem ersten Schiff (Versand am 31.10.1988).[477]

November/Dezember 1988

Im Zeitraum 15. bis 27.11.1988 fanden eine Befahrung der Baustelle in Dalian He und Verhandlungen mit der Aufbauleitung in Harbin statt. Die Straße, die für die Schwerlasttransporte vom Seehafen Dalian zur Baustelle zu benutzen ist, wurde befahren. Die Harbiner Transportfirma verfügte nicht über Tieflader oder Sattelauflieger. Die befestigten Lagerflächen waren fertig vorbereitet. Überdachte und geschlossene Lager werden bis Juli 1989 fertiggestellt. Außer Lagerhallen, Baustrom- und Bauwasserversorgung waren noch keine Bauleistungen erfolgt. Um den Bauverzug aufzuholen, will die chinesische Seite bis zu 3000 Armeeangehörige einsetzen. Im März und April 1989 soll eine weitere Beratung zwischen Käufer und Verkäufer stattfinden. Da die chinesische Seite das erste Schiff nicht stellen konnte, wird die deutsche Seite bei der Deutschen Seereederei (DSR) ein Schiff binden. Das gleiche gilt auch für das zweite Schiff. Da die Ausrüstungen in Rostock nicht zwischengelagert werden können, bis das Schiff der DSR zur Verfügung steht, mussten sie bei PKM zwischengelagert werden. Diese Probleme des Seetransports führten zur Verzögerung in der Realisierung des Projekts.[478]

Januar/Februar 1989

Die Beladung des zweiten Schiffes wurde vorbereitet. Schwerpunkte: Bereitstellung der Materialien und Ausrüstungen, Abnahmen in den Lieferwerken, offizielle Versandmeldung an den Käufer für das dritte Schiff, Bereitstellung der Versand- und Ausrüstungsdokumentation in Deutsch und Englisch, Verpackung, Versand und Dokumentation einschließlich der Zollabfertigung der Materialien, die über das PKM-Lager laufen. Besondere Schwerpunkte bildeten Rohrverschraubungen

---

[477] Ibid.: Produktionsbericht Oktober/November 1988, 15.11.1988.
[478] Ibid.: Produktionsbericht November/Dezember 1988, 14.12.1988.

und Präzisionsstahlrohr für die Zentralschmieranlage der Generatoren sowie diverse Gegenflansche, Schrauben und Dichtungen. Diese Positionen mussten per LKW nach Rostock transportiert werden, da der Stückgutversand per Bahn die Termine nicht garantieren konnte. Wesentliche Lieferbetriebe: VEB Germania Karl-Marx-Stadt, VEB Chemieanlagenbau Staßfurt, VEB Chemie- und Tankanlagenbau Fürstenwalde und der Stammbetrieb Grimma. SKL hatte die Lieferung der beiden Rohgaskühler zum 28.2.1989 fest zugesagt. Dann wird die im März 1989 bereitgestellte MS „*Sangerhausen*" voll ausgenutzt. Für den Import der Phenolwasserpumpen fehlten noch immer die notwendigen Importmittel.[479]

Abbildung 27: Versand von Chemieanlagen im Hafen von Rostock nach China (Februar 1989)

März/April 1989

Das zweite Schiff *Friedrich Engels* hatte am 17.3.1989 den Hafen Rostock verlassen. Alle vorgesehenen Ausrüstungen konnten bis auf den technologischen Stahlbau für die Generatoren 1 und 2 und die Kolonnen aus der Zuladung von Germania verladen werden. Diese Positionen sollten mit dem dritten Schiff nachgeliefert werden.[480]

April/Mai 1989

Das dritte Schiff, die MS *Radebeul*, war etwas verspätet in den Hafen eingelaufen. Die Verladung fand vom 7. bis 14.5.1989 statt. Alle Ausrüstungen befanden sich im Hafen Rostock. Die Qualitätsprobleme mit Formsandrückständen in den Kühlrippenaufsätzen der Stellventile konnten gelöst werden. Zwei Positionen aus dem Pumpenwerk Halle

[479] Ibid.: Produktionsbericht Januar/Februar 1989, 9.2.1989.
[480] Ibid.: Produktionsbericht März/April 1989, 5.4.1989.

konnten wegen Ausschuss beim Abguss der Laufräder und wegen verspäteter Lieferung der Importmotoren nicht mehr bereitgestellt werden. Die Anlieferung soll nun für das 4. Schiff erfolgen.

Für das vierte Schiff bildete das Ausmauerungsmaterial für die Generatoren und die Abhitzekessel noch einen Schwerpunkt. In allen vier Lieferwerken konnte wegen grundsätzlicher Mängel der Verpackung und der Beschriftungen keine Versandfreigabe erteilt werden. Völlige Neuverpackungen wurden notwendig. Die festgelegten Liefer- und Leistungsbedingungen waren überhaupt nicht beachtet worden. Ähnliche Probleme traten im VEB Getriebewerk Böhlitz-Ehrenberg bei den Planetenradgetrieben auf.

Im Ergebnis der Baustellenbefahrung durch die Chefingenieure von PKM und CLG ergaben sich folgende Schwerpunkte:

- Vorbereitung der Detail-Engineering-Verteidigung im Juni 1989 in Taiyuan
- Verschiebung des Montagebeginns vom Juli 1989 um mehrere Quartale (also auf 1990)
- Vorbereitung der daraus resultierenden Vertragsverhandlungen im Juni 1989
- Präzisierung des Bau- und Montageablaufplans
- Nachweis der Übereinstimmung zwischen Packliste, Inhalt der Kollis und Schiffslisten (ein Kollo ist ein einzeln verpacktes Stückgut)[481]

Mai/Juni 1989

Die MS „*Radebeul*" hatte am 20.5.1989 den Hafen Rostock verlassen. Bis auf zwei Kollis mit Montageausrüstungen und zwei Pumpen wurden alle vorgesehenen Positionen für dieses Schiff zugeladen. Notwendige Nachbesserungen an den Verpackungen und Beschriftungen wurden vorgenommen. Die ausstehenden Pumpen standen nun im PKM zur Abnahme bereit, so dass sie mit dem vierten Schiff geliefert werden konnten. Elektromotoren aus NSW-Import können erst im August 1989 geliefert werden, so dass die Lieferung mit dem fünften Schiff nicht gesichert war. Der Importeur Kombinat Elektromaschinenbau Dresden wurde aufgefordert, für eine Vorziehung des Liefertermins zu sorgen.

Die Fertigung für die Lieferungen zum fünften Schiff mit Abgang

---

[481] Ibid.: Produktionsbericht April/Mai 1989, 2.5.1989.

September 1989 lief grundsätzlich planmäßig. Schwierigkeiten bestanden bei der Bereitstellung von Vormaterialien im PKM und bei der Lieferung der Hochdruckthermoelemente und der Messgasentnahmeeinrichtungen.

Zum chinesischen Grobablaufplan für den Bau- und Montageablauf wurde eine ausführliche Stellungnahme erarbeitet, die mit dem Investor und dem Käufer verhandelt wurde. Schwerpunkt der Stellungnahme war, die Terminverschiebung auf 12 Monate zu begrenzen. Eine Inbetriebnahme in der Winterperiode ist unbedingt zu vermeiden.

Die Verteidigung des Detail Engineering in Taiyuan ist für Mai/Juni 1989 geplant.[482]

Juni/Juli 1989

Das vierte Schiff, die MS „*Suhl*“, hatte am 17.6.1989 den Hafen Rostock verlassen. Für die weiteren Schiffe zeichneten sich folgende Probleme ab: Die Rührwerke kommen wahrscheinlich erst mit dem sechsten Schiff zur Verladung, da Vormaterialien fehlen. Für die Fertigung der Dosierpumpen fehlten entsprechende Wälzlager. Wegen des Transports der radioaktiven Strahlungsquellen waren noch Verhandlungen mit Iso Commerz und dem Staatlichen Amt für Atomsicherheit und Strahlenschutz (SAAS) im Gange. Die Lieferung der Hochdruckthermoelemente musste vom sechsten auf das siebte Schiff umdisponiert werden, da das Vormaterial erst im September 1989 zur Verfügung stehen wird. Bei der Lieferung der Hydraulikausrüstungen gab es erhebliche Rückstände, so dass die Lieferung zum sechsten Schiff noch nicht gesichert war.

In Auswertung der Baustellenbefahrung im Mai/Juni 1989 wird an einem Vertragsnachtrag gearbeitet, in dem alle Konsequenzen aus dem um etwa zwölf Monate verschobenen Montagebeginn festgehalten werden. Außerdem wurden Hinweise für die Aufbewahrung und den Korrosionsschutz wegen der ein Jahr längeren Lagerung erarbeitet.[483]

August/September 1989

Im August 1989 wurden Teeröl-Mittelölabscheider, Sicherheitsstauchung, Kolonne und Injektor für das fünfte Schiff geliefert. Die Rührwerke des VEB Chemieanlagen Erfurt-Rudisleben waren problembehaf-

[482] Ibid.: Produktionsbericht Mai/Juni 1989, 1.6.1989.

[483] Ibid.: Produktionsbericht Juni/Juli 1989, 13.7.1989.

tet, da für die Getriebe Material fehlte. Die DSR übernahm den Transport der radiometrischen Messeinrichtungen einschließlich der radioaktiven Isotope.[484]

September/Oktober 1989

Die Ausrüstungen für das fünfte Schiff wurden im September 1989 in Rostock angeliefert. Nicht angeliefert wurden unter anderem Pumpen (Produktionsschwierigkeiten im VEB Pumpenwerk Halle) und Rührwerke vom VEB Chemieanlagen Erfurt-Rudisleben. Sie sollten mit dem sechsten Schiff abgehen. Die Lieferungen für dieses Schiff (Abgang nicht vor dem 20.11.1989) befanden sich im Endstadium der Fertigung. Die radiometrischen Messeinrichtungen waren bereits im Seehafen Rostock angeliefert. Die Drehzahlmesseinrichtung für den Drehrostantrieb wird in Magdeburg bis zum 27.10.1989 fertiggestellt.

Für die Beladung des siebten Schiffes bestanden folgende Probleme:

- Der VEB Schraubenhandel Magdeburg hatte die vertraglich gebundene Lieferung 1989 aufgekündigt.
- Die Umrüstung auf die neuen Endschalter war noch nicht gesichert.
- Für die Fertigung der Windkessel für die Staubdickteerpumpen in PKM war die Materialbereitstellung nicht gesichert.[485]

Oktober/November 1989

Das fünfte Schiff, die MS „*Karl Marx*“, hatte am 18.10.1989 den Seehafen Rostock verlassen. Das sechste Schiff, MS „*Radebeul*“, ist mit dem voraussichtlichen Abgangstermin Mitte Dezember eingeordnet. Drei Restpositionen (darunter Pumpen und Rührwerke) vom fünften Schiff kommen nun mit dem sechsten Schiff zum Versand. Die Schwerpunktpositionen Hochdruckthermoelemente, Gasentnahmen und Kratzband-Entaschungseinrichtungen wurden im Ergebnis großer Anstrengungen zum Versand gebracht. Die noch im PKM befindlichen Positionen Hydraulikmessschrank, Drehzahlmessung für Drehroste, Primärmesstechnik, Hydraulik und Tauchpumpe waren verpackt. Ihr Abtransport ist für die Woche 13. bis 19.11.1989 vorgesehen. Für die Lieferungen für das siebte Schiff waren Schraubenbolzen nachgeliefert worden. Sämtliche Schraubenbolzen müssen bis 31.12.1989 zum Transport

---

[484] Ibid.: Produktionsbericht August/September, 6.9.1989

[485] Ibid.: Produktionsbericht September/Oktober 1989, 20.10.1989.

nach Rostock bereitstehen. Die Endschalterbefestigungen für Stellventile müssen zur Absicherung der Beladung des siebten Schiffes bis 31.1.1990 geliefert werden.

Die radiometrischen Messeinrichtungen einschließlich der radioaktiven Isotope wurden mit einem zusätzlichen Schiff, der MS „*Suhl*", am 18.11.1989 – inzwischen war in Berlin die Mauer gefallen – als gefährliche Güter zum Versand gebracht. Das SAAS hatte der Errichtung und dem Betrieb der radiometrischen Messeinrichtungen im Rahmen der DDR-Chefmontage in der VR China zugestimmt. Die Hinweise des SAAS erhält die chinesische Seite als Empfehlung für die Einholung der Genehmigung durch die chinesischen Behörden. Die chinesischen Behörden hatten die Einfuhr der radioaktiven Strahler genehmigt.

Mit dem gleichen Schiff wurden Halbzeuge von Germania Karl-Marx-Stadt für die Fertigung des fünften Generators und der zweiten Mehrzweckkolonne in China geliefert.

In der Zeit vom 1. bis 17.11.1989 befanden sich die Chefingenieure von PKM und CLG auf der Baustelle in Dalian He, um den Eingang und die Lagerung der Schiffsladungen zu kontrollieren. Die Vollständigkeit des Kisteninhalts wurde erst im Mai 1990 überprüft. [486]

Diese Chronologie des Fortschritts beim Projekt Stadtgaswerk Harbin offenbart die internen Schwierigkeiten der Industrie in der DDR, die Forderungen der chinesischen Seite nach Lieferung einer modernen Anlage zu erfüllen. Dabei ist zu berücksichtigen, dass es sich hier nicht um ein simples Stadtgaswerk, sondern um eine angeschlossene Kohlechemieanlage zur Herstellung verschiedener chemischer Produkte aus der Steinkohle handelt. Es war gelungen, dass die DDR-Seite nur einen kleinen Teil der erforderlichen BMSR-Technik liefern musste, die einen empfindlichen Engpass darstellte. PKM versuchte die Probleme bei einzelnen Zulieferbetrieben, deren Erzeugnisse die gestellten Forderungen nicht vollständig erfüllten, durch Eigenfertigung zu lösen. Das belastete die Kapazitäten von PKM, und Verzögerungen im Gesamtablauf waren nicht zu vermeiden, was bei den Beladungen der einzelnen Schiffe nach China sichtbar wurde. Die zahlreichen Zusatzwünsche der chinesischen Seite erforderten immer wieder Umprojektierungen und Veränderungen im Fertigungsprozess, die den Aufwand für die DDR-Seite erhöhten.

[486] Ibid.: Produktionsbericht Oktober/November 1989, 16.11.1989.

Aufgrund des relativ niedrigen Automatisierungsgrades der Fertigungsvorbereitung und -durchführung war die Arbeitsproduktivität in diesen Bereichen niedrig und die Kosten entsprechend hoch. Es war symptomatisch für die mangelnde Kooperation sowjetischer Organe, dass Lieferungen (zum Beispiel die 500 Kilogramm Steinkohle) per Bahn nicht nachverfolgbar waren und verloren gingen (es ist aber ungewiss, wo die Lieferung verschwand). Typisch war, dass Zahnradgetriebe aus der BRD importiert werden mussten, obwohl das Kombinat Getriebe und Kupplungen, das zum Bereich des Ministeriums für Schwermaschinen- und Anlagenbau, aber nicht zum Ministerium für chemische Industrie gehörte, technisch dazu in der Lage gewesen wäre. Die Zusammenarbeit zwischen Kombinaten, die zu verschiedenen Ministerien gehörten, stieß oft an Grenzen.

Zum Zeitpunkt des Auslaufens des Clearingabkommens zwischen der DDR und der VR China infolge der Vereinigung der beiden deutschen Staaten war das Vorhaben Druckgaswerk Harbin weit vorgeschritten. Entsprechend dem Vertrag des ehemaligen Außenhandelsbetriebs Chemieanlagen Export/Import wurden von der Kreditanstalt für Wiederaufbau (KfW) die noch zu erbringenden Leistungen finanziert. Es handelte sich um zwei Gasgeneratoren und eine Gasreinigungslinie als Teile der zweiten Bauphase der Vergasungsanlage, Fachkräfteleistungen und Ersatzteillieferungen sowie die Schlusszahlungen für beide Phasen des Liefervertrages mit der Ingenieur- und Anlagenbau GmbH Leipzig (als Nachfolger des VEB PKM Chemieanlagenbau Leipzig).

Die Gesamtkosten des Vorhabens beliefen sich auf umgerechnet 153,4 Millionen Euro. Die KfW ermöglichte eine Restfinanzierung in Höhe von 12,015 Millionen Euro. Ende 1992 schließlich wurde das Stadtgaswerk Harbin in Betrieb genommen.

Die KfW schätzte die Effektivität der Anlage als unbefriedigend ein, weil nur etwa zwei Drittel der Anlagekapazität genutzt wurden. Der Verbrauch von Stadtgas sollte in Harbin bis zum Jahre 2000 zugunsten anderer Energieträger deutlich zurückgehen. Als positiv wurde bewertet, dass das Vorgänger-Stadtgaswerk abgeschaltet wurde, wodurch eine bedeutende Staubquelle beseitigt wurde.[487]

---

[487] Kreditanstalt für Wiederaufbau (KfW), Volksrepublik China – Stadtgasversorgung Harbin, Schlussprüfung, 21.3.2002, https://www.kfw-entwicklungsbank.de/ Evaluierung/

5.4.2. Zusammenarbeit im Schienenfahrzeugbau

In den Exportangeboten der DDR spielte der Export von Schienenfahrzeugen, angefangen von Lokomotiven für verschiedenste Einsatzzwecke über Doppelstockwagen und Liegewagen bis hin zu Kühlzügen, eine wichtige Rolle. Das gilt insbesondere für den Wertumfang des Exports. Die VR China war nach der Sowjetunion zeitweise der zweitgrößte Handelspartner im Schienenfahrzeugbau. Diese stabilen Lieferungen machten es erforderlich, dass der Außenhandelsbetrieb Schienenfahrzeugbau und die einbezogenen Betriebe immer ein eigenes Büro bei der HPA in der Botschaft der DDR in Beijing unterhielten. Am Beispiel der Schienenfahrzeuge ist die gesamte Entwicklung des Beitrags der DDR zur Industrialisierung Chinas – von der großzügigen, aber auch lukrativen Bruderhilfe der 1950er bis zum nur noch sehr bedingt freiwilligen Technologietransfer der 1980er Jahre – besonders deutlich ablesbar: Auf die stürmischen Anfänge folgte mit Beginn der chinesischen Reformpolitik eine neue, noch größere Nachfragewelle; gleichzeitig aber entwickelte sich die Volksrepublik China vom stets dankbaren Importeur zu einer überlegenen Volkswirtschaft, die selbstbewusst den Transfer von Knowhow nicht nur forderte, sondern auch durchsetzte.

Wichtigster Waggonproduzent der DDR war der VEB Waggonbau Dessau. Er entstand im Jahre 1952, als der seit 1949 der Sowjetischen Aktiengesellschaft (SAG) für Transportmittelbau zugehörige Betrieb dem Ministerium für Maschinenbau, Hauptverwaltung Fahrzeugbau unterstellt wurde. 1974 wurde das Volkseigene Kombinat Schienenfahrzeugbau gegründet, welches den gesamten Schienenfahrzeugbau der DDR umfasste. Der Waggonbau Dessau wurde 1979 in dieses neue Kombinat eingegliedert. Insgesamt belief sich der Export von Schienenfahrzeugen durch das Kombinat nach China im Zeitraum von 1949 bis 1990 auf 489 Reisezugwagen, 474 Güterwagen und 2.392 Kühlfahrzeuge.[488]

Die folgende Statistik belegt, dass der allergrößte Teil der Schienenfahrzeuge in die Sowjetunion exportiert wurde.[489] Dementsprechend stand

Ergebnisse-und-Publikationen/PDF-Dokumente-A-D/China_Stadtgasversorgung_Harbin_2002.pdf (aufgesucht am 12.8.2020).

[488] Persönliche Mitteilung von P. Donhauser, 26.2.2020, entsprechend einer Statistik des VEB Kombinats Schienenfahrzeugbau.

[489] Prospekt der DWA (Deutsche Waggonbau AG), 1991 (im Besitz des Autors).

die Absicherung des Exports in die Sowjetunion an erster Stelle.

Tabelle 15: Export von Schienenfahrzeugen aus der DDR im Zeitraum 1949 – 1990

Land	**Reisezug-wagen**	**Kühl-fahrzeuge**	**Güter-wagen**	**Gesamt-lieferung**
Bedarf der DDR	2.956	868	27.531	31.355
Sowjetunion	32.720	42.260	1.911	76.891
Tschechoslowakei	4.727	1.607	1.273	7.607
China	489	2.392	474	3.355

Die Kühlfahrzeuge, die dem Transport verderblicher Lebensmittel dienten, waren zweifelsohne ein Exportschlager. Sie kamen fast ausnahmslos aus Dessau. Schon Anfang der 1970er Jahre hatte sich der dortige Waggonbau an einer Ausschreibung des schweizerisch-belgischen Unternehmens „Interfrigo" beteiligt und den besten Kühlzug geliefert. Daraufhin war es zum Liefervertrag gekommen, der jedoch nicht verlängert wurde, so dass die Sowjetunion und China die wichtigsten Abnehmer der Dessauer Kühlzüge blieben. Für China hatte der Betrieb bereits seit 1956 spezielle Kühlzüge entwickelt. Die Volksrepublik ließ zudem im Laufe der Jahre insgesamt 600 Arbeiter im Waggonbau Dessau ausbilden und baute in Wuhan ein eigenes Waggonwerk nach Dessauer Vorbild auf.

Im Einzelnen lieferte der VEB Waggonbau Dessau von den 1950er Jahren bis 1989 folgende Kühlwagen nach China.[490]

Tabelle 16: Export von Kühlwagen des VEB Waggonbau Dessau nach China

Erzeugnis	**Stückzahl Wagen**
4-achsige Eiskühlwagen	200
4-achsige Maschinenkühlwagen	180
4-achsige Maschinenkühlwagen (nur für Zugbetrieb)	262
4-achsige Dieselelektroaggregatewagen	60
23-Wagen-Kühlzüge (10 Züge)	230
12-Wagen-Kühlzüge (30 Züge)	360
5-Wagen-Kühlzüge (204 Züge)	1.020
Insgesamt	**2.312**

490 Waggonbau in Dessau, http://www.kuehlwaggon.de/lieferungen/volksrepublikchina/index.html (Zugriff am 24.7.2019).

Wie stark der Export in diesem Bereich in den 1980er Jahren anstieg, zeigt die Tatsache, dass allein eintausend dieser Kühlwagen in der zweiten Hälfte jenes Jahrzehnts geliefert wurden, gegenüber 60 Wagen in der ersten Hälfte der 1950er Jahre.[491] Zu jener Zeit waren dagegen Waggons für den Personentransport stärker nachgefragt. Der VEB Waggonbau Ammendorf exportierte neun und der VEB Waggonbau Görlitz etwa 142 Reisezugwagen nach China.[492] Im Jahre 1979 folgten aus Ammendorf 19 klimatisierte „Schlafwagen der harten Klasse“ (*ying wo* 硬卧). Sie waren für Außentemperaturen von minus 50 °C bis plus 50 °C ausgelegt.[493] Im Jahr darauf exportierte der VEB Waggonbau Ammendorf noch einmal 19 Schlafwagen nach China.[494]

Im Abkommen über die wirtschaftliche Zusammenarbeit zwischen der DDR und der VR China war für die Jahre 1986 bis 1990 die Lieferung von eintausend Kühlwaggons, eintausend gedeckten Güterwaggons, 300 Reisezugwagen und 50 Doppelstockwagen vorgesehen.[495] Zu den 300 Reisezugwagen gehörten 250 klimatisierte Liegewagen und 50 klimatisierte Personenwagen, die der VEB Waggonbau Bautzen produzierte. Sie wurden in den Jahren 1988 und 1989 nach China exportiert. Die Klimatisierung war für Außentemperaturen von minus 45 °C bis plus 45 °C ausgelegt.[496] Der Vertrag über die Lieferung der Doppelstockwagen kam allerdings nicht zustande. Möglicherweise lagen hier technische Gründe vor, nämlich dass das Streckenprofil nicht für die Doppelstockwagen geeignet war. Über die eintausend gedeckten

---

[491] Liu Jingliang, Baowenche zhizao gongyi jishu gaikuang – fang Minzhu Deguo Desao cheliang gongchang (Stand der Herstellungstechnologie von Thermoswagen – Ein Besuch im VEB Waggonbau Dessau in der DDR), Jiche cheliang gongyi 1985, S. 1–3. Harte Nuss für die Dessauer Waggonbauer, Neues Deutschland, 16.12.1955, S. 6.

[492] Persönliche Mitteilung von W. Wallborn, 17.3.2020.

[493] Chen Baoyin, Dongde wei Woguo zhizao de qiangpo tongfeng baojian ying woche (Ostdeutschland stellt für China Abteil-Schlafwagen der harten Klasse mit Klimatisierung her), Tiedao cheliang 1980, H. 9, S. 5–13.

[494] Persönliche Mitteilung von W. Wallborn, 17.3.2020.

[495] SAPMO-BArch Büro Egon Krenz, DY_30_2_2.039_297_052, Abkommen zwischen den Regierungen der DDR und der VR China über den Warenaustausch und Zahlungen in den Jahren 1986 bis 1990, Juli 1985.

[496] Yin Peiquan, Woguo jiang zaici cong Minzhu Deguo jinkou kongtiao keche (China wird nochmals klimatisierte Reisezugwagen aus der DDR importieren), Tiedao cheliang 1987, H. 5, S. 37–39.

Güterwaggons ist lange verhandelt worden, aber ein Abschluss scheiterte letztlich, möglicherweise an gegensätzlichen Preisvorstellungen. Die Güterwagen hätte der VEB Waggonbau Niesky liefern sollen, dessen Produktionskapazität aber begrenzt war.[497] Wahrscheinlich hatte das Werk einen lukrativeren Exportauftrag in das nichtsozialistische Wirtschaftsgebiet erhalten.[498]

1988 fertigte der VEB Waggonbau Bautzen 200 Liegewagen zum Export nach China. Einer chinesischen Fachzeitschrift zufolge lieferte das Werk in den Jahren 1988 und 1989 insgesamt 250 Liegewagen mit Klimatisierung an die Volksrepublik. Die Liegewagen waren ebenso für die kalten Temperaturen in Nordostchina wie für das subtropische Klima in Südchina geeignet.[499]

Zusätzlich zu all diesen Lieferungen aber sollte der VEB Waggonbau Dessau, wie eingangs erwähnt, entsprechend einem im April 1986 abgeschlossenen Regierungsabkommen zwischen der DDR und der VR China seine Technologie der Fertigung von Kühlwaggons für ein in Wuhan aufzubauendes Werk transferieren und zu diesem Zweck auch etwa 400 chinesische Facharbeiter ausbilden. Dieses Vorhaben wurde bis 1990 auch tatsächlich umgesetzt.

Zum Projekt „Kühlfahrzeuge und Technologietransfer“ waren bereits Ende des Jahres 1983 Gespräche zwischen dem Außenhandelsbetrieb Schienenfahrzeuge Export/Import und der National Machinery Import and Export Corporation geführt worden.[500] Offiziell wurde das Projekt durch Vereinbarungen auf Ministerebene beschlossen. Der stellvertretende Vorsitzende der Staatlichen Plankommission, Dr. Dieter Albrecht, verhandelte darüber mit Zhu Rongji, dem stellvertretenden Vorsitzenden der Staatlichen Wirtschaftskommission, während dessen oben erwähnten Besuchs in der DDR im April 1984. Die chinesische Seite legte die Strategie – besser: die Forderung – dar, dass eine Ausweitung des Handels mit der DDR nur möglich sei, wenn gleichzeitig

[497] Persönliche Mitteilung von P. Donhauser, 29.2.2020.

[498] Persönliche Mitteilung von W. Wallborn, 17.3.2020.

[499] Hu Zhuoren/Hu Liben, Minzhu Deguo xiang Zhongguo tigong you kongtiao ruanwoche (Die DDR liefert China Liegewagen mit Klimatisierung), Guowai tiedao cheliang (Foreign Rolling Stock) 1989, No. 1, S. 17–19.

[500] LASA Abteilung Dessau, I 422, Nr. 558, Schreiben des AHB Schienenfahrzeuge an National Machinery Import and Export Corporation vom 16.1.1984.

auch Vereinbarungen zur Modernisierung von Betrieben in China abgeschlossen würden. In diese „Rekonstruktion" von chinesischen Betrieben war auch die Qualifizierung chinesischer Werktätiger in der DDR einbezogen. Entsprechend einer Objektvereinbarung zwischen dem Ministerium für Schwermaschinen- und Anlagenbau der DDR und dem Ministerium für Eisenbahnwesen der VR China vom 9. September 1986 war ab dem folgenden Jahr der Einsatz chinesischer Werktätiger in Betrieben der DDR in erheblichem Umfang vereinbart worden.

Tabelle 16: Einsatz chinesischer Werktätigen in Betrieben des Schienenfahrzeugbaus der DDR

Betrieb	**Zahl der chinesischen Werktätigen**
VEB Waggonbau Dessau	388
VEB Waggonbau Bautzen	450
VEB Federnwerk Zittau	80

Das bedeutet, dass allein im Bereich des Kombinats Schienenfahrzeugbau 918 chinesische Werktätige eingesetzt werden sollten. Der Waggonbau Bautzen stellte Reisezugwagen und das Federnwerk Zittau die Federn für die Drehgestelle her. Überwiegend war eine Einsatzzeit von vier Jahren vorgesehen, nach zwei Jahren wurde Heimaturlaub gewährt.[501] Damals kursierte der Witz, warum die Chinesen nicht auch in Berlin eingesetzt wurden: Weil sie es gewohnt waren, auf der Mauer spazieren zu gehen.[502]

Durch den Einsatz der chinesischen Arbeiter war abgesichert, dass neben den umfangreichen Lieferungen von Schienenfahrzeugen in die Sowjetunion, in die anderen RGW-Länder und das NSW auch die vereinbarten Stückzahlen nach China geliefert werden konnten. Während der gesamten Zeit der Existenz der DDR war der Export von Schienenfahrzeugen nach China eine umfangreiche und stabile Position in den Handelsbeziehungen zwischen der DDR und China.

[501] LASA Abteilung Dessau, I 422, Nr. 771, Ministerium für Schwermaschinen- und Anlagenbau, Objektvereinbarung zwischen dem Ministerium für Schwermaschinen- und Anlagenbau der DDR und dem Ministerium für Eisenbahnwesen der VR China vom 9.9.1986.

[502] Persönliche Mitteilung von P. Donhäuser, 28.2.2020.

Im Jahre 1984 verhandelte der Minister für Schwermaschinen- und Anlagenbau, Rolf Kersten, mit dem stellvertretenden Minister für Eisenbahnwesen der VR China, Li Kefei, über das erwähnte Vorhaben der Lieferung von eintausend Kühlwagen und des gleichzeitigen Technologietransfers. Im Mai und Juli 1984 hatte das Kombinat Schienenfahrzeugbau den Entwurf einer Vereinbarung zur produktionstechnischen Zusammenarbeit bei der Rekonstruktion der Waggonfabrik Wuhan (eigentlich Waggonfabrik Wuchang, *Wuchang cheliang chang* 武昌车辆厂; Wuchang ist ein Stadtteil von Wuhan) und der Lieferung von Kühlfahrzeugen aus der DDR an die VR China vom 26. September 1984 ausgearbeitet. Diese Vereinbarung sah folgendes vor:

- Lieferung von Fünf-Wagen-Kühlzügen und Kupferkälteanlagen in den Jahren 1986 bis 1990 an China
- Die DDR erarbeitet bei Auftragserteilung eine technisch-ökonomische Studie zur Vorbereitung der Rekonstruktion der Waggonfabrik Wuhan.
- Die DDR stellt der Waggonfabrik Wuhan technische und technologische Unterlagen für die Fertigung von Fünf-Wagen-Kühlzügen in Sandwichausführung sowie für die Modernisierung der Waggonfabrik Wuhan zur Verfügung. Dabei handelt es sich insbesondere um
    - die Technologie und die Anlagen für das Schweißen und Sicken der Außenhautbleche der Kühlfahrzeuge
    - die Technologie und die Ausrüstungen für die Entzunderung, Trocknung und Farbbehandlung des Materials
    - die Konstruktion und Technologie des kompletten Sandwichwagens
    - die Konstruktion und Technologie der Kupferkälteanlagen sowie die Ausrüstungen für deren Produktion
- Die chinesische Seite liefert für die Kühlfahrzeuge die benötigten Kupplungen.
- Die DDR-Seite ist bereit, entsprechend den Erfordernissen jeweils drei bis fünf Monate chinesische Techniker im VEB Waggonbau

Dessau und den wichtigsten Zulieferbetrieben auszubilden.[503]

Diese Vorstellungen wurden anlässlich des Besuchs einer chinesischen Expertendelegation im VEB Waggonbau Dessau vom 27. November bis zum 6. Dezember 1984 beraten. Der grundlegende Gedanke des Objekts „Lieferung von Kühlfahrzeugen und Technologietransfer“ war, dass die Lieferung und der Transfer eine Einheit bilden sollten.

Der Technologietransfer sollte in drei Etappen erfolgen:

1. Aufbereitung und Übergabe konstruktiver und technologischer Unterlagen
2. Herstellung und Montage von Kühlwagen in Sandwichbauweise in Wuchang mit Lieferung von Großsektionen in Sandwichbauweise durch den VEB Waggonbau Dessau
3. Fertigung von kompletten Kühlwagen in Sandwichbauweise in der Waggonfabrik Wuchang

Der bezeichnende Streitpunkt bei den Verhandlungen mit der chinesischen Seite bestand in der Frage, inwieweit der Technologietransfer zu bezahlen sei. Während die DDR-Seite sich die Technologie bezahlen lassen wollte, ging die chinesische Seite davon aus, dass die Technologie mit der Abnahme der eintausend Kühlfahrzeuge bezahlt sei. Gänzlich erpressbar war die DDR offenbar noch nicht, denn letztendlich einigte man sich darauf, dass die chinesische Seite zumindest für die Aufbereitung der zu übergebenden technologischen Dokumentationen bezahlen werde. Sie werde auch den Einsatz von DDR-Spezialisten in China bezahlen und insbesondere eine Reihe von Spezialmaschinen für die Fertigung der Kühlfahrzeuge. Den Technologietransfer der Kälteanlagen vereinbarte die chinesische Seite mit dem Kombinat Luft- und Kältetechnik, zu dem der ausführende Betrieb VEB Maschinen- und Apparatebau (MAB) Schkeuditz gehörte.[504]

In einem Schreiben des Kombinats Schienenfahrzeugbau an den Vorsitzenden der Staatlichen Plankommission, Gerhard Schürer, wurden die Investitionen aufgeführt, die notwendig sein würden, um die bewusste Lieferung von eintausend Kühlfahrzeugen nach China gewährleisten zu

---

[503] LASA Abteilung Dessau, I 422, Nr. 559, Entwurf Vereinbarung zwischen dem Ministerium für Schwermaschinen- und Anlagenbau der DDR und dem Ministerium für Eisenbahnwesen der VR China vom 26.9.1984.

[504] LASA Abteilung Dessau, I 422, Nr. 559, Protokoll des Besuchs einer chinesischen Spezialistendelegation vom 27.11.–6.12.1984 im VEB Waggonbau Dessau.

können.[505] Schließlich durften an den zeitgleichen Lieferungen von Schienenfahrzeugen in die Sowjetunion keine Abstriche gemacht werden. Zu den nötigen Investitionen gehörten:

- Aufnahme der Drehgestellproduktion in Gussausführung für die Thermoswagen im VEB Waggonbau Dessau
- Schaffung der erforderlichen Montagekapazitäten für den Ausbau der Dieselmannschaftswagen
- Zuführung weiterer Arbeitskräfte
- Einordnung der Investitionen für die Lieferungen in die Sowjetunion
- Keine Erweiterung der Konsumgüterproduktion

Vom 11. März bis zum 4. April 1985 besuchte eine Delegation des DDR-Kombinats Schienenfahrzeugbau den Waggonbau Wuchang, den Waggonbau Shijiazhuang, Provinz Hebei, und das Kälteanlagenhauptwerk Yueyang, Provinz Hunan, um nähere Verhandlungen über den Technologietransfer zu führen. Das Prinzip des abzuschließenden Abkommens beinhaltete, wie bereits im Jahre 1984 verabredet, dass im Kauf der Kühlwagen die komplette Technologie ihrer Herstellung enthalten sein sollte. Dies betraf das Kühlfahrzeug MN B21/81 des VEB Waggonbau Dessau und den Kältesatz FAL 056/3 des VEB MAB Schkeuditz. Dabei verließ sich die chinesische Seite nicht allein auf den guten Ruf der Waggons aus Dessau. Stattdessen erwarben die chinesischen Eisenbahnen der Direktion Guangzhou im selben Jahr einhundert Kühlfahrzeuge des für den Technologietransfer vorgesehenen Typs B21 und erprobten vier davon auf einer Strecke, die vom Hochgebirge in die Oasenstadt Turfan im Autonomen Gebiet Xinjiang führte. In Turfan herrschten dabei bis zu 45 °C Hitze.[506] Offenbar verlief der Test zufriedenstellend.

Dem eigentlichen Technologietransfer stand nun also – vermeintlich – nichts mehr im Wege. Die drei Etappen des Ablaufplans vom vorangegangenen Jahr (vorhergehende Seite) hatte man im Zuge des Besuchs der Werke in China dahingehend geändert, dass nun ausdrücklich DDR-Experten vor Ort Unterstützung leisten sollten. Die drei Etappen

---

505 LASA Abteilung Dessau, I 422, Nr. 559, Schreiben Kombinat Schienenfahrzeugbau an Staatliche Plankommission, Gerhard Schürer, Abschrift vom 22.1.1985.

506 Yu Jiafan/Xu Guirong, B21 jixie lengcangche xingneng shiyan baogao (Bericht über die Erprobung der Eigenschaften des Maschinenkühlwagens B21), Zhileng 1985, S. 5–18.

lauteten nun:

1. Übergabe der gesamten technischen Dokumentation
2. Die DDR-Seite liefert Montageteile und entsendet Spezialisten zur Anleitung nach China, wo eine Montageproduktion erfolgt.
3. Die chinesische Seite produziert auf der Basis der von der DDR-Seite übergebenen Konstruktion und Technologie das Kühlfahrzeug MN B21/84 unter zeitweiliger Anleitung durch DDR-Spezialisten.

Doch noch war man nicht am Ziel, denn Uneinigkeit bestand nun noch in der Frage des *inhaltlichen Umfangs* des Transfers. Hier versuchte die DDR, sich gegen die Forderungen ihres chinesischen Kundens zu wehren. Die DDR-Seite war nicht bereit, die Technologien für die Gummidichtungen, den Leichtmetallguss, die Mischung des Tränklacks der Gussteile des Verdichters und der Mischung des Teflons zu übergeben, weil sie nach ihrer Ansicht nicht mehr zur Technologie der Kühlfahrzeuge gehören. Das gleiche galt für Sondereinrichtungen, die für die Produktion von Sandwichwagen nicht zwingend erforderlich sind. Letztlich musste die DDR hier aber doch viele Zugeständnisse machen.

Der Technologietransfer umfasste den Laderaumwagen, also den eigentlichen Kühlwaggon, und den Dieselmannschaftswagen des Kühlzuges B21/84. Hierzu übergab der VEB Waggonbau Dessau Unterlagen, die von den Konstruktionszeichnungen über Bedienanleitungen und Konstruktionsberechnungen bis zu den Prüfvorschriften und Prüfprotokollen reichten.

Die zu übergebende technologische Dokumentation enthielt die kompletten technologischen Arbeitsaufstellungen, angefangen von Materialnormen, technologischen Vorschriften über Qualitätskontrollkarten bis zu den Abnahmestandards.

Der VEB Waggonbau Dessau übergab weiterhin die Zeichnungen der eingesetzten großen und mittleren Fertigungsmittel, Vorrichtungen zum Montieren und Schweißen, Drehvorrichtungen und Kontrollvorrichtungen. Für kleinere Vorrichtungen, für die keine Zeichnungen vorlagen, konnten unter Anleitung von Spezialisten Zeichnungen im Umfang von fünf Arbeitskräften à sechs Monate angefertigt werden.

Für die technische Modernisierung des Waggonbau Wuchang bat die chinesische Seite um technische Consultingeinschätzungen. Ebenso fanden beim Einsatz von Grundmaterial chinesischer Spezifikation Consultingeinschätzungen durch den VEB Waggonbau Dessau statt. Vertragsrechtlich bezog sich der Technologietransfer aber auf die Festlegungen in den „Technischen Normen, Gütevorschriften und Lieferbedingungen" (TGL) als nationalen Standards der DDR. Die DDR-Seite war zur Lieferung zahlreicher Spezialmaschinen bereit, darunter eine Folienschweißmaschine und ein Schweißportal für die Seitenwände der Waggons.

Hinsichtlich der Kältetechnik bestand das Ziel des Technologietransfers darin, den Waggonbau Shijiazhuang (*Shijiazhuang cheliangchang* 石家庄车辆厂) bis Ende 1988 in die Lage zu versetzen, 800 Kältesätze nach der Technologie des VEB MAB Schkeuditz zu fertigen. Hierfür schlug die DDR-Seite einen technologischen Raumplan vor. Auf dieser Grundlage arbeitete die chinesische Seite unter Berücksichtigung ihrer Gegebenheiten ein technologisches Projekt aus, das von der DDR-Seite beurteilt wurde. Die chinesische Seite erhielt Unterlagen und Abläufe für die Produktionsorganisation und die Qualitätssicherung im Produktionsprozess. Die Endmontagetechnologie wurde in den einzelnen Arbeitsschritten dargestellt. Ferner die Reinigungs- und Trocknungstechnologie und die Rezeptur der Reinigungsmittel. Hinsichtlich der technologischen Dokumentation der Warmbearbeitung, Kältebearbeitung und Warmbehandlung bei der Oberflächenbehandlung wurden Unterlagen über das Verzinken, Verzinnen und Eloxieren übergeben, weiterhin zur Bearbeitungstechnologie der bewegten Teile, Federn, Ventile und Dichtungsringe.

Die chinesische Seite wünschte von allen Fertigungsmitteln Zeichnungen. Wenn diese nicht existierten, entsandte die chinesische Seite Spezialisten, damit sie im VEB MAB Schkeuditz die Zeichnungen anfertigen konnten. Zum Software-Transfer gehörten: Konstruktionsberechnungen, Berechnungen für die Hauptbaugruppen, kompletter Satz von Fertigungszeichnungen des Kältesatzes einschließlich Gesamtzusammenstellungszeichnung, technische Dokumentation für die Erzeugniseignungsprüfung, Stücklisten, Bedien- und Wartungsvorschriften, Ersatzteilaufstellung, Reparaturfristen und technische Standards.

Die chinesische Seite erhielt ausführliche Unterlagen über die Hauptbaugruppen Verdichter, Wärmetauscher und andere. Für die Mess- und Prüfmittel wurden die Genauigkeitsklassen angegeben, ferner die Toleranzbereiche an den Baugruppen. Hierzu gehörten auch Unterlagen über die Methoden der Beseitigung von Fehlern, insbesondere von Gussfehlern. Ferner wurden der chinesischen Seite zahlreiche Ausrüstungen und Fertigungsmittel angeboten.

Diese umfangreiche Liste von Maschinen zeigt, dass die chinesische Seite erfolgreich darauf gedrängt hatte, die Technologie der Herstellung der Kühlwagen und der Kältesätze möglichst vollständig zu übernehmen. Dies betraf sowohl die eingesetzten Fertigungsmittel als auch das Know-how. Weil das Know-how außer den technologischen Dokumentationen auch viele über lange Jahre erworbene Erfahrungswerte umfasst, erhielt die chinesische Seite vieles davon durch die Ausbildung chinesischer Fachkräfte in der DDR.

Der Technologietransfer bei der Herstellung von Kühlzügen war seitens der DDR vorbildlich geplant und organisiert. Natürlich war die Konsequenz, dass die chinesische Seite künftig von Importen der Kühlzüge unabhängig wurde, was ja auch das Ziel der Vereinbarung insgesamt war. Im heutigen deutsch-chinesischen Handel vermeiden die deutschen Firmen nach Möglichkeit die Preisgabe des technologischen Vorsprungs, was aber nicht immer zu verhindern ist, besonders wenn die chinesische Seite auf Technologietransfer drängt. Nachteile und Verluste im Handel lassen sich nur durch ständige Weiterentwicklung der Erzeugnisse vermeiden. Diese heute so aktuelle Erfahrung im Handel mit China machten viele Betriebe der DDR also schon in den 1980er Jahren und teils – etwa im Schiffbau – auch noch früher.

Die Grenzen des Technologietransfers waren zwischen beiden Seiten exakt definiert und andererseits war dieser Transfer so umfangreich, dass die chinesische Seite schließlich die Kühlzüge nach DDR-Technologie eigenständig herstellen konnte. Die vormals heiß begehrten Kühlzüge „Made in GDR" hätten die Dessauer danach nur noch durch bahnbrechende Neuentwicklungen für die chinesische Seite wieder interessant machen können.

Schulungen für chinesische Fachkräfte

Zur Ausbildung des chinesischen Fachpersonals fanden, angefangen mit den Direktoren der einbezogenen Werke und dann weitergehend mit Konstrukteuren und Technologen, zwischen 1986 und Ende 1989 diverse Schulungen über Technologie und Konstruktion sowohl in China als auch in der DDR statt. Diese Schulungen, die ursprünglich erst im Dezember 1990 hätten zu Ende gehen sollen, waren ein wichtiger Bestandteil des Technologietransfers.[507] Sie wechselten sich mit Konferenzen der Leitungskräfte ab, die jeweils den Stand des Transfers besprachen.

In der Zeit vom 19. September bis zum 4. Oktober 1986 wurde in der DDR die 1. Verbindungskonferenz der Direktoren der chinesischen und der DDR-Seite des Technologietransferprojekts abgehalten, auf der man sich auf das grundsätzliche Vorgehen einigte. Für den November war die 1. Verbindungskonferenz der Konstrukteure und Technologen vorgesehen. Ferner wurden als Arbeitsschwerpunkte für 1987 festgelegt: Schulungen in China, Projekt der Verschäumungshalle, Verhandlungen über von China einzuführenden Ausrüstungen und Anlagen, Einleitung der Fertigung von Großfertigungsmitteln in der DDR. Im Waggonbau Dessau sollten im Jahre 1987 zwei Schulungen für Fachpersonal der China National Machinery Import Export Corporation (CMC) veranstaltet werden. Schließlich wurden auch die Anforderungen an den Arbeitsschutz bei der Fertigung der Kühlwagen besprochen.[508]

Die Überprüfung der an China zu übergebenden technologischen Dokumente erwies derweil eine recht unterschiedliche Qualität von sehr gut bis unbrauchbar, so dass die Dokumente insgesamt überarbeitet wurden und dadurch auch eine Qualitätsverbesserung für den eigenen Betrieb eintrat.

Auf der 2. Verbindungskonferenz der Direktoren, die im Herbst 1987 in Beijing, Wuhan und Shijiazhuang stattfand, wurde der künftige Bedarf der chinesischen Seite an Schienenfahrzeugen aus der DDR diskutiert.[509] Die chinesische Seite war nicht bereit, ihren Bedarf für die Jahre 1991 bis 1995 zu verraten. Der Grund war wahrscheinlich, dass die chinesische Seite nach dem erfolgten Technologietransfer unabhängig von Importen sein wollte und entgegen ihren Zusagen überhaupt nicht mehr plante, weitere Kühlwagen einzuführen.

---

507 LASA Abteilung Dessau, I 422, Nr. 787, Fortführungs-Konzeption zur Realisierung des Technologietransfers für den Laderaumwagen in Sandwich-Bauweise Typ MN 4 China mit der Waggonfabrik Wuchang (VR China), 28.1.1988.

508 LASA Abteilung Dessau, I 422, Nr. 560, Protokoll von der 1. Direktorenkonferenz zum Technologietransfer in der DDR zwischen SFZ und CMC, 2.10.1986.

509 LASA Abteilung Dessau, I 422, Nr. 558, Reisebericht über eine Auslandsdienstreise nach der VR China, 6.10.1987.

In Shijiazhuang wurde der Technologietransfer des Kältesatzes und des Kältemittelverdichters besprochen. Die chinesische Seite, die den Wunsch äußerte, Zeichnungen des Ölfilters des Verdichters zu erhalten, wurde darauf hingewiesen, dass der Ölfilter ein Kaufteil ist und die Urheberrechte beim VEB Berliner Vergaserfabrik liegen. Doch die chinesische Seite setzte sich durch: Später wurde ein Besuch der Vergaserfabrik organisiert, damit die chinesischen Kollegen den Fertigungsprozess der Filter studieren konnten. Für den Bau des Kältesatzes und des Verdichters wurde in Shijiazhuang in zehn Kilometern Entfernung vom alten ein neues Werk errichtet, dessen Bauzeit sich von 1987 bis 1989 erstreckte.

Vom 2. Oktober bis zum 14. November 1987 fand im Waggonbau Dessau die 2. Schulung von chinesischem technischem Fachpersonal statt. An ihr nahmen der stellvertretende Chefingenieur und elf Ingenieure und Techniker des Waggonbau Wuchang teil. Inhalt der theoretischen Schulung während fünf Tagen waren die Technologie und Konstruktion der Sandwichbauweise, Werkstoffkunde, Schäummaschinen und Fertigungsmittel. Darauf folgte die praktische Schulung an 23 Tagen. Jeder chinesische Ingenieur und jeder Techniker qualifizierte sich an seinem vorgesehenen Arbeitsplatz in Zusammenarbeit mit deutschen Betreuern und chinesischen Dolmetschern.

Im November und Dezember 1987 wurde die 2. Konferenz von Konstrukteuren und Technologen im Waggonbau Dessau durchgeführt. An ihr nahmen sechs leitende Konstrukteure und ein Technologe von der Waggonbaufabrik Wuchang teil. Thema waren die Fertigung des Laderaumwagens und des Dieselmannschaftswagens und Erläuterungen zur Konstruktion des Laderaumwagens und die Vorstellung des eigenen Konstruktionsentwurfs der chinesischen Seite zum Laderaumwagen.

Die chinesischen Kollegen besuchten den VEB Waggonbau Niesky, den VEB Leichtmetallbau Dessau und die Entwicklungsstelle (Prüfzentrum) des Kombinats Schienenfahrzeugbau. Auf ihren Wunsch erhielten sie umfangreiche technische Dokumente, die überwiegend bereits zweifach nach Wuchang geschickt worden waren, die ihnen aber nicht bekannt waren. Hier offenbarte sich eine Schwäche auf der chinesischen Seite, dass nämlich die übergebenen Informationsmaterialien nicht weiterverbreitet wurden, weil sich manche Leiter so einen Informationsvorteil verschafften. Beim Konstruktionsentwurf der chinesischen Seite fehlten zudem die Festigkeitsnachweise der eingesetzten chinesischen Stahlsorten.[510]

An der 3. Schulung, die im Mai und Juni 1988 im VEB Waggonbau Dessau durchgeführt wurde, nahmen aus der Waggonfabrik Wuchang der stellvertretende Chefingenieur, zwölf Ingenieure und Techniker sowie ein Monteur teil. Seitens des Waggonbaus Dessau fungierten sechs Ingenieure als Fachberater, zwölf Ingenieure als Referenten und zwölf Abteilungsleiter, Meister und Brigadiere als Fachbetreuer unter Leitung des Direktors für Technik, Siegfried Möbius.

In der theoretischen Schulung wurden an vier Tagen unter anderem die Konstruktion der Laderaumwagen, die Arbeitsorganisation der technologischen Abteilungen, Plast- und Schaumherstellung, aber auch Abwasser- und Abfallbeseitigung behandelt. Die praktische Schulung umfasste 19 Arbeitstage. Außerdem wurden der Zulieferer VEB Leichtmetallbau Dessau und der VEB Waggonbau Ammendorf besichtigt. Für jeden Arbeitsplatz wurde eine Mappe mit technischen Dokumenten vorbereitet, die die chinesischen Kollegen erhielten. Die erworbenen Kenntnisse sollten in Wuchang weitervermittelt werden. Die chinesischen Kollegen, so formulierte es das Protokoll, „zeigten eine hohe Lernbereitschaft". Sie skizzierten auch diesmal alle Fertigungsmittel, für die keine Zeichnungen vorlagen. Die chinesische Seite war mit der Organisation und Durchführung der Schulung sehr zufrieden und bedankte sich für die guten Arbeitsbedingungen.[511]

Die 3. Konferenz der Technologen und Konstrukteure fand, verbunden mit technischer Hilfe für die chinesischen Kollegen, vom 6. April bis zum 12. Mai 1989 im Waggonbau Wuchang statt. Wegen der Studentendemonstrationen auf dem Tiananmen-Platz in Beijing, die in der Nacht zum 4. Juni 1989 zum Einsatz des Militärs führen sollten, waren schon im April und Mai Telefon- und Fernschreibverbindungen in die chinesische Hauptstadt unterbrochen, so dass die Verbindung zur HPA nur über Eilbriefe aufrechterhalten werden konnte.

---

[510] LASA Abteilung Dessau, I 422, Nr. 558, Bericht über den Besuch chinesischer Spezialisten vom 12.1.1988.

[511] LASA Abteilung Dessau, I 422, Nr. 558, Protokoll über die 3. Schulung des chinesischen Fachpersonals im SFZ-Betrieb Waggonbau Dessau entsprechend dem Vertrag zum Technologietransfer vom 24.6.1988.

Inhaltlich stand die Umsetzung von Werkstoffen, Materialien und Bauteilen im Mittelpunkt. Zu den nichtmetallischen Werkstoffen, für die Äquivalente aus chinesischer Produktion gefunden wurden, gehörten Anstrichstoffe, Schaumstoffe, Glasseidenverstärkungsmaterial, Klebstoffe und Sperrholz. Über das Korrosionsschutzverhalten der eingesetzten Anstrichstoffe wurden Wasserbelastungsversuche durchgeführt. Das Haftungsvermögen der chinesischen Teerepoxidharzfarbe auf chinesischem PUR-Hartschaum sollte in der DDR geprüft werden.

Ein weiterer Schwerpunkt war der Stand der technologischen Vorbereitung im Waggonbau Wuchang. Dic Herstellung der notwendigen Fertigungsmittel bis Oktober 1989 war fraglich. Da die neuen Werkhallen noch nicht fertig gestellt waren, wurden für die Montage der Kühlwagen verschiedene provisorische Lösungen vorbereitet. Kritisch (und erstaunt) sahen die Gäste aus der DDR, dass die im Waggonbau Dessau ausgebildeten Leitungskader und die aus Dessau zurückgekehrten chinesischen Werktätigen größtenteils überhaupt nicht für die Montage der Kühlwagen eingesetzt wurden.[512]

Von Ende April bis zum 8. Juni 1989 fand im Waggonbau Dessau die letzte Schulung im Rahmen des Technologietransfers statt. An ihr nahmen zwölf Leiter und Ingenieure der Waggonbau Wuchang teil. Die Schulung umfasste wie in der Vergangenheit vier Tage theoretische und 19 Tage praktische Ausbildung sowie eine Betriebsbesichtigung des VEB MAB Schkeuditz. Bis zum Herbst 1990 war für den Technologietransfer vorgesehen, dass der Waggonbau Wuchang eigenständig Kühlwagen und acht Kältesätze nach den Vorgaben des VEB Waggonbau Dessau herzustellen in der Lage sein würde.[513] Eine Auswertung der Abnahmeprüfung von Kühlzügen in der DDR durch Fachleute der Waggonbaufabrik Wuchang ergab, dass in den meisten Fällen die Eisenbahnstandards der VR China angewendet werden können, weil sie entweder zu gleichen Resultaten führen oder dass ihre Anwendung keine Probleme bereitete.[514]

---

[512] LASA Abteilung Dessau, I 422, Nr. 558, Reisebericht über die durchgeführte Auslandsdienstreise nach der VR China (Wuhan), 10.5.1989.

[513] LASA Abteilung Dessau, I 422, Nr. 559, Kurzvorlage für die MTR-Rapportberatung beim Betriebsdirektor am 7.3.1986. Kriterium für die Vertrags-erfüllung war die technische Beschreibung der Kühlwagen im Dokument P 008 und die Prüf- und Abnahmebedingungen im Dokument P 009.

[514] Jia Lianshu/Hu Jiazhen, Minzhu Deguo dui xinxing jilengche de shiyan jianding

Neben den mehrwöchigen Schulungen für Ingenieure und Techniker kamen wie erwähnt auch einige hundert Arbeiter aus China zu einer Waggonbau-Ausbildung in die DDR. Über die Lehrjahre und die Lebensumstände jener beinahe 400 von ihnen, die nach Dessau kamen, haben die dortigen Gymnasiasten Moritz Gärtner und Kim Kadenik für den Geschichtswettbewerb 2014/15 des Bundespräsidenten „Anders sein. Außenseiter der Geschichte" eine lebendige Untersuchung mit dem Titel „Chinesische Vertragsarbeiter in Dessau" ausgearbeitet, die den Preis des Landessiegers erhielt. Diese Untersuchung wurde auch von der Bundeszentrale für politische Bildung veröffentlicht.[515]

Grundlage des Einsatzes der chinesischen Werktätigen in der DDR bildete die „Grundsatzvereinbarung zwischen der Regierung der Deutschen Demokratischen Republik und der Regierung der Volksrepublik China über die Beschäftigung und Qualifizierung chinesischer Werktätiger in sozialistischen Industriebetrieben der Deutschen Demokratischen Republik". Da die Mark der DDR nicht konvertibel war, setzte die chinesische Seite durch, dass 60 Prozent des 350,- Mark übersteigenden Nettoarbeitslohns der chinesischen Werktätigen in Schweizer Franken auf ein Konto in China überwiesen wurden. Diesen Geldbetrag sollte der chinesische Werktätige nach seiner Rückkehr in die Heimat in Renminbi (RMB), der chinesischen Binnenwährung, ausgezahlt bekommen. Für diesen Zweck stellte das Ministerium für Schwermaschinen- und Anlagenbau im Jahre 1987 3,8 und ab 1988 jährlich 12,9 Millionen M SW/Verrechnungswährung (Bezeichnung für die Valutamark VM, wobei ungefähr galt 1 VM = 0,54 USD) zur Verfügung.[516] Der chinesische Staat nahm somit durch die Arbeit seiner Werktätigen in der DDR Devisen in Form von Schweizer Franken ein.

(Abnahmeprüfung neuartiger Maschinenkühlwagen in der DDR), Tiedao cheliang 1991, H. 1, S. 24–34.

515 Moritz Gärtner/Kim Kamenik, Chinesische Vertragsarbeiter in Dessau – 388 : 100.000, in: Deutschland Archiv, 23.9.2016, www.bpb.de/234448 (aufgesucht am 14.8.2019).

516 LASA Abteilung Dessau, I 422, Nr. 771, Ministerium für Schwermaschinen- und Anlagenbau – Der Minister – Anweisung Nr. 1/87 über die Durchführung des Lohntransfers für chinesische Werktätige vom 4. März 1987.

Zur Unterbringung der insgesamt 388, ausschließlich männlichen chinesischen Werktätigen in Dessau wurden Wohnheime gebaut, deren Ausstattung entsprechend den Festlegungen in der vorgenannten Grundsatzvereinbarung der der Wohnheime für DDR-Arbeiter entsprach.

Eine angekündigte Wohnheimbegehung offenbarte in den Augen der DDR-Behörden erhebliche Missstände im Hinblick auf Ordnung und Sauberkeit. Eine Ursache hierfür war, dass die Wohnungen mit für die Heimreise vorgesehenen Gütern, wie Motorrädern, Fahrrädern, Kühlschränken usw. vollgestellt waren, die eine Gefahr für die Sicherheit im Wohnheim darstellten. Deshalb wurde außerplanmäßig ein Versand dieser Güter organisiert.[517]

Abbildung 28: Der 24-jährige chinesische Arbeiter Yang Qishang erhält im VEB Waggonbau Dessau eine Ausbildung als Schweißer

Für ihren Einsatz in der Produktion erhielten die chinesischen Werktätigen, die zuvor schon in China einen Deutsch-Kurs absolviert hatten, eine Deutsch-Ausbildung im Umfang von 120 Stunden, damit sie sich mit ihren deutschen Kollegen verständigen konnten. Die chinesischen Werktätigen waren in Gruppen zu je 20 bis 25 Personen zusammengefasst. Der Unterricht erfolgte in Abhängigkeit von den Schichten werktags einschließlich Sonnabend im Umfang von sechs bis acht Stunden pro Woche. Insgesamt wurden 40 Lehrkräfte eingesetzt. Der Unterricht fand in den Räumen der Betriebsakademie, der Betriebsberufsschule und des Polytechnischen Zentrums des Betriebs statt. Als Lehrmaterialien erhielten die chinesischen

[517] LASA Abteilung Dessau, I 422, Nr. 788, VEB Waggonbau Dessau, Vorlage zur HTP-Beratung am 23.2.1990, 15.2.1990.

Werktätigen zwei Bände des Lehrbuchs „Guten Tag Kollege“ und ein Bildglossar „Metall“.

Da die Abteilung Volksbildung beim Rat der Stadt Dessau keine hauptamtlichen Deutschlehrer zur Verfügung stellen konnte, griff man auch auf Rentner, Invalidenrentner, Mütter im Babyjahr und nebenamtliche Deutschlehrer zurück, um die Deutschkurse sicherzustellen.

Die Teilnahme der chinesischen Werktätigen an den Deutschkursen wurde in Situationsberichten allerdings immer wieder bemängelt. Das führte gelegentlich auch zu Missverständnissen im Produktionsablauf und zu Arbeitsunfällen. Aber insgesamt wurden die Deutschkurse als erfolgreich eingeschätzt.

Darüber hinaus wurde eine berufsgruppenspezifische Ausbildung für Schweißer und weitere Berufsgruppen durchgeführt. Dabei wurden in jedem Schweißerkabinett pro Lehrgang zehn chinesische Werktätige qualifiziert. Als erstes wurden die Vorkenntnisse einschließlich des Vorliegens eines chinesischen Schweißerpasses überprüft. Die Schweißerlehrgänge wurden nach den Vorgaben des Zentralinstituts für Schweißtechnik (ZIS) Halle im Umfang von 391 Stunden konzipiert. Als Ausbilder für die Lehrgänge wurden 15 qualifizierte Fachkräfte eingesetzt. Die Kosten der Schweißerausbildung für einen chinesischen Werktätigen beliefen sich auf 193 Mark. Weitere Qualifizierungen fanden für Lackierer sowie auf den Gebieten Holz- und Plastverarbeitung, Umschlag und Lagerung und Zerspanung statt.[518]

Da die chinesischen Arbeiter auch eigene Köche mitgebracht hatten, gab es in den Betriebskantinen jetzt auch chinesische Gerichte. Obwohl sie etwas teurer als die deutschen Gerichte waren, probierten die Deutschen gern die chinesischen Gerichte und die Chinesen die deutschen Gerichte. Einige der chinesischen Köche sorgten bei privaten Feiern der deutschen Kollegen auch für chinesische Menüs.[519]

Um den chinesischen Werktätigen in ihrer Freizeit kulturelle und sportliche Angebote zu machen, organisierte der VEB Waggonbau Dessau zahlreiche Exkursionen zu touristischen Sehenswürdigkeiten in der DDR, führte Sportveranstaltungen durch und schloss mit der Abteilung Kultur des Rats der Stadt Dessau eine Vereinbarung zur Einbindung der

---

518 LASA Abteilung Dessau, I 422, Nr. 770, VEB Waggonbau Dessau, Konzeption zur Grundqualifizierung der chinesischen Werktätigen, 27.11.1986.

519 Persönliche Mitteilung von P. Donhauser, 28.2.2020.

chinesischen Kollegen in die kulturellen Aktivitäten der Stadt ab. Das Landestheater, die Museen in Dessau und Umgebung, die Stadtbibliothek, das Haus der Jugend und Sportler und die Jugendklubs der Stadt waren darin einbezogen. Die chinesischen Werktätigen sollten am kulturellen Leben der Brigaden teilnehmen. Der VEB Waggonbau Dessau führte an bestimmten Feiertagen, zum Beispiel dem Frühlingsfest und dem Nationalfeiertag der VR China, eine Veranstaltung durch.[520]

Für die gesundheitliche Betreuung der chinesischen Werktätigen wurde das Betriebsambulatorium des Werks erweitert und in den Wohnheimen der chinesischen Kollegen je ein Krankenzimmer eingerichtet.[521] Die Gesundheitsuntersuchung nach der Ankunft in der DDR ergab, dass nicht alle chinesischen Arbeiter gesund waren. Einige waren an Ruhr bzw. Tbc erkrankt. Die Tbc-Patienten wurden in einem Lungenheilsanatorium in Ballenstedt behandelt. Einige dieser Werktätigen mussten wegen Arbeitsunfähigkeit in die Heimat zurückgeschickt werden. Als tragisches Vorkommnis ist der Tod des Arbeiters Chen Ming infolge einer Krebserkrankung im April 1989 zu nennen. Der chinesische Botschafter in der DDR informierte sich persönlich bei den zuständigen Stellen in Dessau über den Fall und bestätigte die Korrektheit der von der deutschen Seite ergriffenen Maßnahmen. Die Eltern des Verstorbenen erhielten vom VEB Waggonbau Dessau zur Unterstützung eine bestimmte Geldsumme. Es ist aber unklar, ob dieses Geld in ihre Hände gelangte, weil sie sich später anklagend an den Betrieb mit der Forderung nach Zahlung einer Entschädigung wandten.

Im Jahre 1989 wurde durch die chinesischen Werktätigen im VEB Waggonbau Dessau eine industrielle Warenproduktion (IWP) von rund 125 Millionen Mark erbracht, was etwa 15 Prozent der Warenproduktion des gesamten Betriebs entsprach. Die Normerfüllung, die in der Anfangszeit der Arbeit der chinesischen Werktätigen noch zu wünschen übrigließ, lag bei 100 Prozent.[522]

---

[520] LASA Abteilung Dessau, I 422, Nr. 770, Rahmenvereinbarung für die Jahre 1987 bis 1991 zwischen dem Rat der Stadt Dessau, Abteilung Kultur, und dem VEB Waggonbau Dessau, Abteilung Einsatzleitung, 14.4.1987.

[521] LASA Abteilung Dessau, I 422, Nr. 770, Konzeption zur gesundheitlichen Betreuung im Betriebsambulatorium des VEB Waggonbau Dessau, 29.10.1985.

[522] LASA Abteilung Dessau, I 422, Nr. 788, VEB Waggonbau Dessau, Vorlage zur HTP-Beratung am 23.2.1990, 15.2.1990.

Eine gewisse Anzahl chinesischer Arbeiter entschied, nach dem Heimaturlaub nach zwei Jahren nicht wieder in die DDR zurückzukehren, da ihnen die Trennungszeit von der Familie zu lang war oder andere Probleme aufgetreten waren. Die Organisation dieser Heimreisen, ob endgültig oder als Urlaub, war stets mit einem großen organisatorischen Aufwand für die deutschen Betreuer verbunden. Dies lag einerseits an den Problemen beim Umsteigen in Moskau in den Zug nach Beijing. Um Übernachtungskosten in Moskau einzusparen, falls wegen Verspätung der Anschlusszug nicht erreicht wurde, sollte ab 1988 ein eigener Kurswagen für die chinesischen Arbeitskräfte eingesetzt werden. Andererseits bereitete der Versand der von den chinesischen Werktätigen gekauften Güter Sorgen oder zumindest Arbeit. Der VEB Waggonbau hatte den Versand mit der Bestellung von einhundert größeren Kisten unterstützt. Den Umfang des Unterfangens zeigt folgende auszugsweise Aufstellung vom Sommer 1989:

- 28 Motorräder
- 59 Fahrräder
- 58 Kühlschränke
- 19 Doppelbetten
- 11 Liegen
- 249 Teppichrollen
- 576 Kisten mit verschiedenem Inhalt

Die Liste verdeutlicht, was chinesische Arbeiter in den 1980er Jahren in der DDR materiell besonders interessant fanden. Eigentlich hatten sie noch mehr Motorräder gekauft, aber nachdem bekannt wurde, dass bei ihrer Ausfuhr ein recht hoher Zoll erhoben wird, hatten viele ihr Motorrad wieder verkauft. Der Betrieb hatte für den Versand 16 gedeckte Güterwagen bestellt, die zusammen mit den Export-Kühlwagen auf die Reise nach China gingen. Die materiellen Bedürfnisse der chinesischen Arbeiter wirkten sich natürlich auch auf die allgemeine Versorgung aus. Reis, Fahrräder und Mopeds wurden in Dessau bald absolute Mangelware.

Für die Heimreise nach China war außerdem der Erwerb von Bettkarten nötig, der von einem hohen bürokratischen Aufwand durch das umständliche Bestellsystem bei den sowjetischen Eisenbahnen begleitet wurde. Umgekehrt war es nicht möglich, von der sowjetischen Seite zu erfahren, wie viele chinesische Reisende im Zug von Moskau nach Berlin fuhren, um sich auf ihren Empfang vorzubereiten.[523] Im Technisch-kommerziellen Büro der Handelsvertretung der DDR in Moskau war ein Mitarbeiter im Wesentlichen damit beschäftigt, den Transfer der chinesischen Arbeiter von einem Bahnhof oder Flugplatz zum anderen bzw. in ein Hotel zu organisieren.

Der Aufenthalt der chinesischen Werktätigen in der DDR fand allgemeine Aufmerksamkeit. Die Zeitschrift *Für Dich* brachte eine Reportage über die chinesischen Vertragsarbeiter in Dessau, und die chinesische Zeitschrift *Guoji Maoyi* (Internationaler Handel) veröffentlichte einen Artikel über „Chinesische Arbeiter in Dessau". Darin wird in einem sehr freundschaftlichen Ton über die Anstrengungen des VEB Waggonbau Dessau berichtet, wie in Kursen der deutschen Sprache die Voraussetzungen für die Kommunikation bei der Arbeit und im Leben in der DDR geschaffen wurden. Die verantwortlichen Leiter organisierten zahlreiche Veranstaltungen und Exkursionen, um die chinesischen Kollegen allseitig zu integrieren. Obwohl sie ursprünglich acht chinesische Köche mitgebracht hatten, aßen sie mittlerweile auch deutsches Essen. Der Autor hob hervor, dass die chinesischen Arbeiter die Maschinen selbständig bedienten. Zwischen den Arbeitern beider Länder hätten sich Freundschaften entwickelt, und sie lüden sich gegenseitig zu den Feiertagen ein.[524]

Siegfried Möbius, früher Produktionsdirektor des VEB Waggonbau Dessau, hob rückblickend hervor, dass das Vorhaben des Technologietransfers in Verbindung mit der Lieferung der eintausend Kühlwagen ökonomisch für die DDR sehr erfolgreich gewesen sei. Die fast 400 chinesischen Werktätigen hätten einen wichtigen Beitrag zur Planerfüllung geleistet und sehr fleißig gearbeitet. Hierzu habe die umsichtige Fürsorge des Betriebs für die chinesischen Kollegen entscheidend beigetragen, angefangen vom chinesischen Essen in der Werkskantine, das von chinesischen Köchen zubereitet wurde, über ihre Unterbringung in neu errichteten Wohnheimen, bis zur persönlichen Betreuung jedes chinesischen Arbeiters durch eine deutsche Familie. Möbius ist noch gegenwärtig, dass bei der Rückkehr der chinesischen Werktätigen in die Heimat

---

[523] LASA Abteilung Dessau, I 422, Nr. 788, VEB Waggonbau Dessau, Vorlage zur HTP-Beratung am 8.9.1989, 22.8.1989.

[524] Dong Guangzu, Zhongguo gongren zai Desao (Chinesische Arbeiter in Dessau), Guoji Maoyi 1988, Nr. 06, S. 56f.

nach der Vereinigung der beiden deutschen Staaten viele Tränen geflossen seien, weil die Menschen gern in Dessau gearbeitet und gelebt hätten.[525]

Waggonbau in Dessau nach der Vereinigung der beiden deutschen Staaten

Tatsächlich sollte die Dessauer China-Verbindung die deutsch-deutsche Vereinigung überleben, wenn auch in gänzlich anderer – und dramatisch kleinerer – Form. 1990 wurde das Kombinat Schienenfahrzeugbau in die Deutsche Waggonbau Aktiengesellschaft (DWA) umgewandelt. Mit dem Ende der DDR wurden auch die mit der VR China abgeschlossenen Vereinbarungen wirkungslos. Dies bedingte, dass die chinesischen Werktätigen in die Heimat zurückkehren mussten. Die Rückkehr wurde entsprechend der Verfügbarkeit von Plätzen in Flugzeugen bis zum Jahre 1991 organisiert.

Die DWA wurde dann vom kanadischen Unternehmen Bombardier übernommen. Anlässlich des China-Besuches von Bundeskanzler Helmut Kohl im Jahre 1994 unterzeichnete der Vorstandsvorsitzende der DWA, Peter Witt, eine Vereinbarung mit dem chinesischen Ministerium für Eisenbahnwesen über die Lieferung von 100 Reisezugwagen sowie technische Hilfe und Technologietransfer für die Fertigung von Reisezugwagen in China. Die 100 Wagen teilten sich in 80 Reisezugwagen und die Lieferung von Baugruppen für 20 Reisezugwagen auf, die in China montiert wurden.[526]

Dabei konnte China auf Hunderte chinesischer Fachleute zurückgreifen, die zu DDR-Zeiten in Dessau ausgebildet worden waren. Das schloss vielfältigen Technologietransfer aus Ammendorf ein. Diese Vereinbarung wurde in den Jahren 1994 und 1995 realisiert. Für den Betriebsratschef des DWA-Werkes war all dies das Ergebnis des Drucks der Öffentlichkeit auf die „politisch Verantwortlichen in Magdeburg und Bonn“ für den Erhalt der noch verbliebenen Industriestandorte im Süden Sachsen-Anhalts.[527] Der Produktionsstandort Dessau wurde jedoch Mitte 1995 geschlossen. Am selben Standort versuchte sich dann die Fahrzeugtechnik Dessau GmbH als mittelständisches Unternehmen mit nicht einmal mehr einem Zwanzigstel der einstigen Zahl an Mitarbeitern (die nun aber 63 Prozent der Anteile ihrer Firma halten) zu behaupten.

---

525 Gespräch des Autors mit Herrn Siegfried Möbius am 23.09.2019.

526 Persönliche Mitteilung von W. Wallborn, 17.3.2020.

527 Waggonbau Sachsen-Anhalts kehrt den Trend um, Neues Deutschland, 13.2.1996.

Das Werk Ammendorf dagegen, mit nicht ganz einem Viertel der einstigen Belegschaft, ist nach dem Strategiepapier „DWA 2000“ ein Kernstandort der Deutschen Waggonbau AG, zugleich aber auch fest eingetragen in das Eigentumsregister des amerikanischen Advent-Konzerns.

Die Molinari Rail Systems GmbH, ein chinesisch-schweizerisches Gemeinschaftsunternehmen mit Sitz in Berlin, eröffnete am 1. November 2016 ihren neuen Standort in Dessau-Roßlau, Am Waggonbau 11. In einer Zeremonie wurde dies zusammen mit den neuen Mitarbeiterinnen und Mitarbeitern gefeiert.

Neben Vertretern der Stadt Dessau nahmen an der Feier auch Vertreter der chinesischen Botschaft Berlin, der Schweizerischen Botschaft Berlin, der Staatssekretär des Wirtschaftsministeriums Sachsen-Anhalt, und langjährige Partner der Molinari Rail Gruppe, der FTD Fahrzeugtechnik Bahnen GmbH und der neuen Eigentümer teil.

Die Molinari Rail Systems GmbH hatte zuvor einen Kaufvertrag über die Vermögenswerte der in Insolvenz befindlichen FTD Fahrzeugtechnik Bahnen Dessau GmbH mit dem Insolvenzverwalter Lukas Flöther geschlossen. Über den Kaufpreis wurde Stillschweigen vereinbart.[528]

„Die Tradition und Qualität des Schienenfahrzeugbaus in Deutschland, Österreich und der Schweiz war einer der Hauptgründe, zusammen mit der Molinari Rail Gruppe den neuen Standort der Molinari Rail Systems GmbH zu eröffnen.“, erklärt Hongbing Zhou, Managing Director der Molinari Rail Systems GmbH. „Gerade der asiatische Markt birgt Wachstumschancen für unseren neuen Standort Dessau mit seinen Produkten Made in Germany.“

Die Molinari Rail Systems GmbH versuchte ebenfalls an die China-Tradition des Standortes anzuknüpfen. Allerdings haben sich die hochgesteckten Erwartungen der Firma bisher nicht erfüllt. China hat sich inzwischen auf dem Gebiet des Schienenfahrzeugbaus weitgehend unabhängig von Importen gemacht – und das ICE-Konsortium, zu dem unter anderem Siemens gehört, hat in diesem Prozess ebenfalls Erfahrungen mit dem chinesischen Drängen auf Technologietransfer gemacht.

---

[528] Molinari: Ab 1.11.2016 neuer Standort Dessau, www.molinari-rail.com/de/aktuell/ab-01-11-16-neuer-standort-dessau (Zugriff am 24.7.2019).

Export von Lokomotiven nach China

Beim Export von Lokomotiven nach China rangierte der VEB Lokomotivbau-Elektrotechnische Werke (LEW) „Hans Beimler" Hennigsdorf innerhalb der DDR an erster Stelle. Sechzehn elektrische Industrielokomotiven vom Typ EL 2 bildeten 1956 den Auftakt für umfangreiche Lieferungen von Schienentriebfahrzeugen aus der DDR nach China. Insgesamt exportierte LEW Henningsdorf 186 Elektroloks des Typs EL 2 nach China. Im Jahre 1986 waren mehr als 1.200 Lokomotiven unterschiedlichster Größe und Bauart aus dem VEB LEW Hennigsdorf in der VR China im Einsatz. Damit fuhr etwa jede zehnte LEW-Lok in China. Die Palette reichte von elektrischen Grubenlokomotiven für den Untertagebetrieb über dieselhydraulische Fahrzeuge für die Chemie- und Erdölindustrie bis zu 150 Tonnen schweren Loks für Großtagebaue.[529] Von der Grubenlokomotive EL 5 des VEB LEW Hennigsdorf wurden 499 Stück nach China exportiert.[530]

Auch der VEB Lokomotivbau „Karl Marx“ in Babelsberg exportierte insgesamt 14 Lokomotiven nach China.[531] Zu ihnen gehörten die Typen LKM N3 und LKM N4, das sind normalspurige Dieselloks, die für Werks- und Anschlussbahnen konzipiert waren. Bereits im Jahre 1953 hatte das Werk die Lieferung von acht Dampflokomotiven, acht Diesellokomotiven und zwei Diesel-Grubenlokomotiven angeboten. Es ist aber unklar, was davon tatsächlich geliefert wurde.[532]

Anhand dieser Zahlen wird aber das Interesse der DDR am Export nach China deutlich und auf der anderen Seite der immense Bedarf Chinas bei der Wiederherstellung der durch lange Kriegsjahre erheblich zerstörten chinesischen Eisenbahn. Entsprechend den Unterlagen des VEB Lokomotivbau „Karl Marx“ in Babelsberg wurden in den 1950er Jahren folgende Lokomotiven geliefert.[533]

---

[529] 1200 LEW-Loks in China, Neues Deutschland, 1.10.1986, S. 3.

[530] Wikipedia, LEW EL 5, https://de.wikipedia.org/wiki/LEW_EL_5 (aufgesucht am 28.7.2019).

[531] Forschner, Dirk, *German Steam Locomotives In China*, Beijing: China Railway Publishing House 2017, S. 208.

[532] BLHA, Rep. 505 Lokomotivenbau „Karl Marx“ Babelsberg, Nr. 1089, LOWA-Messestand, 15.9.1952.

[533] BLHA, Rep. 505 Lokomotivenbau „Karl Marx“ Babelsberg, Nr. 929 und Nr. 1025.

Tabelle 18: Lieferung von Lokomotiven des VEB Lokomotivbau „Karl Marx“ in Babelsberg während der 1950er Jahre nach China

Jahr	**Lok-Typ**	**An-zahl**	**Leistung, PS**	**Spurbreite, mm**	**Wert, Rubel**
1954	Diesellokomotive Ns3	2	60	900	77.724
1955	Feuerlose Lokomotive Type B	4	250	1.435	412.572
1955	Diesellokomotive	1	90	1.435	73.630
1956 (Angebot)	Diesellokomotive Type N4	3	90	1.435	
1957 (Angebot)	Feuerlose Lokomotive Type B	1		1.435	
1958 (Angebot)	Dieselhydraulische Lokomotive	2	90		
1958 (Angebot)	Dieselhydraulische Lokomotive	1	150		

In den 1970er Jahren dann importierte China vom VEB LEW Hennigsdorf insgesamt 193 Dieselloks mit hydraulischem Getriebe des Typs NY 100, die früher die Typenbezeichnung V100 trugen. Diese Dieselloks, die für den Werksbetrieb ausgelegt waren, wurden auf mehr als 40 Betriebe der Erdöl-, der chemischen Industrie und der Metallurgie aufgeteilt.[534] Im Jahre 1973 wurde zwischen China und der DDR ein Abkommen über die Lieferung von Ausrüstungen für die petrolchemische Industrie unterzeichnet. Dazu gehörten auch Dieselloks des Typs V100 für den Werkverkehr, da sie die Forderungen des Brandschutzes erfüllten. [535] Der VEB LEW Hennigsdorf hatte auf Wunsch des chinesischen Kunden die bestellten Lokomotiven V100 modifiziert, das heißt, sie erhielten eine spezielle Kupplung, einen Schienenräumer und einen Achskilometerzähler.[536] Auch die chinesische Fachpresse berichtete

[534] NY100 xing yeli chuandong neiran jiche (Dieselloks des Typs NY100 mit hydraulischem Getriebe), http://www.trainnets.com/archives/14657 (aufgesucht am 22.2.2020).

[535] Tie Ying, Piaoyang guohai, wanli lai Hua – V100 zai Zhongguo (Sie kam über 10.000 km über das Meer nach China – die Lokomotive V100 in China), http://www.sohu.com/a/332330319_655962 (aufgesucht am 26.9.2019).

[536] Fackroth, W., Dieselhydraulische Lokomotive V 100 als Exportausführung für die VR China, LEW-Nachrichten/Henningsdorf 5 (1974) 15, S. 6f.

ausführlich über die Diesellok V100.3.[537] Von 1974 bis 1982 wurden dementsprechend 190 Dieselloks der Typen V100.2 und V100.3 nach China exportiert.[538] Weil damals eine in China entwickelte Diesellok sich noch in der Erprobungsphase befand, füllte China die Lücke durch Importe aus. Diese 190 Dieselloks wurden in 40 Unternehmen der Petrolchemie, der chemischen Industrie und der Metallurgie eingesetzt.

Die folgende Tabelle liefert einen Überblick über den Export von Industrielokomotiven aus dem VEB LEW Hennigsdorf nach China.[539]

Tabelle 19: Export von Industrielokomotiven des VEB LEW Hennigsdorf nach China

Jahr	**Lokomotiventyp/Stückzahl**							
	EL 1	**EL 2**	**EL 5**	**EL 8**	**EL 9**	**V100.2**	**V100.3**	**Gesamt**
1954				68				**68**
1957		16						**16**
1960	28							**28**
1961	36	20						**56**
1970	13							**13**
1971	24							**24**
1972		50						**50**
1974		30				17		**47**
1975						25		**25**
1976			60				18	**78**
1977			190				20	**210**
1978			200				20	**220**
1979			30		100		40	**170**
1980	20	15			100		20	**155**
1981		30					23	**53**
1982							7	**7**
1984		25						**25**
Gesamt	121	186	480	68	200	42	148	**1.225**

[537] Fan Junhua, Dongde V 1003 xing diaoche jiche (Die Rangierlokomotive V 1003 aus Ostdeutschland), Guowai neiran jiche 1977, H. 6, S. 3–7.

[538] Deguo guoying tielu V100 xing chaiyou jiche (Diesellokomotiven des Typs V100 der Deutschen Reichsbahn), https://zh.wikipedia.org/wiki/%E5%BE%B7%E5%9B%BD%E5%9B%BD%E8%90%A5%E9%93%81%E8%B7%AFV100%E5%9E%8B%E6%9F%B4%E6%B2%B9%E6%9C%BA%E8%BD%A6 (aufgesucht am 26.9.2019).

[539] Persönliche Mitteilung von W. Wallborn, 5.3.2020.

Anders als im Bereich der Waggons, hatte das chinesische Interesse an Lokomotiven „Made in GDR“ also seinen Zenit in den 1980er Jahren bereits überschritten.

Abbildung 29: oben links: Einsatz der Diesellokomotive V 100 in China; unten rechts: Grubenlokomotive EL 05 in einem chinesischen Bergwerk

Zwar war im langfristigen Handelsabkommen zwischen der DDR und der VR China für die Jahre 1986 bis 1990 auch die Lieferung von Triebzügen vorgesehen. Im Mai 1988 wurden hierfür im LEW Hennigsdorf mit der chinesischen Seite die technischen Lieferbedingungen abgestimmt. Zur Unterbreitung eines kommerziellen Angebots ist es nicht mehr gekommen. Nachdem der VEB LEW Hennigsdorf nach der Vereinigung der beiden deutschen Staaten von der AEG übernommen wurde, konzentrierte man sich auf den Export von U-Bahnzügen für Chinas Großstädte. Dieses Geschäft war schon in der DDR vorbereitet worden.[540]

Im Rahmen des Abkommens über wissenschaftlich-technische Zusammenarbeit fand auch ein Austausch über die Metrologie im Eisenbahnwesen statt. Vom 21. November bis zum 4. Dezember 1988 besuchte eine Delegation für Metrologie und Prüftechnik der chinesischen

540 Ibid.

Staatsbahnen das Amt für Wissenschaft und Technik beim Ministerium für Verkehrswesen der DDR, das für metrologische Aktivitäten verantwortlich war.[541]

[541] Zeng Fengliu, Minzhu Deguo de tielu jiliang gongzuo (Die metrologischen Arbeiten der Eisenbahnen der DDR), Tiedao keji dongtai 1989, H. 6, S. 25–26.

6. Fazit

Im November 1990 bereiste Klaus Oberländer, mittlerweile Vorstandsvorsitzender der aus dem VEB Schwermaschinenbau „Ernst Thälmann“ Magdeburg hervorgegangenen SKET-Gruppe, eine Woche lang die Volksrepublik China, um neue Geschäftspartner zu finden. Oberländer erreichte eine Vereinbarung, der zufolge die SKET-Gruppe in China wissenschaftlich-technische Symposien veranstalten sollte. Das vielseitige SKET hatte, wie wir gesehen haben, seit Gründung der DDR Walzwerksanlagen, Zementausrüstungen, Kabel-, Verseil- und Drahtwebmaschinen nach China geliefert, doch die Geschäftsbeziehungen waren in den 1970er und 1980er Jahren zurückgegangen. Jetzt sollten sie wieder intensiviert werden.[542] Die Grundlagen dafür waren auch dank jahrzehntelanger, guter persönlicher Kontakte noch vorhanden. Die DDR aber gab es nicht mehr.

Bis zum Jahre 1960 hatte die DDR in China 39 komplette Industrieanlagen aufgebaut. Darunter waren Kraftwerke, Zement-, Textil- und Zuckerfabriken. Das Beispiel des Radioteilekombinats in Beijing hat gezeigt, dass sich solch umfangreiche Vorhaben nur mit äußerst straffer Leitung und Kontrolle durch die höchsten Stellen der DDR verwirklichen ließen. Die Industrieanlagen wurden stets in guter Qualität realisiert. Oberste Vertreter von Partei und Regierung in der DDR kritisierten jedoch bisweilen die deutschen Planer der Projekte dafür, dass sie Verpflichtungen zur Lieferung modernster Technologien, über die noch keine Erfahrungen vorlagen, leichtfertig übernommen hätten, und dass Schwächen bei der konkreten Abstimmung der vertraglichen Verpflichtungen zwischen der deutschen und der chinesischen Seite erhebliche Probleme verursachten, die erst nach längerer Zeit beseitigt werden konnten. Für die Lieferung der kompletten Industrieanlagen mussten komplizierte Probleme der Zulieferungen und der Materialbereitstellung gelöst werden. Nicht selten erforderte eine Industrieanlage Zulieferungen von mehr als einhundert Betrieben inner- und außerhalb der DDR. Diese Probleme wurden noch verschärft, als die chinesische Seite aufgrund der Politik des Großen Sprungs Voran immer häufiger auf vorfristige Lieferung und Inbetriebnahme drängte.

542 Reise nach China, Volksstimme, 22.11.1990.

Insgesamt trugen die von der DDR gelieferten Industrieanlagen zusammen mit den von der Sowjetunion aufgebauten 156 Industrieanlagen zur Bildung eines Rückgrats der chinesischen Industrie bei. Für einige der von der Sowjetunion errichteten Industriebetriebe steuerte die DDR zusammen mit anderen RGW-Ländern wichtige Ausrüstungen bei. Die DDR bemühte sich stets, an China Anlagen mit der damals neuesten Technologie zu liefern. Eine wichtige Rolle bei der Auftragsvergabe an die DDR spielten auch die langzeitigen Erfahrungen mit Produktion und Technologie der gewünschten Ausrüstungen. Das hohe technologische Niveau der von der DDR aufgebauten Industriebetriebe lässt sich auch daran messen, dass sie später in China an mehreren Orten nachgebaut wurden, wodurch die jeweilige Technologie flächendeckend eingeführt wurde. Mit einigen der Projekte war die DDR an ihre ökonomischen Grenzen gegangen, und zum Teil hatten diese Vorhaben die DDR auch überfordert. Nur durch die Kontrolle von höchster Stelle konnten sie mit der notwendigen höchsten Priorität realisiert werden. Das Problem der Überforderung der Wirtschaft der DDR war auch durch die Starrheit des planwirtschaftlichen Systems geschuldet, das sich anfangs selbst noch im Aufbau befand. Da China ebenso wie die DDR dieses System von der Sowjetunion übernommen hatte, traten hier ähnliche Probleme auf. Besonders in der Phase des Großen Sprungs wurde die Planung der Ressourcen außer Acht gelassen, und es begann eine chaotische Bautätigkeit, ohne dass die materiellen Voraussetzungen gewährleistet waren.

Für den Betrieb und die Leitung der Industrieanlagen bildete die DDR zudem mehrere Hundert chinesische Fachkräfte aus. Diese chinesischen Spezialisten wurden zugleich zu Kennern der DDR und insbesondere deutscher Technologie.

Den Spezialisten der DDR ging schon ein guter Ruf voraus, der sich auch durch ihr bescheidenes Auftreten und ihre Sachkunde bestätigte. In der täglichen Zusammenarbeit entwickelten sich freundschaftliche Beziehungen mit den chinesischen Kollegen, die sich zum Teil auch über Jahrzehnte, auch über die Kulturrevolution, als derartige Beziehungen in China verboten waren, erhalten haben. Diese persönlichen freundschaftlichen Beziehungen trugen erheblich zum guten Ruf der Erzeugnisse aus der DDR bei. Die Spezialisten der DDR führten nach dem plötzlichen Abzug der sowjetischen Spezialisten aus China ihre gerade im Aufbau befindlichen Objekte im Jahre 1960 und in mehreren Fällen auch darüber hinaus noch zu Ende.

Der chinesisch-sowjetische Streit in ideologischen Fragen wurde in der DDR mehrere Jahre lang nicht thematisiert. Als die DDR schließlich in die antichinesische Propaganda der Sowjetunion einstimmte, erwähnte China nicht mehr die Vorhaben der Zusammenarbeit und die mit ihr bezogene Unterstützung. Die ehrliche Dankbarkeit der in die Zusammenarbeit einbezogenen chinesischen Funktionäre und Werktätigen für die von der DDR geleistete Hilfe durfte, abgesehen von einer kurzen Phase taktisch motivierter Wiederannäherung an die osteuropäischen sozialistischen Länder, ab den 1960er Jahren nicht mehr geäußert und die Hilfe nicht mehr erwähnt werden. Die Normalisierung der Beziehungen in den 1980er Jahren zeigte aber, dass die Hilfe der DDR in den schweren Jahren nach der Gründung der Volksrepublik China nicht wirklich vergessen, sondern ein Opfer der antisowjetischen Propaganda der chinesischen Führung geworden war.

Während der Kulturrevolution rangierte die DDR aus Sicht Beijings in politischer Hinsicht als „revisionistisches" Land sehr weit hinten. Als die besten Freunde Chinas galten Albanien, Nordkorea, Vietnam, Rumänien und Jugoslawien, dann folgten die kapitalistischen Länder: England, Frankreich, die BRD, Australien, Kanada und Japan, die blockfreien Staaten und schließlich die „revisionistischen" Länder: Sowjetunion, Polen, Kuba, DDR. Doch solange das Wirtschaftsembargo der kapitalistischen Länder gegen China noch nicht aufgehoben war, besaß die DDR immer noch erhebliche wirtschaftliche Bedeutung, weil China von ihr für die eigene wirtschaftliche Entwicklung wichtige Erzeugnisse beziehen konnte. Dies erklärt, warum der Export von Gütern und Maschinen selbst während der Kulturrevolution nicht zusammenbrach.

In den 1980er Jahren aber steigen die technologischen Ansprüche der nun auf eine sozialistische Marktwirtschaft setzenden chinesischen Seite stark. Das von den kapitalistischen Industriestaaten verhängte Wirtschaftsembargo war zu großen Teilen schon gelockert oder aufgehoben worden. Diese Staaten drängten nun auf den chinesischen Markt. Unter diesen günstigen Umständen benutzte China gern Konkurrenzangebote aus den kapitalistischen Staaten, um entsprechend dem Weltniveau die Lieferpreise zu drücken. Die DDR-Seite wurde aufgefordert, sich an Ausschreibungen zu geplanten Projekten der chinesischen Seite zu beteiligen, wobei die DDR-Betriebe oft mit den anderen Konkurrenten im Hinblick auf fortschrittliche Technologie, Angebotspreise und Liefertermine nicht mithalten konnten. Besonders eklatant war der technologische Rückstand bei der notwendigen Rechentechnik sowie der Mess-, Steuerungs- und Regelungstechnik. Dadurch kam es nur in einem eingeschränkten Bereich zur Lieferung von Ausrüstungen für die Modernisierung chinesischer Industriebetriebe. Mehrere dieser Projekte konnten bis zum Ende der DDR nicht zu Ende geführt werden. Zum Teil wurden sie, nachdem die beiden deutschen Staaten vereinigt und die DDR-Kombinate privatisiert worden waren, auch von den Nachfolge-Unternehmen vollendet.

Zugleich wird deutlich, dass nach Abzug der Ausgaben für die Energiewirtschaft, die Landesverteidigung, das Ministerium für Staatssicherheit, den Unterhalt der sowjetischen Truppen im Lande und für kostspielige Prestigeprojekte wie die Mikroelektronik immer noch bedeutende Investitionen in ausgewählte Exportbetriebe der DDR flossen. Das war auch dringend geboten, um die außenwirtschaftlichen Ziele einigermaßen zu erfüllen. In diesem Zusammenhang kann man den Schienenfahrzeugbau, den Bau von Nutzkraftfahrzeugen, Landmaschinen, Textilmaschinen und Spezialmaschinen, bestimmte Bereiche des Gerätebaus und andere Industriezweige hervorheben. Durch die Investitionen, reiche technologische Traditionen und Erfahrungen und ungebrochenen Schöpfergeist wurden in den Beziehungen mit China attraktive Erzeugnisse angeboten und auch verkauft, wenn auch seit Beginn der 1980er Jahre mit teils abnehmender Tendenz.

Auch wenn die wirtschaftlichen Kontakte selbst während der Kulturrevolution nie abgerissen waren, konnte sich der gegenseitige Handel mit politischer Rückendeckung natürlich viel dynamischer entwickeln als ohne sie. Deshalb war es für die Beteiligung der DDR am etwa 1980 einsetzenden chinesischen Wirtschaftsaufschwung ein klarer Hemmschuh, dass sich die politischen Beziehungen zur Volksrepublik erst mit erheblicher Verzögerung normalisierten. Erst 1985 konnte ein langfristiges Abkommen über die wirtschaftliche und wissenschaftlich-technische Zusammenarbeit für den Zeitraum 1986 bis 1990 und darüber hinaus abgeschlossen werden. Nach dem Willen der Sowjetunion sollte diese Zusammenarbeit eigentlich erst dann entwickelt werden, nachdem sie selbst ihre Beziehungen zur VR China normalisiert hatte. Ungeachtet der starken wirtschaftlichen Abhängigkeit der DDR von der Sowjetunion versuchte die DDR, als die Sowjetunion angesichts ihrer eigenen wirtschaftlichen Krise die Lieferung wichtiger Rohstoffe empfindlich reduzierte, durch die Erweiterung des Handels mit China eine Alternative zu schaffen. Diese Hoffnungen erfüllten sich aber nur zu einem kleinen Teil.

In den 1980er Jahren verlangte China immer selbstbewusster einen immer umfassenderen Technologietransfer als Vorbedingung für die Erweiterung des Handels. Dies wurde erfolgreich im Schienenfahrzeugbau, im Chemieanlagenbau und anderen Wirtschaftszweigen praktiziert. Im Schienenfahrzeugbau wurde auch eine größere Anzahl chinesischer Werktätiger in der DDR beschäftigt, die zuvor für den geplanten Einsatz qualifiziert wurden. Zwischen den chinesischen Werktätigen in der DDR und ihren deutschen Kollegen entwickelten sich in der gemeinsamen täglichen Arbeit vielfältige freundschaftliche Beziehungen. Insgesamt lieferte die DDR für 30 bis 40 Projekte Industrieausrüstungen und „Software" in Gestalt von technologischen und Konstruktionsunterlagen, Patenten, Konsultationen und Ausbildung nach China. Durch die Gründung eines gemeinsamen Wirtschaftsausschusses und seine Tätigkeit sowie durch enge Beziehungen zwischen den Fachministerien beider Länder gelang es, das absolute Volumen des beiderseitigen Handels gegenüber den 1960er und 1970er Jahren erheblich zu steigern. Für die in diesem Zusammenhang abgeschlossenen Regierungsabkommen war es von Vorteil, dass sie sich auf den Vertrag über Freundschaft und Zusammenarbeit von 1955 beziehen konnten. Dennoch schwankte das Handelsvolumen der DDR mit China nur zwischen zwei und zehn Prozent des DDR-Handelsvolumens mit der Sowjetunion (vergleiche die Anlage). Allerdings beruhte der Anstieg des Handels mit der Sowjetunion zu einem bedeutenden Teil auf drastischen Preiserhöhungen für die Rohstoffe aus der Sowjetunion, für deren Bezug die DDR immer mehr Waren liefern musste. Die Hoffnung, dass die Entwicklung des Handels mit China eine Entlastung in den sich immer schwieriger gestaltenden Handelsbeziehungen mit der Sowjetunion bringen könnte, erfüllte sich jedoch nicht.

Die Neugier und das Streben nach Übernahme und Verbesserung ausländischer Technologie erreichte im China der 1980er Jahre, getrieben von der internationalen Öffnung des Landes und einem zunehmend kapitalistischen Wirtschaftssystem, ungeahnte Höhen. Besonders in jenem Jahrzehnt entsandten die Fachministerien der VR China zahlreiche Delegationen in die DDR, um den Entwicklungsstand in den einzelnen Wirtschaftszweigen – auch im Vergleich mit anderen industriell entwickelten Ländern – gründlich zu analysieren und Objekte für den Import nach China oder Gebiete der Zusammenarbeit herauszufinden, die für die Entwicklung der chinesischen Volkswirtschaft besonders vorteilhaft waren. Das widerspiegeln vielfältige Veröffentlichungen in chinesischen Fachzeitschriften, die auf interessante Entwicklungen von Erzeugnissen und Verfahren auf verschiedensten Gebieten in der DDR aufmerksam machten. Auch wenn die DDR in der chinesischen Propaganda der 1980er Jahre vielfach als ein Musterbeispiel für eine erfolgreiche sozialistische Wirtschaft dargestellt wurde, fiel die Bewertung des Entwicklungsstandes hinsichtlich des Weltniveaus meist recht nüchtern aus. Dennoch hatten sich die Einladungen der DDR-Seite an ihre chinesischen Partner letztlich bei der Entwicklung der beiderseitigen Beziehungen ausgezahlt.

Während die DDR in den 1950er Jahren in der chinesischen Außenwirtschaftspolitik aufgrund des Embargos der kapitalistischen Industriestaaten einen beachtlichen Stellenwert einnahm, hatte sich die Bedeutung der DDR im Außenhandel Chinas in den 1980er Jahren erheblich verringert. China ordnete die DDR zunehmend in ihre Großmachtstrategie ein, in der sie nur einen kleinen Raum einnahm. Oft konnte die DDR die chinesischen Außenhandelswünsche mengenmäßig nicht erfüllen oder nicht rechtzeitig liefern, so dass angebahnte Geschäfte nicht realisiert wurden. Grundsätzlich jedoch wurden die Industrieausrüstungen und sonstigen Erzeugnisse aus der DDR auch in den 1980er Jahren noch in einer hohen Qualität geliefert, die auch die chinesische Seite wertschätzte. Dies trug generell zum hohen Ansehen deutscher Waren in China bei, von dem - was den allerwenigsten bewusst ist - auch der heutige China-Handel Deutschlands profitiert.

Die Berichterstattung der DDR-Medien über die Zusammenarbeit mit China vermittelte stets ein einseitiges Bild einer großen Erfolgsgeschichte, in der Probleme ausgeblendet wurden. Allerdings erscheinen die vollbrachten Leistungen angesichts der tatsächlichen Schwierigkeiten, die bei diesen Projekten zu überwinden waren, umso erstaunlicher. Die erhebliche China-Kompetenz der in die beschriebene Zusammenarbeit einbezogenen DDR-Spezialisten blieb nach der Vereinigung der beiden deutschen Staaten bedauerlicherweise aus politischen und Konkurrenzgründen zu großen Teilen ungenutzt. Sie wurden Opfer im großangelegten Eliten-Austausch nach der Vereinigung.

Die überwiegend gut ausgerüsteten Exportbetriebe, die im China-Geschäft eine wichtige Rolle spielten, wurden nach der Vereinigung von der Treuhandanstalt, die mit der Vereinigung der beiden deutschen Staaten dem Bundesfinanzministerium unterstellt war, abgewickelt, um lästige Konkurrenz zu beseitigen, und Hunderttausende Werktätige wurden schlicht in die Arbeitslosigkeit geschickt. Zu den wenigen Ausnahmen, die, wenn auch in kleinen Teilen, überlebten, zählten das Unternehmen Carl Zeiss JENA und Reste der Waggonbau-Industrie.

Das in der jüngsten Zeit in China gewachsene Geschichtsbewusstsein bewirkt, dass sich Zeitzeugen und Historiker einer jüngeren Generation verstärkt der Geschichte der Volksrepublik und in diesem Zusammenhang den Beziehungen mit der DDR zuwenden. Auch in Deutschland selbst scheint die Zeit reif, die Geschichte der DDR umfassend und ohne Vorurteile aufzuarbeiten.

Handel DDR – VR China 1950 – 1989 im Vergleich mit dem Handel DDR – UdSSR, jeweils in Mio. M bzw. Mio. VM[543]

Jahr	Export DDR nach China	Import DDR aus China	Gesamt		Handelsumsatz DDR – UdSSR,
1950					1.460,7
1951	47,8	90,8	138,6		2.526,7
1952	164,2	131,7	295,9		2.686,5
1953	136,7	205,0	341,7		3.745,4
1954	175,7	166,7	342,4		4.381,6
1955	197,9	198,7	396,6		3.967,8
1956	210,9	174,2	385,1		4.730,9
1957	235,0	196,7	431,7		6.492,4
1958	296,1	230,7	526,8		6.493,9
1959	236,6	248,5	485,1		7.836,9
1960	215,8	222,6	438,4		7.907,4
1961	121,0	104,1	225,1		8.326,9
1962	86,1	70,4	156,5		9.823,5
1963	59,6	55,0	114,6		10.287,2
1964	54,1	44,0	98,1		10.897,8
1965	110,6	105,8	216,4		10.565,7
1966	151,9	133,4	285,3		11.175,9
1967	140,6	144,6	285,2		11.866,8
1968	156,9	117,6	274,5		12.851,6
1969	126,0	138,6	264,6		14.287,7
1970	178,0	151,2	329,2		15.484,5
1971	184,8	168,0	352,8		16.116,6
1972	182,2	210,0	392,2		17.623,7
1973	172,4	206,5	378,9		18.526,6
1974	244,9	270,3	515,2		20.102,2
1975	389,0	249,4	638,4		26.539,4
1976	418,0	263,8	681,8		27.785,1
1977			783,5		32.455,7

543 Staatliche Zentralverwaltung für Statistik (Hg.), *Statistisches Jahrbuch der DDR*, Berlin: Staatsverlag der Deutschen Demokratischen Republik 1955–1991 und Meißner (Hg.), *Die DDR und China 1949 bis 1990*, S. 250.

1978			943,5		34.007,3
1979			842,2		39.271,1
1980			869,9		42.608,8
1981			548,0		49.888,3
1982			386,6		55.164,3
1983	186,8	177,0	363,8		60.821,3
1984	328,0	216,0	544,0		67.107,8
1985	578,2	202,7	780,9		69.940,7
1986	443,0	666,1	1.109,1		70.626,4
1987	551,1	551,1	1.102,2		68.477,6
1988			1.336,6		66.469,5
1989	716,4	692,4	1.408,8		

Die Angaben des Statistischen Jahrbuchs der DDR stimmen für die zurückliegenden Jahre nicht immer überein. Eine Ursache könnte die Einführung verschiedener Umrechnungsverhältnisse zwischen den benutzten Währungen sein. Diese Unstimmigkeiten konnten nicht endgültig aufgeklärt werden. Deshalb widerspiegeln diese Zahlen die Entwicklung nur in groben Zügen.

Verzeichnis der Abbildungen

Abbildung 14: Viskosekunstseidenwerk Baoding - Brandenburgisches Landeshauptarchiv, Rep. 503 VEB Chemiefaserwerk Premnitz, Nr. 6373, 1839_19_image_00141 (Veröffentlichung genehmigt)

Abbildung 15: Unterweisung chinesischer Arbeiter des im Aufbau befindlichen Schleifscheibenwerks Zhengzhou im Schweißen durch einen Spezialisten der DDR – Archiv K. Herrmann

Abbildung 16: Handelsminister Heinrich Rau (vorn Mitte) besichtigt am 12.1.1960 das im Aufbau befindliche Schleifscheibenwerk Zhengzhou – Xinhua

Abbildung 17: Ausbildung eines chinesischen Kollegen für das Messgerätewerk Xi'an im VEB Magdeburger Armaturenwerk – Bundesbildarchiv: Bild 183-54756-0001/Fotograf: Biscan

Abbildung 18: Montage einer Karusselldrehmaschinen mit einem maximalen Drehdurchmesser von 6,3 m im VEB Großdrehmaschinenbau Berlin für den Export nach China – Bundesbildarchiv: Bild 183-78116-0003/Fotograf: Stör

Abbildung 19: Montage eines 3D-Schwingtisches im VEB Geräte- und Reglerwerk Teltow für den Export nach China (1961) – Bundesbildarchiv: Bild 183-81744-0001/Fotograf: Mellahn

Abbildung 20: Das Frachtschiff Jiangmen am Ausrüstungskai der Warnow-Werft – Bundesbildarchiv: Bild 183-E0115-0003-002/Fotograf: Thomas Lehmann

Abbildung 21: Ausstellung des VEB Kombinat Robotron in Shanghai – Vorführung eines Bildverarbeitungsgeräts – Carmen Marx

Abbildung 22: Ein chinesischer Spezialist am Zeiss-Stand auf der Leipziger Frühjahrsmesse in den 80er Jahren (2. von rechts: Dr. Umland, Leiter der HA Applikation des Außenhandelsbetriebs, 4. von links: Dr. Richard Oberländer) – Dr. Richard Oberländer

Abbildung 23: Der stellvertretende Ministerpräsident Li Peng (3. von links) empfing am 21.8.1986 den Präsidenten der Kammer für Außenhandel der DDR, Hans-Joachim Lemnitzer (2. von links) in der Großen Halle des Volkes – Werner Wallborn

Abbildung 24: Übergabe des 1600. Kühlwagens vom VEB Waggonbau Dessau im Depot Fengtai an die chinesische Seite – Unterzeichnung des Übergabeprotokolls. Ganz links: der stellvertretende Generaldirektor des Kombinats Schienenfahrzeugbau, Harri Hegewald, rechts neben ihm der Generaldirektor des AHB Schienenfahrzeuge, Peter Donhauser – Peter Donhauser

Abbildung 25: Ministerpräsident Li Peng (5. von rechts) empfängt im November 1988 den Minister für Umweltschutz und Wasserwirtschaft, Hans Reichelt (5. von links) aus Anlass der Unterzeichnung eines Protokolls der Zusammenarbeit mit dem chinesischen Ministerium für Bauwesen (3. von links: Botschafter Rolf Berthold, rechts neben ihm der Bauminister Lin Hanxiong) – Werner Wallborn

Abbildung 26: In China installierte Presse aus dem VEB Umformtechnik Erfurt – Carmen Marx

Abbildung 27: Versand von Chemieanlagen im Hafen von Rostock nach China (Februar 1989) – Bundesbildarchiv: Bild 183-1989-0216-016/Fotograf: Jürgen Sindermann

Abbildung 28: Der 24-jährige chinesische Arbeiter Wang Qishang erhält im VEB Waggonbau Dessau eine Ausbildung als Schweißer, Bundesbildarchiv: Bild 183-1987-0831-002/Fotograf: Thomas Lehmann

Abbildung 29: oben links: Einsatz der Diesellokomotive V 100 in China; unten rechts: Grubenlokomotive EL 05 in einem chinesischen Bergwerk – Werner Wallborn

Verzeichnis der Tabellen

Register der Personennamen

Die für die genannten Personen angegebenen Funktionen entsprechen denjenigen zum Zeitpunkt der Schilderung im Text. Es wurde darauf verzichtet, Funktionswechsel vor und nach diesem Zeitpunkt anzugeben

Abrassimow, Pjotr A. (1912 – 2009); Botschafter der UdSSR in der DDR

Adenauer, Konrad (1876 – 1967); Bundeskanzler der Bundesrepublik Deutschland

Albrecht, Dieter, Dr.; stellv. Vorsitzender der staatlichen Plankommission

Apel, Erich (1917 – 1965); Minister für Schwermaschinenbau

Ardenne, Prof. Manfred von (1907 – 1997); Mitglied der Kommission zur friedlichen Nutzung der Atomenergie

Axen, Hermann (1916 – 1992); Mitglied des Politbüros der SED

Balzer, A.; Obermonteur des VEB Spinnereimaschinenbau Karl-Marx-Stadt

Bausch, Horst; Monteur des VEB Schwermaschinenbau „Ernst Thälmann" Magdeburg

Becker, Hans; Experte des VEB Keramische Werke Hermsdorf im Radioteilekombinat Beijing

Beil, Gerhard (1926 – 2010); Minister für Außenhandel

Berthold, Rolf (1938 – 2018); Botschafter der DDR in der VR China

Bo Yibo 薄一波 (1908 – 2007); stellv. Vorsitzender des Staatsrats der VR China

Boulanger, Jakob (1897 – 1968); Generaldirektor des DIA Invest-Export

Braun, Otto (1900 – 1974); KPD-Funktionär und Teilnehmer am Langen Marsch

Brie, Horst; Erster Sekretär in der Botschaft der DDR in der VR China

Chang Hua-tung; Leiter einer Handelsdelegation

Chen Dexing 陈德兴; stellv. Leiter des Sektors UdSSR und Osteuropäische Länder in der Abteilung Internationale Beziehungen des ZK der KP Chinas

Chen Jie 陈洁; Minister für Außenwirtschaft und Außenhandel

Chen Muhua 陈慕华 (1921 – 2011), Ministerin für Außenwirtschaft und Außenhandel

Chen Tao 陈弢 (geb. 1983), Prof.; Historiker

Chrustschow, Nikita Sergejewitsch (1894 – 1971); Generalsekretär der KPdSU

Delors, Jacques (geb. 1925); Präsident der Europäischen Union

Deng Baoshan 邓宝珊 (1894 – 1968); Gouverneur der Provinz Gansu

Deng Xiaoping 邓小平 (1904 – 1997); stellv. Premierminister, Vizeparteivorsitzender, Vorsitzender der Militärkommission

Dieckmann, Johannes (1893 – 1969); Präsident der Volkskammer der DDR

Dobras, Peter; Experte des VEB Keramische Werke Hermsdorf beim Aufbau des Radioteilekombinats Beijing

Dong Biwu 董必武 (1886 – 1975); stellv. Vorsitzender des Staatsrats

Dong Chunlei; Verantwortlicher für Importangelegenheiten im Eisenbahnministerium

Dong Guangzu 董光祖; Mitarbeiter der Zeitschrift Guoji Maoyi (Internationaler Handel)

Donhauser, Peter; Generaldirektor des VEB Außenhandelsbetrieb Schienenfahrzeugbau

Du Kening; Mitarbeiter im Sektor UdSSR und Osteuropäische Länder in der Abteilung Internationale Beziehungen des ZK der KP Chinas

Duan Yi 段毅; stellv. Gouverneur der Provinz Hebei

Eckloff, Carl (1906 – 1970; Handelsrat in der Botschaft der DDR in Beijing

Engel, Kurt; Ingenieur im Ministerium für Außenhandel

Euler, Ernst; Monteur des VEB Zementanlagenbau Dessau

Fischer Oskar (1923 – 2020); Außenminister

Flöther, Lucas (geb. 1974), Prof. Dr.; Insol-venzverwalter

Fu Tiguang 傅体光 (? – 1967); Geschäftsträger ad interim der Botschaft der VR China in der DDR

Gao Yangwen 高扬文 (1917 – 2004); Minister für Kohleindustrie

Gärtner, Moritz; Autor der Arbeit „Chinesische Vertragsarbeiter in Dessau“

Glöckner, Franz; Technischer Direktor des Schleifscheibenwerks in Dresden-Reith

Greven, Dirk, Dr.; TKO-Leiter im VEB Dieselmotorenwerk Rostock

Grotewohl, Otto (1894 – 1964); Ministerpräsident der DDR

Grzyp, Mojzes (1896 – 1941); KPD-Funktionär und Journalist in China

Gu Yingqi; stellv. Minister für Gesundheitswesen

Guan Zengjian 关增建 (geb. 1954); Professor für Wissenschaftsgeschichte an der Jiaotong-Universität Shanghai

Guo Moruo 郭沫若 (1892 – 1978); Präsident der Akademie der Wissenschaften

Gyptner, Richard (1901 – 1972); Botschafter der DDR in der VR China

Handke, Georg (1894 – 1962); Handelsminister

Hegewald, Harri; stellvertretender Generaldirektor des Kombinats Schienenfahrzeugbau

Herrmann, Klaus; stellvertretender Minister für Wissenschaft und Technik

Holzhey, Otto; Spezialist der VEH DIA-Invest-Export

Honecker, Erich (1912 – 1994); Generalsekretär des ZK der SED und Staatsratsvorsitzender

Hrabowski, Max; Spezialist, des VEB Entwicklungs- und Projek-tierungsbüro für Zuckerfabrikseinrichtungen Halle

Hua Guofeng 华国锋 (1921 – 2008); Vorsitzender der KP Chinas nach dem Tod von Mao Zedong

Ji Guobiao 季国标 (1932 – 2019); stellvertretender Minister für Textilindustrie

Ji Pengfei 姬鹏飞 (1910 – 2000); Botschafter der VR China in der DDR, später stellv. Außenminister und Außenminister

Jia Shi 贾石; Vorsitzender des Komitees zur Förderung des Handels

Jia Tingsan; Stellv. Oberbürgermeister Beijings

Jia Zhengzhi; Präsident des Komitees zur Förderung des internationalen Handels

Jiang Guangnai 蒋光鼐 (1888 – 1967); Minister für Textilindustrie

Jiang Qing 江青 (1914 – 1991); Ehefrau von Mao Zedong und Anführerin der „Viererbande“

Jiao Shanmin 焦善民 (1919 – 2010); stellv. Minister für Baustoffindustrie

Kadenik, Kim; Mit-Autorin der Arbeit „Chinesische Vertragsarbeiter in Dessau“

Kattner, Eugen; stellv. Minister für Außenhandel

Keil; Ingenieur des VEB Textilmaschinenbau Karl-Marx-Stadt

Kersten, Rolf (1935 – 1986); Minister für Schwermaschinen- und Anlagenbau

Kissinger, Henry (geb. 1923); Berater des amerikanischen Präsidenten

Kleiber, Günther (1931 – 2013); Minister für Allgemeinen Maschinen-, Landmaschinen- und Fahrzeugbau

Kohl, Helmut (1930 – 2017); Bundeskanzler der Bundesrepublik Deutschland

Köhler, Willy; Monteur des VEB Rohrleitungsbau Bitterfeld

Kohrt, Günter (1912 – 1982); Botschafter der DDR in der VR China

König, Johannes (1903 – 1966); Botschafter der DDR in der VR China

Krahn, Karl-Heinz; Direktor der Warnow-Werft Warnemünde

Kretschmar, Horst; Spezialist des VEB Maschinenfabrik Halle

Krolikowski, Dr. Herbert (1924 – 2012); Staatssekretär im Ministerium für auswärtige Angelegenheiten

Küntscher, Wolfgang, Prof. (1902 – 1966); Professor für Sonderstahl-kunde und Berater der chinesischen Regierung

Kuo Li; Oberingenieur des Automobilwerks Changchun

Lemke, Dietrich (geb. 1933); stellv. Minister für Außenhandel

Lemnitzer, Hans-Joachim (geb. 1931); Präsident der Kammer für Außenhandel

Li Dequan; Ministerin für Gesundheitswesen

Li Fuchun 李富春 (1900 – 1975); Stellv. Leiter der zentralen Wirtschafts- und Finanzkommission

Li Kefei; stellv. Minister für Eisenbahnwesen

Li Peixian 李佩先; Parteisekretär und Bürgermeister von Baoding

Li Peng 李鹏 (1928 – 2019); Mitglied des Politbüros der KP Chinas, stellv. Ministerpräsident

Li Rui 李瑞 (1921 – 2011); Direktor des Radioteilekombinats Beijing

Li Shouren; stellv. Minister für Maschinenbau und Elektronik

Li Su 李苏; stellv. Minister für Chemieindustrie

Li Xiannian 李先念 (1909 – 1999); Finanzminister, stellv. Ministerpräsident

Lin Haiyun 林海运; Hauptabteilungsleiter im Außenhandelsministerium, stellv. Handelsminister, amtierender Außenhandelsminister

Lin Hanxiong 林汉雄 (geb. 1929); Minister für Bauwesen

Lin Leyi 林乐义; Architekt

Ling Wu; Werkdirektor des Viskosekunstfaserwerks Baoding

Liu Heng; Korrespondent in der DDR

Liu Shaoqi 刘少奇 (1898 – 1969; Präsident der VR China

Lü Dong 吕东; Vorsitzender der staatlichen Wirtschaftskommission

Ludewig, Dr. Johannes (geb. 1945); Chef des Bundeskanzleramts

Luo Peilin 罗沛霖 (1913 – 2011), Dr.; Elektronikexperte und Oberingenieur des Radioteilekombinats Beijing

Mahlow, Bruno (geb. 1937); Mitarbeiter der Botschaft der DDR in Beijing, später Leiter der Abteilung Internationale Beziehungen des ZK der SED

Mao Zedong 毛泽东 (1893 – 1976); Vorsitzender der KP Chinas und der VR China

Marx, Carmen, Repräsentantin des Kombinats Robotron in der HPA der Botschaft der DDR in der VR China

Matern, Hermann (1893 – 1971); Mitglied des Politbüros der SED

Mitzinger, Wolfgang (geb. 1932); Minister für Kohle und Energie

Möbius, Siegfried (geb. 1940); Technischer Direktor des VEB Waggonbau Dessau

Molotow, Wjatscheslaw Michailowitsch (1890 – 1986); Außenminister der UdSSR

Mornhinweg, Karl-Heinz; stellv. Minister für Schwermaschinen- und Anlagenbau

Müller, Horst; Spezialist der VEH DIA-Invest-Export

Nagele; Minister für Schwermaschinenbau (?)

Nan Hanchen 南汉宸 (1895 – 1967); Vorsitzender des Komitees zur Förderung des Handels

Nestler, Harald; Handelsrat an der Botschaft der DDR in der VR China

Neubert, Werner; Handelsrat in der Botschaft der DDR in Beijing

Nie Rongzhen 聂荣臻 (1899 – 1992); Militärführer und Industriepolitiker

Nixon, Richard (1913 – 1994); Präsident der USA

Oberländer, Klaus, Dr.; Direktor des VEB Schwermaschinenbaukombinats „Ernst Thälmann" Magdeburg, Vorstandsvorsitzender der SKET-Gruppe

Oberländer, Richard, Dr. (1936 – 2020); Bevollmächtigter des Generaldirektors im Außenhandelsbetrieb Zeiss in Beijing

Oelßner, Fred (1903 – 1977); Mitglied des Politbüros der SED und stellv. Ministerpräsident

Pertini, Sandro (1896 – 1990); Staatspräsident Italiens

Pieck, Wilhelm (1876 – 1960); Präsident der DDR

Pol Pot (1925? – 1998); politischer und militärischer Führer der Roten Khmer

Qian Sanqiang 钱三强 (1913 – 1992); Professor und Direktor des Instituts für Atomenergie der Akademie der Wissenschaften

Qian Zhiguang 钱之光 (1900 – 1994); stellv. Minister für Textilindustrie

Qiang Zixiu 强子修 (1903 – 1988); Parteisekretär des Komitees der Provinz Gansu

Qiao Shi 乔石 (1924 – 2015); Mitglied des Politbüros der KP Chinas

Qin Hanzhang (geb. 1908); Lebensmittelexperte

Qin Yishan 秦亦山; stellv. Leiter der Projektierungsgruppe des Radioteilekombinats Beijing

Qin Zhongda 秦仲达 (geb. 1923); Minister für chemische Industrie

Rau, Heinrich (1899 – 1961); Handelsminister

Rauchfuß, Wolfgang (1931 – 2005); stellvertretender Vorsitzender des Ministerrats, Minister für Materialwirtschaft

Rauth, August; Chefmonteur des VEB Schwermaschinenbau „Ernst Thälmann“ Magdeburg

Reagan, Ronald (1911- 2004); Präsident der USA

Reichelt, Hans (geb. 1925); Minister für Umweltschutz und Wasserwirtschaft

Richter, Herbert, Dr. (1933 – 2018); Generaldirektor des Gaskombinats Schwarze Pumpe

Richter, Rolf; Leiter der wirtschaftspolitischen Abteilung in der Botschaft der DDR in Beijing

Rost, Harald; stellv. Vorsitzender der staatlichen Plankommission, stellv. Vorsitzender der DDR-Sektion des Wirtschaftsausschusses DDR-China

Schulz; Monteur und Schweißer des VEB Zementanlagenbau Dessau

Schürer, Gerhard (1921 – 2010); Vorsitzender der staatlichen Plankommission, stellv. Ministerpräsident

Schütz, Harald; Mitarbeiter im Ministerium für Außenhandel

Schwab, Günther; Leiter der wirtschaftspolitischen Abteilung in der Botschaft der DDR in Beijing

Schwab, Helga; Vertreterin der Kombinate TAKRAF und baukema in der HPA der Botschaft der DDR in Beijing

Seidel, Gerhard, Dr.; Chefkonstrukteur im VEB Maschinen- und Apparatebau Schkeuditz

Selbmann; Experte des Gerätewerks Karl-Marx-Stadt im Radioteilekombinat Beijing

Si Zuojun; Gruppenleiter der chinesischen Werktätigen im VEB Waggonbau Dessau

Song Jian 宋健 (geb. 1931); Staatsrat

Song Ping 宋平 (geb. 1917); Vorsitzender der Staatlichen Plankommission

Stalin, Josef Wissarionowitsch (1878 – 1953); Generalsekretär der Kommunistischen Partei der Sowjetunion

Steeger, Prof. Horst (geb. 1932); Direktor des Ökonomischen Forschungsinstituts der Staatlichen Plankommission

Steyer, Jochen; stellv. Minister für Außenhandel

Stoph, Willi (1914 – 1999); Vorsitzender des Ministerrats

Sukowski, Dr. Rolf; Fachgebietsleiter China und Sekretär der DDR-Seite des Wirtschaftsausschusses DDR – China in der Staatlichen Plankommission

Thalemann, Manfred, Dr. (1934 – 2007); stellv. Minister für Werkzeug- und Verarbeitungsmaschinenbau

Tian Jiyun 田纪云 (geb. 1929); stellv. Ministerpräsident

Töpfer, Ing.; VEB Modul Karl-Marx-Stadt

Türpe; Handelsrat in der Botschaft der DDR in der VR China

Ulbricht, Walter (1893 – 1973); Generalsekretär des ZK der SED, Vorsitzender des Staatsrats der DDR

Umland, Dr.; Leiter der Hauptabteilung Applikation des Außenhandelsbetriebs Zeiss

Wallborn, Werner; Bevollmächtigter des Generaldirektors im AHB Schienenfahrzeugbau in Beijing

Wan Li 万里 (1916 – 2015); stellv. Bürgermeister Beijings, später stellv. Ministerpräsident

Wandel, Paul (1905 – 1995); Botschafter der DDR in der VR China

Wang Bingnan 王炳南 (1909 – 1988); stellv. Außenminister

Wang Guang'en; stellv. Generaldirektor der chinesischen Gesellschaft für Kohleimport und –export

Wang Guoquan 王国权 (1911-2004); Botschafter der VR China in der DDR

Wang Hongwen 王洪文 (1935 – 1992); Mitglied der „Viererbande“

Wang Jingsheng; Generaldirektor des Eisen- und Stahlwerks Taiyuan

Wang Shiguang 王士光; Experte im Radioteilekombinat Beijing

Wang Wenlin; stellv. Vorsitzender des Komitees zur Förderung des Handels

Wang Zhen 王震 (1908 – 1993); stellv. Vorsitzender der VR China

Wang Zheng 王诤 (1909 – 1978); Minister für Telekommunikation

Warzecha, Heinz, Dr. (1930 – 2007); Generaldirektor des VEB Werk-zeugmaschinenkombinat „7. Oktober" Berlin

Weigert, Rolf; Chefdolmetscher für Englisch und Chinesisch in der Warnow-Werft Warnemünde

Wenning, Werner; Botschaftsrat in der Botschaft der DDR in Beijing

Weiß, Gerhard (1919 – 1986); stellv. Vorsitzender des Ministerrats

Wen Luo; Parteisekretär des Viskosekunstfaserwerks Baoding

Wenderoth, Dr.; Experte des VEB Textilmaschinenbau Karl-Marx-Stadt

Werner, W.; Betreuer eines Ausstellungsstands des VEB Mechanik Askania Teltow

Wilke, Artur; technischer Direktor des VEB Kunstfaserwerks „Friedrich Engels" Premnitz

Witt, Peter; Vorstandsvorsitzender der DWA

Woang Cuo-ching; Brigadier in der Zuckerfabrik Baotou

Wolf, Erich; Spezialist des VEB Maschinenfabrik Halle

Wu Han 吴晗 (1909 – 1969); stellv. Bürgermeister Beijings

Wu Heng 武衡; Akademiefunktionär

Wu Xueqian 吴学谦 (1921 – 2008); Außenminister

Wu Yi 吴仪 (geb. 1938); Mitglied des Politbüros der KP Chinas

Wyschofsky, Günther (geb. 1929); Minister für chemische Industrie

Xiao Yang; Direktor des Glaswerks Beijing

Yang Bo 杨波 (1920 – 2016); Minister für Leichtindustrie

Yang Huijie 杨慧洁; Direktorin der Beijinger ersten Baumwolltextilfabrik

Yang Qishang, chinesischer Auszubildender im VEB Waggonbau Dessau

Yao Wenyuan 姚文元 (1931 – 2005); Mitglied der „Viererbande"

Yao Yilin 姚依林 (1917 – 1994); stellv. Ministerpräsident

Ye Jizhuang 叶季庄 (1893 – 1967); Minister für Außenhandel

Yong Longgui

Yu Hong'en 于洪恩 (1927 – 2016); Minister für Kohleindustrie

Yue Songsheng 乐松生; Inhaber der Apotheke Songrentang in Beijing

Zempelburg, Lutz; Korrespondent des Neuen Deutschland in Beijing

Zhang Ce 张策 (1911 – 1999); Sekretär des Provinzparteikomitees der Provinz Shaanxi

Zhang Chunqiao 张春桥 (1917 – 2005); Mitglied der „Viererbande"

Zhang Dake 张大可; Botschafter der VR China in der DDR

Zhang Mei 张梅; Direktorin der Beijinger Perlonfabrik

Zhang Jingfu 张靖夫 (1914 – 2015); Vorsitzender der staatlichen Wirtschaftskommission

Zhang Zhidong 张之洞 (1837 – 1909); Gouverneur und Reformer während der Qing-Dynastie

Zhao Erlu 赵尔陆 (1905 – 1967); Minister des Zweiten Maschinenbauministeriums

Zhao Ziyang 赵紫阳 (1919 – 2005); Generalsekretär der KP Chinas

Zheng Tuobin 郑拓彬 (geb. 1924); Minister für Außenwirtschaft und Außenhandel

Zhou Enlai 周恩来 (1898 – 1976); Ministerpräsident und Außenminister

Zhou Hongbing; Managing Director der Molinari Rail Systems GmbH

Zhou Jiannan 周建南 (1917 – 1995); Minister für Maschinenbau

Zhu De 朱德 (1886 – 1976); Oberkommandierender der Volksbefreiungsarmee

Zhu Kezhen 竺可桢 (1890 – 1974); Vorsitzender der Gesellschaft für die Freundschaft zwischen der VR China und der DDR

Zhu Rongji 朱镕基 (geb. 1928); Direktor des Büros für technische Rekonstruktion beim Staatsrat der VR China, Vizevorsitzender der staatlichen Wirtschaftskommission

Zhu Xuefan 朱学范 (1905 – 1996); Minister für Post- und Fernmeldewesen

Ziller, Gerhart (1912 – 1957); sächsischer Wirtschaftsminister

Register geographischer Namen

Die chinesischen geographischen Namen sind in der in der VR China offiziellen Pinyin-Transkription wiedergegeben. Wenn dies nicht möglich war, sind die Namen kursiv geschrieben.

Dashanzi 大山子; Stadtteil in Beijing

Datong 大同

Daye 大冶

Dessau

Dessau-Roßlau

Deutschland

Dingxi 定西

Dresden

Eberswalde

Eilenburg

Eisenach

England

Erfurt

Erfurt-Rudisleben

Europa

Fengtai 丰台

Frankreich

Freiberg

Fürstenwalde

Fushun 抚顺

Gansu 甘肃; Provinz

Gdansk

Gelber Fluss 黄河

Gera

Gera-Liebschwitz

Ginsi

Görlitz

Grimma

Gröbern

Gröbzig

Gröditz

Guangxi 广西 (*Kwangsi*); Provinz

Guangzhou 广州 (Kanton)

Guben

Guiyang 贵阳

Guizhou 贵州; Provinz

Halberstadt

Halle

Hancheng 韩城

Handan 邯郸

Hangzhou 杭州

Hankou 汉口

Hanzhuang 韩庄

Harbin 哈尔滨

Harz

Hebei 河北; Provinz

Heilongjiang 黑龙江; Provinz

Henan 河南; Provinz

Hennigsdorf

Hermsdorf

Hohenthurm

Hoyerswerda

Huainan 淮南

Huangshi 黄石

Hubei 湖北; Provinz

Huhehot 呼和浩特

Hunan 湖南; Provinz

Iben

Innere Mongolei 内蒙古; autonomes Gebiet

Irkutsk

Jänschwalde

Japan

Jena

Jiangsu 江苏; Provinz

Jiangxi 江西; Provinz

Jiangyou 江油

Jilin 吉林; Provinz

Jingdezhen 景德镇

Jiuquan 酒泉

Jugoslawien

Kaiyuan 开源

Kambodscha

Kanada

Karl-Marx-Stadt

Kipsdorf

Knappensee

Korea

Köthen

Kuba

Kunming 昆明

Lanzhou 兰州

Leipzig

Liaoning 辽宁; Provinz

Liuzhou 柳州

Lübbenau

Luxian 泸县

Magdeburg

Mansfeld

Manzhouli 满洲里

Meerane

Meishan 眉山

Meißen

Merseburg

Meuselwitz

Moritzburg

Mosambik

Moskau

Nanjing 南京

Nanping 南坪

Neustadt

Neustrelitz

Niederlande

Niedersedltz

Niesky

Nordkorea

Nowosibirsk

Österreich

Pe An

Pechentse

Penig

Piesteritz

Pöbeltal

Polen

Potsdam

Prag

Premnitz

Qingdao 青岛

Qingtai 青台

Quedlinburg

Rheinland

Riesa

Roßlau

Rostock

Rudisleben

Rumänien

Russland

Sachsen

Sachsen-Anhalt

Salzgitter

Salzwedel

Sangerhausen

Sanmenxia 三门峡

Schining

Schkeuditz

Schönefeld

Schwarze Pumpe

Schweiz

Senftenberg

Shaanxi 陕西; Provinz

Shandong 山东; Provinz

Shanghai 上海

Shanxi 山西; Provinz

Shaoxing 绍兴

Shenyang 沈阳

Shenzhen 深圳

Shijiazhuang 石家庄

Shijingshan 石景山

Shuangqiao 双桥

Shulan 舒兰

Sichuan 四川; Provinz

Siping 四平

Songpan 松潘

Sowjetunion

Staßfurt

Südharz

Swerdlowsk

Taiwan 台湾

Taiyuan 太原

Tangshan 唐山

Teltow

Tianjin 天津

Tianshui 天水

Tibet

Tschechoslowakei

Turfan 吐鲁番

Ungarn

USA

Vietnam

Warnemünde

Wartburgkreis

Weifang 潍坊

Weihe 渭河

Weimar

Wernigerode

Wildau

Wolfen

Wuchang 武昌; Stadtteil von Wuhan

Wuhan 武汉

Wuhu 芜湖

Wushan 武山

Wutha

Wuxi 无锡

Xi'an 西安

Xiangtan 湘潭

Xinjiang 新疆; autonomes Gebiet

Xinxiang 新乡

Xuanwei 宣威

Xuzhou 徐州

Yakeshi 牙克石

Yangtse 扬子江

Yaoxian 耀县

Yilan 依兰; Kohlengrube nahe Harbin

Yiminhe 伊敏河; Tagebau in der Inneren Mongolei

Quellen- und Literaturverzeichnis

Archive

Bundesarchiv (BArch)

Bilder

Bild 183-29739-0004/Fotograf. Wittig, 2.4.1955.

Bild 183-29760-0014/Fotograf. Funck, 4.4.1955.

Bild 183-30652-0005 / Fotograf: Wittig, 21.5.1955.
Bild 183-37358-0008/Fotograf: Schlegel, 5.4.1956.

Bild 183-40261-0003/Ftograf: Wittig, 22.8.1956.

Bild 183-50653-0001/Fotograf: Krüger, 24.10.1957.

Bild 183-51239-0003/Fotograf: Mellahn, März 1958.

Bild 183-52737-0002/Fotograf: Biscan: 1.2.1958.

Bild 183-54337-0001/ Fotograf: Biscan, 14.1.1958

Bild 183-54756-0001/Fotograf: Biscan, 23.4.1958.

Bild 183-59364-0001/Fotograf: Uwe Gerig, 22.10.1958.

Bild 183-78116-0003/Fotograf: Stöhr, 28.11.1960.

Bild 183-84593-0001/Fotograf Stöhr, 10.7.1961.

Bild 183-88624-0001/Fotograf: Biscan, 6.12.1961.

Bild 183-1989-1016-040/Fotograf: Heinz Hirndorf, 16.10.1989.

Bild 183-B0107-0004-001/Fotograf: Biscan, 7.1.1963.

Bild 183-K0526-0002-034/Fotograf: Becker, 26.5.1971.

Stiftung Archiv der Parteien und Massenorganisationen der DDR im Bundesarchiv (SAPMO-BArch)

Büro Egon Krenz, DY_30_2_2.039_297_052

ZPA IV 2/610/179

ZPA IV 2/610/180,

ZPA JIV 2/3/4400

ZPA NL 182/1222

ZPA NL 182/1222:240

Brandenburgisches Landeshauptarchiv (BLHA)

Akte Kunstfaserwerk „Friedrich Engels“ Premnitz

Rep. 503, Nr. 3183

Rep. 503, Nr. 5323

Rep. 503, Nr. 5371

Rep. 503, Nr. 5373

Rep. 503, Nr. 5375

Rep. 503, Nr. 5437

Rep. 503, Nr. 5440

Rep. 503, Nr. 6373

Gerätewerk Teltow, Rep. 504, Nr. 161

Lokomotivbau „Karl Marx“ Babelsberg

Rep. 505, Nr. 929

Rep. 505, Nr. 1025

Rep. 505, Nr. 1089

Schwermaschinenbau „Heinrich Rau“ Wildau, Rep. 505, Nr. 2243

Central Intelligence Agency (CIA)-Reports

Communist China. Photographs and related text on cement industry, 1965, CIA RDP78-04546A003100010010-8

East German Emissaries to China, 24.04.1950, CIA-RDP82-00457R004800050010-0

East German Power Plants to be exported to China, 16 June 1955, CIA-RDP80-00810A006800720004-7

East Germany, Development of Tropics-Proof Installations for East German Telecommunications Industry, March 1955, CIA-RDP80-00810A006100010003-3

East Germany, VEB Zementanlagenbau, 30.6.1959, CIA RDP80T00246A04 8900040001-5

Eastern Europe: Expanding Trade with China, Dezember 1985, CIA-RDP93T01142R000100250002-4

Economic Relations between Communist China and the European Satellites 1950–58, August 1959, CIA-RDP79R01141A001400170002-5

Landesarchiv Berlin (LAB)

C Rep. 432, Nr. 263

Landesarchiv Sachsen-Anhalt (LASA)

Abteilung Dessau

- I 422, Nr. 558
- I 422, Nr. 559
- I 422, Nr. 560
- I 422, Nr. 770
- I 422, Nr. 771
- I 422, Nr. 787
- I 422, Nr. 788

Abteilung Magdeburg

- I 29, Nr. 171
- I 29, Nr. 199
- I 29, Nr. 218
- I 29, Nr. 463
- I 29, Nr. 1956
- I 34, Nr. 3926
- I 34, Nr. 4020
- I 34, Nr. 4023
- I 34, Nr. 4026
- I 34, Nr. 4029
- I 35, Nr. 332
- I 41, Nr. 625
- I 420, Nr. 975/2
- I 420, Nr. 976
- I 422, Nr. 569
- I 660, Nr. 289

Politisches Archiv des Auswärtigen Amtes (PA AA)

Bestand MfAA, A15, 341, Bl. 1–3

Bestand MfAA, A 9961

Staatsarchiv Leipzig (SAL)

20309 Institut für Energetik, Nr. 36118

20807 VEB Chemieanlagenbau- und Montage-kombinat Leipzig, Nr. 179

VEB PKM Anlagenbau Leipzig Nr. 2452, 18420/18421

VEB PKM Anlagenbau Leipzig Nr. 2721, 20817

Staatsarchiv Chemnitz

31015 VEB Werkzeugmaschinenkombinat „Fritz Heckert“ Karl-Marx-Stadt, Nr. 360

30981 Meßgerätewerk Zwönitz Nr. 271

31039 VEB Spinnereimaschinenbau Karl-Marx-Stadt, Nr. 429.

31039, Nr. 320

ZEISS-Archiv

BACZ 14607

VA 01820

VA 04104

VA 274

Sekundärliteratur

117 Großwalzen für China, Neues Deutschland, 7.8.1956, S. 1.

1200 LEW-Loks in China, Neues Deutschland, 1.10.1986, S. 3.

15 Chinesen studieren in Premnitz, Neues Deutschland, 23.8. 1958, S. 3.

1953–1999 lai Hua zhanlan de huigu he zhanwang (Rückblick auf und Perspektive von Ausstellungen in China im Zeitraum 1953–1999), http://www.zlydsj.com/index.php?a= shows&catid=51&id =100 (aufgesucht am 3.1.2020).

1957 nian Fushun jianshe Yazhou diyi da fadianchang – Liaoning fadianchang (Im Jahre 1957 wurde in Fushun Asiens größtes Kohlekraftwerk – das Kraftwerk Liaoning erbaut), Lantai shijie 2014, H. 19, ohne Seitenangabe.

1965, DDR-Leistungsschau in aller Welt, Neues Deutschland, 25.05. 1965, S. 6.

31 Spezialisten aus der DDR ausgezeichnet, Neues Deutschland, 30.9. 1959, S. 2.

70 zhounian chengjiu zhanshe ji Beijing chengjiu jin 50 chu, dou you naxie kandian? (Was gibt es Besonderes bei den Erfolgen zum 70. Jahrestag und den Erfolgen Beijings anhand von fast 50 Orten), http://www.hbjjrb.com/system/2019/09/25/100053959.shtml (aufgesucht am 26.9.2019).

80 Lastwagen zusätzlich, Neues Deutschland, 4.12.1958, S. 1.

Abordnung aus DDR besuchte das Meßgerätewerk in Xian, Neues Deutschland, 13.7.1985, S. 2.

Abordnung aus der VR China begrüßt, Neues Deutschland, 19.4.1985, S. 2.

Als die DDR Entwicklungshilfe für China leistete, Die Welt, 2.10. 2007.

Altehenger, Jennifer, Industrial and Chinese: Exhibiting Mao's China at the Leipzig Trade Fairs, in: Journal of Contemporary History 2020 (April), doi:10.1177/0022009419888265.

Angnake zhuxi huijian Li Peng fuzongli (Vorsitzender Honecker empfängt den stellvertretenden Ministerpräsidenten Li Peng), Renmin Ribao, 22.5.1985, S. 6.

Ansprache des Botschafters Wang Kuo-tschuan, Neues Deutschland, 2.10.1959, S. 5.

Baotou tangchang de bianqian (Der Wandel der Zuckerfabrik Baotou), www.meipian.cn/6s3459m (aufgesucht am 10.4.2019).

Begegnung mit chinesischer Politikerin im Ministerrat, Neues Deutschland, 15.9.87, S. 2

Bei der Mutter der chinesischen Radioindustrie, Neues Deutschland, 25.1.1959, S. 5.

Beijing boli jituan gongsi jianchang qishi zhounian qingdian longzhong juxing (70. Jahrestag des Aufbaus der Beijinger Glas Group Co. feierlich begangen), 21.5.2010, http://news.artxun.com/taoci-1547-7731728.shtml (aufgesucht am 12.4.2019).

Beijing hecheng xianwei chang shiche shengchan (Die Perlon-fabrik Beijing nahm die Versuchsproduktion auf), Renmin Ribao, 5.9.1959, S. 4.

Beijing jian boli yiqi chang (In Beijing wird ein Werk für Glasgeräte gebaut), Renmin Ribao, 9.1.1958.

Beijing shi difangzhi bianzuan weiyuanhui (Redaktionskomitee der lokalen Chronik der Stadt Beijing), *Beijing zhi gongyejuan, fangzhi gongye zhi* (Chronik Beijings, Band Industrie, Chronik der Textilindustrie), Beijing: Beijing chubanshe, 2002, ISBN 7-200-04942-5.

Bergère, Marie-Claire, *The Golden Age of the Chinese Bourgeoisie 1911–1937*, Cambridge: Cambridge University Press 1989.

Berkovsky, Axel, From foes to fair-weather friends and comrades in arms. The ups and downs of relations between the GDR and China in the 1980s, The Journal of North-East Asian History 14 (2017) 1, S. 6.

Berkovsky, Axel; China und die DDR in den 1980er Jahren, Feinde, Schönwetterfreunde und Komplizen, in: Deutschland-Archiv, 17. 01.2020.

Besuch in chinesischen Betrieben, Neues Deutschland, 25.1.1959, S. 1.

Besuch in chinesischen Betrieben, Neues Deutschland, 3.10.1956, S. 5.

Beziehungen DDR – China gewinnen an Effektivität, Neues Deutschland, 12.12.1985, S. 6.

Bian, Morris L., Explaining the Dynamics of Change: Transformation and Evolution of China's Public Economy through War, Revolution, and Peace, 1928–2008, in: Naughton, Barry/Tsai, Kelee S. (Hg.), *State Capitalism, Institutional Adaptation, and the Chinese Miracle*, Cambridge: Cambridge University Press 2015, S. 201–222.

Bock, Siegfried/Muth, Ingrid/Schwiesau, Hermann (Hg.), *DDR-Außenpolitik im Rückspiegel – Diplomaten im Gespräch*, Münster: LIT 2004, S. 210.

Bode, Marcel, *Die DDR und die Volksrepublik China – Chancen und Grenzen einer ungleichen Partnerschaft* (Potsdamer Textbücher 21), Potsdam: Welttrends 2013.

Brown, Jeremy/Pickowicz, Paul G. (Hg.), *Dilemmas of Victory. The Early Years of the People's Republic of China*, Cambridge, MA: Harvard University Press 2010.

Bu suo 60 nian de bianqian (Wandel des Ministeriums für Leichtindustrie und der zugehörigen Forschungsinstitute in den letzten 60 Jahren), Zhongguo Taoci 2014, H. 8, ohne Seitenangabe.

Cai Xishou, Jingmi kexianfa (Ein präzises Verfahren der Herstellung von Teilstrichen), Jingmi zhizao yu zidonghua 1957, S. 27–29.

Chai Rendong, Minzhu Deguo lumian jixie kaocha jishi (Aufzeichnung über eine Untersuchung von Straßenbaumaschinen aus der DDR), Gonglu jiaotong keji 1986, H. 2, S. 93, 60.

Chang Su, Minzhu Deguo huagong shebei zhizaoye (Der Chemieanlagenbau in der DDR), Xiandai Huagong 1989, Nr. 9, S. 40–43.

Chang Weimin, GDR helps refrigerator car makers, China Daily, 17.4.1988, S. 1.

Chen Baoyin, Dongde wei Woguo zhizao de qiangpo tongfeng baojian ying woche (Ostdeutschland stellt für China Abteil-Schlafwagen der harten Klasse mit Klimatisierung her), Tiedao cheliang 1980, H. 9, S. 5–13.

Chen Tao, *Minzhu Deguo yu Zhong Yue Chao guanxi yanjiu (1960–1977)* (Erforschung der Beziehungen der DDR mit China, Vietnam und Korea, 1960–1977), Dissertation East China Normal University, 2014.

Chen Tao, Weathering the Storms: East German Engineers in Zhengzhou, 1954–1964, The China Review 19 No. 3 (August 2019), S. 48–56.

Chen Tao, Yijiuliuyi nian Zhong De Su guanxi ehua beijingxia de mateen fanghua (Der Chinabesuch von Hermann Matern im Jahre 1961 vor dem Hintergrund der Verschlechterung der chinesisch-deutsch-sowjetischen Beziehungen), Zhonggong dangshi yanjiu 2017, H. 4, S. 62–71.

Chen Xueyan, Zhongguo yu Dongou sanguo xunsu fazhan hezuo guanxi (China und drei Länder Osteuropas entwickeln rasch die Beziehungen der Zusammenarbeit), Guoji zhanwang 1985, H. 15, S. 20.

China und die DDR auf der Straße des Sieges, Neues Deutschland, 27.1. 1956, S.3.

China wünscht neue Erfolge, Neues Deutschland, 7.10.1958, S. 5.

Chinesische Betriebe verstärkt rekonstruiert, Neues Deutschland, 24.11. 1982, S. 5.

Chinesische Delegation bei den Werktätigen von SKET, Neues Deutschland, 18.10.1988, S. 4.

Chinesische Delegation im SKET, Volksstimme, 13.4.1984.

Chinesische Kohleindustrie wird DDR-Verfahren nutzen, Neues Deutschland, 6.6.1987, S. 6.

Chinesische Medaille für DDR-Hilfe, Neues Deutschland, 2.4. 1958, S. 5.

Chinesischer Brigadeleiter als Aktivist vorgeschlagen, Neues Deutschland, 1.4.1955, S.1.

Cui Yinan, Sanxian jianshe zai Sichuan Jiangyou de fazhan ji yingxiang (Entwicklung und Einfluss des Aufbaus von Jiangyou in Sichuan in drei Richtungen), Dangshi wenyuan, 2016, H. 10, S. 17–20.

Dabringhaus, Sabine, *Geschichte Chinas im 20. Jahrhundert*, München: C. H. Beck, 2009.

Dahms, Manfred, Energiewirtschaft unter dem Vorzeichen der Abhängigkeit, in: *Die Kombinatsdirektoren – Jetzt reden wir – Was heute aus der DDR-Wirtschaft zu lernen ist*; edition berolina, Berlin (2017), S. 127.

Dai Yaotian, „Yaoshui jiyi" jishu gaochao de sanming Dongde zhuanjia ("Erinnerungen an das Zementwerk Yaoxian" – Drei technisch hochversierte Spezialisten aus der DDR), http://www.yxsnc.com/show.asp?id=1291 (aufgesucht am 23.12.2019).

DDR baut Kunstseidenwerk in China, Neues Deutschland, 27.11.1956, S. 2.

DDR und VR China bauen ihre Beziehungen aus, Neues Deutschland, 12.12.1984, S. 2.

DDR-Anlagenbau in Peking mit vielseitigem Angebot, Neues Deutschland, 15.4.1988, S. 3.

DDR-Delegation reist durch China, Neues Deutschland, 13.1.1960, S. 1.

DDR-Maschinen für Pekinger Textilfabrik, Neues Deutschland, 1.10. 1954, S. 2.

DDR-Minister zu Beratungen in China, Neues Deutschland, 14.12. 1983, S. 1.

DDR-Walzstraße für China, Neues Deutschland, 19.2.1955, S. 1.

Delegation aus China in Betrieben, Neues Deutschland, 3.6.1988, S. 2.

Delegation der KPCh unter Leitung von Qiao Shi im SKET, Volksstimme, 18.10.1988.

Deng Shiying, Minzhu Deguo zaochuan lianheti zai Shanghai jinxing jishu jiaoliu huodong (Das Schiffbaukombinat der DDR führt in Shanghai einen technischen Austausch durch), Chuanting 1989, H. 6, S. 2.

Der erste Zucker aus Pautou, Neues Deutschland, 28.12.1955, S. 3.

Deyizhi minzhu gongheguo jichuang zhanlanhui jianjie (Information über eine Werkzeugmaschinenausstellung der DDR), Keji jianbao 1973, H. 7, S. 27-29.

Deyizhi minzhu gongheguo jichuang zhanlanhui zai Shanghai bimu (Abschluss einer Werkzeugmaschinenausstellung der DDR in Shanghai), Renmin Ribao, 17.6.1973.

Deyizhi minzhu gongheguo kexue yiqi zhanlanhui, jintian shangwu zai Beijing zhanlanguan kaimu (Heute Vormittag wurde im Ausstellungspalast von Beijing eine Ausstellung wissenschaftlicher Geräte der DDR eröffnet), Renmin Ribao, 6.7.1965.

Deyizhi minzhu gongheguo zhanlanhui zai Shanghai bimu (Eine Ausstellung der DDR in Shanghai schließt die Pforten), Renmin Ribao, 25.4.1976.

Di Xi, Textima gongsi canzhan chanpin jieshao (Vorstellung der von der Firma Textima ausgestellten Erzeugnisse), Fangzhi daobao 1988, H. 15, S. 10; 40. Malimo-maschine aus der DDR in Peking übergeben, Neues Deutschland, 20.4.1988, S. 5.

Dikötter, Frank, *Maos großer Hunger. Massenmord und Menschenexperiment in China*, Stuttgart: Klett-Cotta 2014.

Dong Guangzu, Shenru kaituo Zhongguo yu Minzhu Deguo jingmao hezuo de xin lingyu (Vertiefung der Zusammenarbeit auf neuen Gebieten von Wirtschaft und Handel zwischen China und der DDR), Guoji Maoyi 1988, H. 5, S. 24–25.

Dong Guangzu, Yingjie Zhong De jingji hezuo de xin jieduan (Wir begrüßen die neue Etappe der chinesisch-deutschen ökonomischen Kooperation), Guoji Maoyi 1988, H. 2, S. 39–40.

Dong Guangzu, Zhongguo gongren zai Desao (Chinesische Arbeiter in Dessau), Guoji Maoyi 1988, H. 6, S. 56–57.

Dong Guangzu/Wang Yanyun, Minzhu Deguo daxing gongye chukou zhanlanhui jiangyu 4 yue zai Beijing juxing (Im April nächsten Jahres wird in Beijing eine große Industrieexportausstellung der DDR stattfinden), Guoji Maoyi 1987, H. 10, S. 16.

Dong Zhikai/Wu Jiang, *Xin Zhongguo gongye de dianjishi – 156 xiang jianshe yanjiu* (Grundpfeiler der Industrie des Neuen Chinas – Untersuchung des Aufbaus von 156 Vorhaben), Guangzhou: Guangdong jingji chubanshe 2004.

Dong Zhongshi, Zhongguo tong Dongou wuguo guanxi de xin fazhan (Neue Entwicklung der Beziehungen Chinas mit den fünf Ländern Osteuropas), Guoji zhanwang, 1986, H. 18, S. 8–10.

Dongou wuguo de gongye he jingji guanli tizhi gaikuang – Zhongguo jingji daibiaotuan fangwen Dongou wuguo baogao zhaiyao (Überblick über die Industrie und das System der Administration der Wirtschaft in fünf Ländern Osteuropas – Auszug aus dem Bericht der chinesischen Wirtschaftsdelegation über den Besuch in fünf Ländern Osteuropas), Zhongguo jingji daokan, 1984, H. 7, S. 24f.

Dynamik im Handel mit China, Neues Deutschland, 11.6.1987, S. 4.

Ein Brief kam aus China…, Neues Deutschland, 7.10.1957, S. 6.

Elektromotoren für China, Neues Deutschland, 23.11.1958, S. 1.

Engel, Kurt, Erinnerungen eines Export-Strategen. Warum die Erfolgsbilanz des DDR-Außenhandels unterschlagen wird, RotFuchs 203, Dezember 2014, S. 13.

Erling, J., Wo Chinesen lernen, was deutsche Leitkultur heißt, Die Welt, 16.12.2015.

Erlinghagen, Beda, Anfänge und Hintergründe des Konflikts zwischen der DDR und der Volksrepublik China – Kritische Anmerkungen zu einer ungeklärten Frage, Beiträge zur Geschichte der Arbeiterbewegung 2007, H. 3, S. 111–146.

Erste Pekinger Textilfabrik mit DDR-Maschinen, Neues Deutschland, 30.9.1954, S. 5.

Experten aus China beim DDR-Chemieanlagenbau, Neues Deutschland, 9.9.1983, S. 3.

Export der Außenhandelsbetriebe nach China 1987, Material der HPA der Botschaft der DDR in der VR China, 1987.

Export- und Importverträge mit Partnern in aller Welt, Neues Deutschland, 9.9.1983, S. 1.

Fackroth, W., Dieselhydraulische Lokomotive V 100 als Exportausführung für die VR China, LEW-Nachrichten/Henningsdorf 5 (1974) 15, S. 6–7.

Fan Junhua, Dongde V 1003 xing diaoche jiche (Die Rangierlokomotive V 1003 aus Ostdeutschland), Guowai neiran jiche 1977, H. 6, S. 3–7.

Fernsebner, Susan R., Objects, Spectacle, and a Nation on Display at the Nanyang Exposition of 1910, Late Imperial China 27 (2006) 2, S. 99–124.

Forschner, Dirk, German Steam Locomotives In China, Beijing: China Railway Publishing House 2017.

Gao Hui, Dongde E 512 lianhe shougeji naoxing lianjiepian de yanzhi (Untersuchung einer flexiblen Verbindungsscheibe am Mähdrescherkombine E 512 aus Ostdeutschland), Tezhong xiangjiao zhipin 1985, H. 1, S. 36–39.

Gao Wenchen, Shandong Weifang chunjianchang kaigong jin liangnian jishu jinbu jiankuang (Kurzbericht über den technischen Fortschritt in der Sodafabrik Weifang, Provinz Shandong seit der Produktionsaufnahme vor fast zwei Jahren), Chunjian gongye 1991, H. 2, S. 25–27.

Gärtner, Moritz/Kamenik, Kim, Chinesische Vertragsarbeiter in Dessau – 388 : 100.000, in: Deutschland Archiv, 23.9.2016, www.bpb.de/234448 (aufgesucht am 14.8.2019).

Ge Jun, Shilun xin Zhongguo yu Minzhu Deguo de zaoqi maoyi guanxi (1950–1955) (Early Trade Relations between the PRC and the GDR, 1950–1955), Zhonggongdang shi yanjiu 2016, H. 11, S. 70–83.

Geluotiwo deng daoda Anshan canguan (Grotewohl und seine Delegation trafen in Anshan zu einer Besichtigung ein), Renmin Ribao, 24.12.1955, S. 1.

Geluotiwo zongli deng canguan Beijing diyi mianfangzhichang (Ministerpräsident Grotewohl und andere besuchten die Erste Beijinger Baumwolltextilfabrik), Renmin Ribao, 12.12.1955, S. 4.

Geluotiwo zongli zai Jing canguan (Besichtigungen von Ministerpräsident Grotewohl in Beijing, Renmin Ribao, 25.1.1959, S. 2.

Genxie Minzhu Deguo zhuanjia dui womend bangzhu bianji tongzhi (Ein Genosse aus der Redaktion: Dank an die Spezhialisten aus der DDR für die erwiesene Hilfe), Renmin Ribao, 16.10.1955, S. 6.

Geschenke der DDR an China, Neues Deutschland, 15.12.1955, S. 1.

Gespräch in Peking über Fragen der Kooperation, Neues Deutschland, 12.05.1984, S. 5.

Gespräche in Peking über Ausbau des Handels, Neues Deutschland, 7.11.1983, S. 2.

Gubener Eisenwerke wollen Chinaauftrag vorfristig erfüllen, Neues Deutschland, 14.9.1957, S. 3.

Guo Pingying/Zhang Fuping/Wang Yongqing et al., De zhi K116/50/20 xing qilun mo 4 ji yepian duanlie fenxi ji gaijin wanshan (Analyse des Bruchs der Blätter der letzten vier Reihen in den Dampfturbinen des Typs K116/5020 hergestellt in der DDR und ihre Verbesserung und Vervollkommnung), Xibei dianli jishu 1999, H. 1, S. 1–5.

Guoying Xi'an yibiaochang yijing jiancheng, zuijin juxing kaigong dianli, zhengshi touru shengchan (Das staatliche Messgerätewerk Xi'an ist fertiggestellt, vor kurzem fand seine Einweihung statt, und die Produktion wurde offiziell aufgenommen), Renmin Ribao, 8.5.1960, S. 2.

Gute Basis für langfristiges Handelsabkommen mit China, Neues Deutschland, 29.4.1985, S. 2.

Handel China – DDR erweitert, Neues Deutschland, 6.2.1959, S. 7.

Handelsabkommen China-DDR, Neues Deutschland, 25.4.1958, S. 5.

Harte Nuss für die Dessauer Waggonbauer, Neues Deutschland, 16.12. 1955, S. 6.

Heimische Rohstoffe höher veredelt, Neues Deutschland, 11.6.1987, S. 4.

Hoffmann, Frieda: „In Peking sah ich Sachsenwerk-Motoren“, Neues Deutschland vom 28.7.1954, S. 2.

Hofmann, Otto/Scharschmidt, Gerhard, *DDR-Außenhandel gestern und heute*, Berlin: Die Wirtschaft 1980.

Hu Xiaoman, *Zhang Zhidong zhuan* (Biographie von Zhang Zhidong), Beijing: Beijing United Publishing Co. 2013.

Hu Zhuoren/Hu Liben, Minzhu Deguo xiang Zhongguo tigong you kongtiao ruanwoche (Die DDR liefert China Liegewagen mit Klimatisierung), Guowai tiedao cheliang (Foreign Rolling Stock) 1989, No. 1, S. 17–19.

Huang Miaozhen, Yinjin „zaozhen sheji, zhizao jishu“ tongguo yanshou, jinru zhengchang shengchan (Die importierte Konstruktion der Spezialnadeln und ihre Fertigungstechnologie wurden abgenommen und gingen in die normale Produktion über), Fangzhi baodao 1987, H. 18, S. 3–4.

Huang Yunsheng/Yao Jiarui/Xia Weishi, Jixie yaliji de xiuli yu gaijin (Reparatur und Verbesserung von mechanischen Pressen), Duanya jixie 1966, H. 2, S. 9–13.

Huiyi Zhengzhou redianchang changfang, fadianji, gongren dou shi jiede (Ich erinnere mich, dass das Gebäude des Wärmekraftwerks von Zhengzhou, die Generatoren und die Arbeiter sämtlich geliehen waren), http://district.ce.cn/newarea/roll/201405/27/t20 140527 _2881766.shtml (aufgesucht am 4.1. 2020).

In chinesischen Betrieben, Neues Deutschland, 30.1.1958, S. 5B.

Interesse am Ausbau der Zusammenarbeit DDR – VR China, Neues Deutschland, 1.6.1988, S. 3.

Jia Lianshu/Hu Jiazhen, Minzhu Deguo dui xinxing jilengche de shiyan jianding (Abnahmeprüfung neuartiger Maschinenkühlwagen in der DDR), Tiedao cheliang 1991, H. 1, S. 24–34.

Jiang Dazhang/Wang Suquan, Dongde K116-50-20 xing qilun yelun lunzao xiaochi liewen de chaosheng tanshang, Wusun jiance (Ultraschall-Fehlerdetektion der Rissmuster der kleinen Zähne in den Radnuten der Blätter der Dampfturbine K116-50-20 aus Ostdeutschland), Wusun jiance 1980 Nr. 3, S. 76–80

Jiang Manquan (Hg.), *Geschichte des Staatlichen Kombinats 718 – Staatliches Kombinat für Funktechnik Nordchina 1952–1964*, Beijing: Sevenstar Science & Technology 2017, S. 50.

Jiao Shanmin, Zhuhe Yongdeng shuinichang kaigong shengchan (Glückwunsch zur Produktionsaufnahme des Zementwerks Yongdeng), Jianzhu cailiao gongye 1958, H. 2, S. 8.

Jidong shuini binggou chongzu Datong shuini jishi (Notizen von der Acquisition und Restrukturierung der Zementfabrik Datong durch Jidong Zement), http://www.ccement.com/news/Content/39856.html (aufgesucht am 14.08.2020).

Jilu Zhong De youyi de zhengui zhaopian (Wertvolle Fotos, die die chinesisch-deutsche Freundschaft dokumentieren), www.tieba.baidu.com/p/4414070820?red_tag=1846199417 (aufgesucht am 7.10.2019).

Klein, Thoralf, Geschichte Chinas. Von 1800 bis zur Gegenwart (UTB 2838), Paderborn: Ferdinand Schöningh 2007, S. 238.

Kommission DDR – China berät über Wirtschaftskooperation, Neues Deutschland, 5.12.1983, S. 2.

Komplette Anlagen für Volkschina, Neues Deutschland, 27.9. 1957, S. 1.

König, Johannes, *Befreites China – Bilddokumente vom Kampf und Sieg und von der Aufbauarbeit des chinesischen Volkes*, Dresden: Sachsenverlag 1951.

Kooperation DDR – China in Wasserwirtschaft vereinbart, Neues Deutschland, 17.10.1988, S. 5.

Kooperation gewürdigt, Neues Deutschland, 13.10.1986, S. 5.

Kooperation in der Elektronik, Neues Deutschland, 2.12.1986, S. 3.

Kraftwerkaggregat aus der DDR übergeben, Neues Deutschland vom 28.4.1957, S. 5.

Kraftwerkausrüstungen für China, Neues Deutschland vom 31.7.1956, S. 6.

Krebs, Ute, Als der DDR Flügel wuchsen, Freie Presse, 8.8.2019.

Krüger, Joachim (Hg.), *Beiträge zur Geschichte der Beziehungen der DDR und der VR China – Erinnerungen und Untersuchungen*, Münster: LIT 2002.

Krüger, Joachim, „Die ersten Jahre in Peking – Ein Gespräch mit Ingeborg König", in: Krüger, Joachim (Hg.) *Beiträge zur Geschichte der Beziehungen der DDR und der VR China – Erinnerungen und Untersuchunbgen*, Münster: LIT Verlag 2002, S. 19–31.

Krüger, Joachim, Zu Gast in Peking. Die DDR und die VR China in den 80er Jahren, WeltTrends: Zeitschrift für internationale Politik und vergleichende Studien 2 (1994), S. 133–144.

Langfristiges Abkommen mit der Volksrepublik China abgeschlossen, Neues Deutschland, 16.7.1985, S. 1.

Leese, Daniel, *Die chinesische Kulturrevolution 1966–1976*, München: C.H.Beck 2016.

Lei Ming, Fangzhi, zhenzhi jixie zhizao (Herstellung von Web- und Wirkmaschinen), Guoji keji jiaoliu 1986, H. 6, S. 25.

Lei Zhengping/Ma Huili/Wang Zhutang et al., Zhongguo lübo gongye qiangsheng zhi lu (Der Weg der Entwicklung der Aluminiumfolienindustrie Chinas), Qing hejin jiagong jishu 34 (2006) H. 9, S. 11–17.

Lemke, Dietrich, *Havanna, Peking, Bonn – Ein DDR-Außenhändler erinnert sich*, Berlin: Edition Berolina 2013.

Li Tongfu, Fu Minzhu Deguo huagong kaocha gaikuang (Übersicht über eine Untersuchung der chemischen Industrie der DDR), Lüjian gongye 1988, Nr. 1, S. 2–6.

Li Wangmiao, Zhakou fadianchang shenshi zhi mi (Das Rätsel der Geschichte des Kraftwerks Zhakou), Xin Zhongguo Hangzhou gongye fazhan jiyi (Erinnerungen an die Entwicklung der Industrie des neuen Chinas in Hangzhou), 2019, http://www.hangchow.org/index.php/base/news_show/cid/4699 (aufgesucht am 11.1.2020).

Li Wei, Weifang chunjianchang jiang tiqian wancheng touzi jihua (Die Sodafabrik Weifang wird den Investitionsplan vorfristig erfüllen), Chunjian gongye 1988, H. 2, S. 3.

Liang Shufa, Jinkou jichuang mocapian de gaijin (Verbesserung der Reibplatte an einer importierten Werkzeugmaschine), Zhizao jishu yu jichuang 1985, H. 4, S. 47.

Liu Heng, Die neue Zuckerfabrik in Paotou, Neues Deutschland, 18.12.1955, S. 5.

Liu Jingliang, Baowenche zhizao gongyi jishu gaikuang – fang Minzhu Deguo Desao cheliang gongchang (Stand der Herstellungstechnologie von Thermoswagen – Ein Besuch im VEB Waggonbau Dessau in der DDR), Jiche cheliang gongyi 1985, S. 1–3.

Liu Kexi/Jiang Changbin/Lu Bing et al., Yilan mei zai PKM qihualu shang shishao zongjie (Zusammenfassung der Verbrennungsversuche von Steinkohle aus Yilan in einem Druckvergasungsgenerator von PKM), Meiqi yu reli 1987, Nr. 3, S. 14–21.

Luo Peilin, Zhi wu ya, xing you ze (Keine Grenze für das Wissen, sein Handeln folgt Regeln), Chinese Academy of Engineering, www.cae.cn/cae/html/main/col36/201311/13/2013111314221185 9514316_1.html (aufgesucht am 14.11.2019).

Luo Peilin, Zhi wu ya, xing you ze (Keine Grenze für das Wissen, sein Handeln folgt Regeln), Chinese Academy of Engineering, www.cae.cn/cae/html/main/col36/2013-11/13/20131113142 2118 59514316_1.html (aufgesucht am 14.11.2019).

Ma Yongchun, Minzhu Deguo chukou chanpin zhanlanhui jinnian siyue zai Jing juban (Im April dieses Jahres findet in Beijing eine Ausstellung von Exporterzeugnissen der DDR statt), Yiliao zhuangbei 1988, H. 2, S. 29–31.

Mählert, Ulrich, *Kleine Geschichte der DDR*, München: C.H. Beck, 6., überarbeitete Auflage 2009.

Meißner, Werner (Hg.), *Die DDR und China 1949 bis 1990*, Berlin: Akademie-Verlag, 1995, S. 73.

Minzhu Deguo chukou shangpin zhanlanhui bimu (Die Exportgüterausstellung der DDR ist geschlossen), Renmin Ribao, 22.4.1988, S. 2.

Minzhu Deguo chukou shangpin zhanlanhui zai Jing kaimu (Die Exportgüterausstellung der DDR wurde in Beijing eröffnet), Renmin Ribao, 13.4.1988, S. 4.

Minzhu Deguo daibiaotuan fangwen Tianjin Eine Delegation aus der DDR besuchte Tianjin), Renmin Ribao, 10.10.1957, S. 3.

Minzhu deguo dou xingguo naxie shan? (Was hat die DDR Gutes vollbracht?), www.zhihu.com/question/58229674 (aufgesucht am 29.07.2018).

Minzhu Deguo gongren wei Woguo dinghuo jiajin shengchan (Die Arbeiter der DDR intensivieren für die Bestellungen aus China die Produktion), Renmin Ribao, 16.12.1955, S.1.

Minzhu Deguo suliao zhanlanhui kaimu (Eröffnung einer Plast-Ausstellung der DDR), Renmin Ribao, 7.10.1957, S. 8.

Minzhu Deguo suliao zhanlanhui zai jing kaimu canguanzhe zanyang suliaogongye de chengjiu (Eine Plast-Ausstellung der DDR wurde in Beijing eröffnet – die Besucher loben die Erfolge der Plastindustrie), Renmin Ribao, 8.10.1957, S. 3.

Minzhu Deguo yi gongchang wancheng Woguo wuzuo dianlizhan dinghuo (Eine Fabrik in der DDR erfüllte die Bestellung Chinas über fünf Kraftwerke), Renmin Ribao, 21.12.1955, S. 1.

Minzhu Deguo zhuzhang tong Wo guanxi zhengchanghua (Die DDR tritt dafür ein, die Beziehungen mit China zu normalisieren), Renmin Ribao, 27.11.1982.

Mitarbeit am Programm „Funke“ in China erörtert, Neues Deutschland, 12.5.1988, S. 4.

Möller, Harald, *DDR und VR China. Unterstützung der VRCh auf politischem, ökonomischem und militärischem Gebiet (1949–1964)* (Beiträge zur Friedensforschung und Sicherheitspolitik 8), Berlin: Dr. Köster 2003, S. 14–26.

Mühlfriedel, Wolfgang/Hellmuth, Edith, *Carl Zeiss in Jena 1945–1990*, Köln: Böhlau 2004.

Mullaney, Thomas S., *The Chinese Typewriter. A History*, Cambridge, MA: MIT Press 2017.

Niu Jun, Cong „huli“ dao pengyou: 1980 niandai Zhongguo dui „Dongou wuguo“ zhengce (Vom „Fuchs“ zum Freund: Die Politik Chinas in den 1980er Jahren gegenüber den „Fünf Ländern Osteuropas“), Waijiao pinglun 2013, H. 5, S. 65–81.

Ökonomische Zusammenarbeit DDR – Volksrepublik China, Neues Deutschland, 19.04.1984, S. 1, 2.

Osterhammel, Jürgen, *Die Verwandlung der Welt. Eine Geschichte des 19. Jahrhunderts*, München: C. H. Beck 2009, S. 41 f.

Output of Major Industrial Products, China Statistical Yearbook 2001, Beijing: China Statistics Press, 2002, S. 13–22.

Pong, David, *Shen Pao-chen and China's Modernization in the Nineteenth Century*, Cambridge: Cambridge University Press 1994.

Protokoll mit VR China in Berlin unterzeichnet, Neues Deutschland, 22.4.1987, S. 3.

Qi Mei, Minzhu Deguo xinshi nongye jiqi zai Shuangqiao nongchang juxing zhanlan biaoyan (Die DDR führt im Gut Shuangqiao eine Ausstellung und Vorführung neuer Landmaschinen durch), Jixiehua nongye 1957, H. 5, S. 32.

Qingzhu Deyizhi minzhu gongheguo guoqing Beijing hecheng xianwei gongchang jihui (Meeting in der Beijinger Perlonfabrik zur Feier des Nationalfeiertags der DDR), Renmin Ribao, 8.10. 1960, S. 4.

Qiu Youlong, Zhanjiao changsi de shengchan jishu xianzhuang he fazhan qianjing (Gegenwärtiger Stand und Entwicklungsperspektiven der Produktionstechnik von Viskoselangfasern), Renzao xianwei 2000, H. 5, S. 19–25.

Regierungsdelegation der VR China besuchte Betriebe, Neues Deutschland, 2.6.1988, S. 4.

Ren Tianxiao, Minzhu Deguo de jianzhu jixie (Baumaschinen der DDR), Jianzhu jixiehua 1987, H. 3, S. 12–18.

Schaefer, Bernd, Socialist Modernization in Vietnam: The East German Approach, 1976–89, in: Slobodian, Quinn (Hg.), *Comrades of Color: East Germany in the Cold War World*, New York: Berghahn Books 2015, S. 95–113.

Schmidt-Glintzer, Helwig, *Das Neue China – Von den Opiumkriegen bis heute*, München: C.H.Beck, 6., überarbeitete Auflage 2014.

Schürer, Gerhard, *Gewagt und verloren*, Berlin: Edition Ost 2014.

Shao Yi, Hemeila shengchan he xiaoshou zhong jidai jiejue de wenti (Die dringend zu lösenden Probleme bei der Produktion und dem Verkauf von Montanwachs), https://wenku.baidu.com/view/571f510a03020740be1e650e52ea551810a6c919.html (aufgesucht am 15.2.2020).

Shen Yuerui, Canjia Minzhu Deguo 1958 nian zaochuan jishu huiyi de baodao (Bericht über die Teilnahme an der Konferenz für Schiffbautechnik 1958 in der DDR), Zhongguo zaochuan, 1959, H. 1, S. 68–78.

Sheng Changda/Cui Li, Dongde 5 wan qianwa fadianji huhuan sunhuai yuanyin fenxi (Analyse der Schäden am Schutzring von 50 MW-Dampfturbinen aus Ostdeutschland), Zhongguo dianli 1979, H. 1, S. 6–11.

Shi Wenfang/Zhang Xiaochuan/Yang Xiuyan, Zhongguo lübo gongye 66 nian (66 Jahre Aluminiumfolienindustrie in China), Qing hejin jiagong jishu 27 (1999) H. 7, S. 1–7.

Shihai chengou: Baotou tangchang de qianshi jinsheng (Im Meer der Geschichte Material sammeln: Die Wiedergeburt der Zuckerfabrik Baotou), http://www.yntw.com/2019/06/2110.html (aufgesucht am 19.2.2020).

Shu Xiwu, Minzhu Deguo 75 dun/shi meifen guolu caiyong dapian zuhe anzhuang de jingyan (Erfahrungen mit der schnellen Montage eines Kohlestaubkessels mit 75 t/h aus der DDR in Groß-sektionen), Zhongguo dianli 1959, H. 8, S. 7–12.

Sigaite shuini shebei zhizaochang jiankuang (Überblick über den VEB Zementanlagenbau des SKET), Jihua jingji yanjiu 1984, H. 21, S. 91.

SKET rekonstruiert Walzwerk in China, Volksstimme, 1.11.1984.

Sozialistische Hilfe für China, Neues Deutschland, 19.7.1958, S. 2.

Spence, Jonathan, *Chinas Weg in die Moderne*, München: dtv 2001.

Staatliche Zentralverwaltung für Statistik (Hg.), *Statistisches Jahrbuch der DDR*, Berlin: Staatsverlag der Deutschen Demokratischen Republik 1955–1991.

Stevens, Simon, Bloke Modisane in East Germany, in: Slobodian (Hg.), *Comrades of Color*, S. 121–130.

Strobel, D., *Die Warnemünder Werft*, Wolgast-Mahlzow: Hoffmann-Druck 2002.

Stuhlmann, Manfred; Zu Gast am Gelben Fluß, Neues Deutschland, 13.1.1960, S. 5.

Sun Lie, Zhongguo zouchu zizhi zhongda jishu zhuangbei kunjing de yici changshi – Shanghai 12.000 dun duanzao shuiyaji de sheji yu zhizao (A case study on China's self-made major technical equipment: The design and manufacturing of Shanghai's 120 MN forging hydraulic press), Ziran kexueshi yanjiu 2011, H. 3, S. 366–382.

Tan Youlong, Qilunji ningjieshui de huishou (Rückgewinnung des Kondenswassers von Dampfturbinen), Dianli 1959, H. 21, S. 53; Xuzhou de guoji „pengyouquan“ (Der internationale „Freundeskreis“ von Xuzhou), http://news.jstv.com/a/20190328/1553755627831.shtml (aufgesucht am 22.1.2020).

Tang Mingyu, Jiangyou shuinichang zai qianjin (Die Zementfabrik Jiangyou schreitet voran), Zhongguo jiancai 1989, H. 9, S. 36f.

Technisch-wissenschaftliche Zusammenarbeit China – DDR, Neues Deutschland, 27.8.1955, S. 1.

Tie Ying, Piaoyang guohai, wanli lai Hua – V100 zai Zhongguo (Sie kam über 10.000 km über das Meer nach China – die Lokomotive V100 in China), http://www.sohu.com/a/332330319_655962 (aufgesucht am 26.9.2019).

Ting lao jianchangren jiang gushi (Ich höre den alten Kraftwerkern beim Erzählen von Geschichten zu), http://www.sohu.com/a/325369377_656992 (aufgesucht am 10.1.2020).

Tong, Xin, Die Wende in den Handelsbeziehungen zwischen der DDR und der VR China in den Jahren 1960–1962, in: Kleinschmidt, Christian/Ziegler, Dieter (Hg.), *Dekolonisierungsgewinner. Deutsche Außenpolitik und Außenwirtschaftsbeziehungen im Zeitalter des Kalten Krieges*, Berlin: DeGruyter Oldenbourg 2018, S. 321–338.

Tschangtschun erhält modernste Autofabrik, Neues Deutschland, 5.7. 1956, S. 5.

Unser Handel mit China wird immer größer, Neues Deutschland, 19.1.1960, S. 7.

VEB Carl Zeiss JENA stellt in China aus, Neues Deutschland, 13.10. 1983, S. 5.

Vereinbarung mit China in Peking unterzeichnet, Neues Deutschland, 18.5.1984, S. 2.

Verhandlungen DDR – VR China, Neues Deutschland, 28.10.1985, S. 2.

Von der DDR geliefert, Neues Deutschland, 7.10.1957, S. 6.

Waggonbau in Dessau, http://www.kuehlwaggon.de/lieferungen/volksrepublikchina/index.html (Zugriff am 24.7.2019).

Waggonbau Sachsen-Anhalts kehrt den Trend um, Neues Deutschland, 13.2.1996.

Wang Fenglin, 40 dun tashi qizhongji kuaisu anzhuang (Schnelle Montage eines 40 t-Turmdrehkrans), Jianzhu jishu 1976, H. 10, S. 44–47.

Wang Su'e, Fu Minzhu Deguo kaocha tihui (Resultate einer Studienreise in die DDR), Yingxiang cailiao 1985, H. 2, S. 6.

Wang, Zhongxin, *Auf dem Weg zum Fremdverstehen. Das Bild von Deutschland und den Deutschen in drei chinesischen DaF-Lehrwerken Deutsch für Studenten (1956–1958), Deutsch (1979–1983) und Studienweg Deutsch (2004–2009)*, Frankfurt am Main: Peter Lang 2011.

Waren- und Zahlungsabkommen Volksrepublik China – DDR unterzeichnet, Neues Deutschland, 27.4.1955, S. 1.

Warenaustausch DDR – China, Neues Deutschland, 24.3.1960, S. 2.

Warenprotokoll DDR – China unterzeichnet, Neues Deutschland, 20.1.1989, S. 7.

Weitere DDR-Flugzeuge nach China, Neues Deutschland, 18.7.1959, S. 3.

Wen Qiang (Red.), *Zhongguo gongye fazhanshi, Band Zhongguo gangtie gongye fazhanshi* (Entwicklungsgeschichte der Industrie Chinas, Band Entwicklungsgeschichte der Eisen- und Stahlindustrie Chinas), Beijing: Xueyuan yinxiang chubanshe, 2004, ISBN 7-89996-470-9.

Wirtschaftsausschuß DDR – VR China beendete Tagung in Peking, Neues Deutschland, 10.7.1989, S. 5.

Woguo diyizuo renzaosi gongchang Baoding huaxue xianwei-chang bufen jiancheng xingjian guocheng zhong dedao Deyizhi minzhu gongheguo de yuanzhu (Chinas erste Fabrik für Kunstseide, das Viskosekunstseidenwerk Baoding ist teilweise fertiggestellt – Im Verlaufe des Aufbaus erhielt sie die Hilfe der DDR), Renmin Ribao, 28.9.1959, S. 5.

Woguo gaige kaifang qian de liu da lianhe shougeji zhizaochang (Die sechs großen Herstellerwerke für Erntekombines in China aus der Zeit vor der Periode von Reform und Öffnung), http://www.pig66.com/2019/145_0405/17796540.html (aufgesucht am 25.10. 2019).

Woguo tashi qizhongji fazhan licheng jianjie (Einführung in den Entwicklungsverlauf von Turmdrehkränen in China), https://wenku.baidu.com/view/7642b282492fb4daa58da0116c175f0e7cd119e8.html (aufgesucht am 23.2.2020).

Wu Zhennan, Quanguo suliao, xianwei yanjiu gongzuo baogaohui zai Jing juxing (In Beijing fand eine Berichtstagung über die Forschungsarbeiten des ganzen Landes über Plaste und Fasern statt), Huaxue Tongbao 1960, H. 1, S. 46.

Wuhan guoluchang jiuzhi canghai sangtian, xinchang qianjing nance (tu) (Die alte Stelle der Kesselfabrik Wuhan vollzog einen großen Wandel, die Perspektive des neuen Werks ist kaum zu ermessen [Bild]), https://wh.house.qq.com/a/20121222/000002.htm (aufgesucht am 28.9.2019).

Xi Genyong, Shanghai chuanchang shouci xiuli Minzhu Deguo huochuan (Die Werft Shanghai reparierte erstmalig einen Frachter der DDR), Chuanting 1986, H. 8, S. 10.

Xi Yi gufen youxian gongsi (Xi Yi Co., Ltd.) http://www.xygf.com.cn/wby.jsp?urltype=tree.TreeTempUrl&wbtreeid=1009 (aufgesucht am 25.07.2018).

Xi'an yibiaochang ruxuan „Xi'an shi youxiu jinqidai jianzhu baohu minglu" (Das Messgerätewerk Xi'an wurde für die Liste der hervorragenden zeitgenössischen Bauwerke Xi'ans ausgewählt), http://zgsc.china.com.cn/2018-02/09/content_40222598.html (aufgesucht am 16.2.2020).

Xin Zhongguo qian sanshi nian cong Sulian, xifang guojia yinjin jianshe gongye xiangmu (Aufstellung der Industrieprojekte, die das Neue China in den ersten 30 Jahren aus der Sowjetunion und westlichen Ländern importiert und aufgebaut hatte), http://m.womenjia.org/z/201901/1129.html (aufgesucht am 28. 12.2019)

Xinjian Datong shuinichang kaigong shengchan (tupian) (1957 nian) (Das neuerbaute Zementwerk Datong nahm die Produktion auf [Foto 1957]), Renmin Ribao, 11.3.1957, S. 3.

Xu Jikang, Minzhu Deguo jichuang jishu fuwuzhan zai Jing kaiye (Servicestützpunkt für Werkzeugmaschinentechnik aus der DDR in Beijing eröffnet), Shebei guanli yu weixiu 1989, H. 2, S. 19.

Xu Kuangdi, Zhongguo tegang shengchan 60 nian (60 Jahre Produktion von Spezialstählen in China), Gangtie 49 (2014） 7, S. 2–7.

Yang Chaoyi, Wuhu redianzhan banlutian guolude shigong jingyan (Erfahrungen mit der Bauausführung halb im Freien beim Wärmekraftwerk Wuhu), Zhongguo dianli 1959, H. 2, S. 11–13.

Yang Jinhe/Yao Xingyi/Chen Wenmin, Minzhu Deguo hemei liyong de yanjiu (Forschung in der DDR über die Nutzung von Braunkohle), Meitan kexue jishu 1984, H. 6, S. 56f.

Yang Laichun, Yuan Zhongguo yu Minzhu Deguo jingmao guanxi buduan fazhan (Mögen sich die Wirtschafts- und Handelsbeziehungen zwischen China und der DDR unaufhörlich weiter entwickeln), Guoji Maoyi 1989, H. 6, S. 17–19.

Yang Wei, Wushan shuinichang kuojian gongcheng dianqi sheji gaiyao (Überblick über das elektrische Design für das Vorhaben der Erweiterung des Zementwerks Wushan), Jiancai gongye jishu 1995, H. 4, S. 10-12.

Yin Peiquan, Woguo jiang zaici cong Minzhu Deguo jinkou kongtiao keche (China wird nochmals klimatisierte Reisezugwagen aus der DDR importieren), Tiedao cheliang 1987, H. 5, S. 37–39.

Yingjie jiandang jiushi zhounian „Qian Zhiguang zhuan“ zhaideng (Auszug aus der Biografie von Qian Zhiguang zur Begrüßung des 90. Jahrestages der Gründung der Partei), http://news.efu.com.cn/newsview-159405-1.html (aufgesucht am 7.2.2020).

Yu Jiafan/Xu Guirong, B21 jixie lengcangche xingneng shiyan baogao (Bericht über die Erprobung der Eigenschaften des Maschinenkühlwagens B21), Zhileng 1985, S. 5–18.

Yu Jinghua, Beijing „7“ zihao qiyequn nengfou zaixian huihuang (Kann die Beijinger Unternehmensgruppe mit der Ziffer „7“ wieder mit Glanz erscheinen?), Xin Shiye 1993, H. 3, S. 31.

Yu Ning, *Die China-Politik der DDR in den 1980er Jahren. Eine außenpolitische Strategie in dem Kampf um Weiterexistenz*, Dissertation Universität Hamburg, 2015.

Yuan Jiankang, Jinkou Minzhu Deguo keche zhidong zhuangzhi de gaizao (Verbesserung der Bremseinrichtung an aus der DDR importierten Personenzugwagen), Tiedao cheliang 1985, H. 8, S. 11–14.

Zai Shanghai zhanchu de Minzhu Deguo gongye zhanlanhui (Industrieausstellung der DDR in Shanghai), Jixie zhizao 1953 (07), S. 1.

Zan Wei, Cong zhanlanhui kan Minzhu Deguo gongye de fazhan (Anhand einer Ausstellung die Entwicklung der Industrie der DDR sehen), Shijie Zhishi, 1959, H. 10, S. 29.

Zempelburg, Lutz, Aufschwung im Handel DDR-China, Neues Deutschland, 9.4.1957, S. 5.

Zempelburg, Lutz, Chemiefaserwerk für China, Neues Deutschland, 13.12.1959, S. 7.

Zempelburg, Lutz, Deutsch-chinesisches Freundschaftswerk, Neues Deutschland, 6.10.1957, S. 5.

Zempelburg, Lutz, In chinesischen Betrieben, Neues Deutschland, 30.1.1958, S. 5.

Zempelburg, Lutz, Kunstfaserwerk Premnitz bekam Bruder in China, Neues Deutschland, 10.7.1960, S. 7.

Zempelburg, Lutz, Peking verjüngt sich, Neues Deutschland, 30.9.1959, S. 3.

Zeng Fengliu, Minzhu Deguo de tielu jiliang gongzuo (Die metrologischen Arbeiten der Eisenbahnen der DDR), Tiedao keji dongtai 1989, H. 6, S. 25–26.

Zengjin bici liaojie – jiaqiang huli hezuo (Verstärken wir das gegenseitige Verständnis und die Zusammenarbeit zum gegenseitigen Vorteil), Guoji Maoyi, 1989, H. 6, S. 1.

Zhang Chucheng, Kunming shuinichang zhengshi touru shengchan (Das Zementwerk Kunming hat offiziell die Produktion aufgenommen), Jianzhu cailiao gongye 1958, H. 2, S. 10.

Zhang Jiyu, Xuanwei fadianchang #5ji zhuyoubeng gaizao (Verbesserung der Hauptölpumpe des Generators Nr. 5 im Kraftwerk Xuanwei), Yunnan dianli jishu 1996, Nr. 4, S. 32–36.

Zhang Meiqing, Beijing jinshu xuehui qing Minzhu Deguo zhuanjia W. Kongxieer jiaoshou zuo xueshu baogao (Die Studiengesellschaft Metall in Beijing lud den DDR-Experten Prof. W. Küntscher zu einem wissenschaftlichen Vortrag ein), Gangtie 1959, H. 8, S. 308.

Zhang Yanzhao, Minzhu Deguo de xuanzhongjixie gongye (Bau von Saatgutaufbereitungsmaschinen in der DDR), Quanqiu keji jingji liaowang 1990, H. 9, S. 21, 13.

Zhao Shilei, *Guoying Huabei zhiyaochang yanjiu (1953–1965)* (Untersuchung über das staatliche pharmazeutische Werk Nordchinas, 1953–1965), Magisterarbeit, Hebei Shifan Daxue 2011.

Zhao Ziyang tong Siduofu juxing huitan (Unterredung von Zhao Ziyang mit Stoph), Renmin Ribao, 10.6.1987.

Zhengzhou dier shalunchang jiuzhi (Der alte Ort des zweiten Schleifscheibenwerks Zhengzhou), http://www.bytravel.cn/Landscape/83/zhengzhoudiershalunchangjiuzhi.html (aufgesucht am 28.04.2019).

Zhengzhou Dongde hezuo dazao „gongye yachi“ (In Zhengzhou hat die Zusammenarbeit mit Ostdeutschland Spuren in der Industrie hinterlassen), http://www.dahe.cn/hnxDongdewaijiaoguanw/shmtdd/dhb/t20060419_488544.htm (aufgesucht am 27.9. 2019).

Zhengzhou gongcheng shi ruhe gaishan gongyi tigao anzhuang gongcheng zhiliang de (Wie am Vorhaben in Zhengzhou die Technologie verbessert und die Qualität der Montage erhöht wurde), Dianli jianshe 1958, H. 7, S. 33–36.

Zhengzhou touzi konggu youxian gongsi – zong touzi 150 yi! Zhengzhou ren jiyili de „ersha“ (Die Zhengzhou Investment GmbH investiert insgesamt 15 Mrd Yuan! Das „Zweite Schleifscheibenwerk“ in der Erinnerung der Bürger Zhengzhous), www.zztzkg.com.cn/item/detail?id=326 (aufgesucht am 25.7.2018).

Zhong De liangguo youyi de baogui jiejing (Ein wertvolles Juwel der chinesisch-deutschen Freundschaft), Renmin Ribao, 2.7.1960, S. 4.

Zhong De qianding jinnian maoyi xieyi (China und die DDR unterzeichneten das diesjährige Handelsabkommen), Renmin Ribao, 6.2.1959, S. 4.

Zhong De zai Laibixi bolanhui shang qianding maoyi hetong De jiang gongying Wo dianzhan deng xiang shebei (China und die DDR unterzeichneten auf der Leipziger Messe einen Handelsvertrag über die Lieferung von Kraftwerken und anderen Ausrüstungen aus der DDR nach China), Renmin Ribao, 13.3.1959, S. 4.

Zhongguo gaige kaifang xin shiqi nianjian, 1986 nian (Jahrbuch der neuen Periode von Reform und Öffnung Chinas 1986), Beijing: Zhongguo minzhu fazhi chubanshe 2015.

Zhongguo guoji maoyi cujin weiyuanhui (Chinesisches Komitee zur Förderung des internationalen Handels) (Hg.), *Maocu chunqiu* (Chronik des Komitees zur Förderung des Handels) (1952–1994), Beijing: Zhongguo caizheng jingji chubanshe 2013.

Zhongguo he Minzhu Deguo qianding jinnian huanhuo he fukuan xieding (China und die DDR unterzeichneten das Abkommen über Warenaustausch und Zahlungsverkehr dieses Jahres), Renmin Ribao, 15.3.1984.

Zhongguo waijiaobu dang'anguan (Archiv des Außenministeriums der Volksrepublik China), 109-01103-02, Zhou Enlai jiejian Minzhu Deguo zhengfu daibiaotuan tanhua jilu (Aufzeichnung des Gesprächs von Zhou Enlai mit einer Regierungsdelegation der DDR), 21.9.1957, S. 21–24.

Zhou Lan, *Kongjian de xiangdu: 798 yishuqu de shehui bianqian* (Blickwinkel des Raums: Der soziale Wandel des Kunstbezirks 798), Beijing: Beijing Book Co. (e-book) 2012.

Zhou Zheguang, Xinjian de Yongdeng shuinichang touru shengchan (Das neu-erbaute Zementwerk von Yongdeng hat die Produktion aufgenommen), Zhongguo Jiancai 1958, H. 1, S. 31.

Zhu Guihong, Minzhu Deguo taoci shengchan de xin gongyi xin shebei gaikuang (Überblick über neue Technologien und Ausrüstungen bei der Herstellung von Porzellan in der DDR), Zhongguo Taoci 1985, H. 3, S. 43–47.

Zuckerfabrik aus der DDR in Pautou, Neues Deutschland, 30.9.1955, S. 5.

Zuckerfabrik aus der DDR in Pautou, Neues Deutschland, 1.10.1955, S. 4.

Berliner China-Studien

hrsg. von Prof. Dr. Mechthild Leutner (Freie Universität Berlin)

Mechthild Leutner; Roberto Liebenthal

Die Entdeckung des chinesischen Buddhismus

Walter Liebenthal (1886 – 1982): Ein Forscherleben im Exil

Walter Liebenthal, Sinologe, Indologe und Philosoph, war ein Pionier bei der Entdeckung des spezifisch chinesischen Buddhismus als eigenstñndiges Forschungsfeld. Im vorliegenden Band werden erstmals die Genese seiner sino-buddhistischen Forschungen und deren Verortung im chinesischen Kontext ebenso wie die indischen Einflüsse aufgearbeitet. Liebenthals wissenschaftliches Schaffen ist eng verflochten mit dem politisch-gesellschaftlichen und dem persönlich-familiären Kontext. Hier kommt seiner Frau Charlotte Oenike eine wichtige Rolle zu. Langjährige Exilerfahrungen in China (1933-1952) und Indien (1952-1959) schlugen sich in Liebenthals fachlichen Ideen und philosophischen Theorien nieder: Sie ermöglichten inter- und transkulturelle Einflsse, bedeuteten aber auch den Verlust individueller und akademischer Heimat. Auf Grundlage umfassender persönlicher Zeugnisse und von Archivmaterial wird hier beispielhaft das Verhältnis von Politik und Ideologie ausgelotet und aufgezeigt, wie materielle Lebensumstñnde und politisch-gesellschaftlicher Kontext die Wissensproduktion beeinflussen.

Bd. 57, 2021, ca. 504 S., ca. 69,90 €, gb., ISBN 978-3-643-25004-9

Xue Li

Making Local China

A Case Study of Yangzhou, 1853 – 1928

This book presents a case study on the city of Yangzhou in China from 1853 to 1928. During this time, the local society of Yangzhou experienced profound changes towards modernization, when the nation-state of China gradually took shape at the local level. "Yangzhou under the Qing" was transformed into "Yangzhou under modern China". The diverse interactions between the Protestant missions and the multiple actors in the local society kept generating new local context and giving special input to the shaping of modernity in the local society. This study analyses the changing situations of the local society as well as the role of Protestant Church as part of the local social fabric, and tries to achieve a better understanding of how modern China developed out of armed conflicts, power-play, and cooperations among different actors in the local society.

Bd. 56, 2018, 322 S., 39,90 €, br., ISBN 978-3-643-90894-0

Mechthild Leutner

Kolonialpolitik und Wissensproduktion

Carl Arendt (1838 – 1902) und die Entwicklung der Chinawissenschaft

Carl Arendt, Dolmetscher und späterer Professor für Chinesisch am Seminar für Orientalische Sprachen an der Berliner Universität, spielte eine entscheidende und im vorliegenden Band erstmals umfassend dargestellte Rolle in der deutschen Kolonialpolitik in China und im Prozess der Professionalisierung der Sinologie. Am Beispiel seiner Lebens- und Werkgeschichte wird die Verflechtung von Kolonial- und Wissensgeschichte auf neuartige Weise analysiert. Unter Einbeziehung sozial- und familiengeschichtlicher Prägungen wird Geschichte "von unten" lebendig gemacht, in der biographischen Dimension werden neue, anschauliche Perspektiven auf koloniale Expansion und Sinologiegeschichte möglich.

Bd. 55, 2016, 736 S., 69,90 €, br., ISBN 978-3-643-13592-6

Ryanne Flock

Shikumen Linong

Wohnraum und urbaner Wandel im modernen Shanghai

Eine Stadt und ihre Bewohner – Raum und Gesellschaft – existieren nicht unabhängig voneinander. Sie üben wechselseitigen Einfluss aus, der sich über die Zeit verändern kann. Die Wohnhäuser im Stile der Shikumen Linong prägen seit fast 140 Jahren die Wohn- und Lebenserfahrung eines großen Teils der Shanghaier Bevölkerung. In welcher Beziehungen stehen ihre Entstehung, Form, Nutzung und Interpretation zur städtischen Dynamik? Wie entwickeln sich Bewohnung und urbane Lebensweise im Spannungsfeld zwischen Öffentlichkeit und Privatheit? Inwiefern ändert sich ihre städtische Bedeutung in Shanghais turbulenter Geschichte und Gegenwart?

Bd. 54, 2015, 256 S., 29,90 €, br., ISBN 978-3-643-13023-5

LIT Verlag Berlin – Münster – Wien – Zürich – London

Auslieferung Deutschland / Österreich / Schweiz: siehe Impressumsseite

Mechthild Leutner; Andreas Steen; Xu Kai; Xu Jian; Jürgen Kloosterhuis; Hu Wanglin; Hu Zhongliang (Hg.)
Preußen, Deutschland und China
Entwicklungslinien und Akteure (1842 – 1911). Redaktion: Yang Zhan'ao
Bd. 53, 2014, 384 S., 39,90 €, br., ISBN 978-3-643-12487-6

Christoph Grau
Die Frühphase der Psychiatrie Chinas
Vergleichende Betrachtung der ersten psychiatrischen Anstalten im China der späten Kaiser- und Republikzeit (1898 – 1945)
Bd. 52, 2014, 152 S., 24,90 €, br., ISBN 978-3-643-12478-4

Mechthild Leutner; Dagmar Yu-Dembski (Hg.)
Dreihundert Jahre Chinesisch in Deutschland
Annäherungen an ein fernes Land
Bd. 51, 2013, 232 S., 29,90 €, br., ISBN 978-3-643-12385-5

Kimiko Suda
Chinese Lala Organizing
Identität und Repräsentation lesbischer Frauen in Beijing
Bd. 50, 2013, 128 S., 19,90 €, br., ISBN 978-3-643-11975-9

Hans-Christian Schnack
Schulbildung für Migrantenkinder in der VR China
Zwischen staatlicher Ausgrenzung und privaten Alternativen
Bd. 49, 2010, 152 S., 19,90 €, br., ISBN 978-3-643-10769-5

Hauke Neddermann
Sozialismus in Xinjiang
Das Produktions- und Aufbaukorps in den 1950er Jahren
Bd. 48, 2010, 288 S., 29,90 €, br., ISBN 978-3-643-10474-8

Izabella Goikhman
Juden in China
Diskurse und ihre Kontextualisierung
Bd. 47, 2007, 208 S., 19,90 €, br., ISBN 978-3-8258-0692-7

Michaela Baur; Bettina Gransow; Yihong Jin; Guoqing Shi (Eds.)
Labour Mobility in Urban China
An Integrated Labour Market in the Making?
vol. 46, 2006, 304 pp., 29,90 €, br., ISBN 3-8258-9385-5

Susanne Kuß
Der Völkerbund und China
Technische Kooperation und deutsche Berater 1928 – 34
Bd. 45, 2005, 456 S., 39,90 €, br., ISBN 3-8258-8391-4

Mechthild Leutner; Nicola Spakowski (Eds.)
Women in China
The Republican Period in Historical Perspective
vol. 44, 2005, 512 pp., 59,90 €, br., ISBN 3-8258-8147-4

Martina Wobst
Die Kulturbeziehungen zwischen der DDR und der VR China 1949 – 1990
Kulturelle Diversität und politische Positionierung
Bd. 43, 2004, 280 S., 29,90 €, br., ISBN 3-8258-7422-2

LIT Verlag Berlin – Münster – Wien – Zürich – London
Auslieferung Deutschland / Österreich / Schweiz: siehe Impressumsseite